暨南大学 企业发展研究所
企业转型发展研究书丛

企业转型
发展研究案例集

第一辑

THE FIRST EDITION

卫海英　王国庆◎编著

A CASE SET OF
RESEARCH ON ENTERPRISE
TRANSFORMATION AND DEVELOPMENT

中国经济出版社
CHINA ECONOMIC PUBLISHING HOUSE
北京

图书在版编目（CIP）数据

企业转型发展研究案例集．第一辑／卫海英，王国庆编著．
—北京：中国经济出版社，2018.6
（企业转型发展研究书丛／卫海英主编）
ISBN 978-7-5136-3287-4

Ⅰ.①企… Ⅱ.①卫… ②王… Ⅲ.①企业发展—案例—中国 Ⅳ.①F279.2

中国版本图书馆 CIP 数据核字（2018）第 088862 号

责任编辑　姜　静
责任印制　马小宾
封面设计　华子图文

出版发行　中国经济出版社
印 刷 者　北京柏力行彩印有限公司
经 销 者　各地新华书店
开　　本　710mm×1000mm　1/16
印　　张　20.25
字　　数　393 千字
版　　次　2018 年 6 月第 1 版
印　　次　2018 年 6 月第 1 次
定　　价　68.00 元
广告经营许可证　京西工商广字第 8179 号

中国经济出版社 **网址** www.economyph.com **社址** 北京市西城区百万庄北街 3 号 **邮编** 100037
本版图书如存在印装质量问题，请与本社发行中心联系调换（联系电话：010-68330607）

序 言

• PREFACE •

暨南大学企业发展研究所成立于2003年，为广东省普通高校第一批人文社科重点研究基地，实力雄厚。近年来，本所充分发挥特色学科优势，根植广东社会经济发展实际，紧贴本土企业转型升级现状，深入开展理论、政策与战略研究，打造了一系列学术研究品牌，赢得了较高的社会声誉。

党的十九大指出，我国经济已由高速增长阶段转向高质量发展阶段。在转变发展方式、优化经济结构、转换增长动力的攻关期，在建设现代化经济体系的关键点，企业作为推动中国经济社会发展的重要力量，只有提供更多产品个性化、品质标准化、品牌高端化的产品，才能更好满足人民日益增长的美好生活需求。广东位于中国改革开放的前沿，也是最早面临转型压力的地区，肩负着“四个走在全国前列”的光荣使命。长期以来，广东省委省政府不断加大政策支持力度，助推广大企业加快转型升级，实现新旧动能快速转换。深谋远虑的粤商身处竞争激烈的营商环境，也积极推进企业转型，优化企业的组织结构和资源配置，全面塑造和提升核心竞争力，激发出新的动能、新的消费、新的创造。所有这些宝贵的经验，为企业转型研究提供了丰富的资料和素材，值得学界、业界去认真总结、悉心提炼，这也是我所携手广东本土企业共同开展案例研究，并结集成册的初衷。

2016年至今，我所面向广东省公开招标企业转型发展案例研究项目近二十项，研究成果得到了企业高度评价，本书选取了首批立项的十个案例，作为企业转型发展研究案例集系列的第一辑。希望通过该系列的出版，能够充分挖掘广东企业转型发展的问题与经验，从实践总结、理论深化的角度来研究企业转型问题，进一步丰富企业转型发展理论，从而在深度和广度上将转型问题延伸到全方位的研究层次。

与同类案例集相比，本书具有四个明显的特点：①选题经典。本书以近年来广东省成功转型企业为叙述对象，紧扼时代脉搏，颇具代表性。每一个案例都有助于读者举一反三，加深理解，拓宽思维。②题材全面。收录的案例涉及众多行业，如电商、物流、餐饮、智能制造等，案例中关于行业背景的分析在使读者全面把握转型事件发生背景的同时，也为其搭建了洞悉各行各业发展动态的广阔平台。③形式新颖。本书尽量避免对转型过程平铺直叙的堆砌与罗列、教科书或论文式的枯燥赘述，生动描述企业家在转型浪潮中运筹帷幄和搏击风浪的胆略，讲述企业在生死存亡关头的艰难抉择，向读者展现最精练最有效的转型信息。④视角独特。案例的叙述以第三方立场为原则，尽量剔除个人偏好及情感因素，以转型动因为切入点，画卷式地呈现转型的全过程，并以评析企业在转型过程中的策略和智慧收尾。

本书囊括了我所在企业转型领域长期研究积累的部分成果，编者力求语言通俗生动、深刻精要，希望打造一本集实践性和实用性为一体，值得企业领导者，以及所有关注企业转型的人士阅读、借鉴的案例集，使本书能够成为一个各取所需的资源库。

编写组在实地调研和素材采集过程中，得到了广大案例企业的积极配合，中国经济出版社姜静编辑和她的出版团队也为本书的成稿、修改、出版提供了大力支持。借此，衷心感谢所有为本书面世付出努力的各界人士。

当然，囿于视野和能力的局限，书中难免会存在种种不足甚至错误之处，还需拜请广大专家、学者批评指正。希望通过此次的出版工作，能够不断提高本所的科研工作质量和成果水平，为我国和广东的企业转型发展贡献绵薄之力。

卫海英

暨南大学企业发展研究所

2018 年 4 月

目 录

• CONTENTS •

广东林安物流集团是广东省企业转型发展的典型代表，在目前我国大力发展新型智能化、信息化、产业聚集化的现代物流业的背景下，其“品牌化建设，标准化管理，连锁化运作”的经营理念具有良好的示范、带动效应，对其开展案例研究不仅可以提炼与丰富企业转型发展理论，而且可以充分展现我国企业转型实践的成功经验，具有较高的学术研究价值。本文实地考察了广东林安物流园并就相关问题对集团负责人进行了访谈，探讨和分析物流市场现状和变化、未来发展趋势，然后进一步深入研究林安物流集团的发展模式、发展现状、核心竞争力和特色产品的竞争优势，从而提炼总结物流公司未来发展规划及方向。对本案例的研究有利于更加全面地掌握物流行业尖端信息，对提高行业政策效率、区域经济发展、降低物流企业运营成本具有一定的借鉴意义。

本案例对广州琪原新材料有限公司进行企业转型发展领域的探讨，从梳理、探讨我国企业转型发展现状与企业转型发展理论和方法入手，借鉴国内外企业转型发展的经验，对广州琪原新材料有限公司发展转型战略进行 SWOT 分析。结果显示，该公司应借助自身优势，积极开拓市场，应对市场竞争和宏观经济放缓带来的挑战，结合目前的宏观经济调整和自身的发展状况，优先考虑成本领先型战略。

广州丰胜基于 TOC 理论的转型升级之路

方案设计撰写：周丽虹
资料收集整理：杨　帆

一、案例研究背景

（一）防腐木的行业背景

1. 防腐木的定义和分类

防腐木是指具有防腐蚀、防潮、防真菌、防虫蚁、防霉变以及防水等特性的木材。根据其防腐处理的工艺不同，防腐木可分为天然防腐木、炭化木和人工防腐木。

天然防腐木指不经过任何处理的、自身具有防腐能力的纯天然实木，它的防腐功能来源于木材内部含有的一种酶。不同木材的防腐性能差别明显，防腐性能好的木材有柚木、非洲紫檀、红雪松、菠萝格、巴劳木等。天然防腐木的防腐特性以及防虫蚁能力与树种的产地关系比较密切，产量有限，因此天然防腐木的价格较为昂贵。

炭化木是指通过物理方式进行处理的防腐木，它不需要添加任何化学防腐剂，只需要在高温条件下对木材进行炭化处理即可达到防腐的目的。根据其炭化程度又可分为表面炭化木和深度炭化木。表面炭化木是用氧焊枪烧烤，使木材表面形成一层很薄的炭化层，仿佛在木材表面刷了一层防腐"油漆"，使其具有一定的防腐能力。经过表面碳化处理的木材仍然可以展现出木材表面原有的凹凸木纹，具有立体的效果。樟子松、美松、南方松等木材均可进行表面碳化处理。深度碳化木也称为完全炭化木、同质炭化木，它是经过200℃左右的高温炭化技术处理过的木材。由于在碳化过程中，木材内部绝大部分的菌类和全部

周丽虹：管理学博士，暨南大学管理学院企业管理系讲师。
杨帆：工商管理硕士，广州市中商教育信息咨询有限公司总经理。

的虫类在高温空气中被杀死，同时木材在高温状态下，其内部的营养成分发生了复杂而且剧烈的化学变化，被降解或重组，可使幸存的菌类因失去维持生命的营养而死掉，因此，木材在深度碳化后不会再发生霉变。深度炭化防腐木是真正的绿色环保产品，能够防腐防虫，却不含任何有害物质，不但提高了木材的使用寿命，而且其生产过程、使用过程以及使用后的废料处理均不会对人体、动物和环境产生任何的负面影响。炭化木起源于国外，近年来才被引进国内。木材经过深度炭化处理后表面纹理更清晰，呈现深棕色，比较美观，可用于制作庭院桌椅、凉亭、花架等。但是深度碳化过程会使木材的力学强度和握钉力有所下降，同时深度碳化木的抗紫外线能力较差，也不能够抗白蚁，因此不宜用于接触土壤和水的环境。

人工防腐木是市面上最常见的一种防腐木。它是指通过人工将防腐剂注入普通木材中（如樟子松、赤松），然后通过压力处理，使防腐剂深入渗透到木材中，使其能够防腐、防潮、防真菌、防虫蚁、防霉变及防水。与天然防腐木和碳化木相比，虽然人工防腐木需要对木材进行化学方式的加工，但相对来说成本较低，因此适用范围更广，产量也更高。

能够进行人工防腐加工的树种较多，各树种经防腐加工后的性能也有一些差异。常见的树种包括：

（1）俄罗斯樟子松

对俄罗斯樟子松进行防腐处理通常采用的是 CCA 药剂，经防腐处理后的俄罗斯樟子松结构性能较好，气干密度为每立方厘米 0.46~0.48 克，力学表现不错。由于性价比较高，俄罗斯樟子松防腐木深受设计师和工程师的青睐，目前在我国的应用非常广泛。木栈道、亭院平台、亭台楼阁、水榭回廊、花架围篱、步道码头、儿童游戏区、花台、垃圾箱、户外家具以及室外环境、亲水环境及室内外结构等项目均可使用。俄罗斯樟子松防腐木是目前市面上最常见也是价格相对比较低的防腐木。

（2）美国南方松（黄松）

美国南方松的渗透性强，是进行加压防腐处理的理想树种。它在进行加压防腐处理后，化学防腐药剂可均匀、深入地留存于木材中，使其在防止腐朽、防白蚁及海洋生物的危害方面有极好的表现。美国南方松防腐木在安装过程中可以任意切割，断面无须再刷防腐涂料，其防腐能力可达 50 年以上。随着中国消费者对美国南方松防腐木的广泛认同及需求的剧烈增长，美国南方松已经成为我国不可或缺的重要进口木材之一，是目前人工防腐木市场抗衡俄罗斯樟子松的重要树种之一，但价格较高。

(3)铁杉

经过加压防腐处理的铁杉木材既美观又结实,堪与天然耐用的北美红雪松相媲美。铁杉可以保持稳定的形态和尺寸,不会出现收缩、膨胀、翘曲或扭曲,而且抗晒黑。几乎所有木材经过长期日晒后都会变黑,但铁杉可以在常年日晒后仍保持新锯开时的色泽。铁杉具有很强的握钉力和优异的黏合性能,可以接受各种表面涂料,而且非常耐磨,是适合各种户外用途的经济型木材。

(4)北欧赤松

北欧赤松防腐木又称芬兰木,是将北欧赤松经真空脱脂后,在密闭的高压仓中灌注水溶性防腐剂ACQ,使防腐剂浸入木材的深层细胞并进行KDAT(二次窑干)而制成的。芬兰木具有很好的结构性能,气干密度为0.54克/立方厘米(干材重量约540公斤/立方米),纹理均匀细密,质量上乘,可抗真菌、防腐烂、防白蚁和其他寄生虫,密度高、强度高、握钉力好、纹理清晰并极具装饰效果。驰名世界的芬兰浴桑拿房所使用的首选木材就是芬兰木,体现了芬兰木在不同的温度及干湿度环境下的超强适应能力。与南方松防腐木相比,芬兰木的防腐性能与其相仿,但芬兰木自身的木材性能更好,是市场上中高端的人工防腐木之一。

2. 常见的木材防腐剂

目前国内市场常见的木材防腐剂包括CCA(主要成分为铜硌砷)、ACQ(主要成分为氨溶烷基胺铜)、CAB(主要成分为铜锉)。过去几十年来,对木材进行防腐处理选用的防腐剂主要以CCA为主,它清洁、无臭,经CCA处理后的木材表面可以上漆,而且高质量的CCA药剂性质非常稳定,因而曾一度应用得非常广泛。但由于CCA中含有极其微量的砷、铬元素,CCA防腐剂对人类、牲畜和环境是否存在危害在国际上存在一定的争议。在我国,相关规定仍认为CCA是可以使用的防腐剂。相对于CCA防腐剂,ACQ防腐剂由于不含砷、铬等化学物质,相对比较健康环保,而且ACQ防腐剂同样具有良好的防霉、防腐、防虫的性能,对木材有良好的渗透性,可用来处理大规格、难处理的木材和木质品,还具有抗流失性和长效性。因此ACQ防腐剂已在美国、日本和我国大量投入使用。不过ACQ防腐剂的价格略高,稳定性也略微逊色于CCA。从国内市场看,用这两种药剂处理的防腐木材还会共存一段时间,但是随着相关技术的不断改进,今后ACQ将有可能成为木材防腐处理的主要防腐剂之一。

3. 人工防腐木的处理工序

（1）真空和高压浸渍

这一过程是将防腐剂用真空和高压浸渍的方法打入木材内，使防腐剂中的有效成分与木材中的淀粉、纤维素及糖分之间进行充分的化学反应，这些化学反应能够破坏造成木材腐烂的细菌及虫类的生存环境，因此可以有效提高木材的室外防腐性能。该过程是木材防腐处理中最重要的环节。

（2）高温定性

将真空和高压浸渍后的防腐木材置于高温环境下，使防腐剂继续均匀渗透到防腐木材内，使防腐剂中的有效成分与木材中的淀粉、纤维素及糖分的化学反应过程进一步完成。也就是说，通过高温定性，可以进一步破坏造成木材腐烂的细菌及虫类的生存环境，大大巩固和增强防腐木的防腐性能。

（3）天然风干

经过真空和高压浸渍以及高温定性后，为了使防腐木材能适应室外露天恶劣的条件，以及环境变化所造成的木材细胞结构的变化，需要进行天然风干，也就是晾晒。这一过程既可以由生产方完成，也可以在安装前、在实际使用地点进行风干。

经过以上三个步骤，防腐木经受了自然条件的考验，其防腐性能得到尽可能充分的固定，达到一定的稳定性，从而保证在使用时能够很好地保持原貌，维持整体上的美观。

4. 人工防腐木的生产和销售现状

目前，我国人工防腐木行业以中小企业为主，生产厂家不足百家，全国性品牌尚处于起步阶段，市场集中度相对较低，竞争相对激烈。

国内常见的人工防腐木产品主要是俄罗斯樟子松防腐木和芬兰木，而市场上价位低、销量大的人工防腐木多半是俄罗斯樟子松防腐木。

芬兰木的销售市场主要集中在华东地区（36.5%），其次是中南地区（24.1%）和华北地区（18.7%）①。随着我国经济发展的加快和居民收入水平的提升，对芬兰木的市场需求正逐步上升，甚至呈现出高速发展的趋势。

常见人工防腐木产品的应用场景如图 1 所示。

---

① 参见中联博纳 2014 年《防腐木行业报告》。

图1 人工防腐木产品的应用场景

(二)丰胜公司概况

丰胜德高(广州)建材有限公司是一家外商独资企业,由澳大利亚华人吴海明先生于1998年在中国广州成立。公司成立之初,从海外引进了“丰胜防腐木”和“德高防水”两项技术。由于国内人工防腐木市场的迅速发展及丰胜公司在防腐木方面的技术优势,公司于2006年开始专注于“丰胜防腐木”的经营,同时更名为丰胜(广州)建材有限公司。

丰胜于2001年便在广州建立了中国第一家用于户外景观的防腐木加工厂,是中国人工防腐木行业的开拓者和领导公司。作为行业领头羊,参与制定了我国多项防腐木行业标准。2009年,丰胜成为IRG(国际木材保护协会)中国地区唯一成员,并因产品质量过硬,先后被指定为广州亚运会防腐木工程承建商和上海迪斯尼乐园户外木供应商。

由于人工防腐木是木材行业中一个新兴的细分市场,生产者以中小企业为主,全国性品牌较少。丰胜公司最初的经营模式也跟其他中小企业一样,专注于生产,销售则由经销商来做。为了充分发挥自己在行业内的技术和经验,进一步明确自己在行业内的地位,2013年,丰胜公司进行了战略升级,对公司的定位重新进行了阐释:一是聚焦于芬兰木的生产;二是确立了“丰胜花园木”的产品品牌；三是以专卖店的形式进行经营推广。这一发展战略实现了公司对芬兰木产品从生产到销售的一条龙服务。

丰胜公司新的战略定位很快取得了成效，“丰胜花园木”品牌迅速在全国打响。短短两年，丰胜就在全国开了300多家“丰胜花园木”专卖店，市场占有率节节攀升，已经成为行业内数一数二的品牌。

目前，丰胜公司的产品包括各种规格的芬兰木，它们分别被制作成不同规格的薄板、厚板、龙骨、柱梁等进行销售。其原材料主要是从芬兰进口的北欧赤松，经过压刨、防腐、滴液、晾晒等几道主要工序，将进口的原木加工成各种规格的防腐木。

丰胜公司的生产模式有两种：面向订单生产（Make to Order，MTO）和面向库存生产（Make to Stock，MTS）。面向订单生产是在接到客户订单后，按照订单要求进行生产。这一类订单主要来源于工程项目，如广州亚运会防腐木工程和上海迪斯尼乐园的户外防腐木工程。而面向库存生产则是由于客户在专卖店采购时通常不愿意等待，希望马上提货，为了避免在各专卖店销售的产品出现缺货，因此需要先预测各个专卖店各个规格产品的市场需求，然后根据预测进行生产，并将产成品存放在仓库中，再在需要的时候为各专卖店进行补货。

人工防腐木的具体生产工艺流程一般包括以下七个步骤：

第一步，拆包。将进口原木拆包。

第二步，压刨。把拆包后的原木压刨成各种尺寸规格的产品。压刨分为机器压刨和手工压刨，有些产品只进行机器压刨即可，部分产品在机器压刨后还需要进行手工压刨。

第三步，防腐。将压刨后的产品放入防腐液罐中，这道工序主要包括装罐、看压和出罐三个环节。

第四步，滴液。将防腐液滴入防腐罐。

第五步，待晾晒。从防腐罐中取出木材，初步晾干表面的水分。

第六步，晾晒。将防腐完成的木板搭放在晾晒场上晾干。

第七步，烙印。在晾晒完成准备入库前，检查产品的质量，在合格产品的末端打上丰胜品牌的标记，检查入库。

与大多数制造企业一样，为了降低成本，丰胜公司在安排生产以及在各工序间转移物料时均会考虑规模经济效益，尽量集批进行。产量是衡量各工序绩效的主要指标，对生产线工人的考核也采用计件制。

公司的组织架构如图2所示。

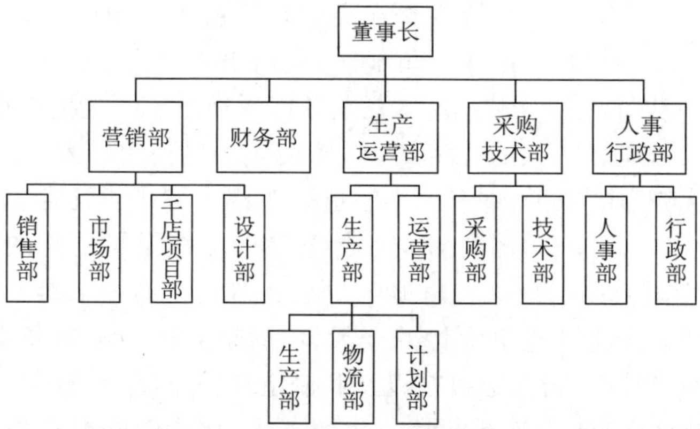

图2　丰胜公司组织架构

从图2可以看出,公司在董事长吴海明的领导下,共分为五个主要的管理部门,即营销部、财务部、生产运营部、采购技术部和人事行政部。营销部和生产运营部目前是丰胜公司的核心部门。营销部主要负责与客户有关的工作,包括产品的设计、市场营销方案的策划、产品的销售以及目前正在进行的千店项目。而生产运营部则主要负责产品的生产,分为生产部和运营部。运营部主要负责产品的质量检验;生产部则负责制订生产计划、物料搬运及仓库管理、生产现场管理和晾晒管理,因此又下设了三个部门,即计划部、物流部和生产部。采购技术部主要负责原材料的采购以及公司内有关的信息技术工作。人事行政部主要负责所有的人员管理工作,包括员工的聘任与解聘,员工福利待遇、薪酬奖励制度的制定等。财务部则需要完成公司所有的财务工作。

二、案例研究的初衷和依据

(一)案例研究的初衷

笔者于2014年底开始接触TOC理论。由于知识产权保护,在教科书上通常只能看到TOC的介绍,却找不到具体的实施方法。在2014年底的"TOC高峰会暨第15届TOCPA国际会议"上,笔者第一次详细了解了TOC理论,并彻底为它所蕴含的系统管理的思想所折服。"系统思考+缓冲管理"把企业看起来千头万绪乱如麻的管理问题轻而易举地剖析清楚并完美地解决了,印证了古人所说的"大道至简"的道理。2015年6月,丰胜公司聘请了高德拉特机构广州办事处的顾问进行生产改善活动,并邀请笔者参加,使笔者亲身体验了TOC方法的强大威力。

TOC 理论在美国、欧洲，特别是在高德拉特博士的祖国以色列应用得相当广泛，但是在中国，尤其在珠三角地区，应用仍十分有限。事实上，过去 20 年，在"三来一补"政策的扶持下，珠三角地区涌现出了一大批中小制造企业，也造就了珠三角地区曾经的经济辉煌。但遗憾的是，随着人工成本的增加，制造成本的优势逐渐减少，许多中小制造企业都走到了生死存亡的关头。而进入 21 世纪以后，环境的多变对企业的管理能力提出了更高的要求。丰胜（建材）广州有限公司正是珠三角地区中小制造企业的一个典型代表。在依靠低成本已经无法建立竞争优势的今天，丰胜果断选择了向高质量、高定价的自主品牌经营转型，力图通过在设计和制造环节不断提升产品的附加值从而进行差异化经营，建立起新的竞争优势。然而，与低成本竞争战略相匹配的大规模批量化生产模式在企业转型升级的过程中却成为阻碍企业成长的绊脚石。如何提升制造管理能力，从而实现小批量、客户化定制生产成为丰胜公司，也是众多中小制造企业所面临的主要问题。也就是说，对大多数中小制造企业而言，要实现转型升级，首先要实现制造管理能力的升级。而 TOC 方法恰恰能为企业带来提升制造管理能力的方案。基于此，笔者撰写了本案例，希望能让更多的企业了解这个方法，为更多制造企业成功实现转型升级奠定良好的基础。

（二）TOC 理论介绍

1. TOC 理论概述

艾利·高德拉特（Eliyahu M. Goldratt，1947 年 3 月至 2011 年 6 月）是以色列物理学家、企业管理大师、哲学家、教育家、国际高德拉特机构创办人。他提出的 TOC 理论为无数大小企业带来了营运业绩上的大幅提升，包括国际商业机器、通用汽车、宝洁、AT&T、飞利浦、ABB、波音等。

TOC（Theory of Constraints）理论的中文名称为瓶颈理论，也被称为制约理论或约束理论，与精益生产、六西格玛并称为全球三大管理理论。其核心观点为立足于企业系统，通过聚焦于瓶颈的改善，达到系统各环节同步，从而实现企业整体改善的目标。

2. TOC 理论的核心

TOC 理论认为，任何系统都至少存在着一个制约因素或瓶颈（Constraint），否则它就可能有无限的产出，因此要提高一个系统（任何企业或组织均可视为一个系统）的产出，必须要打破系统的瓶颈。系统可以想象成由一连串的环所构成，环与环相扣，这个系统的强度取决于其最薄弱的一环，而不是其最强的一环。同理，我们也可以将我们的企业或机构视为一个链条，每一个部门是这个链条中的一环。如果我们想达成预期的目标，我们必须从最弱的一环，也就是从瓶颈的一环下手，才可得到显著的改善。换句话说，如果这个瓶颈决定了一个企业或组织达成目标的速率，我们则必须从克服该瓶颈着手，才可能以更快的速度在短时间内显著地提高系统的产出。

在论及生产制造企业时，TOC 理论认为，企业的目标就是赚取更多的利润。实现这一目标的途径有三个：增加有效产出（Throughput，T）、降低库存（Inventory，I）、控制运营费用（Operation Expenses，OE）。而正如高德拉特博士所说，在这三个途径中，降低库存和减少运营费用存在最低减少到 0 的限制，通过提高有效产出来赚取更多利润的可能性却是无穷无尽的。此外，TOC 理论还发展出了一系列工具来帮助企业重新审视自己的各种行为和措施，了解它们对于企业目标的实现产生了怎样有利或不利的影响。

3. TOC 理论的四大基础假设

（1）现实是简单而又和谐的

每个状况都是很简单的，所有我们看到的复杂表象或症状的背后，其根本原因只有极少数的几个。

（2）冲突是可以化解的

每种状况都有双赢解，每个冲突都可以通过移除冲突背后的假设来打破，最后获得双赢的局面。

（3）每个人都是好的

人性本善，要避免指责对方，因为指责对方只会将我们引入一个错误的解决方向上去，从而找到错误的解决方案。要坚信，双赢的方案总会有的，之所以没有解决冲突，并非对方是坏人，而是我们没有移除冲突背后的假设而已。

（4）天空再也不是极限

每种状况都可以大幅改善，并不存在大企业的改善空间小，而小企业的提升空间却很大的现象；相反，基础越牢固，蹦得就越高。很多企业为了提升企业的利润，不断地控制甚至是压缩企业的成本，而成本的降低是有极限的，最低到 0，真正使企业基业长青的是不断提升企业的有效产出，只要有效产出大于运营费用的支出，就是对企业有利的决策。

4. TOC 理论的三大基础工具

（1）有效产出会计（Throughput Accounting，TA）

有效产出会计认为，企业内部有三个重要的财务指标，分别是有效产出（Throughput，T）、投资（Investment，I）和运营费用（Operation Expenses，OE）。其中有效产出 T 指的是企业创造的钱（售价减掉原料价格、关税或给公司以外其他人员的佣金）；投资 I 指投资给企业的钱（存货投资、机器设备投资、建筑物投资、土地等）；运营费用 OE 是企业经营必须支付的全部开销。

这三个指标及其相互之间的关系，以及与销售额和利润的关系如图 3 所示。

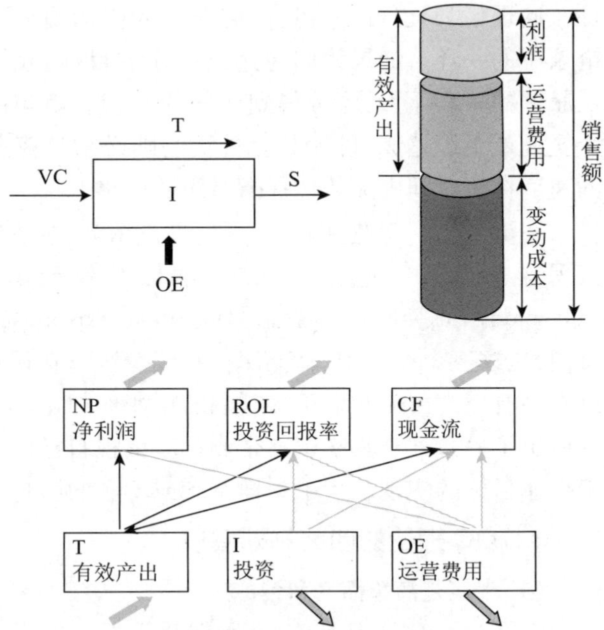

图 3　有效产出会计示意图

由图 3 我们可以看到，企业的有效产出等于企业的销售收入减去变动成本总额，企业的净利润等于企业的有效产出减去运营费用，现金流则是企业净利润与企业的存货/资产的差，而投资回报率则是企业净利润除以企业的存货/资产，资产周转率是有效产出除以企业的存货/资产。用以下公式表示：

有效产出：$T = S - VC$

净利润：$NP = T - OE$

现金流：$CF = NP - I$

投资回报率：$ROI = NP/I$

资产周转率：$IT = T/I$

其中，T、I、OE 是 TOC 关注的主要指标。TOC 理论认为，从指标上来看，企业的目标应该是：努力提高 T，不断降低 I，降低 OE，从而帮助企业赚取更多的利润。

（2）聚焦五步骤（Five Focusing Steps）

TOC 理论有一套成熟的思考方法和持续改善的程序，称为聚焦五步骤或五大核心步骤，具体如下：

第一步，找出（Identify）系统中的瓶颈。

第二步，最大限度利用（Exploit）瓶颈，即决定如何“挖尽”瓶颈。

第三步，使企业的所有其他活动服从于第二步的决定，即迁就瓶颈。

第四步，打破（Elevate）瓶颈，提升瓶颈的产能，使瓶颈转移到别处。

第五步,重返(Repeat)第一步,找出新的瓶颈,即进行持续改善。

根据五大核心步骤,人们可以有能力以逻辑和系统的方式回答任何想进行持续改善时必会问的三个问题:

问题一:要变革什么?(What to change?)

问题二:要变革成什么?(To what to change?)

问题三:如何实现变革?(How to cause the change?)

而这三个问题可以应用到各式各样的改善活动中,包括生产、分销、项目管理、公司战略的制定、沟通、授权、团队建设等。

(3)思考程序(Thinking Processes,TP)

一般人经过经验的累积,遇到问题时通常会通过直觉来解决问题,但解决方案往往只是针对问题的"结果""症状",而不是问题的根本"原因",因此无法真正地解决问题。TOC理论则提出了一套逻辑思考的程序,告诉我们如何通过逻辑思考的过程,系统地找到问题的核心,再据此建构一个完整的解决方案,并消除可能产生的负面效应,从而制定出具体的导入和行动方案。

TOC理论包含一系列逻辑工具,称为TOC思维方法,以及由之而引申出来的针对企业各种问题的应用专题系统。TOC思维方法的运用主要针对三个问题来进行:应该在什么环节改善?改善应该带来什么成果?怎样推行改善?

思考程序的一般流程是:冲突→现状→核心冲突→未来→分支→条件→转变。与流程中各个环节相对应发展出来的思考工具如下:

工具一:现状树(Reality Tree,RT),就是用逻辑关系列出企业现有的所有不良效应,通过该现状树来识别造成企业不良效应的核心问题;

工具二:消云图(Evaporating Cloud,EC),也称冲突图,通过该图来识别问题背后的冲突和假设,从而化解冲突,实现双赢;

工具三:未来树(Future Reality Tree,FRT),描述解决方案与追求目标之间的逻辑关系;

工具四:负效应枝条(Negative Effect Branches,NEB),描述解决方案实施后带来的不良后果;

工具五:条件树(Prerequisite Tree,PT),也称为条件图,用来识别解决方案可能面临的障碍,从而找到实现解决方案的必要条件;

工具六:转变树(Transition Tree,TT),描述克服障碍的详细计划。

5. TOC理论的九条原则

原则一:平衡物流,而不是平衡能力。

原则二:非瓶颈资源的利用程度不是由它们自己的潜力决定的,而是由系统的约束决定的。

原则三：资源的利用和活力不是同义词，利用是指资源应该利用的程度，活力是指资源能够利用的程度。

原则四：瓶颈上一小时的损失，就是整个系统一小时的损失。

原则五：非瓶颈上获得一小时的节约是毫无意义的。

原则六：瓶颈控制着库存和产销率。

原则七：转运批量可以不等于加工批量。

原则八：加工批量应该是可变的，而不是固定的。

原则九：安排作业计划应该同时兼顾所有约束，提前期是作业计划的结果。

6. TOC 理论的应用领域

领域一：运营管理（包括生产管理）（Operations，Production）。

领域二：项目管理（Project Management）。

领域三：配销管理（Distribution）。

领域四：财务及业绩衡量（Finance and Measurements）。

领域五：营销（Marketing）。

领域六：销售（Sales）。

领域七：人事管理（Managing People）。

领域八：策略及战术（Strategy and Tactics）。

TOC 理论在美国企业界得到很多应用，在 20 世纪 90 年代逐渐形成完善的管理体系。美国生产及库存管理协会（American Product and Inventory Control Society，APICS）非常关注 TOC，称其为“约束管理”（Constraint Management），并专门成立了约束管理研究小组。

相对于欧美国家，TOC 在远东仍然是一个颇新鲜的事物，TOC 课程在香港、北京等地举办过多次，行业包括电子、制衣、玩具、纺织、电脑、五金、钟表、首饰、电池、光学仪器、塑胶、家私、灯饰、印刷及出版、纸品、化工、电机、电器产品、石油、食品、模具、机械、电镀、体育用品、制药、游戏机、鞋类、包装、漂染、皮具等，参与企业千余家，极受欢迎。

TOC 理论可以应用到任何行业，包括营利和非营利机构，目前已应用 TOC 理论的产业包括航天工业、汽车制造、半导体、钢铁、纺织、电子、机械五金、食品等；也可应用于学校、医院、财团法人、政府机构等，美国三大汽车厂还在 QS9000 中将 TOC 列为持续改善的一种方法；还可用于个人的决策与生涯规划，目前已在教育界从幼儿园到大学进行推广应用。

三、案例研究的方法和步骤

(一)找到关键问题

经过会议讨论,公司管理层认为,虽然每个部门、每道工序、每个人都在努力,但目标却不一致,这就是企业的关键问题。

(二)聚焦关键问题进行改善

1. 转变思想,建立管理的系统观

TOC理论认为,我们所看到的现实其实是简单而又和谐的,所有复杂表象的背后,其根本原因只有极少数的几个。结合丰胜公司的现况我们看到,导致该公司在生产运营过程中出现订单准交率低、缺货、发湿材等问题的根本原因就是:各部门、各工序追求的其实是各自的局部效益而不是公司的整体效益,因为他们理所当然地认为,局部最优等于整体最优。

然而,每个部门产量的最大化却并没有带来企业总体产量的最大化。相反,仓库里堆了一堆的产成品,可是市场上依然缺货;工人们加班加点地赶工,订单准交率仍然没有一点起色。由于他们生产的并不是企业真正需要的、能够为企业带来利润的、订单上要求的或者是市场上急需的产品,所以按照这样的模式生产下去,生产得越多,只会让企业浪费得越多,从而将企业带入死胡同。因此,废除局部最优,建立管理的系统观,追求整体最优,显然是解决丰胜公司运营管理问题的根本手段。

在这一思想的指导下,公司上下首先明确了运营管理的总目标,也是唯一的共同目标,即提高有效产出。因为只有那些卖出去的产品才能为企业带来利润,所有部门、所有工序都必须齐心协力地朝着生产订单上的产品和市场上热销的产品而努力,也就是努力提高企业的有效产出,有效产出的产量才是衡量各个部门、各道工序产量绩效的依据。

为了保证项目的顺利进行,吴总向全体员工发布了一封公开信,信中详细阐明了企业目前遇到的问题,产生这些问题的原因,为什么选择TOC理论,以及采用TOC理论进行改善预期达到的效果,并对项目目标达成后将进行的奖励做出了承诺。

随后,在人事行政部的组织安排下,公司对每一位员工进行了管理系统观的培训。通过培训,丰胜公司的每一位员工都认识到,从全局或者整个系统的角度来看,局部最优不一定等于整体最优,部门产量最大并不一定等于整体产

量最大。除此之外，培训还让员工了解了许多在追求局部最优思想指导下企业常见的一些错误行为及其危害，例如提前投料，集批转移。大多数人都认为，提前投料一定能够带来提前完工，但是事实上，提前投料不仅会增加在制品库存，从而增加库存成本，还会在一定程度上扰乱生产顺序，加剧生产现场的混乱，进而进一步破坏生产的流动性，最终阻碍企业有效产出的提高；而集批转移对于物流部门来说提高了运作的效率，但是从整体上来看则会拉长产品的生产周期，反而不利于有效产出的提高。经过培训，每一位员工都建立起了管理的系统观，在工作中能够从整体效益，也就是企业的有效产出出发考虑问题，而不再像过去那样追求局部最优。

思维方式的转变为项目顺利实施打下了坚实的基础。

2. 实施运营改善

在全体员工转变观念、达成认知共识的基础上，公司运营部正式启动了以提高有效产出为主要目标的改善工作，主要包括以下几方面：

(1) 建立“MTO+MTA”生产模式

建立“MTO+MTA”(Make to Availability)的生产模式，以替代原有的“MTO+MTS”生产模式，运用缓冲报表管理各道工序的生产顺序，保证各工序均围绕着提高有效产出而运作。丰胜公司新的生产模型如图 4 所示。

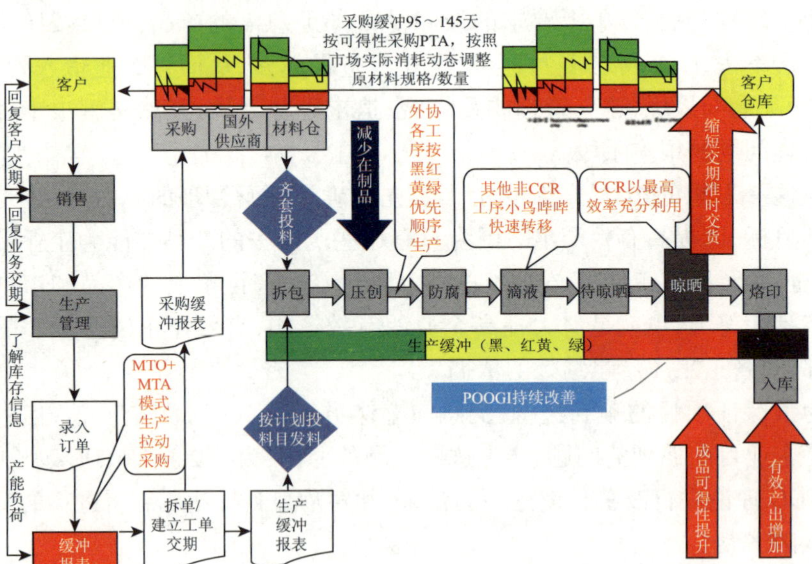

图 4　丰胜公司新的生产模型

为了提高有效产出,运营部分别为 MTO 生产模式和 MTA 生产模式制定了改善目标和改善方案,具体如下:

1)MTO 生产模式

这种模式是按照订单来进行生产的。提高准时交货率是提高有效产出的主要手段,因此该生产模式的改善目标就是提高准时交货率。

首先必须了解并跟踪每张订单的执行情况,那些离交货期越近的订单越应该马上生产,也就是说,这些订单的生产优先级应该最高,而所有的工序都应该了解这些情况,并优先生产这些产品。为了实现这一目标,新的生产管理系统先为每一种 MTO 产品设置了具有挑战性但可达成的生产缓冲(Production Buffer,PB)。生产缓冲是为了完成客户订单而在生产线制定的生产过程时间,是指从物料释放到订单完成的时间,一般还包含发货准备时间。设定生产缓冲的依据是市场上普遍接受的该产品的标准生产时间。目前几种常见产品的标准生产时间分别是:薄板 12 天,龙骨 18 天,厚料 35 天,梁柱 45 天,园艺品 10 天。生产缓冲与生产前置时间(Production Lead Time,PLT)的设置是不同的,生产缓冲对应的是生产工单,而生产前置时间则是为每个单独的部件、零件或 BOM 而设置的。每张工单的生产缓冲时间是由工单上产品的生产缓冲时间决定的,如果一张订单上有几种产品,则会有对应的工单来关联,而订单的生产缓冲时间则依据其所关联的工单中生产缓冲时间最长的那个来设定。

订单的生产缓冲时间设置好之后,我们就可以通过缓冲管理来决定每张订单所关联的工单在各道工序的生产优先顺序了。每张特定的客户订单(Customer Order,CO)都有承诺的交货日期,我们可以根据该交期以及订单的生产缓冲时间为每张订单设定开工日期,以交货日期减去生产缓冲的长度来计算①。该订单开工后,我们便开始为该订单计时。订单的生产时间(也就是这张订单的生产缓冲)被分成三等份,每部分用一种颜色作为标示。第一部分是绿色,表示该订单已使用的生产时间小于 1/3;第二部分是黄色,表示订单已使用的生产时间介于 1/3 与 2/3 之间;第三部分是红色,表示该订单可用的生产时间已不足 1/3。绿黄红三种颜色不同色差的标识可以让生产管理者对订单的状态一目了然。在各工序,每张生产工单都会标上其所关联的订单所对应的生产缓冲的颜色,工人只需根据工单的颜色来决定生产的优先顺序即可,红色的优先生产,黄色其次,绿色最后。

该方案通过缓冲管理对每张订单及与其相关联的工单的生产进度进行了

① 该订单所关联的各工单的开工时间并不一致,各工单的开工时间为:交货日期减去各工单的生产缓冲的长度。

追踪，并通过红黄绿的顺序管理使所有的生产环节均聚焦于生产那些急需出货的产品，从而提高有效产出。

生产缓冲管理报表如图5所示。

工单号	操作	单类	侵蚀	产品名称	报表	厚	宽	长	内部交期	状态	计划投料日	实际投料日
T160902-14		S	67%	FC北欧赤松		14	98	3600	2016-09-14	B01.待防腐	2016-09-02	2016-09-02
T160902-11		S	67%	FC北欧赤松		14	98	3600	2016-09-14	B01.待防腐	2016-09-02	2016-09-02
T160902-13		S	67%	FC北欧赤松		14	98	3600	2016-09-14	B01.待防腐	2016-09-02	2016-09-02
T161213-06		O	66%	FC北欧赤松		48	148	6000	2016-12-31	C02.搭板	2016-11-26	2016-12-10
T161213-07		O	66%	FC北欧赤松		48	148	6000	2016-12-31	C02.搭板	2016-11-26	2016-12-10
T161017-11		S	66%	FC北欧赤松		22	98	3900	2016-10-29	A01.待压刨	2016-10-17	
T161123-04		S	65%	FC北欧赤松		14	98	3900	2016-12-05	A01.待压刨	2016-11-23	2016-11-23
T161129-05		O	65%	FA抗裂柱		70	140	5950	2017-01-04	C02.搭板	2016-11-20	2016-11-28
T160808-09		S	65%	FC北欧赤松		30	48	3600	2016-08-25	C02.搭板	2016-08-07	
T160707-01		S	65%	FA抗裂柱		100	100	5950	2016-08-17	B01.待防腐	2016-07-03	
T160906-08		S	65%	FC北欧赤松		14	98	3600	2016-09-20	A01.待压刨	2016-09-08	
T161202-10		S	65%	FC北欧赤松		30	98	3900	2016-12-19	C01.立板	2016-12-01	2016-12-01
T161019-01		S	64%	FC北欧赤松		22	98	3900	2016-10-31	A01.待压刨	2016-10-19	
T160906-09		S	64%	FC北欧赤松		14	98	3600	2016-09-20	A01.待压刨	2016-09-08	
T160906-10		S	64%	FC北欧赤松		14	98	3600	2016-09-20	A01.待压刨	2016-09-08	
T161206-11		S	64%	FC北欧赤松		30	48	3000	2016-12-18	B01.待防腐	2016-11-30	2016-12-06
T160708-03		S	64%	FC北欧赤松		14	98	3300	2016-07-18	C01.立板	2016-07-06	
T161111-03		S	64%	FC北欧赤松		72	148	5700	2016-12-15	A01.待压刨	2016-11-10	2016-11-12
T160826-29		S	64%	FC北欧赤松		48	148	3900	2016-09-30	C02.搭板	2016-08-26	
T161103-46		S	63%	FC北欧赤松		22	98	3900	2016-11-15	A01.待压刨	2016-11-03	2016-11-05
T160624-06		S	63%	防滑防裂地板		22	98	4200	2016-07-05	B01.待防腐	2016-06-23	

图5 生产缓冲管理报表

2）MTA生产模式

这种模式是对原有MTS生产模式的改进。MTS生产模式是指为库存生产，过去按照此模式进行生产是依据对市场的预测并结合原材料的库存情况来进行的。这种生产模式存在两个方面的问题：一是预测周期较长，通常为1~2个月，预测周期越长，预测的准确率越低，造成库存产品与实际市场需求之间差异较大；二是由于原材料的采购周期较长，预测产品所需的原材料在仓库中未必有货，考虑到工人不能没活干，计划部会根据库存原材料调整生产的产品，也会造成有些产品的库存过高。新的生产系统以MTA生产模式取代了MTS，目标是保证库存商品在市场上的高水平可得性且无过剩库存，从而提高有效产出。所以MTA生产模式的主要目标就是提高热销产品在市场上的可得性。

MTA生产模式的具体实施过程包括：建立工厂仓库（Plant Warehouse，PW）（丰胜公司现有仓库即为工厂仓库），为每个MTA模式的SKU设置恰当的库存缓冲（Stock Buffer，SB），由库存缓冲的消耗来驱动生产工单的生成，并根据工厂仓库中库存缓冲的消耗程度来决定工单生产的优先顺序。同时，实施动态库存缓冲管理(Dynamic Buffer Management,DBM),实时监控在库库存的状态(监控库存缓冲的颜色),根据库存缓冲的颜色,及时调整库存缓冲的大小,增加或降低目标库存,从而使生产系统更好地满足市场需求。

初始库存缓冲的大小可以按以下方法设定:从车间出货开始,在一个可靠的补货周期内,以工厂仓库历史最大消耗量乘以一个安全系数来计算。库存缓冲也被平均分为 3 个部分,最上面的部分是绿色,表示库存的消耗少于 1/3,中间部分是黄色,表示库存的消耗在 1/3 与 2/3 之间,最下面的部分是红色,表示剩余库存不足 1/3。

当一批产品从工厂仓库运出时,就按销货数量生成一张补货工单。生产工单的优先顺序依据在某张工单之前,补货系统中已有的库存量与目标库存之差而定。在一张工单之前已有的库存量计算方法是:该 SKU 的目标库存量减去在库库存量,再减去在该工单前面所有的工单的总量。该差值越大,说明该 SKU 的库存被侵蚀的程度越高,则该工单的优先顺序越高。

动态缓冲管理(DBM)是指为每一个 SKU 设置的库存缓冲大小不是固定的,而是根据市场的需求情况及时做出调整。具体的管理过程包括:如果发现在库库存渗透到红区太多及太频繁,则可能是由于工厂仓库的需求增加,及/或工厂供应的速度减慢,而如果进入红区是持续的趋势,则必须提高目标库存,即提高该 SKU 的库存缓冲;相反,若保持在绿区是一种持续的趋势,则需要降低目标库存,即降低库存缓冲。动态缓冲管理使产品的库存缓冲能更好地反映该产品在市场上的需求变化,从而使生产过程及时跟上需求的变化,保证工厂生产的是市场上需要的产品,进而提高有效产出。

仓库	产品代码	DBM	产品名称	缓冲	在库量	在库BP	在途量	在途BP	管道数量	实际库存	预定量	规格
2		Y										
2产成品仓(新)	3301011001010	YES	FC北欧赤松	7790	2260	71	18276	-164	20536	2260	0	14*98*4200
2产成品仓(新)	330101001121	YES	FC北欧赤松	9035	2863	68	23150	-188	26013	2863	0	14*98*3600
2产成品仓(新)	330101000894	YES	FC北欧赤松	561	187	67	454	-14	641	137	50	48*148*5100
2产成品仓(新)	330101001376	YES	FC北欧赤松	5451	2074	62	12172	-161	14246	2074	0	30*48*3900
2产成品仓(新)	3301011001090	YES	FC北欧赤松	1799	713	60	2113	-57	2826	713	0	48*148*4200
2产成品仓(新)	330101001065	YES	FC北欧赤松	4308	1829	58	7737	-122	9566	1699	130	22*98*4500
2产成品仓(新)	V.3303029001	YES	14*98短料系列	19102	8646	55	60062	-214	68708	8646	0	14*98*3600
2产成品仓(新)	V.3303029003	YES	14*98长料系列	5089	2281	55	23478	-361	25759	2281	0	14*98*5700
2产成品仓(新)	3301011001216	YES	FC北欧赤松	584	271	54	242	12	513	271	0	30*98*4500
2产成品仓(新)	3301011000999	YES	FC北欧赤松	456	209	54	1597	-296	1806	209	0	22*122*4200
2产成品仓(新)	330102000104	YES	FC抗裂柱	313	146	53	68	32	214	146	0	190*190*5950
2产成品仓(新)	3301011001242	YES	FC北欧赤松	532	283	47	310	-11	593	283	0	30*98*5700
2产成品仓(新)	330101001122	YES	FC北欧赤松	4410	2326	47	12046	-226	14372	2326	0	14*98*3300
2产成品仓(新)	330101001131	YES	FC北欧赤松	3808	2097	45	9898	-215	11995	2097	0	48*48*4200
2产成品仓(新)	3301011001214	YES	FC北欧赤松	2989	1735	42	5092	-128	6827	1735	0	48*98*4500
2产成品仓(新)	3301011001184	YES	FC北欧赤松	974	598	39	1174	-82	1772	598	0	72*148*4200
2产成品仓(新)	3301011001227	YES	FC北欧赤松	2012	1468	27	927	-19	2395	1468	0	30*98*5400
2产成品仓(新)	3301011001206	YES	FC北欧赤松	1681	1397	17	2076	-107	3473	1397	0	30*98*4800
2产成品仓(新)	3301011000994	YES	FC北欧赤松	1443	1207	16	135	7	1342	1207	0	22*122*3600
2产成品仓(新)	330101001068	YES	FC北欧赤松	5028	4321	14	10592	-197	14913	4321	0	22*98*3300
2产成品仓(新)	330101001155	YES	FC北欧赤松	3269	2863	12	23371	-703	26234	2863	0	14*98*3000
2产成品仓(新)	330102000220	YES	FC抗裂柱	266	238	11	0	11	238	238	0	100*200*3990
2产成品仓(新)	3301011001091	YES	FC北欧赤松	1202	1095	9	4206	-341	5301	1095	0	48*48*3900

图 6　目标库存缓冲管理报表

MTA 生产模式通过监控每个 SKU 的库存消耗状态来决定生产的优先顺序，保证那些市场上卖得好、卖得快的产品及时得到补货；另外，通过监控库存的变化情况，及时调整各个 SKU 的目标库存量，使库存情况能够及时反映市场的需求变化，从而提高有效产出。

目标库存缓冲管理报表如图 6 所示。

（2）建立工单制，用工单来管理生产

在原有的生产管理系统中，各道工序之间流转的用来安排生产计划的是生产单，该生产单和订单之间没有完全挂钩，因此无法跟踪订单的完成情况。新的生产管理系统用工单取代了生产单，建立起了工单制。

工单由计划部根据客户订单（MTO 生产模式下）或目标库存水平（MTA 生产模式下）生成并与其相关联。一般情况下，一张工单只包含一个规格的一种成品，因此，一张订单可能关联几张工单（工单模板如图 7 所示）。工单内容包括：客户名称、主工单号、缓冲侵蚀程度、缓冲颜色、产品名称以及工序等。计划部可根据生产负荷情况调整计划入库日。工单号是生成子工单，即转移单的依据。子工单（转移单）上必须标注与主工单相同的工单号。工单在各道工序流转的延续性通过转移单体现，即一旦生成工单后，会有一个统一的工单号伴随着该工单上的这批产品从投料到完工，最后该工单由计划部门回收。工单由计划部下发，转移单则由负责在各道工序间转移半成品的工人来填写。计划部每天打印需要变更颜色的工单列表，交给有关人员及时为各个工单更新颜色。

丰胜生产工单

客户名称			主工单号			
缓冲侵蚀程度			缓冲颜色			
产品名称			工序			
序号	包号	厚	宽	长	数量	备注
合计						

生产流程：改料（）—压刨（）—手刨（）—防腐（）—立板（）/搭板（）—入库（）

接单人： 制单日期： 制单人：

转移单

年 月 日

工单号	T150	7	–		工序	改料□ 压刨□	流水号	
缓冲侵蚀程度					缓冲颜色			
赤松								
品名	包号	厚	宽	长	数量	开工时间	完工时间	
赤松								
赤松								
操作人员					7			
下工序	压刨□ 刨板□ 防腐□				271			

图 7 丰胜公司生产工单、转移单模板

与此同时，生产运营部还重新制定了生产管理规定，详细制定了工单、转移单的填写与使用规范，以及相应的执行与检查标准。

（3）严格控制投料，减少在制品库存

在建立起了 MTO+MTA 生产模式，并以工单取代原有的生产单之后，订单和工单之间的联系被紧密地建立起来了,我们可以通过对工单的追踪来追踪订单的完成情况。通过缓冲管理,各道工序也有了生产的优先顺序,并保证了每道工序都能围绕提高有效产出而运作。

在此基础上,为了减少在制品库存,提高生产的流动性并降低生产成本,生产运营部还制定了严格的投料控制规定。根据该规定,生产投料必须满足两个条件:第一,在缓冲报表建议的投料日期才可以投料,不得提前投料;第二,齐套才可以投料,否则不得投料。这里的齐套不仅要求物料清单(BOM)上的主辅料到位,还要求原材料品质合格、量产工艺图纸到位。未齐套的料,绝对不能先投。

这一措施可以确保已投的料都可加工成产品,有效降低在制品库存。

(4)重新规划仓库和生产区域布局,提高工作效率

原有的仓库管理和生产区域管理都没有进行分区,所有材料混放在一起,产量小的时候问题不突出,产量加大之后,查找和转移物料都变得非常困难,费时费力。

为了进一步提高工作效率,经过生产运营部门有关人员的深入研究,重新规划了仓库布局。如图 8 所示,将原材料、产成品严格分区存放于 Y 区和 S 区,并明确划定了二次晾晒区 E 区,同时为原材料和产成品设立了缓冲区 F 区,方便原材料入库和产成品发货。并规定,所有相关人员必须按照图 8 的区域划分存放物料并执行物料的流转。在同一区域内,则要求尽量将统一规格的物料放在一起,便于查找和搬运。除此之外,为了规范仓库管理,提高库存数据的准确性和有效性,还对产品出入库的流程做出了严格规定。

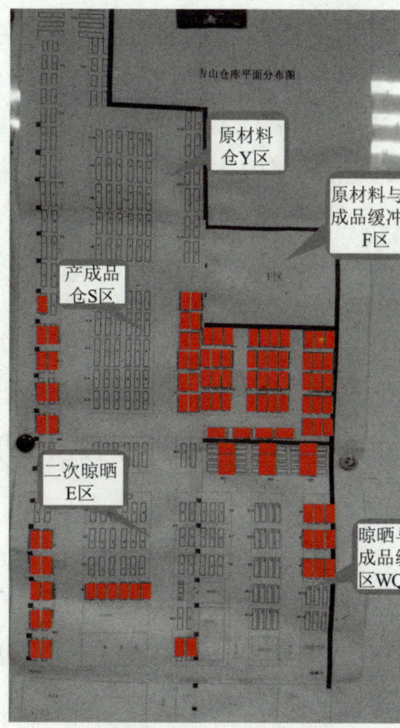

图 8　改善后的丰胜公司仓库布局

各工序的生产区域也明确划分为三个区:物料待加工区、加工区和转移区。在生产现场放置看板,看板上张贴每天更新的缓冲报表,对应的转移单也必须放置于相应的看板上,便于操作人员识别生产的优先顺序。

现场物料上还需要贴上明确的转移单,每道工序都需要按照规划的区域进行物料放置。物料放置要整齐有序，确保能够缩短寻找物料、核实物料等所花费的时间。

(5)物料快速转移，缩短生产周期

由于集批转移会破坏生产的流动性，拉长生产周期，生产运营部规定，加工完成的物料要尽快转移到下一工序。物料转移的基本原则是：按单转移，尽量减少转移批量。每种产品在每道工序的转移批量由生产运营部统一讨论确定，一旦确定下来，则需要严格执行，并对执行结果进行考核。该转移批量可在运营过程中根据实际情况不断进行优化。

(三)配合关键问题进行改善

为了使整个公司协调一致，使所有相关部门均围绕提高有效产出的目标而努力，公司内部其他相关部门也进行了调整。

1. 人事行政部

组织跨部门培训，保证每一位员工理解聚焦有效产出的重要性，并确保所有一线员工正确掌握工单、转移单的填写方法。

与生产部门共同制定现场检查机制与管理办法，将现场检查结果与每个部门和员工的 KPI 挂钩。建立巡查制度，重新修订工人的考核办法，使现场巡查结果、工单和转移单的填写结果均与工人的工资挂钩。

为了提高有效产出，从而提高生产的流动性，各工序需严格按照工单颜色进行生产，严格限制投料，不到投料日期不得投料。为了避免在此过程中因控制某些工序的产量而减少工人的收入，人力资源管理部门对工人工资计件制进行了调整，同时鼓励工人学习各个岗位的基本技能，培养多面手，便于在产能不平衡时将工人在各工序间进行调节，保证工人的工资收入保持在一定水平之上。

2. 财务部

定期编制有效产出报表（TIOE，该报表的详细说明见 TOC 理论介绍），便于公司及时掌握各项关键指标对企业整体效益的影响。

3. 采购技术部

由于北欧赤松的供应商生产周期长，一般为 95~145 天，而且某些规格的原材料数量有限，导致齐套生产比较困难，而确保采购物料准时到货是提升有效产出的重要步骤，因此采购部也相应进行了以下调整：

建立起与 MTO、MTA 生产模式相配套的采购模式，即面向订单采购（Purchase to Order，PTO）和面向可得性采购（Purchase to Availability，PTA）

模式。

PTO 采购模式对应于 MTO 生产模式,应用于那些按订单生产的产品的物料采购。与 MTO 相似,PTO 也是运用缓冲管理来监督和跟进采购单的执行情况的,每张工单对应一张采购单。PTO 模式为每张采购单建立采购缓冲时间,采购缓冲时间的计算方式是:关联工单的计划投料日—采购单日期。采购缓冲时间也被分为三等份,分别以绿色、黄色和红色进行标识。采购人员每天监督采购单的进度,若发现采购单进入黄区,有关人员则必须马上联系供应商,追查该采购单的进度,核实是否仍按计划进行。而一旦进入红区,则必须进一步核实该采购单能否按承诺日期交货。如果供应商通知该采购单可能延迟,则必须给生产计划和控制人员预警信息。延迟小于采购缓冲的 1/3,则不需要采取进一步的行动,但须记录在案,便于密切追踪特定供应商的表现。如果供应商继续不可靠的表现,应进一步调查原因并与供应商共同找出解决方案,或者寻找替代供应商。当物料未按承诺日到达时,采购单被标为黑色,若供应商没有事先通知,则必须调查该事件,如果相同问题反复发生,可能表示这家供应商不可靠且不诚实,应果断选择替代供应商。

在这种模式下,通过缓冲管理,一方面可以将采购部门的精力聚焦于那些急需到货的原材料的跟催上,保证系统的有效产出;另一方面还可以记录各个供应商的表现情况,为供应商管理建立了良好的基础。

PTA 采购模式对应于 MTA 生产模式,应用于那些按可得性生产的产品的物料采购。实施 PTA 的第一步是根据采购周期的长短为每类规格的物料建立目标库存水平,按在可靠的补货时间内的最大消耗量来计算。目标库存水平包含整个系统里的库存水平,即在库库存、运输途中补货订购量和供应商手上的订购量。制定目标库存的目的是确保系统有足够的库存,能应付消耗和供应商的波动。库存系统的绩效表现为在库库存的可得性,如果库存太低可能有风险,无法顺利完成生产订单,太高则意味着系统被过度保护。

当在库库存低于 1/3 目标库存时,库存缓冲为红色;当在库库存介于目标库存的 1/3~2/3 时,库存缓冲为黄色;当在库库存大于 2/3 目标库存时,库存缓冲为绿色。当库存落在红区时,需要检查采购订单的状态,加速跟催在途或仍在供应商处的物料;当库存落在黄区时,需要检查采购订单在途状态的时间。

同样应用动态缓冲管理来不断调整目标库存水平。如果连续几个补货期间的在库库存均落在红区,则需要调高目标库存水平;反之,如果连续几个补货期间的在库库存都落在绿区,则应降低目标库存水平。

未来还可考虑让供应商直接从系统取得所属采购单的缓冲侵蚀信息,从而实现供应链上的信息共享,进一步优化整个供应链。

（四）提高瓶颈工序（Critical Capacity Resource，CCR）的产能，进一步提高有效产出

在建立起了“MTO+MTA”的生产模式，保证各道工序均围绕提高有效产出而运作，而其他相关部门也配合做出相关改善，使生产的流动性得到不断提高之后，我们还希望能进一步释放公司的产能。这时我们需要了解公司的产能瓶颈是什么，通过为瓶颈松绑来实现产能的大幅提升。

从丰胜花园木生产的7道工序可以看出，晾晒工序受到场地的限制以及天气的影响，是整个生产过程中的关键工序，因此，晾晒的速度将决定整个生产的速度，晾晒的产能决定了整个系统的产能。

为了解决场地不足的问题，丰胜公司与几家窑干公司签署了委托窑干协议，使晾晒产物具有了弹性，在一定程度上提高了企业总体产能的弹性。而为了提高晾晒的速度，在晾晒环节增加了收搭板的子工序，通过收搭板过程来检查木材的晾干情况，不硬性规定转移批量，一旦晾干马上转入下道工序，既提升了晾晒进度的透明度，又提高了晾晒的速度，从而有效提高了晾晒环节的产能。

（五）建立起持续改善的机制，构建现代制造管理能力

通过以上四个步骤的改善，丰胜公司的运营管理能力已经得到了极大的提升，订单准交率和发货干材率都有显著的提高，下一步要建立起能够持续改善的系统，使其运营管理能力可以得到不断的提升。

缓冲管理为在公司内建立持续改善的机制奠定了非常好的基础。无论是MTO还是MTA生产模式，各道工序都是通过观察缓冲的侵蚀情况来决定工单的生产顺序的，工单的颜色表明了工单的状态，也指出了那些需要改善的点。一般来说，缓冲分为绿黄红三种颜色，绿黄单是不需要进行处理的，而红单则需要额外给予关注。另外，当工单已经超出了缓冲区仍未完成时，会被标成黑色，需要重点跟进和解决。

丰胜公司的运营部每天会检查和录入黑红单发生的可能原因，每周归纳检查发生这些问题的根本原因并落实相关部门进行改善。生产、计划、销售部有关人员每两周召开一次持续改善会议，在会议上，一方面对红黑单录入的原因进行统计分析，有重点有优先次序地采取改善措施；另一方面则需跟进前期会议所决定的待落实事项，从而保证改善措施得到实施。

在进行缓冲管理的基础上，丰胜公司顺利构建起了一套持续改善的机制，随着黑红单数量的减少，生产的流动性不断得到提高，有效产出不断增加。在此基础上，运营部通过不断缩短生产周期（即生产缓冲）或降低目标库存水平，

使产能被进一步释放出来，库存水平进一步降低，库存周转率不断提高，竞争优势不断扩大。这一过程可以持续地进行下去，从而使丰胜公司拥有具有相当竞争力的现代制造管理能力。未来丰胜公司还计划将这种持续改善的机制进一步延伸到上下游环节，从而优化整个供应链。

东虹公司的品牌培育之道

方案设计/资料整理:张计划
资料收集:王宁宁　谭　铭

一、案例研究背景

根据 Euromonitor 的分类,化妆品指的是美容及个人护理品,包括 11 个细分子品类。按照 2015 年子品类容量大小,依次为护肤品、护发产品、口腔护理品类、沐浴用品、彩妆、男士护理用品、婴幼儿与儿童专用产品、香水、防晒用品、止汗香体、脱毛产品。

化妆品行业是中国市场化程度最高的行业之一,在 30 余年的高速发展过程中,外资巨头纷纷进入中国,培育了市场,本土的日化公司经历了大浪淘沙般的洗礼,大批的本土品牌也在残酷的市场竞争中崛起。行业的大容量、高增速、高毛利率,且穿越周期能力相对较强等特性,一直以来吸引着投资者的高度关注。

东虹公司成立于 2014 年,其推出的“爱美聚妍”电商平台具备以下特色:第一,所有品牌产品都是纯天然的,无人工或化工合成添加物质。第二,提供 O2O 的服务、线上线下结合的服务以及美容顾问团队。虽然是跨境电商,公司希望给用户的服务是落地的,每个用户都配有专属的美容顾问,可以随时联系。第三,极为严格的品质要求。所有品牌的产品都经过严格挑选,除了具备其本国市场的各种认证许可外,还要具有一定的成熟度。当前建立良好合作关系的都是已有很好的业绩以及口碑、获得国外市场认可的成熟品牌。第四,与这些品牌都是独家总代理的合作关系。

爱美聚妍很快吸引了众多海内外资本与商家的极大关注,招商与拓客势头迅猛。截至 2015 年 6 月,代理来自日本、韩国、澳大利亚的化妆品品牌数达到 37 个。

张计划:暨南大学市场学系副教授,研究方向为国际营销品牌管理。
王宁宁:暨南大学国际商务专业 2018 届研究生。
谭铭:暨南大学国际商务专业 2019 届研究生。

（一）中国化妆品市场规模及增长速度

在过去的30多年里，中国化妆品行业从小到大、由弱到强，形成了一个初具规模、极富生机活力的产业大军。尽管我国化妆品行业发展迅速，但人均消费水平却很低。以13亿人口估算，中国人均化妆品消费额从2011年的27.81美元逐渐增长到了2014年的35.04美元，而美国、日本、韩国这3个国家2014年化妆品市场人均消费分别为239美元、292美元、220美元，仍存在6~8倍的巨大差距，当前中国人均化妆品消费水平仅仅略高于越南、印度等国家。未来随着中国经济的持续发展，化妆美容市场消费需求潜力将不断释放，以我国庞大的人口基数为基础，化妆品行业具有巨大的成长空间。

Euromonitor的统计数据显示，2015年中国化妆品行业市场容量为3156.3亿元，2011—2015年的年均复合增长率达到8.2%。中商产业研究院发布的《2016—2021年中国化妆品行业品牌市场研究及投资预测分析报告》指出，由于受人口结构变化、收入水平提升带来的消费升级、消费习惯的改变、核心消费人群的增加、化妆品消费理念的加强、营销渠道的多元化等因素的影响，中国化妆品行业将在未来几年继续保持稳定增长态势。预计到2020年市场容量将达到4352.4亿元，2016—2020年年均复合增长率6.7%，行业发展空间巨大，行业内的龙头企业也将从行业增长中获得更多的红利。

按照日本资生堂公司的研究，中国的核心“化妆品人口”数量从2005年的2200万人增长到2010年的1亿人。该数字按照以下标准来定义：①居住在城镇；②年龄大于20岁的女性；③年收入不低于30000元人民币。资生堂预计中国核心“化妆品人口”将在2020年达到4亿人，远超日本2010年的5600万人。

就市场容量而言，根据欧莱雅公司的预测，2010年中国为全球第3大化妆品市场，有望在2017年超越日本成为第二大市场，在2022—2025年超越美国成为全球第一大市场（见表1）。

表1　欧莱雅公司预测的全球化妆品市场排名

排名	1997年	2007年	2008年	2009年	2010年	2017年（预计）	2022年后
1	美国	美国	美国	美国	美国	美国	中国
2	日本	日本	日本	日本	日本	中国	美国
3	德国	德国	中国	中国	中国	日本	日本
4	法国	法国	德国	巴西	巴西	—	—
5	英国	中国	法国	德国	俄罗斯	—	—

资料来源：欧莱雅，国信证券研究所

根据 Euromonitor 的预计，中国的美容及个人护理品类将继续保持较快增长，年复合增长率高达 10.41%，相较于 GDP 的增长速率更高，成为全球化妆品行业发展较快的市场之一。

（二）化妆品行业竞争态势

1. 跨国公司在中高端市场占据主导地位

改革开放以后，国际巨头纷纷杀入中国，国内的日化品牌面对着国际级别最强大的对手：优质的产品品质，强大的品牌影响力，规模巨大的广告投入，丰富的运作经验，丰富的人才储备，巨大的公司规模。而日化市场又是完全放开的充分竞争市场，竞争环境极其残酷。

跨国日化巨头进入中国及开厂时间见表 2。

表 2　跨国日化巨头进入中国及开厂时间一览表

公司	进入中国年份	在中国设厂年份
资生堂	1981	1991
联合利华	1986	1986
高丝	1987	1988
宝洁	1988	1988
嘉娜宝	1992	2000
花王	1993	2004
雅诗兰黛	1993	1996
欧莱雅	1996	1996

国际品牌凭借其强大的综合竞争能力，引领行业发展，规模迅速扩大，而规模的提升进一步强化了其在中国市场的投入，从而使国际品牌在日化领域的主要细分品类上都处于明显领先优势，市场份额达到了惊人的高点，居行业前四位（CR4）的占比 2011 年达到 36.5%。比如，宝洁中国在大中华区的年销售额已经超过 300 亿元人民币。

国际日化巨头并购中国本土品牌状况见表 3。

表 3　国际日化巨头并购中国本土品牌一览表

年份	事件
1994	联合利华从上海牙膏厂租赁"中华"牙膏
2003	欧莱雅收购小护士
2004	欧莱雅收购羽西

续表

年份	事件
2007	拜尔斯道夫收购丝宝集团
2008	强生收购大宝
2011	科蒂收购丁家宜

在 2015 年全球化妆品市场分析报告中我们可以看到，跨国公司的霸主地位依然无法撼动，其凭借强大的研发能力、品牌影响力及营销能力，牢牢占据化妆品产业领先地位，排名前列的公司依次是欧莱雅、宝洁、联合利华、雅诗兰黛和资生堂，合计约占全球市场份额的 52.4%。

2. 日本化妆品的优势及特色

日本化妆品行业一直处在亚洲领先地位，在整个亚太地区，其化妆品市场份额连年处在首位，其保湿剂、面部护理、个人护理产品以及染发产品畅销全球。在人们心目中，日本化妆品较适合亚洲人肌肤需求，其特点是无添加剂、技术标准高、种类繁多、品牌悠久、价格包容度高等。

日本的化妆品品牌口碑好、种类多，如资生堂、佳丽宝、SK-Ⅱ、索菲娜、芳珂、高丝（Kose）、DHC。这些品牌中，有些品牌有着悠久的历史，多年来以坚实的技术力量、优良品质和细致周到的服务在化妆品行业节节攀升。有些品牌对产品细分再细分，形成庞大的产品体系。日本化妆品还有一个优势，与欧洲化妆品品牌的高价格相比，日本化妆品有着不同档次的品牌，适应不同的消费人群。

2014 年中国化妆品进口量及进口额见表 4。

表 4　2014 年中国化妆品进口量及进口额

国家	数量（千克）	金额（美元）	数量比上年同期变化率（%）	金额比上年同期变化率（%）
法国	13 953 897	830 268 304	35.1	67.9
日本	8 210 627	350 563 244	30.7	37.0
美国	5 836 607	321 791 451	29.9	110.5
韩国	10 584 024	214 316 909	68.0	58.9
英国	2 371 490	162 322 906	29.4	184.7
比利时	463 832	52 742 868	28.0	220.0
加拿大	2 002 482	39 178 683	19.4	36.9
意大利	777 238	38 619 795	23.5	22.2
瑞士	299 553	34 376 936	24.5	126.0
德国	1 034 780	33 880 670	6.3	17.4

数据来源：中国海关

3. 本土企业创新力和品牌经营能力还有待提高

目前国内获得化妆品生产许可证的企业为3800余家，国产化妆品种类接近50万种，化妆品生产企业数量众多。但Euromonitor的统计数据显示，2015年中国化妆品市场销售排名前十的企业基本为欧美及日韩等跨国企业，国内企业仅有上海家化和伽蓝集团在列。虽然跨国企业占据优势市场地位，但整体市场集中度依然不高，前十大企业市场占有率不足50%。造成上述现象的原因：一方面，国内化妆品生产和消费基础均较薄弱，大多数中小型企业因为资金、技术及人才等因素的制约，难以在品牌策划、产品开发、质量保障、市场营销、广告投入、售后服务等诸多方面与跨国企业相抗衡；另一方面，虽然跨国企业凭借其强大的营销能力、品牌影响力及研发实力，牢牢占据化妆品行业领先地位，但由于化妆品消费极具个性化特点，性别、年龄、收入结构、消费理念、心理需求等因素都会影响消费诉求，少数几家跨国企业并不能满足所有需求，形成较大的个性化需求缺口，由此，国内化妆品行业呈现较显著的长尾效应，优质与个性化中小品牌存在较大的市场空间。

随着国内消费者消费理念逐步成熟，以及近年来电商渠道的快速发展，注重品牌策划、技术研发及市场营销的国内化妆品企业加大投入，依靠本土优势，逐步抢占跨国企业的市场份额。2015年，上海家化、伽蓝集团、百雀羚、韩束、珀莱雅、云南白药等本土化妆品企业出现在化妆品国内市场占有率排名前20的名单中，且大都呈现上升趋势，合计市场占有率也逐步提升，从2011年的4.4%上升至2015年的9.2%。

虽然本土品牌市场占有率逐年上升，但相对于跨国日化巨头，国内化妆品企业创新乏力，在品牌竞争中处于弱势地位。加之市场不规范，过度包装、虚假宣传屡屡发生，进一步透支了消费者对国产品牌的信任。随着市场日益规范，国内本土化妆品企业需更好地贴近国内消费者需求，了解国内消费者的消费偏好，通过精准的品牌定位、灵活的供应链管理，以及与日化专营店、电商等渠道的默契配合，提升品牌知名度和信任度。

二、案例研究的初衷和依据

（一）化妆品市场发展迅猛

从国内化妆品市场的构成情况来看，2014年护肤品类在中国化妆品市场规模中占比48.3%，占比最高并呈上升趋势，预计到2019年护肤品类市场规模占比将达到50.8%。护肤品、护发产品、口腔护理产品、沐浴用品和彩妆是前五大品类，贡献了89%的市场销售额。随着消费者卫生习惯的改善以及大众日化产品的普及，护发产品、沐浴用品和口腔护理产品等基础日化产品发展已进入稳定期，未来竞争将更多集中在市场份额的争夺和对原有领导性品牌的挑战。护肤品和彩妆继续快速发展，而占市场份额较小的男士护理用品和婴幼儿与儿童专用产品等新兴品类则进入了高速发展期。

(二)消费者购买趋向理性，高品质商品大有可为

有消费能力的群体，他们更加相信产品的品质，不再相信可以购买到低价质优的产品。在化妆品行业，高品质、安全、可靠以及个性化的产品是正在崛起的中产阶级消费者需要的，而价格因素的影响正在降低。因此化妆品 OEM 企业应该把产品的质量放在重要位置。

目前化妆品的消费群体已经逐渐被80后、90后所代替，这个年龄层次的消费者消费意识更加前卫，对于时尚的追求更加强烈。同时，在经济条件提高的同时，追求更高品质、安全以及可靠的化妆品也成为主流旋律。

调查结果显示：在中国奢侈品市场规模持续缩水的时候，轻奢品牌却表现出了良好的市场增长趋势，这完全得益于不断兴起的中产阶层以及消费者日益理性的消费观念，这让部分奢侈品牌开始考虑调低定位和价格，希望能抓住这一市场的消费人群。因此有业内人士预计，未来几年，越来越多的奢侈品大牌，包括化妆品牌，都将更加注重其轻奢线的推广，轻奢品牌的平行空间内将面临更加激烈的竞争。由此可见，在不久的将来，必定还是“轻奢”化妆品的时代。

(三)电商渠道异军突起

2008年以前，化妆品以实体流通为主，国际中高端品牌向低线城市下沉谨慎，成本收益控制严格，国内中小品牌难以进入主流百货渠道，品牌推广效率较低。两类品牌在各自辐射人群范围内拓展，发展空间受限。

但进入2009年以后，电商渠道的迅速崛起打破了渠道壁垒，对接顾客性价比追求与品牌市场拓展需求。传统线下品牌通过直营、代运营和经销等多种模式进驻线上，以同价策略维护品牌形象，并挤压其他中小卖家、窜货商品及淘品牌市场空间。由于线上渠道效率要高于线下，线上分销商具有更大投资回报和扩张动力，助力传统品牌占据更大份额，一线品牌线上代理/经销商也得到了快速发展。

目前，天猫美妆、京东和聚美优品是化妆品电商三巨头。电商具体可分为综合性电商和垂直类电商。虽然两种方式各有千秋，但在电商越来越重要的当下，一号店、唯品会、乐蜂网、苏宁易购等电商平台也开始受到众多品牌的青睐。中国化妆品零售电商行业分类见表5。

表 5　中国化妆品零售电商行业分类

分类	主要内容
综合性电商	天猫美妆和京东作为实力强大的综合性电商，号召力和资源整合能力强，品牌只是借用平台，进行促销等活动的自由度大，更具有灵活性；相比充斥着假货水货的淘宝店，旗舰店林立的天猫美妆和京东更受消费者青睐
垂直类电商	与整合资源品牌的综合性电商不同，以聚美优品为代表的垂直类电商则是通过深度研究和发掘产品来持续不断地为消费者提供更好的产品和服务，而垂直类电商多为买断自营，品牌商只是作为供应商存在

（四）体验式零售成主流

体验式销售就是通过体验的形式进行销售，让顾客亲自来感受产品，在他有了亲身体会的同时把产品介绍推销给其他客户。在工业经济时代，产品是获利的主要来源，产品做得好，做得精致、耐用，销售得就好，此时的服务是附带的，服务是不“值钱”的。随着对服务的日益重视，服务本身也开始“值钱”了，产品也就渐渐演化成提供服务的平台，企业就能通过提供更多的服务来挣钱，服务是企业获得利润的主要来源，这是“服务经济”的主要特征。当服务经济发展到一定程度，服务的差异性也变得越来越小了，此时“体验”就变成了赢得竞争的关键，服务也就变成了提供体验的平台。

随着线上销售的冲击，越来越多的实体门店开始提出体验式服务的制胜法宝。各大品牌实体店、零售连锁店纷纷通过互动及数字化购物等方式来增强消费者的体验。因此线上与线下相结合在未来的化妆品营销中将扮演重要角色。

三、案例研究的方法和步骤

（一）研究方法

实地调研法：到东虹公司进行实地调研，收集第一手资料，并对公司的内部设施和展示场所进行实地考察。利用二手资料对化妆品行业及竞争对手进行研究。

深度访谈法：对东虹公司的管理层、供应商以及公司顾客、员工进行深度访谈，对化妆品行业的客户、从业人员等进行走访和座谈。

实验及数据分析法：对于本案例所涉及的产品、客户、销售等数据进行全面收集，模拟不同场景、不同受众、不同表现主题进行实验，对品牌的体验及营销效果做出评估。

(二)步骤安排

第一步,召开案例前期调研协调会。2016 年 5 月 1 日至 2016 年 5 月 31 日,召开案例前期调研协调会,确定案例的框架和关注的问题,以及实地调研的方向、内容和方法。

第二步,建立案例材料数据库。2016 年 6 月 1 日至 2016 年 6 月 30 日,根据确定案例的框架来进行数据收集整理,建立案例材料数据库,应包括相关的引用资料及其出处,如具体文件、访谈、档案或实地考察的日期等。

第三步,开展调研工作。2016 年 7 月 1 日至 2016 年 9 月 31 日,结合前期确定的内容进行实地考察、访谈、记录和研究工作。

第四步,修正调研结果和编写案例。2016 年 10 月 1 日至 2016 年 12 月 15 日,对调研结果及二手资料信息进行检验与修正,开展案例编写、修改、补充和润色工作。

第五步,确认案例内容并修正。2016 年 12 月 16 日至 2016 年 12 月 31 日,经过专家小组审核把关,并送交案例研究对象确认,最后做出调整和修改。

四、案例分析

20 世纪 90 年代,东虹公司董事长郑总留学日本,并在东京大学获得工学博士学位,其后在著名的新日铁公司研究所工作,1997 年,他在日本创业,成立三虹株式会社有限公司。后来回国与西北工业大学等合作成立“中日 IT 培训中心”,结识了现在东虹的 CEO 王总。

志同道合的两个人组建技术开发团队,为中国普天东芝开发 T618、T718 手机的移动互联网应用,由此对移动互联网的应用前景有了超前的认识。

2003 年,在开发 JAWA 游戏时,两人萌生了开发手机音乐的想法,这个在当时近乎于梦想的创意很快由团队付诸实施。后来幸运地将《老鼠爱大米》开发成手机音乐彩铃,并与中国移动合作推出,取得了令人瞠目结舌的辉煌业绩。《老鼠爱大米》不仅为公司带来了 8000 多万元的收入,而且长期占据音乐彩铃榜冠军,创下了我国手机音乐彩铃单曲多项纪录。

在“一带一路”“互联网+”等国家战略带动下,中国自贸区、保税区试点区域越来越多,跨境电商迎来了最好的发展机遇期。艾瑞咨询集团发布的统计数据显示,近年来中国跨境电商交易额年均增长约 30%,远远高于线下传统外贸交易增幅。

互联网巨头京东已经开通法国和韩国的跨境电商业务,与日本、澳大利亚、西班牙、瑞士、美国等国家的业务合作正在接洽。而阿里巴巴的天猫国际早已入驻宁波保税区，并与宁波市政府签署了战略合作协议。据商务部预测，2016年中国跨境电商进出口总额将增长至6.5万亿元。基于上述信息，王总和郑总判断移动互联网的春天就要到来，为此开始紧锣密鼓地筹办东虹公司。

(一)东虹创业之初的状况及发展设想

东虹公司推出的化妆品跨境电商平台——爱美聚妍最初定位为“立体电商”平台，专注于在全球范围引进顶级化妆品品牌，并负责品牌的运营，全系列产品线上线下的销售、推广、客服等一体化工作。公司除具备一般电商平台的所有功能外，还尝试推出分销渠道及其客户关系的线上管理模式，成为一家真正实现“互联网+传统分销及服务”的专业跨境电商平台，通过“线上+线下”的渠道与平台进行整合创新，形成新型“立体电商”的模式。自平台上线起，很快吸引了众多海内外资本与商家的极大关注，招商与拓客势头迅猛。东虹公司发展的重要事件见表6。

表6　东虹公司发展的重要事件

时间	事件
2014年6月	爱美聚妍“天猫专营店”开始营业
2014年8月	爱美聚妍自有门户(微信旗舰店)开始营业
2015年2月	爱美聚妍线下O2O体验店开始设立，代理商发展启动
2015年6月	代理品牌达37个，来自日本、韩国、澳大利亚
2015年8月	爱美聚妍“京东环球购店”开业

爱美聚妍(Aimbeauty)所代理的化妆品都是纯天然、无添加的优秀产品，来自海外成熟优秀、已在国外市场取得骄人业绩、获得多项世界级大奖的顶尖品牌。截至2015年7月，已代理了BB瑞宝丽(Bb LABORATORIES)、RISOU、Trefle、D. U. O. 等37个国际顶级品牌，产品种类涵盖洁肤、护肤、彩妆、洗发、护发、保健品等多个领域，且品牌的数量仍在快速增加中。

为了能够培育品牌忠诚度，东虹公司不仅严谨遴选合作伙伴，保障产品质量与服务的标准化，而且在海外品牌所在国建有仓库，商品从原产地直邮给中国消费者，由公司负担产品的关税，确保100%原装正品。

除此之外，东虹公司非常重视用户体验。为了打消消费者的疑虑，开办爱美聚妍的O2O体验店，让消费者零距离接触国际一流品牌，实地体验产品的效用与功能，进而促使线下体验向线上购买延伸。

为了扩大影响和销售力度，东虹公司也启动了全面招商，吸纳和建立三级代理商体系。一级代理商负责发展该地区的下级代理商，一级代理商的数量由总部根据地区市场容量确定。

代理商通过爱美聚妍平台管理服务自己的客户，进行营销推广；物流由总部的海外仓储统一安排，代理商无须压货；所有商品全国统一零售价，经销商可在授权范围促销。公司总部还提供标准化的整套运营解决方案，包括营销、客服、美容专家团队服务等，支持代理商的运营与管理。建设线上旗舰店、线下体验店和覆盖全国的代理商网络，进而建成“互联网+传统分销及服务”的专业跨境电商平台。东虹公司总结的企业优势见表7。

表7　东虹公司总结的企业优势一览表

序号	特色优势	具体做法
1	品牌聚集	多品牌，全系列产品多层覆盖
2	质量过硬	只引进世界知名品牌
3	平台关系	代理商通过云平台管理服务自己客户
4	强关系	实现销售与客户的强连接关系，提供强有力的 CRM 支撑
5	快捷物流	物流由总部海外仓库统一安排，代理商无须压货
6	价格保护	所有商品统一零售价，经销商可在授权范围促销
7	标准运营	总部提供标准化的整套运营解决方案
8	专家团队	总部提供运营、营销、客服、美容团队服务

1. 打造成熟且高品质的产品组合

爱美聚妍专注于在全球范围引进顶级化妆品品牌到中国，包括 BB 瑞宝丽（Bb LABORATORIES）、RISOU、Trefle、D. U. O. 等 37 个国际品牌，产品种类涵盖洁肤、护肤、彩妆、洗发、护发、保健品等多个领域。东虹公司代理和销售的部分产品见表8。

表8　东虹公司代理和销售的部分产品一览表

品名	定位	特色
BB 瑞宝丽	日本顶级护肤品品牌	使用水溶性胎盘素原液系列护肤品品牌
丽颂 RISOU	皮肤抗衰老	产品来自 100%植物提取物，提取过程及成品不使用任何化学化工添加物

续表

品名	定位	特色
QUALITY FIRST	日本面膜品牌	包括超量高保湿玻尿酸、胎盘素、糖白聚糖等数十种美容成分
Catalina GEO 隔离霜	韩国遮瑕防辐射美白保湿隔离霜	神奇色彩颗粒子
竹宝堂 PF1 小胖刷	化妆器具	打造舒适的上妆体验
Mejikaliner 双眼皮定型液	速干且持续时间长，含有营养成分，不伤害肌肤	不留痕迹，而且简单易用
CELLA AHA 果酸泡沫洗面奶	净白保湿，祛痘洁面，控油祛角质	化学剥脱术，防痘祛角质，重整肌肤，恢复光滑细腻
Ex:beaute 粉底液	焕白嫩肤，淡化斑点痘印，保湿，多效修护	针对五大问题：干燥，紊乱，毛孔，皱纹，色斑
CELLA VC 化妆水	收缩毛孔，保湿白皙	预防老化，抑痘爽肤
Saharaの蔷薇植物精粹滋润霜	修护，增强皮肤弹性，补水，保湿，改善肤色暗沉，淡化细纹	原料为摩洛哥阿甘坚果油等天然原料
eura Straightest Powder 护肤蜜粉	美白保湿，紧致修复，抗衰老，柔嫩细滑	以添加不会给肌肤带来负担的植物成分为基本理念的优质蜜粉
MARIANNEBOLLE 魅惑润泽唇膏	水润，光泽，亮丽	晶莹剔透的上妆效果，淡妆只需涂抹一次即可，水嫩且滋润度比较持久，形成保护膜，长久保持滋润光泽

2. 建设高效的线上线下销售网络

化妆品的零售渠道大致可以分为：超市及大卖场、百货店、专营店、专业店、美容院、网购、直销、药店和医疗渠道。其中，网购和专业连锁店是最近几年来成长最为迅速的渠道。在化妆品的零售渠道中，普通消费者认知最高的，同时也是销量最大的渠道是商场和超市渠道，这两个渠道合计实现的销量接近化妆品行业零售额的2/3。化妆品各类销售渠道发展情况见表9。

表 9　化妆品各类销售渠道发展情况

渠道名称	2010 年占比(%)	特点
超市及大卖场	35.3	通过该渠道销售的化妆品数量和金额将持续增加
百货商场	28.1	产品高端化、组织规模化、连锁化、区域下沉化和一站式购物的发展趋势
药妆店渠道	7.2	易获得较强的品牌识别性和顾客忠诚度,易于给消费者留下高效、专业的印象
专营店渠道	6.2	具有产品定位相对精品化、客户忠诚度较高等特点
个人护理店及便利店渠道	5.8	以屈臣氏、万宁为代表的个人护理店成为化妆品品牌进入市场的重要渠道之一
网络渠道	—	成本低,效率高,增长速度迅猛
直销渠道	13.2	通过直销员在非固定营业场所直接向最终消费者推销并销售产品
其他渠道	—	电视购物、美容院等

作为一种流通渠道,线上销售是一种低成本、高效率的方式。目前,仅在淘宝平台,化妆品就已是仅次于服装和数码产品的第三大品类,销量巨大。根据乐蜂网发布的行业白皮书,化妆品电商的运营费用在 22%~30%;而传统的百货商场渠道仅扣点就高达 25%;即使是供应链效率最高的专业连锁店屈臣氏和莎莎,渠道成本也在 30%左右。所以,纯粹从流通渠道的角度来讲,电子商务存在着非常大的优势。

网购化妆品交易额从 2009 年的 124.9 亿元增长到 2014 年的 978.13 亿元,短短五年时间实现了一个大跨越。2013 年较 2012 年增长了 192.4 亿元,同比增长 33.09%;2014 年较 2013 年增长了 204.33 亿元,同比增长 26.40%。如图 1 所示。

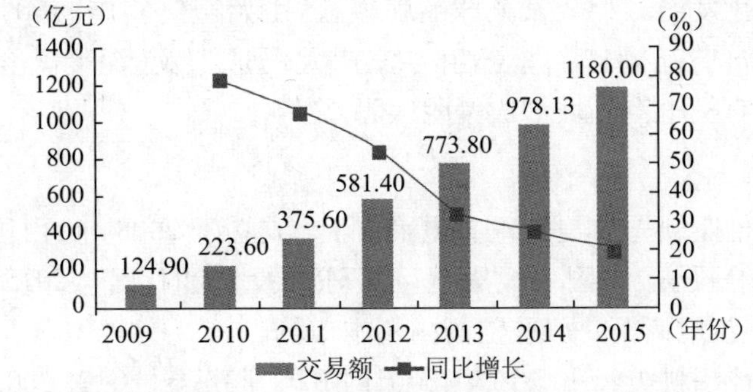

图 1　2009—2015 年中国化妆品网购市场交易规模

资料来源:前瞻产业研究院整理

(二)竞争者分析

1. 聚美优品

聚美优品是一家化妆限时特卖商城,其前身为团美网,创立于 2010 年 3 月。聚美优品首创“化妆品团购”模式,每天在网站推荐十几款热门化妆品。2010 年 9 月,团美网正式全面启用聚美优品新品牌,并且启用全新顶级域名。

作为首家化妆品电商,聚美优品一直坚持以用户体验为核心,以开创官方旗舰店入驻的形式,先后吸引了欧莱雅(L' Oreal)、高丝、资生堂(Shisedo)、谜尚等国际知名美妆大牌入驻。

聚美优品坚持只从品牌厂家、正规代理商、国内外专柜等可信的进货渠道采购商品,并在采购部专门设置自己的质检员。让消费者拥有良好的服务体验,进而取得消费者的信任。从 2010 年 3 月成立起,凭借口碑传播,短短一年半就从月销售额不足 10 万元发展到上亿元的规模。聚美优品拥有 5000 万注册用户,占女性化妆品团购市场份额的 80%以上。聚美优品原本已经在美国上市,但由于假货风波,股价表现低迷,已经开始寻求退市。

2. 乐蜂网

乐蜂网成立于 2008 年,以提供“亿万中国女性优质生活的首选入口”为目标,是中国第一家拥有专家明星进驻的专业美妆购物网站。乐蜂网倡导独特、个性的时尚哲学,鼓励欢乐、积极的生活态度,深度挖掘女性用户的需求。

2014 年 2 月唯品会战略入股乐蜂网 75%股份,共同打造顶尖女性时尚购物平台。双方的“联姻”有效结合了乐蜂网在化妆品垂直领域的经验以及唯品会的供应链管理能力,打通了前端时尚电商销售平台及后端时尚产品制造的生态产业链。同时提出“拒绝水货,拒绝掺假,承诺 100%正品行货”的承诺,带动整个行业的规范化发展。千余家全球品牌授权,由始至终实施“100%行货正品”策略。所有的自有品牌产品全部由专家达人严选把关,深度融合“达人产业链”,在美妆垂直类电商领域形成鲜明区隔。

3. 天天网

天天网是行业领先的美妆垂直电商平台,成立于 2008 年,由国际顶级 VC 赛富亚洲基金等投资、中国一线影视巨星陈坤投资和代言。2015 年 12 月 15 日,作为中国美妆电商第一股登陆国内资本市场。

以匠心精神深耕美妆市场多年,天天网 B2C 业务会员突破 2000 万,移动端销售占比超过 70%。天天网立足整合上游品牌商资源,构建美妆品牌生态库,提升全渠道销售规模,布局美妆线上线下 B2B 业务。

天天网拥有自己的PC端平台、APP平台、微信等新媒体平台,以及天猫、楚楚街、折800、卷皮等第三方主流电商旗舰店平台,用户可以通过以上渠道购买到天天网甄选的全球美妆护肤品。天天网以丰富的正品化妆品种类、突出价格优势体现、完善仓储物流配送服务、便捷多样的支付环节、无障碍退货环节等优势,致力为客户带来最完美的购物体验。

4. 直销化妆品牌

直销就是面对面的销售和服务,消费者可以同时是销售者。化妆品直销的品牌不多,但销量却都很大,比如雅芳、如新、安利、完美、玫琳凯。这些品牌累计实现的销售在整个行业里都举足轻重。

传统直销属于人员密集型模式,成本比较高,许多公司正在积极探索"互联网+"新模式。微商层层分销的B2C2C模式,与直销模式有一定相通性,甚至被认为是"微信版无牌照直销"模式。相对于传统直销模式,微商建立起了生产者和消费者之间的直接联系,使渠道结构更加立体化,厂商、批发商、零售商、代理商、消费者有机结合,构成一个网络系统。同时利用社交平台以及互联网平台,可以进行快速的传播和组织管理,提高推广的效率。

5. 屈臣氏等专业连锁店

专业连锁店最具代表性的企业当属屈臣氏和莎莎,这些企业的毛利率很高——莎莎的毛利率高达45%,屈臣氏的毛利率有35%。

当然化妆品专业零售店自身的运营成本也不小,屈臣氏和莎莎的运营成本均在30个点左右。其中最大的两部分——租金和人力成本,占比就已经超过20%。而且,这两项费用都存在刚性上涨的长期趋势,势必将会侵蚀掉企业的许多利润。相对而言,互联网销售的成本优势显而易见。

(三)潜在顾客研究

瑞信研究院发布的《2015年度财富报告》称,中国中产阶级上年的财富为7.34万亿美元,仅次于美国与日本。中国的中产阶级数量达1.09亿人。而这些中产阶级在最近几年才渐渐成为中国主流消费的人群,他们对优质产品的需求与日俱增,对值得信任的高档品牌也趋之若鹜,这从每年迅猛增长的出国人数以及巨额的海外采购现象可见一斑。

根据TNSWorldpanel Europe的调查,欧洲40~59岁的女性面部护肤品的消费金额近乎是25~39岁的两倍,而60岁以上的女性几乎占了34%的面部护肤品市场。这些数据反映了发达国家女性的化妆品消费随着年龄增大相应提升,原因是:一方面可支配收入增加,另一方面对抗衰老等需求也相应增加。目前中国年轻女性在化妆品上的消费远高于年老女性，人均化妆品支出随着年龄而迅速衰减。

而目前我国的25~40岁的中青年女性是经历了完整的化妆品教育的一代，消费习惯和老一辈相比已经发生变化，而且随着收入的增加，化妆品消费升级的现象非常显著。而她们将在2020年左右开始步入35~50岁，届时成熟女性和年老女性将是护肤品特别是抗衰老护肤品的主力军，而且更愿意在高端化妆品上进行消费。从这一点而言，未来的10~20年中国的消费者将很有可能复制成熟市场的情况。

随着对健康和产品安全意识的追求，人们的绿色产品意识和有害化学品威胁意识不断增强，有机绿色护理产品的需求也随之增长。这几年来天然有机化妆护理产品市场持续升温，过去十年，天然美妆产品成为化妆护理行业的第一增长点，年平均增幅达20%，至2020年，天然有机护理产品市场的规模将可能扩大一倍。

在互联网时代，消费者的购买行为发生显著变化，购买前的信息搜索以及购买后的分享及评价，即线上口碑对销量必将产生巨大影响。一方面，网络信息化时代，人们获取信息的渠道更为广泛，对化妆品的选择更加注重效果和品质，而不是盲目追求品牌。另一方面，随着旅游市场的兴起和出境游的日渐火爆，海外购物热也逐渐成为消费主旋律，其中最明显的就是化妆品的购买。“不怕不买货，就怕货不够”也已经成为国人出境游购买化妆品的一个真实写照。随着电商平台的迅速崛起，化妆品的网购平台逐渐成为化妆品销售的一条重要途径，对于许多没有时间去境外旅游的人来说，坐在家里动动手指就能够选择到自己心仪的化妆品。

根据国际趋势及代理产品的特点，东虹公司将核心用户群定位为35岁以上的高收入女性群体，根据这一人群的偏好，公司未来将大力引进和主推高品质、纯天然的产品。

（四）一年多来的探索与调整

爱美聚妍的商业模式定位为外国化妆品初次进入中国市场的孵化器和成长推手，与平台型商业模式相比，更加重视品牌的长期价值，重视顾客关系的维护，充分利用互联网成本低、效率高的优势，精准识别、发展并管理顾客群体。

1. 加入保健品类，产品线更丰富

保健食品是指具有特定保健功能的食品，即适宜于特定人群食用，具有调

节机体功能、不以治疗疾病为目的的食品。鉴于近年来保健品市场30%的复合增长率，以及人们越来越注重养生保健，预计我国将有望超越美国成为全球最大的保健食品市场。据日本狮王估算，中国的健康食品市场规模高达2000亿元，相当于日本的2.5倍左右，并且还在快速增长。从人均数据来看，2013年我国人均保健品消费支出很低，仅有日本的1/5，美国的1/6，未来成长空间可观。以占据保健品半壁江山的减肥产品为例，国内肥胖者已超过9000万人，超重者约为2亿人，这对国内外相关企业来讲都是巨大的机会。2008—2014年中国保健品整体规模见图2。

公司目前与日本著名日化品牌狮王达成战略合作。

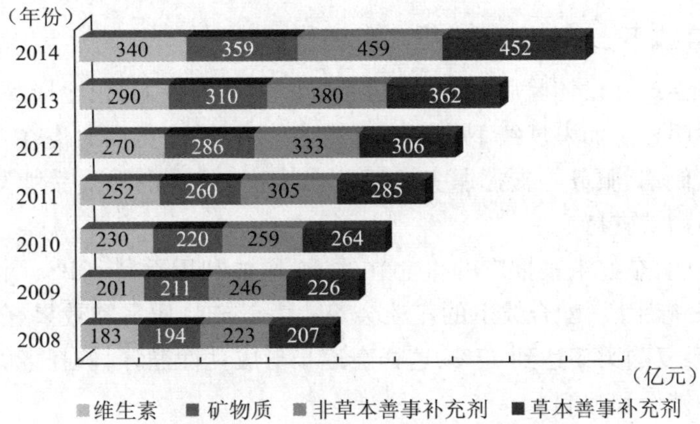

图2 2008—2014年中国保健品整体规模

公司代理的狮王产品见表10。

表10 东虹公司目前代理的狮王产品一览表

产品	功能
乐菲灵	生物体防御作用，维持、增进健康
酵母力量	提高睡眠质量
DHA+藏红花酸+棕榈胡萝卜素	缓解眼睛疲劳
田七生活	三七人参促进健康
植物性乳酸菌	改善肠道健康
番茄醋+牛奶肽	调整亚健康状态

东虹公司的一个重大进展是引进了日本山田制药旗下的品牌ansage，该品牌主打毛孔护理，旗下ansage卸妆油、ansage化妆水均在日本Cosme大赏中榜

上有名。

表 11　东虹公司目前主打产品及销售一览表

主打产品	产品功能	当前销售情况(万元/月)
BB 瑞宝丽	护肤	30
丽颂 RISOU	护肤,皮肤抗衰老	3
QUALITY FIRST	面膜	2
乐菲灵	减肥	150
ansage	毛孔护理	30

2. 放弃线下，专注于线上推广和销售

东虹在尝试开设体验店时,发现运营实体店难度很大,租金居高不下,推广的效果也不明显。而发展线下代理商也遭遇挫折,因为招商时潜在合作伙伴在广告、培训、促销、服务等支撑服务方面要求太高,同时也需要品牌知名度和丰富的产品系列来支持。

有鉴于此,东虹未来推广的重心在线上,比如利用百科、BBS、网红直播、博主推荐、SNS 等手段,配合线下的座谈会等。由于产品质量和效果好,只要说服用户尝试,重复购买率达到 47%,这样会逐步形成良性循环,依托老客户就可以获得稳健的销量和利润。

网红是互联网经济中新兴事物,逐渐成为引流销售的新渠道。首先,网红一般是在特定领域具有专业知识,能提供内容输出的群体,他们将社交行为向经济行为转化,其中服装是最主要的变现方式。其次,与服装相比,化妆品的选择与使用具有更强的专业性,同一张脸,不同人化妆出来的效果完全不同,且化妆品应用不当很可能引发健康风险,网红可以通过化妆品引流实现粉丝的变现。

针对高端女性用户群体,网红经济大有可为。当前中国美妆市场尚未出现权威的产品口碑平台,用户忠诚度尚处于培育阶段。未来网红可以借助自身专业优势,进驻微博、视频直播及移动美妆 APP 等平台接触更多用户,帮助高端消费者解决购买决策痛点。化妆品有望继服装之后成为网红经济的新热点。

3. 专注于产品品牌，放弃建设平台品牌

品牌可以分两类:一类就是平常所说的各种商品品牌,服装、食品、餐馆等;一类是销售平台品牌,给商品品牌提供销售场所或渠道,比如淘宝、京东、太平洋百货、家乐福等。

公司放弃打造平台品牌的想法,努力培育产品品牌,平台运营隐入幕后;但入股及掌握长期代理权的策略不变。

4. 目标是成为精准管理会员的新型零售企业

东虹创业之初,将自身定位为化妆品立体电商企业。经过一年多的摸索和调整,经营者重新做出了新的规划:其一,不局限于化妆品,而是关注和改善健康寿命,可以涵盖保健品,甚至生鲜食品。其二,不强调电商特点,而是定位为一个新型零售企业。不仅利用电子商务手段,而且不断学习和创新,利用一切有效手段来服务品牌建设。

更精准的会员管理机制。相对于用户数量,用户忠诚度这一指标显得更为重要。综合利用多种手段来进行会员营销,包括用户来源分析、促销成本效益分析,可以实现高效率的精准营销。

小结

东虹公司最初业务聚焦于跨境化妆品的网络营销,旗下有 37 个品牌可供其长期运营。通过"线上+线下"的渠道与平台进行整合创新,形成所谓的新型"立体电商"模式,招商与增长势头不错。截至 2015 年 6 月,代理来自日本、韩国、澳大利亚的化妆品品牌数达到 37。基于此,企业定位为 O2O 架构下的专业跨境美妆电商平台。

经过一年多时间的摸索和调整,东虹公司根据市场环境和竞争情况,做出了以下调整:首先,在化妆品之外,加入国外优质的保健品,未来还准备引入健康食品甚至生鲜产品;其次,放弃原来的线下拓展尝试,取消原先开设体验店及发展各层级经销商的打算,专注于线上推广和销售;最后,放弃打造平台品牌的想法,努力培育产品品牌,平台运营隐入幕后,但入股及掌握长期代理权的策略不变。

好性能是一个品牌成功的必要前提,东虹公司针对 35 岁以上的高收入女性群体,代理的都是国外市场经过多年检验的过硬产品,在国内市场只是需要让顾客了解、让顾客信任,有了购买欲望之后又有便捷的购买渠道。上述工作可以利用传统渠道,但利用互联网处理起来投入更少、成本更低、效率更高,而且也是东虹管理团队所擅长的领域。

东虹公司抓住了国内消费升级的机遇,引进前景非常好的国外优质化妆品和保健品,借助低成本、高效率的电商渠道,巧妙回避中小企业资金短缺、难以管理庞大线下市场的短板,利用精细化手段首先服务好现有顾客。管理层认为，顾客忠诚远远重要于短期的顾客数量增长，基于忠诚顾客，可以逐步利用口碑和线上推广手段吸纳新的用户。虽然这样发展的速度不会太快，但非常稳健扎实，也不用去承担不必要的风险，不失为一条明智健康的增长之路。

通过本案例的分析研讨，可以非常好地反映广大中小型企业在国内劳动力成本上升、竞争严酷的大环境下，怎样摆脱低水平的价格竞争，努力转型升级，参与国际竞争。

参考文献

[1]国信证券李世新．中国化妆品行业深度研究报告[R]．雪球财经，2012-11-22.

[2]中商产业研究院．2017—2022年中国化妆品行业市场前景及投资机会研究报告[EB/OL]．中商情报网，2017-11-07.

[3]中商产业研究院．2016—2021年中国化妆品行业品牌市场研究及投资预测分析报告[EB/OL]．中商情报网，2017-04-06.

[4]智研咨询．2017—2023年中国化妆品行业市场监测分析及发展趋势预测报告[EB/OL]．中国产业信息网，2017-05-31。

[5]前瞻产业研究院．化妆品行业市场需求预测与投资战略规划分析报告[EB/OL]．东方财富网，2016-04-16.

惠州昌亿科技转型升级之路

方案设计:万　飞
资料整理:徐咏梅　章　平
资料收集:彭　淇　陈宣瑜　陈振东

一、案例研究背景

(一)行业背景

改性塑料是指在通用塑料和工程塑料的基础上,经过填充、共混、增强等方法加工改性,提高了阻燃性、强度、抗冲击性、韧性等方面性能的塑料制品。这些优异的综合性能使其在下游领域得到越来越广泛的应用,对塑料工业和新材料发展起到了重大的推动作用。该行业是一个涉及面广、科技含量高、能创造巨大经济效益的塑料产业领域。

我国改性塑料行业起步于20世纪80年代改革开放初期,当时市场广阔,对塑料制品需求量大,但因起步期改性技术相对落后,改性产品的性能或质量不能完全满足使用要求,许多高端产品仍然依赖进口。为了满足国内市场需求,广东、江苏、浙江和山东等东南沿海和经济发达地区相继涌现出我国第一批改性塑料企业,他们在艰难中创业,在创新中发展。

经过近30年优胜劣汰的市场竞争和资源重组,同时随着人们对材料性能要求的不断提高,我国的塑料化工行业得到了迅猛发展,工程塑料工业实现了跨越式进步。特别是党的十八大召开以后,塑料行业已被重新定位为发展中的支柱产业。目前我国拥有改性塑料企业近千家,年产量达到300多万吨,逐步形成以填充母料和各种功能母料、改性塑料专用料为主要产品,从树脂合成到加工改性及配套的塑料添加剂、成型设备、模具制造等一体化产业链。

徐咏梅:暨南大学企业管理系教授,研究方向为战略管理、运营管理。
章平、彭淇、陈振东:暨南大学企业管理系2018届研究生。
万飞、陈宣瑜:暨南大学工业工程专业2017届研究生。

近年来,一些大型的跨国改性塑料生产企业凭借技术与资本两方面的优势,逐步加快在我国改性塑料生产基地的布局,以抢占日益增长的国内市场。这些跨国企业大都是融上游原料、改性加工、产品销售为一体的大型化工企业,如杜邦公司(Dupont)、陶氏化学(DOW)、斯夫(BASF)、拜耳公司(Bayer)以及沙特基础工业公司(SABIC)等。随着对中国市场了解的逐步深入,这些跨国化工企业也开始在我国建厂,并建立起营销网络,进一步加大对我国市场的开拓力度。而国内从事改性塑料加工的领先企业,通常专注于生产和销售用于特定下游产品的改性塑料,在细分市场中有一定的竞争优势。此外,在中低端的改性塑料市场,由于进入门槛相对较低,国内改性塑料企业竞争激烈。

金发科技是我国改性塑料行业的龙头企业,拥有年产 80 万吨改性塑料的生产能力,年营业额达 150 亿元,拥有阻燃树脂、增强增韧树脂、塑料合金、功能母粒和降解塑料五大系列 60 多个品种 2000 多个牌号的产品,产品广泛应用于汽车、家电、OA 设备、IT、通信、电子、电工电器、建材、灯饰等多种行业。

新材料是现代高新技术发展的物质基础和先导技术,国家在 2011 年颁布《当前优先发展的高技术产业化重点领域指南》,指出新型工程塑料与塑料合金、新型特种工程塑料、阻燃改性塑料、通用塑料改性技术是当前高分子材料重点领域优先发展的高技术产业化项目。2012 年 4 月颁布《中国塑料加工业“十二五”发展规划指导意见》,指出“十二五”期间,要扩大环保助剂、改性材料等新型环境友好材料的应用。在国家宏观政策指引下,产生了一批主业突出、拥有自主知识产权和知名品牌、核心竞争力强的新兴科技型企业,一大批驰名商标、著名商标和名牌产品脱颖而出。“十三五”期间,我国要进一步发展壮大工程塑料行业,以加快转型升级为重点,以提高塑料加工业自主创新能力为核心,以新材料、新技术、新装备和新产品为重点,大力实施高端化战略,全面提高产业素质,力争在智能制造、数字制造、网络制造上取得新的突破。

我国正成为全球改性塑料最大的潜在市场,产业升级空间巨大,改性塑料行业将进入新的发展时代,迎来新的发展机遇和发展空间。

(二)企业简介

惠州市昌亿科技股份有限公司成立于 2011 年 8 月,注册资本为 6000 万元人民币,专业从事改性塑料、复合材料和先进聚合物材料系列高端产品的研发、生产与销售,材料广泛运用于智能仪器仪表、智能照明、航空航天、高速列车、高级汽车、国防军工等系列产品,种类包括国家专利产品、国际先进技术产品、高新技术产品共 100 多种,各类特种材料牌号产品共 483 个,产品有效服务于上述应用领域 130 多家客户。昌亿科技也是国家高新技术企业、广东省民营科技企业、天津股权交易所挂牌交易企业，目前公司旗下设立了小巨人塑胶、绿茵泉贸易、香港威盛贸易、小巨人体育文化四个子公司，分机构和营销网络分布在国内20多个主要城市。同时，其材料已成功打开了全球40多个国家和地区市场。在迅猛发展的同时，公司结合自身行业技术优势，参与国家、行业标准起草制定，带动整个产业产品的技术提升。公司目前拥有近10000平方米的研发基地和近40000平方米的生产基地，拥有高新材料制备双螺杆自动化生产线10台套、LED照明制管制罩自动化生产线50台套、高精密度注塑制造自动化生产线及各种检测实验设备仪器等30台套，年产能达3.6万吨。

昌亿科技依托惠州处于珠三角第二梯队优越地理环境、经济环境、大力发展民营经济的政策优势，坚持走科技创新、转型升级的道路，先后建立了功能种类齐全、科研设备先进实用的惠州市工程技术研究开发中心、广东省工程技术研究中心，聘请了一批业界的资深权威专家、学者、教授、博士组成研发团队，选择了一批节能、减排、低碳、绿色的高分子特种功能复合新材料作为高端实用性课题，建立、完善课题研发责任制及激励机制，在短时间内取得了丰硕成果。其中，耐寒-70℃新材料填补了国内乃至全球行业空白，新材料广泛应用在对原材料的专业性、技术性、稳定性要求特别高的各种制造领域。

该企业在最近几年一直处于转型过程中，而且获得了巨大成功，本文通过深入企业调研其转型成功的路径，旨在促进改性塑料企业及其他相关企业更好地实施转型。

二、案例研究的初衷

（一）充实与完善企业转型相关理论研究

在企业转型升级研究方面，国内外学者主要对企业转型的驱动因素与制约因素、企业转型的方式方法与路径进行了大量的研究，在研究方法上以案例研究与实证研究为主。

Tokatli研究了土耳其一家服装公司从一个完全从事服装包装的企业转型升级成为一个拥有品牌与零售的国际性服装企业的过程，认为更多地获得服装行业的生产、消费的全球网络信息对于企业获得高附加值的竞争优势是非常有用的。Pfeffer和Slancik认为，激烈的市场竞争、组织内部的资源与能力以及外部合作伙伴的支持是企业转型升级的基础条件，而发展产业集群可以促进企业转型发展。B. Li和C. Wang基于浙江省的问卷调查将影响企业转型升级的因素分为企业内部因素、国内环境因素、国际环境因素，发现国内环境因素对转型升级影响最大，其次是企业内部因素，最后才是国际环境因素。

孔伟杰基于浙江省制造业企业大样本问卷调查的实证研究发现，企业创新能力是企业转型升级最关键的因素，企业规模对企业转型升级具有明显的正向促进作用，政府财政资助对企业转型的刺激作用并不明显。对于中小型制造业企业来说，如何培养并提高自身的创新能力是至关重要的，也是未来学术界探讨的重要问题。赵昌文通过对全国约300家企业的实地调研和约1500家企业的问卷调查发现，影响企业转型升级成效的主要因素包括：对研发的投入、商标和品牌的建设、人力资源的培养、先进管理技术的应用和管理能力的提升。吴家曦认为，企业转型的动因可以分为拉动因素和推动因素。拉动因素包括对企业未来长远发展的考虑、对当前形势的判断、新的市场渠道和新的技术。推动因素包括产能过剩和过度竞争带来的压力、企业成本难以消化、市场萎缩、行业发展前景暗淡、受其他企业的影响。张聪群强调了地方政府在企业转型中的重要作用，产业共性技术和区域品牌都具有公共产品属性，因此，地方政府应该扮演该战略的制定者和战略实施的组织者。

刘方则聚焦我国的中小型企业转型，通过分析我国企业近几年的宏观经济数据发现，中小企业转型升级仍然面临着转型成本高、融资难、技术与管理创新存在瓶颈等具体问题，提出要将促进中小企业发展上升到国家战略层面，加强改革的顶层设计，破除民营经济和中小企业发展的体制机制障碍，缓解转型升级中融资难问题，同时通过加大扶持小微企业发展的财税支持力度保障。杨桂菊研究了我国代工企业的转型影响因素，基于比亚迪的探索性案例研究发现，代工企业可以通过网络关系构建、模仿学习、创新投入以及国际化行为，实现战略创业，推动代工企业的转型升级。同时，企业家创新理念与机会感知能力是代工企业实施战略创业行为的内在驱动力。曹建海和黄群慧揭示了企业制度转型和管理模式创新对中国现阶段民营企业成长的决定性意义，并进一步引申出民营企业成长管理的“三维模型”。

总的来说，国内外学者站在不同的角度，从不同的行业出发，分析了影响企业转型升级的驱动因素与制约因素，包括企业内部的创新能力、管理能力、品牌建设、外部的竞争环境、政府法规政策以及国际经济局势。这些因素都会对不同行业的企业转型升级产生不同程度的影响，但它们之间的内部作用机理与相互关系并不清晰。

在企业转型升级的路径演化方面，Gereffi通过对服装行业的实证研究表明企业转型的典型路径是从委托组装（OEA）到委托加工（OEM）再到自主品牌生产。Kotter指出，企业转型过程包括几个阶段，即营造危机感、塑造富有战斗力的团队、传达愿景、授权按新愿景行动、计划并实现阶段性胜利、巩固成果并推动更多的变革和制度化，而每个阶段都需要企业管理者的能力。杨桂菊在此基础之上，进一步对3家本土OEM企业转型升级的演进路径进行了探索性研究,发现代工企业转型升级的过程即是代工企业在“核心能力”不断升级的基础上扩展其“价值链活动”范围的过程。程虹通过实证调查发现我国企业转型升级整体绩效趋稳,结构分化明显,提出了企业转型升级的几大路径,即形成面向市场的创新型企业家精神,加快从“速度盈利型模式”向“质量盈利型模式”转变,加大企业人力资本投资以形成人力资本红利,注重技术创新能力的持续性提升等。

企业转型的路径是多种多样的,根本没有可复制的方式,根据权变理论,不同行业、不同区域的企业所选择的转型路径是不同的,Sturgeon和Lester(2002)发现企业自身条件和所处的环境因素决定了OEM企业具体应选择哪种升级战略。Ponte通过南非一个葡萄酒企业案例研究,认为企业转型升级是一个收益与风险平衡的过程,更好的产品质量、快速响应的过程与一些功能的升级是与高风险、低回报共同存在的。陈明森、陈爱贞、张文刚(2012)通过对我国221家制造业上市公司的实证分析,认为在能力的培育、提升方面,处于不同行业的企业应采取差异化策略:生产者驱动型产业应以技术路线为主,购买者驱动型产业应以营销路线为主。毛韵诗通过对东菱凯琴与佳士科技的比较案例研究发现,制度环境不同,基于“适应性学习”的企业能力不同,OEM企业升级战略选择也是不同的。在改性塑料行业,刘英俊指出,我国改性塑料行业要从以扩大规模、产量为主的增长模式,转移到创新驱动提质增效、绿色环保和内外并举的新的模式上来。

本案例基于前人的研究基础,针对改性塑料行业中具体的企业,通过实地调研与访谈探索其转型的驱动与制约因素,以及这些驱动因素内部的联系机理,并且结合企业所处的具体区域位置,研究这些驱动与制约因素对企业转型升级演化路径的影响。

(二)改性塑料行业现状分析

随着我国经济的快速发展,改性塑料加工业实现了历史性的跨越发展,实现了从以消费品为主快速进入生产资料领域的重要转型,现正进入上质量、上水平、上档次的转型升级发展新阶段。在新发展阶段,我国的改性塑料加工业面临着新的形势。

1. 生产要素成本不断增加,资源、环境、能源约束日趋增强,改性塑料加工业发展环境、机遇发生重大变化

中国的劳动力成本在国际市场上的优势已不明显,如图1所示,2003—2016年中国制造业单位劳动力成本增加超过一倍,这样的趋势意味着单凭劳动成本竞争力已不足以维持中国在全球的生产力优势,一些新兴制造国家,如印

度、印度尼西亚及越南，其劳动力成本相对于中国来说具有相当大的优势。中国制造在全球竞争中渐渐失去优势，所以很多加工型企业都将工厂迁往了东南亚地区，使得广东出口环境日益恶化。

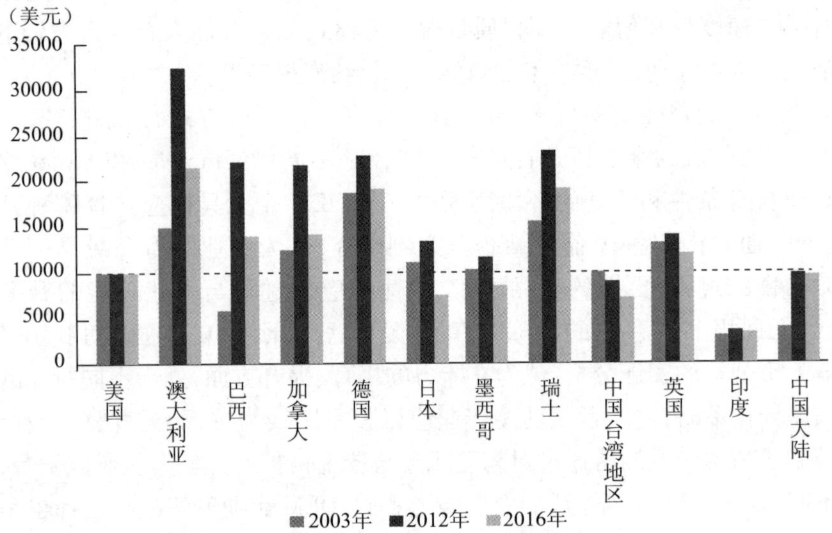

图 1　各国劳动力成本比较

资料来源：牛津经济研究院

2. 改性塑料加工业已初步完成了数量主导型发展阶段，发展重点由注重量的增加转到质的提升和效益的提高上

一方面，由于国内外有关改性塑料的技术不断提升，新型实用的原材料出现，使得以改性材料为原料的产品大量出现，在改性塑料产品方面实现了革新；另一方面，由于消费者越来越挑剔，相比于价格，更看重产品的质量与实用性。

3. 在我国经济进入增速放缓的发展转型期后，塑料加工业也随之进入发展的重要转型期，增速放缓是必然趋势

2012 年以前，塑料制品年产量始终保持高速增长，“十一五”期间塑料制品产量年均增速达到 10%以上；从 2012 年起逐渐下降，2012 年为 8.99%，到 2015 年下半年，增速已下滑到 1%左右。塑料制品出口也明显下降，增速大幅度减缓。

4. 产业区域布局结构、企业组织结构、产品结构不合理问题更加凸显，特别是产品结构不合理问题更加突出

目前部分产品出现结构性和阶段性过剩，低端改性塑料产品严重过剩，而高端改性塑料产品却需要大量进口,这主要是我国目前在改性塑料行业创新能力不足造成的,对于适用于更艰难环境中的改性塑料技术还没有突破,大量的民营企业只能够作为代工企业存在。这说明改性塑料加工业供给能力还不能适应和满足市场需求和变化,供给能力升级迫在眉睫。

目前,行业中还没有一家标杆性的企业能够引领整个行业的转型,而昌亿科技作为该行业在珠三角地区的龙头企业,在转型的过程中已经凸显了竞争优势,分析昌亿科技的转型升级路径能够给行业其他企业提供参考。

三、案例研究的步骤

通过对昌亿科技的充分调研了解,可以将昌亿科技的发展历程分为三个主要阶段,分别是转型之前、转型初探及产业链延伸。

(一)第一阶段:转型之前(2011 年之前)

昌亿科技原名为惠州市昌亿科技塑胶制品有限公司,成立于 1999 年,位于惠州市仲恺高新技术开发区,是一家拥有独立进出口经营权,集研发、生产、销售服务于一体的港资(独资)经营企业。

公司拥有一批专业技术人员和销售团队,同时拥有先进的生产设备和完善的试验检测设施。主要生产经营尼龙(PA)系列、聚碳酸酯(PC)系列的增强、阻燃、增韧、耐热、耐寒、耐冲击等改性工程塑料产品以及 PC/ABS、PC/PBT 等塑料合金系列产品和增韧剂系列产品,每种产品的年产量均超过 10000 吨。

2011 年之前昌亿科技是一个外资独资企业,从事塑胶制品制造,其收入来源 100%靠出口,没有在国内开拓市场。2008 年金融危机导致国际国内经济环境动荡不安,不确定性因素增多,大量代工企业倒闭,昌亿科技的主要业务和经营模式是来料加工,面临着很多风险。另外,人民币的不断升值给国内从事出口贸易的企业造成了很大压力,国内生产制造成本相对提高,国外的需求又不断缩减。昌亿科技处于内忧外患中,单纯做来料加工,靠下游的订单来养活企业无疑是死路一条,企业要活下去就必须转型。此时恰逢国家出台鼓励自创企业、自创品牌的相关政策,在挑战和机遇并存的情况之下,昌亿科技毅然坚定改革决心,踏上转型升级之路。

(二)第二阶段:转型初探(2011—2013 年)

在下定了走转型之路的决心后,接下来首先要面临的是怎么转、往哪些方面去转的问题。在 2011 年前后,企业高层管理人员开始筹划转型方案。他们达成共识,在改性塑料、复合材料行业,最重要的就是技术创新,在产业链的最前端进行创新。

企业将其战略使命定义为：站在科技前沿，开发尖端产品，替代稀缺材料，保护人类环境，降低产品成本，造福民众生活；成为高分子材料领域的前沿企业，用最有价值的产品服务全球市场，做一家负责任的高新技术企业。在定位理念上，昌亿科技并不把自己看作是单纯意义上的工程塑料公司，更是一家帮助客户解决复杂工艺创新的企业，走技术服务型企业道路实现创新发展是昌亿科技的命脉所在。昌亿科技面对的客户不是终端消费者，而是生产企业，围绕着更有效地为客户服务这一主题，企业将转型重点放在以下几个方面：第一，先进聚合物材料、共性加工技术的创新、研发与应用；第二，服务国家发展战略，为政府科技决策提供理论依据与管理支撑；第三，建立高新技术成果转化与实践综合平台；第四，推动创新型人才高地建设、产业主导领地建设和产学研平台建设；第五，对集群产业转型升级贡献核心技术与发展模式。在战略发展方面，企业致力于开拓高新材料、高铁交通、航空军工、国际多元这四大市场，打造新材料制备、特种装备（航空、军工、高铁）、高科技服务这三大产业。

昌亿科技不断加大创新力度与研发投入，在原来核心成员的基础之上发展壮大自身团队，目前拥有成员 125 人，其中博士 3 人、硕士 7 人、本科 14 人；高级工程师 8 人、工程师 16 人；由北京化工研究院曾获得多项全国科技成果奖的高级工程师杜明聪教授担任技术总顾问。虽然企业人员总数不多，但是研发人员比例较高，占公司全员的 30%以上。在公司组织架构调整中（见图 2），企业将

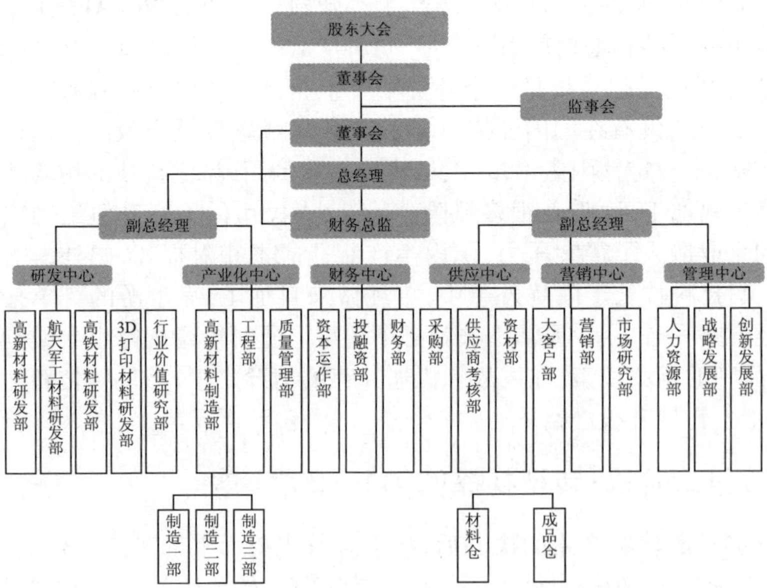

图 2 惠州市昌亿科技股份有限公司组织架构

研发中心细分为高新材料研发部、航天军工材料研发部、高铁材料研发部、3D打印材料研发部、行业价值研究部这五个部门。每年企业将营业收入的6%投入到研发和技术创新方面。在其4万平方米的厂房里，有1万平方米建设了研发基地和实验室。可以看出昌亿科技在人力资源、组织架构、财务支持、厂房建设方面都对研发有着较大的投入。

企业不仅在内部对技术创新非常重视，投入更多的人力、物力、财力到研发环节，而且企业外部也在积极走产、学、研发展道路，自成立以来积极开展各种学术交流，先后与国内50多所高校互派人员学习，并向美国哥伦比亚大学、哈佛大学等国外名校派遣访问学者参与学术交流，近100次参与行业、研究院、企业联合会等高峰论坛。自2012年起，企业持续与包括暨南大学、中山大学、华南师范大学、北京化工大学等在内的国内外知名高校建立良好产学研项目合作关系，设立了学生实习基地和研究生联合培养基地，建立省部科技特派员合作关系；与高校联合开发航天航空新材料、国防军工新材料，并获得了深圳中航公司、中国航空技术珠海有限公司、上海长空集团的认可。这些产学研合作关系提高了公司的科技水平，为企业积累了强大的研发根基，并通过交流活动推广了企业的新技术、新工艺、新产品。同时，昌亿科技也成为我国塑料新材料行业第一家与高等院校联合研发生产的民营企业。

在研发新型改性塑料的同时，企业也积极参与到国家、省、市科研项目中，并取得了丰富的成果（见附表1）。

通过企业内外部的研发投入，在取得了一定的成果基础之上，企业通过了一系列的认证。公司至今已累计申报国家专利93件、国际发明专利2件，发表论文38篇，其中授权发明专利31件、实用新型专利12件、外观设计专利9件。先后获得"中国专利奖""广东省创新创业百强企业""广东省知识产权优势企业""广东省优秀企业""广东省最具核心竞争力企业"等称号。被授权成立了广东省特种高分子复合材料工程技术研究中心，惠州市特种功能复合材料工程技术研究开发中心。通过不断的技术创新，以及对航天航空领域的大力关注，最终企业通过了AS 9100（航空航天管理体系）认证，使得昌亿科技成为改性塑料行业中唯一一家获得该认证的企业，这意味着昌亿科技可以进军航空航天市场。除了该认证以外，企业也通过了ISO 9001（质量管理体系）认证，ISO 14001（环境管理体系）认证，OHSMS（职业健康安全管理体系）认证。为了进入国家军工市场，企业也正在进行GJB/E 9001A（国军标质量管理体系）、GJB9001B-2009（武器装备科研生产单位保密资质）以及武器装备科研生产许可证认证。

随着研发能力和创新能力的提升，以及企业在行业中的竞争力不断增强，企业也参与到了国家与行业标准的制定当中，例如国家工信部组织的智能光电导热散热材料行业标准、关于抗静电高散热石墨复合聚酰胺塑料的技术规范、高分子包装材料抗静电行业标准、国家电网联合广东省质量技术监督局组织的智能电表表壳用聚碳酸酯改性材料标准修订等，为国内新材料领域的整体发展提供了标准技术研究支撑。

在改性塑料产品的研发方面，建立了研发中心与检测中心，引进了国际先进的检测设备，包括悬臂梁冲击试验机、热变形维卡温度测定仪、熔体流动速率仪、实验电阻炉等，对各种高分子聚合物进行流动速度试验、冲击强度试验、热变形温度试验、拉压力强度试验以及色差检验。企业形成了自己特有的核心产品，其中耐寒系列、高韧系列、光学系列、耐磨系列、导热系列、耐酸碱盐腐蚀系列达到了国际先进水平；导电系列、耐候系列、高强系列、高模系列达到国内先进技术水平（见附表2）。

公司拥有涵盖了以下十大领域的高端科技新材料产品：一是高速列车绝缘电阻和挡板座新材料；二是自动化发电机组核心新材料；三是自动化电子式电能表新材料；四是自动化电子式水表新材料；五是高标准仪表新材料；六是家用电器高光新材料；七是LED灯高透光新材料；八是高标准折叠凳新材料及产品；九是高级汽车材料配件；十是体育专用室内外塑胶地板。

企业在这一阶段厚积薄发，从2011年开始，昌亿科技公司化被动为主动，将战略定位由满足市场需求，转变为引领和创造市场需求，加大科技创新投入，发展行业先进的核心技术，从源头上保证公司的前瞻性、创新性和连续性。通过企业转型升级，昌亿科技成为中国塑料领域研发、生产、销售的领先企业。高新材料的营业收入从2011年的约5万元，上升到2012年的900万元，又在2013年上升到6000多万元，并且一直保持着增长势头。

（三）第三阶段：产业链延伸（2013年至今）

企业在该阶段的转型可以概括为产业链的延伸。通过调研，我们发现昌亿科技在2013年之前的主营收入基本是靠销售原材料获得，但随着整个经济环境格局不断变化，改性塑料市场发生了巨大的变化，单纯做加工制造、代工型的企业只能慢慢消失。于是企业就抓紧机会进行变革，并不把原材料完全销售给中间企业，而是延伸到半成品或者成品，把最好的技术导向市场最终的产品，从单纯做供应链最上游的原材料延伸到整个下游产业链。

昌亿科技实施这样的企业转型也是基于对整个供应链环节的考虑。当时一些做产业链终端的企业一般都从供应商购买半成品，然后进行加工制造，形成产成品再进行销售，其中存在不少中间商赚差价的情形。而且由于整个供应链环节太多，会产生强烈的牛鞭效应，导致一些人力、资源、运输、库存的浪费，增加了整个供应链的风险。而昌亿科技通过自己研发原材料、设计模具、进行质量控制、掌握制作标准,打通整个产业链,消除没必要的浪费,提高响应的速度。比如原来的产业链从原材料到成品需要 90 天,但是现在却可以缩短一半以上的时间,同时也降低了整个供应链的风险。而且昌亿科技拥有着一些极具竞争力的核心技术,在原材料阶段就参与其中,不仅在质量上比其他生产商有优势,而且在成本上也具有明显优势。

往下游产业链延伸这一战略的实施体现在公司新开发的终端产品上。比如,LED 灯管。该灯管于 2015 年开始投入生产,由于其材料的特殊性,能够节约更多的成本,刚生产出来,就迅速占领市场,目前该灯管的市场份额在国内能够达到 40%。又如,新型智能电表壳体是昌亿科技最具代表性的产品。地球上有不少极寒地区的气温为零下 70℃左右,昌亿科技团队经过一步步艰难的研发,终于开发出一种高新材料——“耐寒智能电表壳体用聚碳酸酯/玻璃纤维合金及制备方法”——很快便被应用到了智能化电网、水网的升级改造当中,用这种材料生产出的智能电表和智能水表顺利挺进了广大极寒地区,解决了整个行业的关键问题,昌亿科技也成功制定了自己的企业标准。这项技术在 2013 年获得了国际认证,业内专家一致认为达到了国际先进水平,且填补了国内市场空白。

回首昌亿科技从 2011 年开始转型后的两个阶段,企业一直处于不断发展壮大的时期。2011 年至 2013 年对技术创新的重视,使企业在 2013 年之后厚积薄发,营业利润不断上升,企业知名度也不断扩大。企业最近几年的利润如表 1 所示。

表 1　惠州市昌亿科技股份有限公司 2011—2015 年财务数据

年份	净资产(万元)	销售收入(万元)	利润总额(万元)
2011	209.04	5.36	—
2012	3 635.48	893.13	12.26
2013	6 175.44	6 249.15	258.03
2014	6 583.75	7 086.54	544.82
2015	7 109.03	9 508.07	617.97

四、案例分析

(一)企业转型驱动因素

企业转型的宏观原因有很多,结合昌亿科技具体的实际情况,其转型与国际国内宏观经济环境变化趋势一致,转型的动因主要有以下几点:国际经济环境动荡不安、行业竞争压力大以及国家政策的指引等。

首先是国际经济环境方面。2011 年前昌亿科技还是外资独资企业，生产的产品 100%出口。2008 年金融危机使国际金融机构相继倒闭，实体加工企业也受到重创，大量的代工企业倒闭，做来料加工的企业更是在输出产品后无法回收资金。

另外，当时以美国为主的一些西方发达国家认为人民币被严重低估，损害了它们的贸易利益，因此纷纷要求人民币升值，虽然我国在人民币是否升值上保持着自己的一贯立场，但在外部强大的压力下，人民币也面临着严重的升值压力。主要的原因就在于我国一直以来存在高额的贸易顺差，其中又以加工贸易为主。从人民币升值的影响来看，由于我国当前的加工贸易仍以进料为主，其在提升加工贸易产品价格的同时，也相应地降低了其进口成本，当人民币不断升值时，无形当中给企业造成了很大的成本压力，使得国内生产制造成本相对提高，国外的需求又不断缩减，因此国内企业做出口贸易并无明显优势。

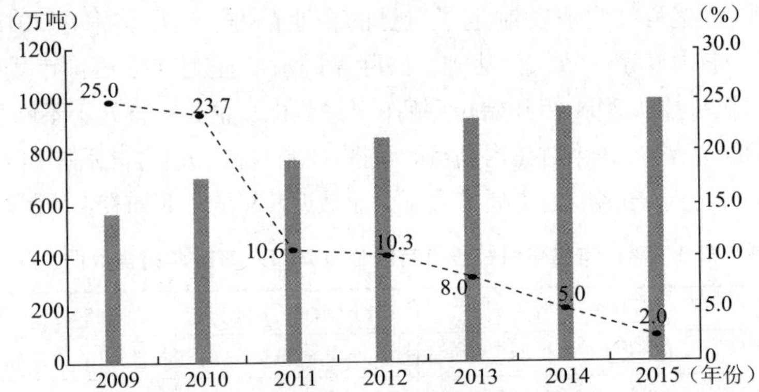

图 3　改性塑料近年来产量及增长率

其次是行业竞争压力大，低端塑料产品供过于求。从图 3 可以看到，从 2009 年到 2015 年，我国改性塑料产量的增长率是不断放缓的，到 2015 年仅有 2%，与我国改性塑料庞大的潜在市场需求相矛盾。这是因为我国企业所生产的改性塑料仍然处于满足低端市场需求状态。随着科技水平的进步，人民生活水平的提高，企业对改性工程塑料的要求也更高了，改性塑料向着轻量化、功能化、生态化、智能化发展，然而我国在这方面却明显地落后于西方国家。据统计，2015 年我国合成树脂进出口逆差是 363 亿元，是所有化学品行业中贸易逆差最大的行业。高端产品依赖进口的态势也没有改变，具有代表性的聚碳酸酯自给率只有27%，高端聚烯烃自给率也只有38%①。这就需要改性塑料企业进行技术创新，满足新的需求，扭转当前这种突出的结构性矛盾。

最后是国家政策的引导。早在2007年，国家相关部门就推出《关于支持中小企业技术创新的若干政策》鼓励中小企业进行技术创新，之后陆续又推出一些政策保障中小企业进行技术创新，如建立创新人才激励机制，加强投融资对技术创新的支持等。国家"十二五"规划提出要重点发展多功能、高性能材料及助剂，力争在材料功能化、绿色化及环境友好化上取得新的突破，加快提高中高端制品的比例。

（二）企业转型升级方式

通过对昌亿科技的调研发现，其转型升级主要遵循以下方式：从扩大规模、产量为主的增长模式转移到"创新驱动、提质增效、绿色环保和内外并举"的新的模式，寻找全新的增长点，向轻量化、功能化、生态化、智能化发展，实现行业由发展壮大期到成熟期的转变；确立在全球本产业中的地位，寻找差距，努力从低端走向高端，提高技术与装备水平；从劳动密集型向技术资本型转变；鼓励技术、产品、装备的原始性创新，充分重视和发挥科技人才的作用；在关注产品种类、数量、品量的同时，实现与绿色、环保、安全并举，协调发展。具体的转型方式可以归结为以下几点：

1. 技术创新与模式创新

加大研发投入，提高研发、设计、创新能力，增强自主知识产权是目前民企自主创新的典型模式。昌亿科技在三个方面展开创新的实践，包括先进聚合物科技、共性加工技术的创新与研发、应用，推动创新型人才高地的建设和建立高新技术成果的转化与实践综合平台。企业创新的宗旨就在于满足行业和消费者以及产业集群对新材料产品优质、美观、舒适、高性能的需求，并进一步创造需求，针对特种装备行业开发出耐苛刻环境特种功能产品，打破传统局限，扩大应用范围，进行颠覆性的技术创新、产品创新。具体实践活动包括：

（1）组建专家顾问团

聘请了一批在业界的资深权威专家、学者、教授、博士组成研发团队，包括中国工程院刘人怀院士、北京化工研究院曾获得多项全国科技成果奖的高级工程师杜明聪教授等。研发投入占到公司营业收入的6%，该水平已远超行业平均水平。在组建创新研发团队时，十分重视团队的质量，而不是团队的人数。

---

① 数据来源于《中国企业报》第308期第13版——新材料。

只要是有实力、有创新的团队，企业都会大力支持。

为了提高公司的经营管理水平，降低管理风险，公司实施“走出去，引进来”的策略。“走出去”就是公司定期选派创业管理层“走出去”，学习先进的管理理念、方法，加强企业管理培训交流，提升原有创业管理团队的管理水平；“引进来”是指公司高薪诚聘具有相关业务和行业经验的管理人才，以及熟悉资本市场运作和财务管理的优秀人才，优化公司的人才结构。公司还邀请专家定期举行相关业务的知识讲座和培训，不断提高公司整体的经营管理水平，降低公司的管理风险。

(2)细分市场定位

根据国家“高效、节能、环保”的要求制定出相应的企业标准，建立了功能种类齐全、科研设备先进实用的惠州市工程技术研究开发中心、广东省工程技术研究中心。研发中心定位到具体以下几个细分市场：航空、航天、国防、车辆、船舶等领域专用特种功能化聚合物复合材料研发；高性能塑料、塑料合金、特种塑料的研究开发及产业化；高性能抗静电、耐磨、导热等功能性聚合物材料的研究开发及产业化；用于苛刻环境条件的智能电表、水表、仪表壳体材料的研究及产品产业化；塑料再生与资源循环利用产品开发及产业化。

在塑料再生与资源循环利用方面，资源约束日益增强，国家积极推动循环材料的研发与使用，未来塑料产品必须以节省资源、节省能源为技术开发的出发点，实现塑料行业高性能、多功能、环保及拓宽应用领域的发展。例如，企业研发的耐寒智能电表壳体，该产品以占产品生产原料总量30%~50%的聚碳酸酯次料、ABS次料、回收料作为主要原料，再向其加入自主研制的特殊助剂，通过改性技术制备而成。自投产以来，企业每年回收利用废料1万吨以上，实现了从废旧回收料中创造效益的目的，不仅有效解决了塑料废品处理这一技术难题，还解决了寒冷地区普遍改性塑料耐寒性差、易变形、易破裂的问题。

(3)积极走产学研合作发展道路

企业自2012年起，持续与多家院校包括暨南大学、中山大学、华南师范大学、北京化工大学等多家国内外知名高校建立良好产学研项目合作关系，包括设立学生实习基地和研究生联合培养基地，建立省部科技特派员合作关系。这些产学研合作关系提高了公司的科技水平，为企业建立了强大的研发根基。

(4)理论联系实际

昌亿科技会定期总结创新经验，并把它总结为一个体系，再让相关人员组织培训工作，使得理论能够在企业内广泛传播开。并且为员工提供舒适的学习环境，建设培训学校，设立辅导人员，定期或不定期举办培训班，聘请专家与专业人员对员工进行系统化培训指导。同时，理论也不是一成不变的，在长时间的操作过程中，如果员工发现有更好的方法或者有改进意见，就会进一步深化理论体系。

通过这些积极的技术创新活动，依托企业的专利、成果及文化，昌亿科技进一步承担国家、省、市、科技攻关项目，火炬计划项目，节能减排环保项目等总计二十几项项目，更加奠定了企业在同行业中科技领先的地位。基于这些技术创新的成果，昌亿科技荣获2012年惠州市科学技术专利发明金奖、2013年惠州市科学技术进步奖、2014年广东省科学技术专利优秀奖、2015年第十七届中国专利优秀奖。

昌亿科技除了在技术创新方面获得了巨大成功外，公司也积极进行商业模式的创新。模式创新是建立在技术与产品创新的基础之上的，当企业研发出了新的改性塑料，也就能够满足某些苛刻行业的特殊需求，甚至进一步地创造需求。昌亿科技从一个来料加工企业转变成为下游客户提供技术解决方案的科技型企业，从创造价值，彰显价值最大化，形成巨大吸引力，到传递价值，满足客户需求，再到获取价值，创意服务，让客户乐意为服务付费，形成一套创新的商业模式。

通过昌亿科技的技术创新与模式创新可以看到昌亿科技的发展模式，即致力开拓高新材料产业，提升先进技术转化推广能力，以高分子改性、复合、合成高新材料为主业。适时拓展产业链，打造产业集群，引领时代时尚，创造社会需求。由于企业重视研发、提高自主设计能力，所以不仅能使企业在危机中顺利地存活下来，而且还能为企业带来可观的经济效益和市场份额。

2. 产业链向下游延伸

产业链向下游延伸这一转型路径是继2011年企业第一次转型后的深化与升级。根据“微笑曲线”理论，在企业的价值构成中，研发设计、售后服务、品牌等非制造业部分处于价值链高端，创造价值的能力强，一个产业链最赚钱的部分在产品的研发设计端与最终消费市场端。昌亿科技正是基于它在研发端的不断创新向终端消费市场靠近。从整个改性塑料产业链来看，各供应链节点企业的分工明确，但同时也存在着不少中间商赚差价的情形，而且由于整个供应链环节太多，会产生强烈的牛鞭效应，导致一些人力、资源、运输、库存的浪费，因此使得最终的产品响应速度太慢、价格太高、质量也得不到保证。昌亿科技看到了供应链中存在的这些问题，其中一些中间商根本没有核心竞争力，只是通过原材料的粗加工形成半成品。而昌亿科技拥有着核心技术，能够保证原材料的高质量性，如果在需求端能够控制，那么企业就可以通过自己研发原材料、设计模具、进行质量控制、制作标准，打通整个产业链，进一步消除没必要的浪费，提高响应的速度，不仅在质量上比其他生产商有优势，而且在成本上也占有足够优势。

3. 产业经营与资本经营

如果说技术创新是昌亿科技转型升级的核心力量，那么资金问题则是流淌在企业心脏的血液。过去民营企业主要是靠自身的力量获得资源，积累资本，但发展到今天，这种方式已经不能适应时代的要求。内外部环境都要求其充分开发和利用社会资源，这种自我积累向利用社会资本的转型显得尤为迫切。甚至可以说，能否利用好资本市场这个工具已经成为决定民型企业在富豪榜上沉浮的重要因素。不少民营企业家已经有这方面的意识和行动，如企业上市、兼并收购等，通过资本利用，进行企业扩张，实现企业的转型和升级。

随着企业内外部经济环境的不断变化，企业的生产要素成本不断增加，资源环境、能源约束全面增强，企业利润空间被大大压缩，改性塑料行业利润增幅逐年下降，不仅造成企业效益差，更使得贷款难、贷款贵的问题更加突出。昌亿科技作为一家专业从事高分子复合新材料研发、生产和销售的新型高科技企业，具有领先的自主科研成果及强劲的企业发展势头，符合天交所“科技创新板”区域市场挂牌条件，经过证券公司为期两个多月的调查，于26日挂牌上市，成为惠州市第7家、惠阳区第1家在天交所挂牌上市的民营企业。此次上市，有效拓宽了企业直接融资渠道，规范了企业经营发展，也进一步带动了当地经济发展。但是随着企业规模的不断扩大，研发投入进一步加大，需要的资金也越来越多，如何获得融资仍然是摆在昌亿科技面前的一道难题。且国家股权融资政策不稳定情况下，企业更需要寻找新的融资渠道，所以企业目前也正在着手向新三板市场迈进。

4. 向服务高端市场转型

早在2011年转型初期，企业就立志开拓四大高端市场：新材料市场、高铁交通市场、航空军工市场以及3D打印市场。可循环改性工程塑料行业是国家重点扶持的产业，改性塑料已成为塑料加工行业潜力股，但是我国仍然存在着塑料加工业产品结构不合理的现象，当前低端产能过剩问题没有得到有效解决，盲目引进而引发的阶段性过剩产能尚未有效化解，高端产品仍需要大量进口，例如双向拉伸产业在普通包装膜产能严重过剩尚未化解的情况下，锂离子电池隔膜产能在2015年达到23亿平方米，大大超过全球需求量，又形成新的产能过剩，而高端隔膜进口比例达90%，整个隔膜进口率达到70%，随着航空航天、高速铁路、节能汽车、新能源、电子等新兴产业快速发展，改性塑料行业逐步引入先进制造、纳米改性、紫外辐照、环保阻燃、聚合物合金等新技术，加快引进消化吸收再创新进程，提高科研成果的转化率，积极进入高端市场。

根据国家《中长期铁路网规划》的预期，到 2020 年，我国铁路营业里程达到 12 万千米。高速铁路扣件是高速铁路轨枕系统的重要组成部分，起到支承钢轨并将钢轨所受荷载传导于道床的作用。随着列车速度的不断提高，对扣件系统的稳定性、安全性提出了非常高的要求。尼龙（PA）是工程塑料的代表，以高拉伸强度、良好的抗蠕变性、耐磨性、耐化学品性、耐高温性及低摩擦系数等优异的性能，居世界工程塑料的消费量前列。应用高性能改性尼龙制备的新型钢轨扣件，使得轮轨振动与冲击得到明显改善，有效地降低地面振动和噪声，缓冲车辆通过路轨时所产生的高速振动和冲击，保护路基和轨枕，并对信号系统进行电绝缘。早在我国自主设计建设第一条准高速铁路秦沈铁路之际，铁道部毅然决定应用自主研发的高性能改性尼龙钢轨扣件材料，替代同类进口产品，以改变国内中高端复合材料依赖进口的局面。经过无数次各种复杂条件下的科技攻关，我国自主研发的高性能改性尼龙已陆续应用于武—广、福—厦、成—绵—乐、京—沪高速铁路的规矩块、规矩挡板、调高垫板、套管、绝缘件等扣件上，并经受了时速 350 千米的考验。

目前企业除了专注于高铁市场的开发，也已经通过了“航空航天管理体系”认证，这意味着昌亿科技可以进军航空航天市场，同时企业也正在进行“国军标质量管理体系”认证、“武器装备科研生产单位保密资质”认证、“武器装备科研生产许可证”认证、“装备承制单位资格名录”认证，为的就是企业能够顺利进军国防军工市场。

此外，企业也致力于 3D 打印新型改性材料的研发，塑料加工业“十三五”规划已明确将 3D 打印塑料耗材作为重点发展的产品，目前我国 3D 打印产业发展还处于初级阶段，技术、应用与耗材等因素一直制约了产业爆发。市场已研发的材料主要有塑料、树脂和金属等，其中塑料耗材是最被看好的。总部位于美国马萨诸塞州韦尔斯利的 BCC 研究公司认为，热塑性材料将成为发展最快的 3D 耗材，年增长率将达 20%。该公司预测，全球高级 3D 打印耗材市场到 2019 年的市值将达 6.5 亿美元，年增长率将达 17.9%。

基于国家政策与行业前景的考虑，昌亿科技也投入到有关 3D 打印新型改性塑料的研究中，并积极参与省级有关 3D 打印的科研项目，如“高性能 ABS 基 3D 打印专用料研发与应用研究”项目。

（三）企业转型升级成功的原因分析

转型升级是企业内部的行为，但转型升级成功与否很大程度上受外部环境的影响，通过对企业转型升级的动因及转型方式进行分析后，我们发现，昌亿科技能够转型成功，除了重视技术创新与模式创新、在研发上的大量投入、引进高端人才、采取正确的适合企业自身条件的转型方式等原因以外，国家及当地政府政策支持与企业家思想也是昌亿科技转型升级成功的重要原因。

早在2008年，国家就将改性塑料相关技术列入《国家重点支持的高新技术领域》中，之后又推出一系列的政策促进改性塑料行业的转型升级与民营科技的发展，如企业研发费用可以按150%加计抵扣、高新技术企业可以享受15%的所得税优惠以及对符合规定的企业可以加速进行设备折旧等。2011年商务部、人力资源和社会保障部、海关总署出台《关于建设珠江三角洲地区全国加工贸易转型升级示范区的指导意见》，要求发挥加工贸易转型升级在促进外贸发展方式转变和改善民生方面的作用，辐射和带动区域经济又好又快发展，为全国加工贸易转型升级积累经验，提供示范。在国家对高新技术企业重视的背景之下，广东省以及惠州市也积极深入贯彻国家的指导思想，大力发展科技金融，切实解决民营科技企业融资难问题，完善民营科技园科技创新服务体系，努力提高民营科技企业自主创新能力。惠州市政府对民营企业给予了一系列的政策支持，主要体现在引进人才、方向指引和资金支持方面。

为了优化惠州人才政策环境，惠州市政府加大高级人才引进和开发力度，推进高级人才队伍建设，为昌亿科技的发展提供了坚强有力的智力支持和人才保障。例如，2008年惠州市委、市政府出台《惠州市加快引进和开发使用高级人才优惠政策规定》，表示引入两院院士、国家有突出贡献专家、国内学科技术领域带头人，除享受省财政专项补贴外，市政府给予一次性住房补贴50万元，每月市财政津贴1万元，提供相应的实验室和必需的科研经费。省部级突出贡献专家，拥有自主知识产权并达到国内、省内先进水平的创新人才，市提供配套的实验室和科研等启动经费，用人单位签订5年以上工作合同的，除享受优惠政策外，由市财政发放津贴每月5000元，已落户的一次性发给住房补贴20万元。对享受国务院或省特殊津贴的专家、博士，专业领域有较高造诣且成果显著的高层人才，都有相应的规定支持。

昌亿科技得益于惠州区域的制度保障，先后引入研究员一名、高级工程师三名、博士三名，为公司提供了坚强有力的智力支撑和人力保障，推动了公司人才队伍建设。

在方向指引上，2011年惠州市政府出台《惠州市产学研结合专项资金管理办法》，这对昌亿科技公司产业转型升级和战略性新兴产业的培育发展有极大的推动作用。2012年惠州市政府出台《惠州市科技发展"十二五"规划》，加快建设惠州现代产业体系，转变经济发展方式，推动经济社会发展，由要素驱动向创新驱动转变,对昌亿科技公司起到服务引导扶持作用。《惠州市科学技术奖励办法实施细则》中指出惠州尊重知识、尊重人才、鼓励自主创新,攀登科学技术高峰;加强知识产权保护,加强科学研究技术开发与经济建设,社会发展的结合,促进科学技术成果和产业。这对昌亿科技的持续发展战略实施有强大的推动作用。2012 年扶持民营企业发展税收优惠政策办税指引系列的出台,推动了昌亿科技公司的发展。政府政策的不断出台,及时解决了民营企业的各种困难,对民营企业起到引导作用。

资金支持方面,昌亿科技在前两年申报的 78 件专利中,有 58 件专利的申请费用由市、区科技局全额补贴。2012 年昌亿科技项目"聚碳酸酯/ABS 合金塑料制备及应用"获得省科技厅创新基金和区科技局配套资金的资助,其他获得立项的科研项目及两个研究开发中心也受到了不同程度的财政资金支持。昌亿科技在天交所上市成功得到了 100 万元的奖励,这主要得益于 2013 年惠州市政府颁布的《中共惠州市委惠州市人民政府关于加快发展壮大民营经济的决定》,该决定指出,扶持民营企业在境内外资本市场上市,推进民营企业利用天津股权交易所、深圳前海股权交易中心等股权交易平台进行股权融资,对成功在天津股权交易所实现股权融资的民营企业,经审核确认后给予最高 100 万元奖励。

可以看出,企业的收入很大一部分来源于分享政策红利,得益于对于国家政策的正确把握。除了地方政府对民营科技企业、创新能力强的企业的大力扶持外,企业家的思想对于企业转型成功也起到了决定性的作用。可以说,企业家的思想是贯穿在整个企业转型升级过程中的灵魂。

昌亿科技转型过程中,企业家的思想是企业每一次重大转型的风向标,从最初的来料加工型企业到以创新为主,开发属于自己的产品,再到企业向下游产业链延伸,都是基于企业家对行业及国内外经济局势的敏锐洞察和判断。

通过梳理昌亿科技转型升级的整个流程,我们得出了昌亿科技的转型升级路径,如图 4 所示。从中可以看出,对于一个小型的民营企业来说,企业家的思想起着根本性的作用。他们指引着企业的转型方向,坚持走技术创新与模式创新的道路,通过组建研发团队,积极与高校开展产学研活动,定位细分市场,致力于塑料再生与资源循环利用产品开发,促进了企业在研发技术与商业模式上的创新。技术创新是昌亿科技转型升级的强大动力,基于技术创新,企业才能够利用新型的改性塑料原材料向产业链下游延伸,并且瞄准国防、军工、航空航天等高端市场,不断研发新材料,使企业拥有强大的技术支撑。在资本经营方面,企业已成功在天交所上市,为企业发展筹备更多的资金,同时也准备在新三板上市。通过这些转型的方式，企业在一步一步走向成功。

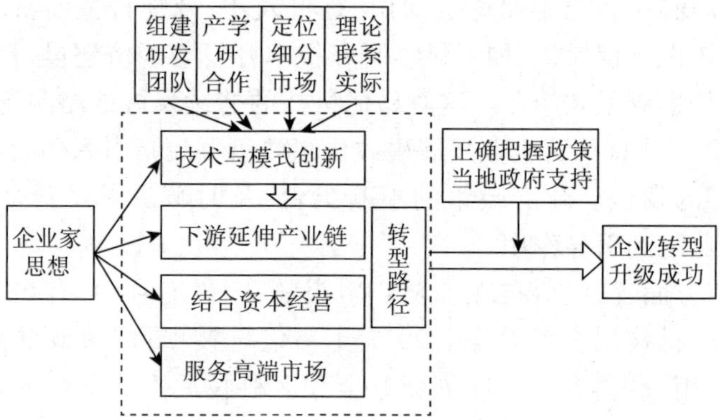

图 4　昌亿科技转型升级路径

小结

通过对昌亿科技的实地调研发现，该企业转型升级的动因与转型升级的路径既展现出了该行业的特殊性质，又体现出了目前我国中小民营企业面临的共性问题，能够为其他中小民营企业转型提供参考。笔者认为主要有以下几点管理启示：

1. 熟悉现有行业并合理选择战略

（1）对规则准确把握，对趋势深入洞察

由于大多数的企业都具有在本行业内长期的生产制造经验，所以选择在行业价值链上实现转型是相对于跨行业来说比较稳妥的一种方式。但是，这也需要对本行业的运作规则和变动方向，尤其是价值增值环节的把握具有较高的水准。昌亿科技公司敏锐地觉察到了国际经济局势的动荡不安给来料加工型企业出口造成巨大风险，同时在整个改性塑料行业内，低端产品供过于求，高端产品却需要大量进口，这种结构性的矛盾越来越明显。此外，由于外界环境的变化之快已经远远超出企业家个人所能达到的学习速度，因此，必须将企业调整成为一个快速接受外界信号并传递变化信息的有机组织，依靠组织的感知和学习能力来识别机遇、适应行业发展。

（2）基于价值链中的合适位置切入并及时有效整合改善流程

当企业对行业趋势详细了解后，就要构建一个清晰合理的战略计划作为指导，战略本身的合理性和价值链的切入点对企业转型至关重要，否则当企业在原有的产业中继续运作时，极易因战略方向的缺失，而“稳妥”地选择过去的行为标准体系。除此之外,要克服这种“怀旧”的情绪,就必须以新的流程、惯例来补充替代,所以组织管理变革的能力和业务导向的流程再造也会是一个关键要素。

2. 向供应链高附加值方向延伸

不断提高企业在“微笑曲线”上的位置是转型升级的重要表现。根据“微笑曲线”理论,研发设计和营销服务,利润是最高的,而生产制造这一块利润最低。中国的民营企业显然多数处于最低端的这个位置,要么在做贴牌生产,要么就是在制造低端产品,明显地受上、下游企业的控制,获得的利润微乎其微,生存模式非常脆弱。所以,对于民企的转型升级来说,首先应该考虑的是在产品层次上的转型,自“微笑曲线”的弧底往上向两边移动并升级,谋求产品从简单加工向自主研发转型,贴牌生产向自主营销转型。例如惠州市昌亿科技企业从最初的来料加工企业转变成自主创新、重视研发的企业,再继续往产业链下游扩张,可以看出企业正在从“微笑曲线”的底端向两侧发生转移。

3. 企业轻资产化与产业链延伸的协调

轻资产化与产业链延伸似乎是两个矛盾的概念,因为轻资产化意味着企业会减少固定资产的投入,如机器、厂房的购买,而产业链向下游延伸就必定会购置新的生产设备等。那么如何将两者有效地结合起来,让企业既可以做到轻资产化,增强快速创新响应的能力,又能够在产业链上进行一定的延伸,获取整个产业链更多的利润?笔者认为要抓好两头,一头是研发与创新,另一头是消费终端市场。当研发与创新能力提升后,掌握核心技术能够提高行业标准;当企业敏锐地觉察到消费终端的市场变化,就能快速地根据市场情况进行生产,获得更多的利润,也就是说向产业链下游延伸的一个根本前提是敏锐觉察市场需求,做好市场细分与目标市场选择及市场定位,也就是 STP 战略。企业控制了消费者终端市场,就控制了整个创新的产业链。

例如,昌亿科技在选择产业链延伸时,代表产品主要有能承重 400 斤的折叠凳、悬浮式拼装地板、LED 灯管、新型智能电表壳体。这些代表产品不是每一件都获得了成功,而获得成功的产品均是从现实需求角度出发进行的研发设计与宣传推广。因此企业在往产业链下游延伸时,最关键的是要考虑到最终市场的需求,而不是盲目地根据自己的研发与创新去设计生产相关的产品。

参考文献

[1]孔伟杰．制造业企业转型升级影响因素研究——基于浙江省制造业企业大样本问卷调查的实证研究[J].管理世界,2012(9):120-131.

[2]赵昌文,许召元．国际金融危机以来中国企业转型升级的调查研究[J].管理世界,2013(4):8-15.

[3]吴家曦,李华燊．浙江省中小企业转型升级调查报告[J].管理世界,2009(8):1-5.

[4]张聪群．产业集群环境下浙江中小企业转型的战略选择——基于地方政府的视角[J].科技与管理,2011,13(1):81-84.

[5]刘方．我国中小企业发展状况与政策研究——新形势下中小企业转型升级问题研究[J].当代经济管理,2014(2):9-18.

[6]杨桂菊,刘善海．从 OEM 到 OBM:战略创业视角的代工企业转型升级——基于比亚迪的探索性案例研究[J].科学学研究,2013(2):240-249.

[7]曹建海,黄群慧．制度转型、管理提升与民营企业成长——以浙江华峰集团为例[J].中国工业经济,2004(1):99-106.

[8]杨桂菊．代工企业转型升级:演进路径的理论模型——基于 3 家本土企业的案例研究[J].管理世界,2010(6):132-142.

[9]程虹,刘三江,罗连发．中国企业转型升级的基本状况与路径选择——基于 570 家企业 4794 名员工入企调查数据的分析[J].管理世界,2016(2):57-70.

[10]陈明森,陈爱贞,张文刚．升级预期、决策偏好与产业垂直升级——基于我国制造业上市公司实证分析[J].中国工业经济,2012(2):26-36.

[11]毛蕴诗,姜岳新,莫伟杰．制度环境、企业能力与 OEM 企业升级战略——东菱凯琴与佳士科技的比较案例研究[J].管理世界,2009(6):135-145.

[12]刘英俊,李建军．我国改性塑料行业“十二五”回顾与“十三五”展望[J].中国塑料,2016(5):8-12.

[13]Tokatli N.,Lgün Ö. K. Z. Upgrading in the Global Clothing Industry:Mavi Jeans and the Transformation of a Turkish Firm from Full-Package to Brand-Name Manufacturing and Retailing[J].Economic Geography,2009,80(3):221-240.

[14] Pfeffer J., Salancik G. R. The External Control of Organizations: A Resource Dependence Perspective[J].American Journal of Sociology,1981,23(3).

[15] Li B.,Wang C. Influencing Factors and Motivations for Transformation and Upgrading of Manufacturing:Based on Questionnaire at Zhejiang,China[J].Transformations in Business & Economics,2015,14(2):177-190.

[16] Gereffi G. International Trade and Industrial Upgrading in the Apparel

Commodity Chain[J].Journal of International Economics,1999,48(1):37-70.

[17]Kotter J. P. The New Rules: How to Succeed in Today's Post-Corporate World[M].Free Press,1230 Avenue of the Americas,New York,NY 10020,1994.

[18] Sturgeon T. J. ,Lester R. K. The New Global Supply-Base: New Challenges for Local Suppliers in East Asia[Z].2004.

[19] Ponte S. , Ewert J. Which Way is "Up" in Upgrading? Trajectories of Change in the Value Chain for South African Wine[J].World Development,2009,37(12):1637-1650.

附录 企业相关资料

附表 1 企业参与的科研项目

序号	申报时间	项目大类	名称
1	2012 年 5 月 27 日	广东省科技型中小企业技术创新专项资金项目	聚碳酸酯/ABS 合金塑料制备及应用
2	2012 年 9 月 3 日	广东省战略性新兴产业集聚发展试点重点项目	废弃汽车及电器塑料高值化回收改性利用项目
3	2012 年 10 月 7 日	惠阳区科技计划项目	高性能改性聚碳酸酯合金材料研究
4	2012 年 11 月 12 日	广东省专利奖	耐寒智能电表壳体用聚碳酸酯/玻璃纤维合金及制备方法
5	2012 年 11 月 13 日	广东产业技术创新联盟	广东耐磨材料产业技术创新联盟理事单位
6	2013 年 3 月 12 日	广东省产学研项目	智能电器壳体绿色制造关键技术研究及产业化
7	2013 年 3 月 20 日	广东省产学研项目申报书(省部)	汽车用填充型 β-聚丙烯专用的制造关键技术研究
8	2013 年 4 月 5 日	广东省专利技术实施计划项目	聚碳酸酯/ABS 合金塑料制备及应用
9	2013 年 4 月 28 日	广东省科学计划项目申报书	餐厨贝壳垃圾在废弃家电聚丙烯再资源化中的应用
10	2013 年 6 月 6 日	中小企业发展专项资金项目	专利补助项目
11	2013 年 6 月 15 日	科技型中小企业技术创新项目	聚碳酸酯/ABS 合金塑料制备及应用
12	2013 年 8 月 15 日	市级工程技术研究开发中心条件建设项目	市级工程技术研究开发中心条件建设项目
13	2013 年 8 月 15 日	市科技计划项目	LED 照明用轻质高导热高分子绝缘材料的研发
14	2013 年 8 月 19 日	2014 年度国家火炬计划项目	长纤维增强热塑料复合材料
15	2013 年 9 月 13 日	惠阳区科技计划配套项目	聚碳酸酯/ABS 合金塑料制备及应用
16	2014 年 1 月 13 日	天鹅计划创新团队	特种箱体用先进聚合物复合材料的关键制造技术
17	2014 年 10 月 18 日	惠阳区科技计划项目	LED 灯用导热材料与光扩散材料的研究及产业化
18	2014 年 10 月 28 日	广东省协同创新与平台环境建设	建设广东省特种高分子复合材料工程中心
19	2014 年 12 月 15 日	广东省前沿与关键技术创新专项资金	高性能 ABS 基 3D 打印专用料研发与应用研究

附表 2　改性塑料产品简介

产品名称	特性	应用
聚碳酸酯/ABS 合金	各项性能指标均能达到或超过国家电网系统智能电表壳体材料要求标准，具有高耐寒、耐老化、抗 UV、阻燃、高抗冲、尺寸稳定性好、抗静电、绿色环保等特点	国家电网系统治理改造必需的特种功能合金材料，用于制造高寒地区的各种智能电表壳体端子排等产品
高抗冲 PP	优良的抗冲击效果、耐老化	汽车仪表、运动器材等
碳纤维增强 PPS	刚性好、阻燃等级强、高耐热、尺寸稳定等	各汽车、电子电器、航空航天工业用零部件也可用作电磁屏蔽和防静电制品等
高导热聚酰改性塑料	具有韧性好、阻燃、优异的导热、散热等性能特点	光电产品的散热支架等产品
聚对苯二甲酸丁二醇脂(PBT)改性塑料	具有优良的耐热性、刚性、耐疲劳性、耐候性、吸水率低、阻燃、绿色环保等特点	电子电器、仪表仪器、家电照明、机械和通信器材等
高抗冲聚酰胺	高耐寒、耐冲击、耐老化	列车档板座等产品
光扩散 PC	高抗冲、耐老化的高透光、优异的光扩散效果	各种 LED 灯管、球泡等
高光泽丙烯腈—丁二烯—苯乙烯	极佳的表面光泽度、不易划伤、制品尺寸稳定等	电子电器等

附表 3　企业发展历史

时间	主要事件
2011 年 8 月	公司注册成立
2012 年 5 月	通过 ISO 9001 质量管理体系认证、ISO 14001 环境管理体系认证
2012 年 8 月	评定为广东省民营科技企业
2012 年 9 月	广东省部级科技特派员驻地企业
2012 年 11 月	成为广东耐磨材料产业技术创新联盟理事单位，成为广东省塑料协会改性塑料专业委员会副会长单位
2012 年 12 月	成立惠州市特种功能复合材料工程技术研究开发中心
2013 年 3 月	“耐寒智能电表壳体用聚碳酸酯/玻璃纤维合金及制备方法”获得惠州市科学技术专利类金奖、四项产品通过广东省高新技术产品认证
2013 年 4 月	成为国家高新技术企业、中国电子仪器行业协会防静电装备分会会员单位
2013 年 5 月	暨南大学理工学院材料科学与工程系实习基地、华南师范大学化学与环境学院材料化学专业实习基地
2013 年 6 月	通过 AS 9100C:2008 航空航天质量管理体系认证，成为北京大学信息科学技术学院学习基地
2013 年 7 月	成为暨南大学 MBA 实习教育基地，被评为惠州市“守合同重信用”企业
2013 年 8 月	全国创新创业大赛（广东赛区）暨广东省“珠江天使杯”创新创业大赛百强企业，被评定为广东省名优企业，通过 OHSAS 18001 职业健康管理体系认证
2013 年 9 月	“耐寒智能电表壳体用聚碳酸酯/玻璃纤维合金及制备方法”通过市科技成果鉴定，被评为国际先进
2013 年 11 月	广东省最具核心竞争力企业
2013 年 12 月	成为惠州市民营企业家联合会理事单位，成为广东省特种功能复合材料工程技术研发中心，在天津股权交易所挂牌上市，四大系列产品建立企业标准，获惠州市质量技术监督局备案发证
2014 年 3 月	三项产品通过广东省高新技术产品认证
2014 年 4 月	成为惠州学院产学研基地、惠州学院教学实习基地，被评定为 2013 年度广东省优秀企业
2014 年 5 月	“耐寒阻燃聚碳酸酯/ABS 合金制备及其应用”获惠州市科技进步二等奖，“一种智能水表壳体用 ABS 复合材料及制备方法”获惠州市科学技术专利优秀奖，被评定为惠州市知识产权优势企业
2014 年 6 月	被评定为广东省第三批高成长性中小企业（民营企业）
2014 年 8 月	昌亿科技航空和特种新材料团队当选为惠州市“天鹅计划”科技创新团队
2015 年 11 月	入选广东省资源再生循环利用产业专利优秀企业
2016 年 1 月	两项产品通过广东省高新技术产品认证
2016 年 8 月	通过知识产权管理体系认证

达元绿洲高科技企业价值评估

资料整理/方案设计:徐明芳
资料收集:陈晓燕　王　阳　沈林燕　黎　明

一、案例研究背景

中投顾问发布的《2016—2020年中国高新技术产业园区深度分析及发展规划咨询建议报告》显示,国家高新区在经济规模总量上已经成为国民经济增长和地方区域经济发展的强有力支撑。2014年,115家国家高新区园区生产总值(GDP)达到69607.0亿元,占全国国内生产总值(636463亿元)比重达10.9%,国家高新区内企业实际上缴税费总额为13202.1亿元,占全国税收收入(119158亿元)比重达11.1%,较2013年占比提高1.1个百分点。这些数据显示,高新技术企业将会成为我国未来经济发展中的中流砥柱,未来经济的竞争力主要依赖于高新技术产业,发展新型高新技术产业是结构转型、提高经济效益的重要途径,是我国产业结构升级转型及经济良性可持续发展的必然选择。

高新技术企业拥有巨大的发展潜力和空间,势必会吸引大量的资金、人才等重要经济资源不断涌入。然而,高新技术企业作为"高投入、高风险、高收益"的企业,其内部存在的风险投资项目,导致高新技术企业在不同发展时期具有明显的不确定性,如何评价高新技术企业价值,进行有效的以价值链为核心的价值管理,以最大可能地实现企业价值,就成为衡量高新技术企业实力的重要参考指标。

广东达元绿洲食品安全科技公司是国内首家专业从事食品安全快速检验产品研发和生产的企业。其前身(http://www.oasisbio.com.cn/)广州绿洲生化科技有限公司,于2006年4月26日,经广州市市工商行政管理局批准成立。

徐明芳:教授、博士,暨南大学生命科学技术学院,研究方向为食品工程、生物工程、绿色化工、环境生态等产业高新技术研究、企业价值评估。

沈林燕为2018级研究生,黎明为2017级研究生,陈晓燕为2015届研究生。

2011年11月11日经广州市工商行政管理局核准，由广州绿洲生化科技有限公司改制为广州绿洲生化科技股份有限公司；2015年2月13日，经广州市工商行政管理局批准，由广州绿洲生化科技股份有限公司变更为广东达元绿洲食品安全科技股份有限公司。公司注册资本为人民币5309万元，属于科学研究和技术服务业行业，位于广州高新技术产业开发区广州科学城内，是国家级高新技术企业，净资产1.2亿元。拥有由200多名训练有素的人员组成的专业团队，近万平方米的研发生产基地，独立的技术中心、生产基地和营销中心，专业从事食品安全快速检验及产品的研发、生产、销售和技术服务，已通过ISO 9001：2008国际质量体系认证。1993年研制成功蔬菜农药残留速测卡属全国首例，成功地推广应用到食品药品监督、农产品检测、工商管理、出入境检验检疫、食品生产加工企业、学校机关集体食堂、餐厅酒楼宾馆、生鲜超市、农贸批发市场、出口菜场和蔬菜生产基地等部门和单位，得到多个权威部门的质量认证，并且发展成为国家标准方法；完成了多个国家级、省部级重点科技攻关项目，拥有各类专利近百项，其中发明专利十多项，软件著作权证二十多项；2009年获广东省科学技术一等奖，2010年荣获国家科技进步二等奖，2009年荣获中华预防医学会科学技术二等奖。

二、案例研究的初衷和依据

选取广东达元绿洲食品安全科技股份有限公司（简称食安科技）作为案例研究对象，主要基于以下几点考虑：

（一）新技术企业

食安科技完全符合高新技术企业特点，企业生产的许多产品都属于多学科技术集成的结果，科技含量高且在行业内占有一定的主导地位。

（二）新三板上市企业

食安科技属于上市公司，其内部经营成绩的许多相关资料都比较公开，有利于数据收集以及公司盈利能力预测。

（三）企业发展稳定性

食安科技自创建以来，已经度过了企业成长的不稳定阶段，步入高速与相对较稳定的发展阶段，即企业已形成了自身的获利能力，有利于将企业价值评价分为传统获利能力价值与潜在获利机会价值两个部分。

2014年8月31日数据显示,食安科技总资产为1.24亿元,净资产为1.16亿元。公司实现营业收入1859.6万元,净利润为74.36万元。这组数据说明,高新技术企业的发展过程就是高新技术不断植入的过程,不可避免地存在较高的风险。本案例通过对食安科技高新技术企业的特点和价值构成进行分析,帮助企业识别风险和规避风险,实现资本市场更加完善的资源配置,提升市场运行的效率,促进高新产业整体的健康快速成长,具有重要的现实意义。

三、案例研究的方法和步骤

用EVA价值评估模型评估食安科技现有资产价值;用布莱克—斯克尔斯期权定价模型预测在竞争条件下食安科技的增长机会价值;通过价值评估使得高新技术企业的价值客观地、全面地、真实地体现,有利于引导风险投资,提高企业并购成功率,同时促进企业正确认识自身的价值。研究方法与步骤如图1所示。

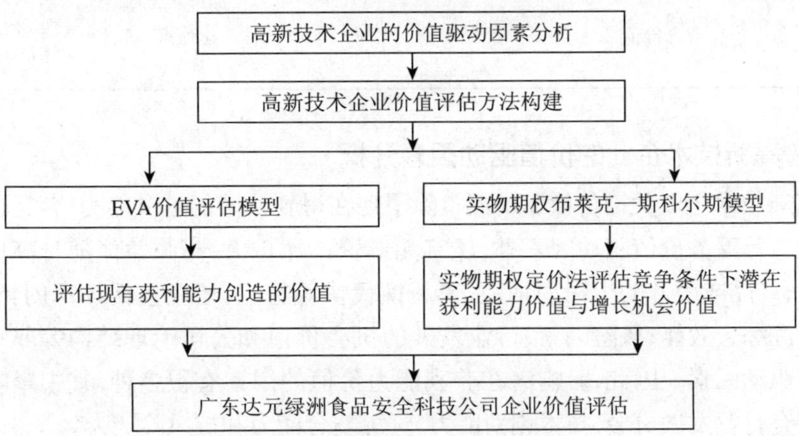

图1 本案例研究方法与步骤

资料来源:笔者整理

四、案例实证研究

(一)高新技术企业价值来源与价值驱动因素分析

1. 高新技术企业的价值主要来源

高新技术企业的价值来源(王晓巍,2007)有三个:一是现有基础上的获利能力创造的价值;二是高新技术企业潜在的获利能力创造的价值,这种潜在的获利能力对企业价值的贡献，可能大于企业现有基础上的获利能力，其中高新技术企业的潜在价值如表1所示；三是高新技术企业本身具有的在科学技术新领域和新兴行业发展机会给企业创造的价值，即行业发展的机会价值。

表1 高新技术企业潜在价值构成

价值类别	包含内容
创新能力	工艺创新 产品创新 服务创新 管理创新 市场创新
人力资源	研发能力 管理决策 人才流动
观念价值	品牌价值 忠诚度 信心

2. 高新技术企业的价值驱动因素分析

高新技术企业关键价值驱动因素除了现在得到认同的盈利能力、营运能力和偿债能力等财务价值驱动因素外，还有无形资产比重大，高收益伴随着高风险与高成本，产品或服务的生命周期短、更新换代快等特点，还应包括技术创新能力、人力资源综合效能、风险因素、行业发展的机会价值和公司治理结构等非财务潜在价值驱动因素。因此，影响潜在获利能力价值的因素有很多种，其中影响较大的主要有行业发展机会、技术创新能力、资源整合能力和抗风险能力。

（1）技术创新能力

高新技术企业发展需要投入大量的资金进行研发，而这些投资项目意味着将来潜在的获利能力，这是高新技术企业区别于传统企业的关键所在。因此，高新技术企业的潜在获利能力在很大程度上取决于技术创新能力。技术创新能力越强，研发水平就越高，研发成果就能越快地投入市场，越快地获取利润。综上，技术创新能力的高低影响着潜在盈利能力，技术创新能力强意味着未来巨大的市场价值。

（2）人力资源与观念价值

在高新技术企业中，无论是管理者的管理决策以及对人才测评的能力，还是员工的专业技能以及研发能力，都为企业带来潜在价值，人力资源成为潜在价值不可或缺的部分。观念价值是指人们对企业品牌的忠诚度、企业的信心以及企业品牌价值的预估等与人们的观念相联系的价值标准，因此观念价值成为潜在价值的重要源泉。

(3)资源整合能力

高新技术企业的发展靠的是团队研发能力，这种能力是企业有形和无形资产的整合结果。与一般企业相比，高新技术企业无形资产(包括专利、专有技术、商标权、品牌，以及人力资源、管理能力和投资机会等)在企业资产中占有较高的比例，其主要依靠资源的优化配置，使研发团队开发出高新技术产品，实现企业盈利。

(4)行业发展机会与抗风险能力

高新技术是各种技术的集成，其发展水平受各种技术发展水平的影响很大。高新技术的更新速度非常快，而且高新技术企业的发展也受大经济环境的影响，从而很大程度上影响企业的价值。只有不断地进行研发才能提高企业的竞争力，提高抵抗风险的能力。

从高新技术企业价值构成与驱动因素分析，高新技术企业的价值具有如下几个明显特点：第一，高新技术企业价值中无形资产价值(技术创新能力)所占比例大，具有突变性；第二，高新技术企业价值受人力资源价值影响大；第三，高新技术企业价值受潜在获利能力价值影响大。因此，高新技术企业的技术创新能力、人力资源综合效能是其关键价值驱动因素，高新技术企业价值评估也具有与一般企业不同的特点和难点(祁战雷，2011)。

3. 高新技术企业价值评估的特性

我国的高新技术产业包括八个领域，即电子信息技术、新材料技术、生物与新医药技术、高技术服务业、航空航天技术、资源与环境技术、改造传统产业和新能源及节能技术。根据科技部、财政部、国家税务总局 2008 年联合颁布的《高新技术企业认定管理办法》，高新技术企业是建立在高新的科学技术基础之上的技术密集型、知识密集型的经济实体，因而高新技术企业价值评估具有以下特点：

(1)高成本特性

高新技术企业的认定标准要求企业研究开发费用至少占销售总收入的3%~6%，根据国家的优惠政策，高新技术企业可以减按 15%的税率征收企业所得税。

对于高新技术企业庞大的科技研发费用，一般会通过费用化和资本化两种方式处理，分别计入企业当期损益和无形资产的账面价值。在对高新技术企业价值进行评估时，需对研发费用较高的评估方法进行研究，对资本化研发费用的处理进行调整,使其更准确地反映出企业的价值。

研发费用加计扣除=研发费用化支出×50%+(研发资本化应摊销额×150%)÷摊销年限

高新技术企业的所得税=(利润总额-研发费用加计扣除)×15%

对于高新技术企业来说,若对其巨大的研发投入进行资本化处理,会造成企业前期收益高于实际水平,而后期收益低于实际水平的情况。

(2)无形资产占比高、价值较难估计

高新技术企业是建立在高新的、先进的科学技术基础之上的,因而企业会拥有大量的技术、专利等无形资产,因此其无形资产占比高。科技研发实力和人力资源优势等无形资产是高新技术企业获取高收益、创造价值的关键所在,但价值较难估计。

(3)资产的成本费用与其获利能力不对称

高新技术企业以高新技术的研发、高新技术产品的制造和高新技术服务的提供为其发展和成长的基础和核心竞争力,科学技术被研究与开发得是否及时、是否成功,成为企业风险如何、收益如何的关键。

高新技术企业进行新技术的研究与开发,需要先进的设备、高智力的人才,甚至独特的环境,这些将是不小的投资,因此在新技术研发成功之前,企业将面临很高的风险。该风险包括了新技术是否能研究、开发成功;成功之后,利用该技术生产的产品是否为市场所接受;新的技术一旦曝光,是否存在其他同类企业仿冒的可能;等等。但是,与高风险伴随而来的将是高收益。因而,高新技术企业的资产成本费用与其获利能力是不对称的,在高新技术企业价值评估中,采用以企业资产成本费用为基础的评价方法是不准确的。

(4)收益法评价高新技术企业价值的不足

传统的收益额指标,如净利润、净现金流量等指标,仅考虑了全部资本收益和债务资本成本,而没有考虑权益资本成本,无法在价值评估中体现企业全部资本创造的价值和企业经济利润的增加,不能全面地反映企业资本的价值创造能力(曹中,2010)。

产业结构升级转型是我国经济良性可持续发展的必然选择,发展新型高新技术产业是结构转型提高经济效益的重要途径。高新技术企业会成为我国未来经济发展的中流砥柱。高新技术企业的价值不仅包括实物资产在现有能力条件下的获利能力,还包括占企业资产大比重的无形资产所蕴含的潜在的获利能力,并且在企业价值评估时应重点关注该部分能力的价值。基于传统企业价值评估方法不能很好地对高新技术企业价值进行确定,采用 EVA 价值评估模型评价企业现有获利能力的价值;对于由专利权、专有技术等研发项目组成的潜在获利能力价值的评估,实物期权理论能够很好地解释并反映该部分价值,采用实物期权布莱克—斯科尔斯模型,可有效对企业潜在价值进行评估。潜在获利能力对于企业来说就好似握有一项以研发项目等为标的资产的期权,以期在将来为企业带来利润,用实物期权定价法评估竞争条件下高新技术企业的增长机会价值。

企业经营的最终目标都是达到公司价值最大化,通过高新技术企业价值研究,一是明确企业价值定位,二是确定经营全过程的价值驱动要素,三是在经营的全过程实施价值管理,四是实现有效的价值沟通,帮助企业经营者认识企业现有价值管理的不足,准确地认识高新技术企业价值驱动因素,实现依据企业价值变化对企业实施动态化的决策管理,最终实现企业价值不断增长的目标。

(二)基于 EVA 的食安科技高新技术企业价值评估

1. 基于 EVA 的高新技术企业价值评估方法的构建

经济增加值(Economic Value Added,EVA)又名经济附加值或经济利润,是由斯特恩·斯图尔公司(Stern & Stewart Co.)于 1982 年提出的用于评价企业财务经营业绩的指标,是一种业绩评价与激励系统(陈卓群,2006)。根据斯特恩·斯图尔特咨询公司的解释,经济增加值指企业资本收益与资本成本之间的差额,即企业税后营业净利润与全部投入资本、债务资本和权益资本之和的成本之间的差额。差额是正数,说明企业创造了价值;反之,表示企业发生了价值损失;差额为零,说明企业利润仅能满足债权人和投资者预期获得的收益。经济增加值的核心理念是:资本获得的收益至少要能补偿所有投资者承担的风险。经济增加值用于企业价值评估时其计算公式如下:

$$EVA=NOPAT-TC\times K_{WACC} \tag{1}$$

其中,EVA 表示企业的经济附加值;$NOPAT$(Net Operating Profit After Tax)为企业税后净营业利润;TC 为企业全部投入资本总额;K_{WACC}为企业加权平均资本成本率。

从这个计算公式可以看出,EVA 包括三个要素:息前税后净营业利润($NOPAT$)、公司年初资本投入额(TC)和企业加权平均资本成本($WACC$)。

息前税后净营业利润是根据资产负债表进行调整得到的,包括利息和其他与资金有关的偿付等。加权平均资本成本是企业股权成本和债券成本的加权平均。企业预期 EVA 的确定,需结合高新技术企业的特点,从税后净营业利润和企业的加权平均资本成本两方面进行调整和确认,构建基于 EVA 的高新技术企业价值评估方法流程,如图 2 所示。

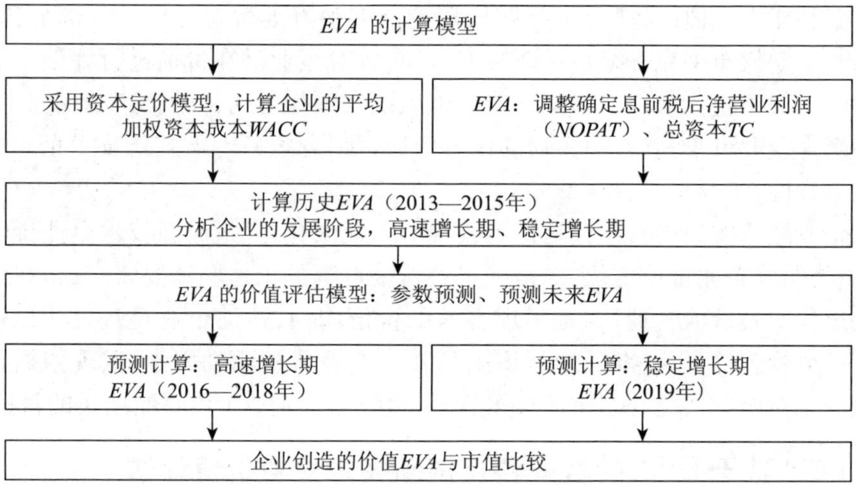

图 2　构建基于 EVA 的高新技术企业价值评估方法流程图

资料来源：笔者整理

2. EVA 价值评估模型

EVA 价值评估模型是以企业税后净经营利润及投入全部资本成本为基础计算企业价值。与传统的会计利润不同的是，EVA 包含并体现了权益资本成本和债务资本成本在内的总资本成本。运用 EVA 估值法对食安科技进行企业价值评估，步骤如下：

（1）EVA 模型相关参数计算（李忠盛，2012）

1）税后净经营利润（*NOPAT*）

税后净经营利润（*NOPAT*）=（净利润+利息+所得税）×（1-*T*）+少数股东权益+本年商誉摊销+递延所得税贷方增加额-递延所得税借方增加额+资本化研发费用-资本化研发费用在本年的摊销　（2）

在计算 *EVA* 的过程中，可以在净现金流量的基础上，再扣除企业的资本成本。净利润的调整主要集中在折旧、推销、准备金提取等会计信息内容出现纰漏的地方，调整的项目达 164 项。在以 *EVA* 作为企业预期收益确认依据评价高新技术企业价值时，还应结合高新技术企业在税收和研发费用处理上的特点，对税后净利润进行调整。

2）资本总额（*TC*）

资本总额（*TC*）= 债务资本（*D*）+权益资本（*S*）+投资资本调整　（3）

其中：

债务资本（*D*）= 短期借款+1 年内到期的长期借款+长期借款+应付债　（4）

$$权益资本(S)=普通股权益+少数股东权益 \tag{5}$$

投资资本调整=坏账准备+存货跌价准备+短期投资跌价准备+长期投资减值准备+固定资产减值准备+无形资产减值准备+递延所得税贷方余额-递延所得税借方余额+累计商誉摊销+研发费用资本化金额-在建工程净值 (6)

3)加权平均资本成本率(K_{WACC})

加权平均资本成本是衡量企业全部资本成本的重要指标,加权平均资本模型以企业的所有者权益和企业负债所构成的全部资本成本,以及全部资本成本所需求的回报率,经加权计算获得企业的全部资本成本。加权平均资本成本率公式:

$$K_{WACC}=K_e \cdot \frac{S}{S+D}+K_d \cdot \frac{D}{S+D}(1-T) \tag{7}$$

其中,$\frac{S}{S+D}$为权益资本占全部资本的权重;$\frac{D}{S+D}$为债务资本占全部资本的权重;K_e为权益资本要求的投资回报率(权益资金成本);K_d为债务资本要求的回报率(债务资金成本);T为被评估企业使用的所得税税率。

EVA 包含并体现了权益资本成本和债务资本成本在内的总资本成本,即加权平均资本成本,使得 *EVA* 在本质上更接近经济学意义上的利润。

4)权益资本成本 K_e 的确定

通常以资本资产定价模型(简称 CAPM)、股利折现法、股利增长模型等方法确定企业的权益资本成本。目前,在中国证券市场得到广泛应用的主要是 CAPM。本研究采用 CAPM,其模型用公式表式为:

$$K_e=R_f+\beta(R_m-R_f) \tag{8}$$

其中,K_e 为权益资本成本;R_f为无风险收益率或无风险利率;R_m为市场收益率;R_m-R_f为市场组合的风险溢价;β 系数(Beta Coefficient)为个股对整个市场风险的测度(风险系数);无风险收益率(R_f)为假设在没有任何风险的投资环境中,进行资本运作所能获得收益率的理想状态,通常将国家债券利率视作无风险利率。目前理论界大都采用 *GDP* 的增长率来替代风险溢价,本文使用 *GDP* 增长率来计算市场风险溢价。

β 系数(Beta Coefficient)是一种风险指数,β 系数值的大小反映了个别股票或股票组合收益率的变动与整个证券市场收益变动之间的相关性。有两种计算方法:其一是利用数理统计的线性回归,回归方程的回归系数就是公司股票的 β 系数。

$$K_1=\alpha+\beta \cdot K_2 \tag{9}$$

其中，K_1表示个股收益率，K_2 表示相对应的市场综合指数的收益率。参照美国标准普乐（S & P500）的月收益法，在一定时间内进行线性回归分析，求出β值，其经济意义在于反映相对于整个市场组合而言，特定资产的系统风险维度。

其二是计算股票与指数收益率的相关系数、标准差、收益率等，通过定义求得。例如，选择公司自股票上市到某年度的 22 个月的月个股回报率以及相应的沪深 X 指数回报率（或选择反映中国整体股市的收益指数），定义月个股回报率为 X_i，月沪深 X 指数回报率为 Y_i，$i=1,2,3,\cdots,22$，则：

$$\beta = \frac{22\sum_{i=1}^{22} X_i Y_i - \sum_{i=1}^{22} X_i \sum_{i=1}^{22} Y_i}{22\sum_{i=1}^{22} X_i^{\ 2} - \left(\sum_{i=1}^{22} X_i\right)^2} \tag{10}$$

（2）EVA 价值评估模型

EVA 价值评估模型是由 *Jim Olson* 所创立的剩余收益价模型演变而来的。EVA 企业价值评估模型为：

$$\text{企业价值}(P) = \text{期初投资成本}(C) + \text{预期未来 } EVA \text{ 现值} \tag{11}$$

由以上模型可知，企业的初始总投资额和企业未来 *EVA* 折现值是价值评估时两个重要的组成部分。初始投资额是既定的，如何准确地预测企业未来 *EVA* 值将是整个价值评估过程中的关键所在。

企业未来的发展模式不可能是一种单一的发展趋势，而是一个从成长到成熟的过程。EVA 价值评估两阶段模型着重于企业的成长期和成熟期，该模型假定企业的高速成长期中 *EVA* 保持较高的增长率高速发展，而企业的稳定增长期，*EVA* 则以稳定的增速增长。综上可得：

$$\text{高速增长期 } EVA \text{ 现值} = \sum_{t=1}^{n} \frac{EVA_t}{(1 + K_{WACC})^t} \tag{12}$$

$$\text{稳定增长期 } EVA \text{ 现值} = \frac{EVA_{n+1}}{(1 + K_{WACC})^n (K_{WACC} - g)} \tag{13}$$

$$\begin{aligned}\text{企业未来 } EVA \text{ 价值} &= \text{高速增长期 } EVA \text{ 折现} + \text{稳定增长期 } EVA \text{ 折现} \\ &= \sum_{t=1}^{n} \frac{EVA_t}{(1 + K_{WACC})^t} + \frac{EVA_{n+1}}{(1 + K_{WACC})^n (K_{WACC} - g)}\end{aligned} \tag{14}$$

其中，*EVA* 以一个不变的增长率 g 增长，综上可得企业价值：

$$\begin{aligned}\text{企业价值} &= \text{期初投资成本 } C + \text{高速增长期 } EVA \text{ 折现} + \text{稳定增长期 } EVA \text{ 折现} \\ &= C + \sum_{t=1}^{n} \frac{EVA_t}{(1 + K_{WACC})^t} + \frac{EVA_{n+1}}{(1 + K_{WACC})^n (K_{WACC} - g)}\end{aligned} \tag{15}$$

3. EVA 价值评估模型对企业现有获利能力的评估

(1)广东达元绿洲食品安全科技股份有限公司历史财务 EVA 分析

以广东达元绿洲食品安全科技股份有限公司 2014—2015 年的资产负债表、利润表和现金流量表中的数据为基础,根据上述相关参数的确定方法进行分析,确定未来 *EVA* 的基准值。

1)计算资本总额(*TC*)

资本总额=债务资本+股权资本+投资资本调整额-在建工程净值

=短期借款+一年内到期的长期借款+长期借款+应付债券+普通股权益+少数股东权益+坏账准备+存货跌价准备+短期投资跌价准备+长期投资减值准备+固定资产减值准备+无形资产减值准备+递延税款贷方余额(-递延借方余额)+累计商誉摊销+研发费用的资本化金额-在建工程净值

截至 2015 年 12 月 31 日,公司无短期、长期银行借款及应付债券等长期带息债务,因主要业务以人民币结算,亦无外币金融资产和外币金融负债。具体计算过程及结果见表 2。

表 2　资本总额(*TC*) 单位:元

项目	2013 年	2014 年	2015 年
短期借款	0	0	0
一年内到期的长期借款	0	0	0
长期借款	0	0	0
应付债券	0	0	0
债务资本合计	0	0	
普通股权益	23 138 725. 77	24 344 375. 06	147 796 205. 73
少数股东权益	0	0	1 519 252. 42
坏账准备	62 121. 84	2 076 687. 15	825 888. 20
存货跌价准备	0	0	0
短期投资跌价准备	0	0	0
长期投资减值准备	0	0	0
固定资产减值准备	0	0	0
无形资产减值准备	0	0	0
递延税款贷方余额	37 170. 17	80 518. 85	0
减:递延税款借方余额	0	0	231 269. 00
累计商誉摊销	0	0	0
研发费用的资本化金额	3 059 106. 60	3 436 431. 62	1 610 171. 19
减:在建工程净值	0	0	0
权益资本合计	26 297 124. 38	29 938 012. 68	151 982 786. 50
资本总额	26 297 124. 38	29 938 012. 68	151 982 786. 50

资料来源:笔者编制

2)资本结构

根据表2-1中已计算出的2013—2015年的债务总额、权益总额和资本总额,相应地计算出债务资本和权益资本在资本总额中的比重,结果见表3。

表3 资本结构

单位:元

年份	2013	2014	2015
债务资本合计	0	0	0
权益资本合计	26 297 124.38	29 938 012.68	151 982 786.50
资本总额	26 297 124.38	29 938 012.68	151 982 786.50
债务资本比重(%)	0	0	0
权益资本比重(%)	100	100	100

资料来源:笔者编制

3)计算加权平均资本成本率(K_{WACC})

①债务资本成本

公司的债务资本主要是银行的借贷资本,而且此处的资本成本是指企业的长期资金成本。我们选取中国人民银行公布的3~5年中长期银行贷款基准利率为税前债务资本成本率(见表4),可得2013—2015年债务资本成本率,结果见表5。

表4 近几年中国人民银行贷款年利率(%)

调整时间	六个月以内(含六个月)	六个月至一年(含一年)	一至三年(含三年)	三至五年(含五年)	五年以上
2012年	—	6.56	6.65	6.90	7.05
2013年10月18日	5.60	6.00	6.15	6.40	6.55
2014年8月31日	5.60	6	6.15	6.40	6.55
2014年11月22日	5.6	5.6	6.0	6.0	—
2015年3月1日	5.35	5.35	5.75	5.75	—
2015年5月11日	5.10	5.10	5.5	5.5	—
2015年6月28日	4.85	4.85	5.25	5.25	—
2015年8月26日	4.6	4.6	5.0	5.0	—
2015年10月24日	—	4.35	4.75	4.75	4.90
2016年	—	4.35	4.75	4.90	4.90

资料来源:笔者编制

表 5　债务资本成本率(%)

年份	2013	2014	2015
债务资本成本率(税前)	6. 82	6. 26	5. 81
其中,2013 年:6. 9×10÷12+6. 4×2÷12=6. 82			
2014 年:6. 4×8÷12+6. 0×4÷12+=6. 26			
2015 年:6. 0×3÷12+5. 7　5×2÷12+5. 5×1÷12+5. 25×2÷12+5. 00×2÷12+4. 75×3÷12=5. 81			
债务资本成本率(税后)	5. 0797	5. 3200	4. 9400

资料来源:笔者编制

②权益资本成本

权益资本成本采用 CAPM 模型计算。本研究 K_f 采用中国人民银行公布的当年银行三个月整存整取的年利率,具体数据见表 6 和表 7。

表 6　近几年中国人民银行整存整取的年利率　　单位:年利率%

调整时间	活期存款	三个月	半年
2012 年 7 月 6 日	0. 35	2. 60	2. 80
2014 年 11 月 22 日	0. 35	2. 35	2. 55
2015 年 3 月 1 日	0. 35	2. 10	2. 30
2014 年 5 月 11 日	0. 35	1. 85	2. 05
2015 年 6 月 28 日	0. 35	1. 60	1. 80
2015 年 8 月 26 日	0. 35	1. 35	1. 55
2015 年 10 月 24 日	0. 35	1. 10	1. 30
2016 年	0. 35	1. 10	1. 30

资料来源:笔者编制

表 7　无风险利率 K_f(%)

年份	2013	2014	2015
K_f	2. 60	2. 58	1. 66
其中,2013 年:2. 6×12÷12=2. 60			
2014 年:2. 6×11÷12+2. 35×1÷12+=2. 58			
2015 年:2. 35×2÷12+2. 1×2÷12+1. 8×1÷12+1. 6×2÷12+1. 35×2÷12+1. 1×3÷12=1. 66			

资料来源:笔者编制

借鉴国内多数学者的做法,选取我国 GDP 增长率作为市场风险溢价($K_m - K_f$),结果见表 8。

表 8　GDP 增长率(%)

年份	2013	2014	2015
GDP 增长率($K_m - K_f$)	7.67	7.40	6.90

数据来源:国家统计局数据中心,中国经济网整理,笔者编制

β 系数参照美国标准普尔(S&P500)的月收益计算方法,选择一个月作为回报期,采用食安科技的月收益率 K_1 与对应的深证综指的月收益率 K_2,利用 Excel 做线性回归:$K_1=\alpha+\beta\cdot K_2$后得出。计算出的各年 β 值见表 9。

表 9　β 系数

年份	2013	2014	2015
β 值	1.06	1.10	0.96

资料来源:笔者编制

根据公式 $K_e=K_f+\beta(K_m-K_f)$ 求出各年的权益资本成本,结果见表 10。

表 10　权益资本成本

年份	2013	2014	2015
K_e	10.50	10.72	8.50

资料来源:笔者编制

③加权平均资本成本

按公式(7)计算加权平均资本成本率,即可求得 WACC,结果见表 11。

表 11　加权平均资本成本率(%)

年份	2013	2014	2015
债务资本成本率(税前)	6.82	6.26	5.81
债务资本成本率(税后)	5.0797	5.3200	4.9400
债务资本成本比重	0	0	0
权益资本成本率	10.50	10.72	8.50
权益资本成本比重	100	100	100
加权平均资本成本率	10.50	10.72	8.50

资料来源:笔者编制

④计算税后净营业利润(*NOPAT*)

EVA 作为企业业绩评价指标,需在准确评估企业全部资本创造收益的基础上,来评价企业创造价值的能力,因而,需对企业税后净营业利润(*NOPAT*)进行调整,消除企业实际经营利润受会计准则计量的影响。

根据食安科技 2013—2015 年的资产负债表、利润表及附注,利用式(2)即可求出各年的 *NOPAT*,具体过程及结果见表 12。

表 12　税后净营业利润

单位:元

项目	2013 年	2014 年	2015 年
净利润	3 841 579. 43	3 205 649. 29	12 484 770. 33
加:所得税	565 737. 08	532 455. 37	146 110. 40
加:利息费用	0	0	0
等于:息税前利润	4 407 316. 51	3 738 104. 66	12 630 880. 73
乘以:所得税税率	15%	15%	15%
等于:息前税后利润	3 746 219. 0335	3 177 388. 9610	10 736 248. 6205
加:少数股东损益	0	0	0
本年商誉摊销	0	0	0
坏账准备的增加	62 121. 84	2 076 687. 15	825 888. 20
准备存货变动损失准备的增加	0	0	0
长期投资减值准备的增加	0	0	0
资本化研发费用	3 059 106. 60	3 436 431. 62	1 610 171. 19
递延税项贷方余额的增加	37 170. 17	80 518. 85	0
减:递延税款借方余额的增加	0	0	231 269. 00
税后净营业利润 NOPAT	6 904 617. 644	8 771 026. 581	13 403 577. 010

资料来源:笔者编制

⑤计算各年 *EVA*

将前面求得的各参数值代入式(1)即可求得各年 *EVA*,具体结果见表 13。

表 13　各年 EVA 值

年份	2013	2014	2015
税后净营业利润(元)	6 904 617. 644	8 771 026. 581	13 403 577. 01
期初资本总额(元)	26 297 124. 38	29 938 012. 68	151 982 786. 50
加权平均资本成本率(%)	10. 50	10. 72	8. 50
EVA(元)	4 143 417. 69	5 561 671. 69	485 040. 20

资料来源:笔者编制

2014年及2015年年度报表显示，食安科技在2013年与2014年创造了很高的价值，随着达元与绿洲生化的强强联合，实现了营业收入与净利润快速增长，资本重组后，由于资本总额*TC*增加，企业的*EVA*也发生较大变化。

对于资产成本和资产获利能力不对称的高新技术企业来说，*EVA*更好地反映了企业的价值创造能力，体现了企业的价值。一般来说，预期*EVA*现值越高，企业的价值创造能力越高。由此可知，企业是靠未来的*EVA*值而非现在的*EVA*值来决定企业的价值。

(2)广东达元绿洲食品安全科技股份有限公司未来高速增长期的EVA预测分析

*EVA*值由三个指标即税后净营业利润、资本总额以及加权平均资本成本所决定。由上述计算结果可以知道，2013—2015年，税后净营业利润出现平稳增长，资本总额逐年增加，但*EVA*值中的决定性因素加权平均资本成本会随着债券市场中利率的变化而变化。由于一个企业的未来发展会受到很多因素与不确定性的影响，在预测未来*EVA*时，由于缺乏直接依据，只能根据历史计算期的规律来预测上述三个指标，以此计算未来的*EVA*值。本文以食安科技企业的发展现状和未来发展趋势为基础来预测食安科技未来的财务数据。

食品安全快速检测技术是食品安全保障的重要支撑，中国农产品、食品生产企业数量多、规模小、分散，法治和自律意识比较弱，人口众多，消费人群和渠道也多，因而食品安全问题多发。要从根本上解决中国的食品安全问题，就必须对食品的生产、加工、流通和销售等各环节实施全程管理和监控，而实验室检测方法和仪器很难及时、快速而全面地从各环节监控食品安全状况，这就需要大量能够满足这一要求的快速、方便、准确、灵敏的食品安全分析检测技术。随着我国不断修订完善食品检验标准、开放食品检测认证、加大执法力度、改革食品质量监管体系，民营检测机构增长速度将超过15%。产品的销售市场增多、出口增长、技术贸易壁垒盛行，以及消费者对产品要求的提高、相应政策法规的实施决定了检测市场将拥有广阔的空间。在整个检测行业中，食品安全检测拥有最大需求和发展潜力，预计食安科技的高速发展还将持续3年；随着食品安全法实施，行业的竞争加剧，3年后发展进程平稳减慢，进入稳定增长阶段。综上所述，本文将采用两阶段增长模型来计算企业价值。

1)食安科技未来高速增长期的*EVA*预测分析

预测未来财务报表数据的主要方法是比例和预测相结合的方法。此方法的主要计算过程是：在本文中，财务预测采用比例预测法，在这种方法下，一是应该预测未来的销售额，然后根据各项成本费占销售额的比例来确定未来的各项成本费用,从而编制出企业的预测利润表;二是根据营业活动的开展,参照各项资产与销售额的历史比例关系,预测出企业未来的资产负债表。通过计算历史 *EVA* 的调整,计算出企业在预测期内的 *EVA* 值。

①销售收入的预测

以行业高速发展期平均增长率 15%来计算预测 2016—2018 年的财务数据。从 2019($n+1$) 年开始,企业进入稳定增长阶段,此阶段企业的增长率平稳,假定增长率为 $g=8\%$,并预期长期保持不变,企业的 *EVA* 也基本上保持恒定。

表 14 主营业销售收入

分类	2015 年		2014 年		2013 年	
	主营业收入(元)	占营业收入比例(%)	主营业收入(元)	占营业收入比例(%)	主营业收入(元)	占营业收入比例(%)
非法添加快检系列	27 685 875. 38	42. 11	2 071 030. 96	11. 59	—	—
农药残留快检系列	17387657. 60	26. 45	11 993 327. 09	67. 10	9 199 303. 68	58. 26%
保化快速筛查系列	7 725 388. 89	11. 75	—	—	1 194 613. 68	7. 57%
微生物快检系列	5 766 462. 72	8. 77	2 511 773. 03	14. 05	2 684 654. 66	17. 00%
兽残与疫病快检系列	1 920 419. 19	2. 92	—	—	—	—
现场便携综合解决方案	2 003 072. 67	3. 05	—	—	2 182 637. 53	13. 82%
重金属快检系列	482 204. 22	0. 73	—	—	—	—
劣质油快筛系列	375 201. 14	0. 57	475 082. 09	2. 66	—	—
其他系列	2 380 937. 29	3. 62	823 397. 24	4. 61	—	3. 36%
小计	65 743 871. 91	—	17 874 610. 41	—	15 791 073. 74	—

资料来源:笔者编制

由此可知,企业是靠未来的 EVA 值而非现在的 EVA 值来决定企业的价值。

在计算时，通过预计增长率来计算预测2016—2019年的财务数据，以表14作为销售收入的预测的基础。

②高速增长期利润表及资产负债表的预测

在销售收入确定后，需要进一步确定其他财务报表项目与销售收入的对应关系，然后据以对后3年的财务报表进行预计。利润表中相关项目与销售收入的比例关系假设见表15。

表15 食安科技利润表中相关项目的比例关系假定

项目	预测方法	计算方式	设定
一、营业收入	预测	行业预计平均增长率	15.00%
减：营业成本	比例	前三年主营业务成本占主营业务收入的平均比例为31.48%，预计未来三年的主营业成本占主营业务收入的比例为31.48%	31.48%
营业税金及附加	比例	假定未来保持为过去5年相对于营业收入的平均比率1.52%	1.52%
销售费用	比例	前三年销售费用占主营业务收入的平均比例为14.89%，所以假定未来五年销售费用占主营业务收入的比例为14.89%	14.89%
管理费用	比例	企业前三年管理费用占主营业务收入的比例为37.63%，假设企业未来三年管理费用占主营业务收入的比例为37.63%	37.63%
财务费用	比例	前三年企业财务费用占主营业务收入的平均比例为1.05%，因此假定企业未来三年的财务费用占主营业务收入的比例为1.05%	1.05%
其中：利息支出	比例	前三年利息支出占主营业务收入的平均比例为0，假设企业未来三年利息支出占主营业务收入的平均比例为0	0
资产减值损失	假定	根据企业前三年年资产减值损失的平均值86 033.923元，假定未来三年的资产减值损失为86 033.923元	86 033.923元
加：公允价值变动收益	假定	非经常性项目，假定未来五年为0	0
投资收益（损失以“-”号填列）	假定	投资收益在前三年的平均值为零，因此我们假定企业未来三年的投资收益为零	0
加：其他业务利润	假定	前三年的其他业务利润不存在，所以假定企业未来三年的其他业务利润也不存在	0

续表

项目	预测方法	计算方式	设定
二、营业利润	计算	—	
补贴收入	假定	假定未来将保持为过去3年的平均值	0
营业外收入	假定	假定未来将保持为过去3年的平均值	2 281 987.5元
减:营业外支出	假定	假定未来将保持为过去3年的平均值	9 972.657元
三、利润总额	计算	—	
减:所得税	假定	假定未来将按15%的所得税税率缴税	15%
减:少数股东损益	假定	假定未来将保持为过去3年的平均值	160 249
四、净利润	计算	—	

资料来源:笔者编制

由于资产负债表项目繁多,故只对在计算资本总额时涉及的相关项目进行预测,预测方法见表16。

表16　食安科技资产负债表中相关项目的比例关系假设

项目	预测方法	计算方式	设定
短期借款	预测	由于前3年均为0,故假定为0	0
一年内到期的长期借款	假定	由于前3年均为0,故假定为0	0
长期借款	假定	由于前3年均为0,故假定为0	0
应付债券	假定	由于前3年均为0,故假定为0	0
普通股权益	假定	假定普通股总值保持为2015年底数字	146 276 953.31元
少数股东权益	假定	假定少数股东权益保持为2015年底数字	1 519 252.42元
坏账准备	计算	由于前3年均为988 232.397元,故假定为988 232.397元	988 232.397元
存货跌价准备	假定	由于前3年均为0,故假定为0	0
短期投资跌价准备	假定	由于前3年均为0,故假定为0	0
长期投资减值准备	假定	由于前3年均为0,故假定为0	0
固定资产减值准备	假定	由于前3年均为0,故假定为0	0
无形资产减值准备	假定	由于前3年均为0,故假定为0	0
递延税款贷方余额	计算	假定未来将保持为过去3年的平均值	39 229.67元
递延税款借方余额	计算	假定未来将保持为过去3年的平均值	77 089.667元
累计商誉摊销	假定	由于前3年均为0,故假定为0	0
减:营业外支出	计算	假定未来将保持为过去3年的平均值	9 972.657元
研发费用的资本化金额	计算	假定未来将保持为过去3年的平均值	2 701 903.14元
在建工程净值	假定	由于前3年均为0,故假定为0	0
减:少数股东损益	假定	假定未来将保持为过去2年的平均值	160 249元

资料来源:笔者编制

根据以上关于利润表和资产负债表相关项目的预测假设，即可预测出2016—2018年食安科技的利润表和资产负债表相关项目，结果见表17和表18。

表17　预计高速增长期利润表

单位：元

年份	2015	2016	2017	2018
一、营业收入	65 743 871.91	75 605 452.7	86 946 270.6	99 988 211.19
减：营业成本	18 383 296.38	23 800 596.5	27 370 685.98	31 476 288.88
营业税金及附加	999 016.77	1 149 202.88	1 321 583.31	1 519 820.81
销售费用	12 111 861.42	11 257 651.9	12 946 299.69	14 888 244.65
管理费用	22 684 019.50	28 450 331.9	32 717 881.63	37 625 563.87
财务费用	411 197.00	793 857.253	912 935.84	1 049 876.22
其中：利息支出	0	0	0	0
资产减值损失	215 412.49	86 033.923	86 033.923	86 033.923
加：公允价值变动收益	0	0	0	0
投资收益	22 847.72	22 847.72	22 847.72	22 847.72
加：其他业务利润	0	0	0	0
营业总成本	53 551 584.58	54 302 873.18	75 355 420.37	86 645 828.35
二、营业利润	12 215 135.05	21 302 579.52	11 590 850.23	13 242 382.84
补贴收入	0	0	0	0
营业外收入	3 259 209.84	2 281 987.5	2 281 987.5	2 281 987.5
减：营业外支出	25 939.77	9 972.657	9 972.657	9 972.657
三、利润总额	15 448 405.12	23 574 594.36	13 885 712.793	15 537 245.40
减：所得税	2 963 634.79	3 536 189.15	2 082 856.92	2 330 586.81
减：少数股东权益	480 747.58	160 249	160 249	160 249
四、净利润	12 484 770.33	19 878 156.21	11 642 606.873	13 046 409.59

资料来源：笔者编制

表18　预计资产负债表相关项目及资本总额、负债权益比重

单位：元

年份	2015	2016	2017	2018
短期借款	0	0	0	0
一年内到期的长期借款	0	0	0	0
长期借款	0	0	0	0
应付债券	0	0	0	0
债务资本合计	0	0	0	0

续表

年份	2015	2016	2017	2018
普通股权益	147 796 205.73	147 796 205.73	147 796 205.73	147 796 205.73
少数股东权益	1 519 252.42	1 519 252.42	1 519 252.42	1 519 252.42
坏账准备	825 888.200	988 232.397	988 232.397	988 232.397
存货跌价准备	0	0	0	0
短期投资跌价准备	0	0	0	0
长期投资减值准备	0	0	0	0
固定资产减值准备	0	0	0	0
无形资产减值准备	0	0	0	0
递延税款贷方余额	0	39 229.67	39 229.67	39 229.67
减:递延税款借方余额	231 269.000	77 089.667	77 089.667	77 089.667
累计商誉摊销	0	0	0	0
研发费用的资本化金额	1 610 171.19	2 701 903.14	270 103.14	2 701 903.14
减:在建工程净值	0	0	0	0
权益资本合计	151 520 248.0	152 967 734.0	152 967 734.0	152 967 734.0
资本总额	151 520 248.0	152 967 734.0	152 967 734.0	152 967 734.0
债务资本比重	0.0	0	0	0
权益资本比重	1.0	1	1	1

资料来源:笔者编制

2)预测期高速增长期 *EVA*

①预计各年 *NOPAT*

根据预计的利润表及资产负债表相关项目即可预计出各年的 *NOPAT*,计算结果见表19。

表19　预计税后净营业利润 *NOPAT*　　单位:元

年份	2015	2016	2017	2018
净利润	12 484 770.330	19 878 156.210	11 642 606.873	13 046 409.590
加:所得税	146 110.40	3 536 189.15	2 082 856.92	2 330 586.81
加:利息费用	0	0	0	0
等于:息税前利润	12 630 880.73	23 414 345.36	13 725 463.79	15 376 996.4
乘以:所得税税率(1-15%)	85%	85%	85%	85%
等于:息前税后利润	10 736 248.6205	19 902 193.5560	11 666 644.2200	13 070 446.9000

续表

年份	2015	2016	2017	2018
加:少数股东损益	0	160 249	160 249	160 249
本年商誉摊销	0	0	0	0
坏账准备的增加	825 888.200	988 232.397	988 232.397	988 232.397
准备存货变动损失准备的增加	0	0	0	0
长期投资减值准备的增加	0	0	0	0
资本化研发费用	1 610 171.19	2 701 903.14	2 701 903.14	2 701 903.14
递延税项贷方余额的增加	0	39 229.67	39 229.67	39 229.67
减:递延税款借方余额的增加	231 269.000	77 089.667	77 089.667	77 089.667
税后净营业利润 NOPAT	13 403 577.01	23 868 897.43	15 633 348.09	16 882 971.40

资料来源:笔者编制

②预计 *WACC*

企业在具有下述四种投资时风险依次增大:用于增加经营支出;现有资产重置;用于企业扩张或兼并收购;进行新产品、新项目的研制开发。随着投资风险的增大,各个项目也相应被划分到更高的风险等级。故本文采用2013—2015年的 *WACC* 前三年的平均值9.9%。

③预计高速增长期各年 *EVA*

根据以上预计数值及 *EVA* 计算公式,可得各年预计的 *EVA*,计算结果见表20。

表20　预计 *EVA*

年份	2015	2016	2017	2018
税后净营业利润	13 403 577.01	23 868 897.43	15 633 348.09	16 882 971.4
期初资本总额	151 982 786.5	152 967 734.0	152 967 734.0	152 967 734.0
加权平均资本成本	8.5	9.9%	9.9%	9.9%
EVA	485 040.200	8 725 091.760	489 542.424	1 739 165.730

资料来源:笔者编制

(3)广东达元绿洲食品安全科技股份有限公司未来稳定增长期的 *EVA* 预测分析

1)预计稳定期利润表及资产负债表

基于稳定期8%的收入增长速度,按照与高速增长期同样的方法,预计2019年的利润表及资产负债表相关项目,相关结果见表21和表22。

表 21　预计稳定增长期利润表　　单位:元

年份	2018	2019
一、营业收入	99 988 211. 19	107 987 268. 00
减:营业成本	31 476 288. 88	33 994 392. 00
营业税金及附加	1 519 820. 81	1 641 406. 47
销售费用	14 888 244. 65	16 079 304. 20
管理费用	37 625 563. 87	40 635 608. 90
财务费用	1 049 876. 22	1 133 866. 31
其中:利息支出	0	0
资产减值损失	86 033. 923	86 033. 923
加:公允价值变动收益	0	
投资收益	22 847. 72	22 847. 72
加:其他业务利润	0	
营业总成本	86 645 828. 35	93 570 611. 80
二、营业利润	13 242 382. 84	14 439 504. 20
补贴收入	0	
营业外收入	2 281 987. 50	2 281 987. 50
减:营业外支出	9972. 657	9 972. 657. 000
三、利润总额	15 537 245. 40	16 711 519. 00
减:所得税	2 330 586. 81	2 506 727. 85
减:少数股东权益	160 249	160 249
四、净利润	13 046 409. 59	14 044 542. 20

资料来源:笔者编制

表 22　预计资产负债表相关项目及资本总额、负债权益比重　　单位:元

项目	2018 年	2019 年
短期借款	0	0
一年内到期的长期借款	0	0
长期借款	0	0
应付债券	0	0
债务资本合计	0	0
普通股权益	147 796 205. 73	147 796 205. 73
少数股东权益	1 519 252. 42	1 519 252. 42

续表

项目	2018 年	2019 年
坏账准备	988 232. 397	988 232. 397
存货跌价准备	0	
短期投资跌价准备	0	
长期投资减值准备	0	
固定资产减值准备	0	
无形资产减值准备	0	
递延税款贷方余额	39 229. 67	39 229. 67
减:递延税款借方余额	77 089. 667	77 089. 667
累计商誉摊销	0	0
研发费用的资本化金额	2 701 903. 14	2 701 903. 14
减:在建工程净值	0	0
权益资本合计	152 967 734. 0	152 967 734. 0
资本总额	152 967 734. 0	152 967 734. 0
债务资本比重	0	0
权益资本比重	1	1

资料来源:笔者编制

2)预计明确预测期 *EVA*

①预计各年 *NOPAT*

根据预计的利润表及资产负债表相关项目即可预计出各年的 *NOPAT*,计算结果见表 23。

表 23　预计税后净营业利润 *NOPAT*　　单位:元

项目	2018 年	2019 年
净利润	13 046 409. 59	14 044 542. 20
加:所得税	2 330 586. 81	2 506 727. 85
加:利息费用	0	0
等于:息税前利润	15 376 996. 40	16 551 270. 05
乘以:所得税税率(1-15%)	85%	85%
等于:息前税后利润	13 070 446. 9	14 068 579. 5
加:少数股东损益	160 249	160 249
本年商誉摊销	0	0

续表

项目	2018 年	2019 年
坏账准备的增加	988 232. 397	988 232. 397
准备存货变动损失准备的增加	0	0
长期投资减值准备的增加	0	0
资本化研发费用	2 701 903. 14	2 701 903. 14
递延税项贷方余额的增加	39 229. 67	39 229. 67
减:递延税款借方余额的增加	77 089. 667	77 089. 667
税后净营业利润 NOPAT	16 882 971. 4	17 958 193. 7

资料来源:笔者编制

②预计稳定期 *EVA*

根据以上预计数值及 *EVA* 计算公式,可得稳定期预计的 *EVA*,计算结果见表 24。

表 24 预计 *EVA*

年份	2018 年	2019 年
税后净营业利润	16 882 971. 4	17 958 193. 7
期初资本总额	152 967 734. 0	152 967 734. 0
加权平均资本成本	9. 9%	9. 9%
EVA	1 739 165. 73	2 814 388. 03

资料来源:笔者编制

(4)广东达元绿洲食品安全科技股份有限公司高新技术企业价值评估

通过以上对食安科技高速增长期和稳定期的预测,运用经济增加值两阶段模型,即可对食安科技进行价值评估。根据 2015 年公司年度报告,注册资本总额为 53 094 151 元,即为 2016 年的期初投资资本,则:

企业价值 V = 期初投入资本+未来 *EVA* 的折现值

= 期初投入资本+增长期 n 年内 *EVA* 现值+n 年后稳定期 *EVA* 现值

企业价值 = 期初投资成本 C+高速增长期 *EVA* 折现+稳定增长期 *EVA* 折现

$$= C + \sum_{t=1}^{n} \frac{EVA_t}{(1 + K_{WACC})^t} + \frac{EVA_{n+1}}{(1 + K_{WACC})^n (K_{WACC} - g)}$$

$$= 53\ 094\ 151 + \frac{8\ 725\ 091.76}{(1 + 9.9\%)} + \frac{489\ 542.42}{(1 + 9.9\%)^2} + \frac{1\ 739\ 165.73}{(1 + 9.9\%)^3} + \frac{2\ 814\ 388.03}{(1 + 9.9\%)^3 (9.9\% - 8\%)}$$

= 53 094 151+7 939 118.98+404 580.51+1 307 643.41+111 682 064.68
=174 427 558.6(元)

经过以上计算得出结论：食安科技企业价值为174 427 558.6元。值得注意的是，当K_{WACC}超过企业发展速度g时，从上述计算公式可知，EVA值可能出现负值，这提示，在企业转型升级与资产重组并购决策过程中，需要对企业自身进行价值评估。

食安科技2015年年度报表显示，期末总股本53 094 115股，2015年12月19日，股票发行价格3.5元，可推算出其市值为185 829 402元，而EVA企业价值评估模型预测的价值为174 427 558.6元，略低于其市值6.14%。以上研究结果表明，在高新技术企业内部存在着稳定的获利价值，这是企业赖以生存的稳定收益来源。

4. 企业转型升级背景下提高企业价值的途径

为使企业价值最大化，企业投资要注重收益、增长及风险三者的平衡，既要保证未来收益增长的质量及可持续性，又不能过分夸大未来收益的波动性，通过以上关于EVA及EVA企业价值评估模型的计算可以看出，应用EVA企业价值评估模型来评估企业价值，只有当企业的收益超过企业的所有资本的成本时，才能为企业创造价值，为股东创造财富。如果企业的收益低于企业所有资本的成本，则说明企业实质发生亏损，企业股东的财富受到侵蚀。EVA法现在广泛应用于世界500强企业及国内如五粮液、青岛啤酒等企业，具有其他评估方法无法比拟的优势：不仅能更真实反映企业价值，而且将“经济利润”引进企业价值评估，较充分地考虑了资本成本，在计算企业价值时，尽量剔除了由于会计失真带来的不良影响，更能反映企业的真实价值并更注重企业的长远发展。

EVA的计算公式也可以表达为：

$$EVA=TC(\text{总投入资本})\times[ROA(\text{总资产报酬率})-WACC] \tag{16}$$

从式(16)得出，提高EVA可以采取的措施有：

(1)提高总资产报酬率(ROA)

其主要的途径是加速资产的周转，以既定的资金占有实现尽可能多的报酬，通过对现有业务的有效经营，扩大销售，提高营业收入。

例如，报告期内，以快速检测技术产品的销售为主，通过食安菜妈“互联网+智慧菜市场”平台运营，进一步优化公司的客户类型，显著提升企业销售额在公司总销售额中的占比，与全国近两百家零售农贸市场签订智慧市场合作协议。

(2)通过更有效的筹资方案降低资本成本(WACC)

由于食品安全快速检测行业集中度低，预计未来并购整合是行业发展的趋势。公司在增强研发投入、加大市场营销力度的同时,也积极寻求通过并购重组进行行业整合,扩大公司规模及市场占有率,预计未来公司在并购重组方面的相应支出将有明显增加。同时,并购重组涉及多方面资源的整合配置,能否实现预期目的存在不确定性。在抗击并购重组推进不达预期风险时,应注意加强企业自身价值评估,创新核心技术,稳定核心团队,关注行业发展与机遇。

(3)提高资本运营效率,加速资本回流

当总资产报酬率(ROA)大于资本成本(WACC)时,尽可能地多投入资金;而当资金回报率小于资本成本时,尽可能地减少资金的占用。

5. EVA 企业价值评估方法的局限性

能否持续创造价值已成为衡量一家企业成功与否的标志,自 2010 年起,国资委开始在央企推行 EVA 评估,其目的是促进企业由利润管理转向价值管理,驱动公司价值增长。由于 EVA 评估涵盖了财务预算、融资决策、业务重整、收购分拆、股东价值以及激励补偿等重要内容,在公司管理过程中发挥着重要作用。但在使用 EVA 价值评估过程中,存在以下局限性:

(1)EVA 的会计调整涉及面广,涉及项目多,计算方法复杂

计算 EVA 所涉及的参数有三个,即税后净营业利润(NOPAT)、加权平均资本成本(WACC)、资本总额(TC)。其中,税后净营业利润是根据企业资产负债表中的项目调整得到的,需将会计利润转化为经济利润,在计算上需要对财务报表的一些项目进行会计调整。如何设置调整是个复杂的过程,因此运用 EVA 理论评估价值,要做的调整多达一百多项。较为常见的会计调整主要包括:研究与开发费用的会计调整、商誉的会计调整、对于递延税的会计调整、各种准备金的会计调整、营业外收支的会计调整。

(2)WACC 难以合理确定

基于 EVA 对高新技术企业进行价值评估,很多参数预估都需要历史数据的支撑,但由于企业亏损问题、缺乏历史数据、产品可能正处于研究开发的过程中,导致了产品目前没有收入可言或可比企业难以寻找等问题,增加了 WACC 合理确定的难度。因此,运用加权资本资产定价模型计算 WACC 时既要考虑 β 值的合理测算,还必须考虑经济波动风险溢价,使 WACC 更符合实际经济情况。

(3)建立健全企业经济利润指标评价体系至关重要

EVA 企业价值评估完全以公开的财务报表信息及股价信息为基础,没办法识别上市公司会计报表中信息,因此建立健全企业经济利润指标评价体系非常重要,可以为 EVA 模型的推广应用奠定基础,提高企业价值评估结果的准确性。

（三）实物期权 B-S 模型对食安科技潜在获利能力价值评估

高新技术企业中的专利和专有技术等无形资产可以看作是实物期权，这些无形资产的潜在价值大。专利权规定公司拥有制造某种产品的权利，当产品投入市场后产生的预期现金流大于专利的研发成本时，公司才会使用它进行生产，因此我们可以把专利权看作是标的资产为产品本身的看涨期权。期权定价模型中的代表模型是布莱克—斯科尔斯期权定价模型，其对连续时间的期权做出估价，假设高新技术企业能够连续持久地经营下去，因此，选择布莱克—斯科尔斯期权定价模型进行估价。期权定价法在一定程度上解决了企业价值评估过程中遇到的无形资产以及潜在机会价值等评估难题。

1. 实物期权定价模型（B-S 模型）评估方法的构建

1972 年，美国经济学家、芝加哥大学教授 Fisher Black 和斯坦福大学教授 Myron Scholes 在前人研究成果的基础上，发表《期权与公司债务的定价》并提出了著名的布莱克—斯科尔斯模型（B-S 模型）（管云松，2014）作为期权定价的计算模型，并得到了广泛的认可和应用。布莱克—斯科尔斯模型的基本公式为：

$$V = SN(d_1) - Xe^{-rT}N(d_2) \tag{17}$$

$$d_1 = \frac{\ln\left[\frac{S}{X}\right] + (r + \frac{\sigma^2}{2}) \times T}{\sigma\sqrt{T}} \tag{18}$$

$$d_2 = \frac{\ln\left[\frac{S}{X}\right] + (r + \frac{\sigma^2}{2}) \times T}{\sigma\sqrt{T}} = d_1 - \sigma\sqrt{T} \tag{19}$$

将期权定价模型具体运用到高新技术企业价值的评估中，其各项参数的含义如下：V 表示项目的期权价值；S 表示标的资产现行价值；X 表示期权执行价格或协议价格；r 表示无风险连续复利率或无风险利率；T 表示期权到期的期限（用年表示）；σ 表示标的资产价值年回报率标准差；$N(d)$ 表示累计正态分布函数。

表 25　实物期权与金融期权的区别

金融期权	实物期权
期权定价模型	研发项目
标的资产价格 S	预计未来现金流量的现值
执行价格 X	项目的投资成本
执行日 T	项目研发成功交付使用之日
标的资产价格波动率 σ	项目价格的不确定性
无风险利率 r	国债利率

运用实物期权模型，是将高新技术企业的无形资产看作是看涨期权（贺斌，2010），客观地评估出高新技术企业的潜在价值。

2. 实物期权识别与选择

在评价企业实物期权价值时，识别与选择企业中蕴含的实物期权是评估的关键与前提（周治丞，2011）。高新技术企业当中的不确定性项目分为产品类及非产品类。对于产品类项目我们可以通过产品历史销量合理预测产品未来销量进而预测期权价值；对于非产品类项目，可以根据项目投入生产的可能性及产品未来市场接受程度合理预测投入生产后产品销量变化。将这些项目期权价值一一汇总便得到了所有不确定项目的期权价值。实物期权高新技术企业潜在价值评估如图3所示。

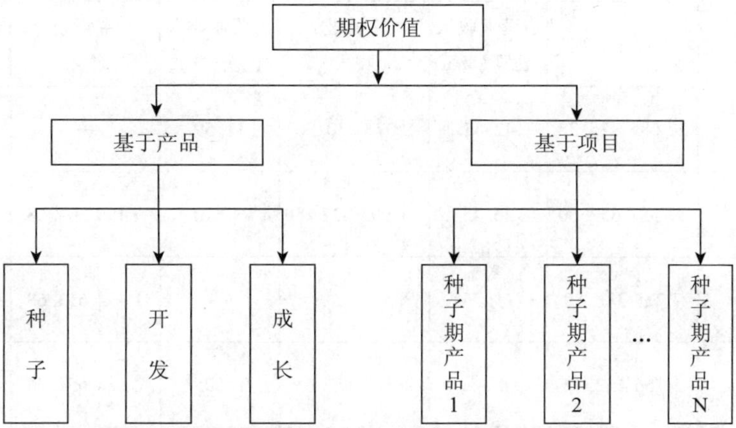

图3　实物期权高新技术企业潜在价值评估

在对新科研投资项目进行价值评估时，将未来预测可获得收益现值作为标的资产的当前价值，将投资项目未来的投资成本的现值作为执行价值，当对未来前景预测的投资项目获得的收益现值大于其投资成本现值时，就可以选择执行，也就是选择投资。这种可根据环境的变化灵活地做出选择的优势是传统价值评估方法所不具备的，所以实物期权方法可以很好地评估企业的潜在价值。评估高新技术企业价值时，不仅要看它的现金流中所包含的价值，更要关注这种潜在价值，这样才不至于低估高新技术企业价值（马国浩，2014）。

3. 食安科技高新企业潜在价值的评估

（1）期权类型识别判断

食安科技注重技术创新与内部资源整合，公司产品呈现多样化，从原来的只有非法添加快检系列、农药残留快检系列、微生物快检系列、劣质油快筛系列四种主营业务产品增加至非法添加快检系列、农药残留快检系列、保化快速筛查系列、微生物快检系列、兽残与疫病快检系列、现场便携综合解决方案、重金属快检系列、劣质油快筛系列共八大产品系列。年度报表显示，自 2013 年起，以上主营业务收入大幅增加，如表 26 所示，其中非法添加快检系列销售收入占整体销售金额的 42.11%。该类产品研发将提升主营产品生产能力，进一步提高公司在国内非法添加快检领域的市场份额。可见，食安科技的企业决策是在原有主营业务基础之上做出进一步投资而增加新的产品研发能力，因此企业实物期权类型为扩张期权。

表 26　主营产品销售表

单位：元

分类	2015 年		2014 年		2013 年	
	主营业收入	占营业收入比例（%）	主营业收入	占营业收入比例（%）	主营业收入	占营业收入比例（%）
非法添加快检系列	27 685 875.38	42.11	2 071 030.96	11.59	—	—
农药残留快检系列	17 387 657.60	26.45	11 993 327.09	67.10	9 199 303.68	58.26%
保化快速筛查系列	7 725 388.89	11.75	—	—	1 194 613.68	7.57
微生物快检系列	5 766 462.72	8.77	2 511 773.03	14.05	2 684 654.66	17.00
兽残与疫病快检系列	1 920 419.19	2.92	—	—	2 182 637.53	13.82
现场便携综合解决方案	2 003 072.67	3.05	—	—	—	—
重金属快检系列	482 204.22	0.73	—	—	—	—
劣质油快筛系列	375 201.14	0.57	475 082.09	2.66	—	—
其他系列	2 380 937.29	3.62	823 397.24	4.61	—	3.36
小计	65 743 871.91		17 874 610.41		15 791 073.74	

资料来源：笔者编制

（2）投资项目净现值计算

综合药品食品检测仪（翻屏五合一综合分析仪项目）2014 年、2015 年总投资研发经费分别为 654 456. 28 元、2 739 835. 67 元，统计食安科技在 2013—2015 年主营业收入分别为 15 791 073. 7 元、17 881 685. 89 元、65 743 871. 9 元，通过并购，年主营业收入平均增长率超过 35%。考虑到该公司刚刚在新三板上市，目前处于高速发展阶段，随后发展速度将逐渐减慢。

综合药品食品检测仪新产品项目投资总额为 3 394 291. 95 元，研发期为 2 年。假设年设计生产能力 300 台，2016 年销售 300 台，每台售价 24 000 元，在未来五年内，产品每年的销售收入增长率可能在 10%～30%，预测 2017 年营业收入增长率为 30%，2018 年增长率为 20%，2019 年增长率为 10%。对企业未来净现值做出预测，见表 27。

表 27　企业未来现金流预测　　单位：元

年份	2014	2015	2016	2017	2018	2019
产品销售收入	0	0	7 200 000	9 360 000	11 232 000	12 355 200
销售净利率	—	—	20. 38	18. 38	16. 38	14. 38
销售净利润	—	—	1 467 360	1 720 368	1 839 801. 6	1 776 677. 76
项目投资额	654 456. 28	2 739 835. 67	0	0	0	0
现金流量	-654 456. 28	-2 739 835. 67	978 240	1 720 368	1 839 801. 6	1 776 677. 76
折现系数	0. 909	0. 8333	0. 758	0. 689	0. 628	0. 571
净现值	-594 900. 76	-2 282 283. 11	1 112 258. 88	1 185 333. 55	1 155 395. 40	1 014 483. 00

资料来源：笔者编制

统计企业 2013—2015 年年报中销售净利率，分别为 24. 33%、17. 93%、18. 88%，呈降低趋势，考虑到行业竞争导致销售净利率降低的必然趋势，本文估计项目投资的销售净利率取平均销售净利率 20. 38%，且每年降低 2%。

从企业投资的角度看，不同性质投资者各自不同的要求报酬率共同构成了企业对投资项目的最低的总的要求报酬率，即加权平均资本成本。企业选择投资项目，必须以加权平均资本成本 *WACC* 为折现率 r，计算项目的净现值，计算公式如下：

$$PV=\frac{C}{(1+r)^{t}} \tag{20}$$

其中，PV 为现值(Present Value)，C 为期末金额，r 为折现率，t 为投资期数。

(3) 以实物期权法进行项目价值评价时相关参数确定

1) 无风险利率(r)

对于无风险利率，同样使用前文在利用 *EVA* 方法时的无风险国债利率平均值，即 $r=2.28\%$。

2）期权执行时间（T）

实物期权的执行时间为评估基准日到实物期权行权时的时间长度，即项目开始投资日到企业失去投资机会之间的时间跨度，本案例中，企业于2014年初开始投资，并于2015年末建设完毕，所以期权执行时间 $T=2$。

3）标的资产的波动率（σ）

波动率表示目标企业未来收益及其折现过程中的不确定性，在金融期权中，波动率往往表示股票价格的波动率，而对实物期权而言，则有多种表示方式。第一种方式是企业历史波动率法，主要根据企业历史财务数据进行波动率的估计；第二种方式是可比公司法，通过对比可比公司股票价格波动率，推算标的资产的波动率；第三种方式是预测未来波动率法，主要是通过蒙特卡洛模拟方法计算。本文采用企业历史股价波动率法，可得到波动率 σ。定义变量 S_i 为股票在第 i 天的收盘价，令：

$$\mu_i = \ln\left(\frac{S_i}{S_{i-1}}\right) \tag{21}$$

则：

$$\sigma = \sqrt{\frac{1}{n-1}\sum_{i=1}^{n}(\mu_i - \bar{\mu})^2} \tag{22}$$

其中，n 表示交易日的天数；$\bar{\mu}$ 为 μ_i 均值。通过上述公式计算可知，食安科技的股价波动率为10%。

4）标的资产当前价值（S）

高新技术企业投资项目研发成功的价值体现在为企业扩大销售、扩大市场份额，所以可以预计销售情况、折算销售收益、估计相应的合理的折现率，折现后的值即可反映标的资产的价值。当销售情况难以得到合理预测时，可以寻找类似的项目或技术，通过该类似项目或技术的销售情况进行预测。

在本文中，标的资产的价值即为企业投资项目未来收益现值的总和，经计算企业未来净现值折现值总计为4 467 470.83元，所以 S 为4 467 470.83元。

5）期权执行价格（X）

是指已经投入高新技术企业的投资项目（无形资产的研发项目等）的全部成本费用。同标的资产当前价值计算一样，期权执行价格为未来历年投资金额折现值的总和，通过表28计算期权执行价格，X 为2 877 183.87元。

实物期权计算参数汇总表见表28。

表 28　食安科技股份有限公司 B-S 参数表

项目	现行价格 S(元)	执行价格 X(元)	到期期限 T(年)	收益波动率 σ(%)	无风险利率 r(%)
综合药品食品检测仪	4 467 470.83	2 877 183.87	2	10	2.28

资料来源：笔者编制

(4)实物期权价值计算

将以上各参数代入 B-S 公式中，通过布莱克—斯科尔斯期权定价模型可以算出食安科技企业的潜价值，在无支付红利下，B-S 定价模型为：

$$V = SN(d_1) - Xe^{-rT}N(d_2)$$

$$d_1 = \frac{\ln\left[\frac{S}{X}\right] + (r + \frac{\sigma^2}{2}) \times T}{\sigma\sqrt{T}}$$

$$d_1 = \frac{\ln\frac{4\ 467\ 470.83}{2\ 877\ 183.87} + (0.0228 + \frac{0.1^2}{2}) \times 2}{0.1\sqrt{2}} = \frac{0.4401 + 0.0656}{0.1414} = 0.5066$$

$$d_2 = \frac{\ln\left[\frac{S}{X}\right] + (r + \frac{\sigma^2}{2}) \times T}{\sigma\sqrt{T}} = d_1 - \sigma\sqrt{T} = 0.5066 - 0.1\sqrt{2} = 0.3651$$

从 Excel 统计公式中获得标准正态函数值：

$$N(d_1) = N(0.5066) = 0.6938$$

$$N(d_2) = N(0.3651) = 0.6427$$

$$\begin{aligned} V &= SN(d_1) - Xe^{-rT}N(d_2) \\ &= 4\ 467\ 470.83 \times 0.6938 - 2\ 877\ 183.87e^{-0.0228\times 2} \times 0.6427 \\ &= 3\ 099\ 531.26 - 1\ 764\ 813.49 \\ &= 1\ 334\ 717.77(\text{元}) \end{aligned}$$

4. 食安科技高新企业整体价值评估

由于企业总价值=现有资产价值+实物期权价值，食安科技高新企业现有资产价值为 174 427 558.6 元，企业综合仪器研发项目的潜在价值 1 334 717.77 元，两部分的结果相加得到企业的整体价值约为 175 762 276.37 元。结果表明，由企业综合仪器研发项目产生的潜在价值应纳入企业的整体价值中。

食安科技 2015 年年度报表显示，期末总股本 53 094 115 股，2015 年 12 月 19 日，股票价格 3.5 元，可推算出其市值为 185 829 402 元，由组合模型得到的企业的整体价值略低于其市值 5.42%。

由于我国的证券市场不是一个充分有效的市场，评估企业的内在价值相对于市场价值±20%在理论上都是合理的。虽然近年来股市反复无常，股价有时并不能反映企业的真实价值，但评估结果表明食安科技的股价波动是围绕其价值的一种正常波动。

5. 案例研究结论与启示

企业价值作为企业参与市场交易活动、完成企业发展战略的一种重要决策指标，越来越受到企业管理层的重视。企业价值的创造源自全部资本收益和全部资本成本的差额，只有差额为正，才说明企业创造出了价值。本文在分析了高新技术企业的价值构成与驱动因素基础上，根据高新技术企业价值评估难点，构建了 EVA 价值法和实物期权定价法相结合的组合模型，运用理论计算与案例研究相结合的方法对高新技术企业广东达元绿洲食品安全科技股份有限公司的价值进行了评估。通过本案例的研究，得到如下结论与启示：

（1）企业的整体价值约为 175 762 276.4 元，略低于其市值 5.42%

采用经济附加值 EVA 与食物期权 B-S 组合模型来评估广东达元绿洲食品安全科技股份有限公司的价值，约为 175 762 276.4 元，略低于其市值 5.42%。结果表明，价值评估结果较准确地反映了企业价值创造的能力，为企业制订发展规划和转型升级提供了更为准确的决策依据。

（2）加权平均资本成本 WACC 与 β 系数显著影响企业的价值

加权平均资本成本 WACC 是企业全部长期资金的总成本，是投资者基于对企业风险的判断而对企业期望的最小收益率，是企业股东和债权人进行股权投资和债权投资的加权平均机会成本。研究结果显示，EVA 与 *B-S* 组合模型中都用到 WACC(r)，而 WACC(r)受 β 系数（反映个别股票或股票组合收益率的变动与整个证券市场收益变动之间的相关性）的影响，在市场风险一定的情况下，风险报酬的大小主要由该企业自身的风险系数 β 决定，β 系数越高，则风险报酬越高，权益资本成本也就越高。因此，国家经济形势与政策（*GDP*、银行贷存利率）和金融市场波动通过 WACC 值对企业价值评估产生较大影响。

（3）预测收益的增长率 *g* 是企业合理价值评估的关键

在运用 EVA 价值评估模型与布莱克—斯科尔斯实物期权定价组合模型时，需要对很多参数进行预测，其中预测收益的增长率 g 的大小是企业合理价值评估的关键。

根据式（15）、式（17），当 $g>K_{WACC}$ 时，按照 *EVA* 计算有可能出现负值，即企业创造的价值有可能是负值。

(4)提高企业价值的途径

一是提高总资产报酬率(ROA),其主要的途径是加速资产的周转,扩大销售,提高营业收入。二是降低资本成本(WACC),通过更有效的筹资方案来减少资本成本。三是提高资本运营效率,加速资本回流。

(5)实物期权模型可运用于高新技术企业的潜在价值评估

在实物期权模型运用中,将高新技术企业的无形资产(项目、专利技术、产品)看作是看涨期权,可以客观地评估出高新技术企业的无形资产潜在价值。

参考文献

[1]曹中. 企业价值评估[M].北京:中国财政经济出版社,2010.

[2]陈卓群. 高新技术企业价值评估方法研究——以中兴通讯公司为例[D].南京航空航天大学,2006.

[3]管云松,戴大双. 高新技术企业价值评估中的实物期权方法研究[J].科技进步与对策,2014(10):48-50.

[4]贺斌. 基于实物期权的高科技企业估值方法与应用研究[M].北京:中国财政经济出版社,2010.

[5]蒋培宇. 青啤启动EVA炮制二次管理革命[J].21世纪经济,2002(7):24.

[6]李忠盛. 我国高新技术企业价值评估研究[D].燕山大学,2012.

[7]马国浩. 实物期权法在企业并购价值评估中的应用[D].首都经济贸易大学,2014.

[8]祁战雷. 基于EVA对高新技术企业价值评估的研究[D].山西财经大学,2011.

[9]王晓巍. 基于价值管理的高新技术企业价值评估研究[D].哈尔滨工业大学,2007.

[10]周治丞. 实物期权定价模型的研究[J].时代金融,2011(33):126.

林安物流的物流界“阿里巴巴帝国”转型发展之路

方案设计/撰写统筹:王　鹏

资料收集/整理:林晓燕　郑靖宇　王伟铭　莫珂迪　吴思霖

一、案例研究背景

(一)案例原型企业简介

广东林安物流发展有限公司(以下简称“林安物流”)是广东林安物流集团旗下的一家核心现代化物流企业,主要致力于在全国连锁建设和运营现代化物流园,以及物联网技术的研发与应用和物流信息网络、物流金融的推广,在品牌、运营、物流信息化等方面都处于全国领先地位,有着物流界“阿里巴巴”的美誉。

图1　广东林安物流集团总部

“林安物流”是广东省及广州市人民政府重点扶持的龙头企业,成立于20世纪80年代,目前在全国有20多家连锁商贸物流园。企业通过标准化运营、集团化运作,已发展成为一家以连锁商贸物流园运营为主,涉足信息技术与商业、电子商务的现代企业,建有全国最具规模的物流

王鹏:暨南大学经济学院城市与区域经济研究中心副主任,副教授,博士生导师,主要负责本案例研究的方案设计与撰写统筹。

林晓燕:暨南大学经济学院城市与区域经济研究中心博士生,主要负责本案例研究的实地调研访谈设计与资料整理。

郑靖宇、王伟铭、莫珂迪、吴思霖:暨南大学经济学院城市与区域经济研究中心硕士生,主要负责本案例研究的资料收集与初稿撰写。

交易平台和第四方服务平台，并成功向中国人民银行申请了第三方支付牌照。

“林安物流”自创立之始，始终坚持将“打造中国连锁品牌商贸综合体”作为自己的神圣使命；秉承“共赢、共享、共荣”的经营理念，坚持“务实、创新、进取、诚实”的企业精神，实现了公司规模和品牌的超常规、跨越式发展，走过了一条布满荆棘同时又充满希望的道路，谱写了一曲敢于探索、勇于追求的奋斗之歌，开创了物流业转型发展的新篇章。

“林安物流”凭借雄厚的企业实力，强大的研发技术团队，高标准、高水平的服务体系，建立了物流行业诚信认证体系，并与中国物流与采购联合会成功打造了行业价格指数。“林安物流”主动承担社会责任，增加当地财政收入，在行业内发挥了较好的示范带动作用，获得了较多荣誉（见图 1），被中国物流与采购联合会评为“中国物流实验基地”、中国物流“AAAAA 物流企业”、中国物流“AAA 级信用企业”，以及“中国物流最具影响力品牌”“中国最佳物流园区”“广州市优秀物流园区”“广东省商品交易市场竞争力五十强市场”“质量、服务、信誉 AAA 级市场”“广东省商业服务业改革开放三十周年杰出贡献企业”“百优民企”“电商示范平台”“中国物流杰出企业”“中国物流示范基地”“中国物流创新奖”等，被列为广东省重点物流园区、广州市预备重点工程建设项目、白云区“十二五”规划重点项目，并获批准成立全国首家物流交易所，被世界银行以及省交通厅列为“绿色交通”筹备项目的试点单位，是广东省“物流电子商务示范平台”和“智慧城市及智慧应用项目”。

（二）案例开发价值

近年来，随着我国经济的不断下行，新常态下物流行业发展不甚理想，已经由原来的幸福时代步入了微幸福时代，物流发展进入爬坡阶段。伴随着“互联网+”时代的到来，物流行业正发生重大的重构与战略性变局。传统摊大饼式的物流园区发展模式难以为继，现代智慧物流园区呼之欲出；线上线下一体的信息化战略越来越受到重视，轻资产运营模式将重构物流生态；“物流+电商”“物流+金融”等将加速跨界融合，资本助力行业加速整合洗牌。

广东林安物流发展有限公司作为中国商贸物流的领军企业和广东省重点扶持的龙头企业，有着物流界“阿里巴巴”的美誉。在“互联网+”的浪潮中，“林安物流”率先推出“林安模式”的现代化物流理念，即“基地+网络”“商贸+物流”全新运营模式，它对传统的物流管理理念产生了颠覆性影响，通过搭建“第四方物流服务平台”和“物流信息化交易平台”，解决了信息不对称、成本高、诚信缺失三大难题，实现了物流、商流、信息流、资金流、人流、技术流的高度统一，解决了传统物流模式的弊端，树立了物流界的新里程碑。

"林安物流"主要从事现代物流园区的投资、物流信息化建设和运营，作为全国唯一一家公路物流园区的5A级物流标杆企业，其在全国率先创立物流交易所，推出诚信首赔制度，创新商业模式，发展电子商务和物联网，通过有效整合物流产业链各项服务资源，形成独特的"林安模式"，实现物流业与金融、科技、产业的深度融合与联动发展。在全球经济复苏缓慢、国内经济增长乏力的大背景下，企业如何实现技术创新和制度创新的"双轮驱动"发展模式，如何建立完善配套的现代管理机制，如何应对宏观环境和微观市场发展困境，如何实现中国企业的转型升级，已经成为企业界和学术界关注的热点。经济的发展、产业的转型升级，离不开新型商贸和物流。目前我国大力发展新型智能化、信息化、产业聚集化的物流，"林安物流"作为广东省企业转型发展的典型代表，其"品牌化建设，标准化管理，连锁化运作"的经营理念具有良好的示范、带动效应，对其开展案例研究不仅可以提炼与丰富企业转型发展理论，而且可以充分展现我国企业转型实践的成功经验，具有较高的学术研究价值，有利于更加全面地掌握物流行业尖端信息，对提高行业政策效率和区域经济发展、降低物流企业运营成本具有一定的实践借鉴意义。

本项目选取林安物流集团作为案例研究对象，实地考察了广东林安物流园并就相关问题对集团负责人进行了访谈，探讨和分析物流市场现状和变化、未来发展趋势，然后进一步深入研究林安物流集团的发展模式、发展现状、核心竞争力和特色产品的竞争优势，从而提炼总结物流公司未来发展规划及方向。

（三）案例研究的主要内容

1. 致力信息化服务应用，创新"基地+网络"的运营模式

小、散、乱是传统物流业的通病，现代物流业与传统物流业最大的区别是信息化的介入，没有信息化，第三方、第四方物流就无从谈起，物流的现代化就无法实现。本案例研究重点考察"林安物流"创新现代化物流的技术手段，以"O2O模式"（Online to Offline）打造"网上+网下"相结合的第四方物流服务平台和信息化交易平台，包含网下信息交易中心、网上交易平台、物联网应用、物流交易所、物流价格指数五大部分，并确保平台的落地和功能应用。

同时，本案例研究还将分析"林安物流"如何通过发展电子商务，建立"www.0256.cn"林安物流网，为货主、第三方物流企业以及众多个体司机通过电脑、手机等方式发布物流供需信息；如何积极开发手机平台软件，轻松找到与需求匹配的车源、货源信息，实现手机软件和林安物流信息平台上提供的最新信息同步更新；如何充分开发物联网，运用GIS、RFID技术、无线射频、全球定位、电子运单等技术实现对货物在仓储、运输、配送等各个环节的在线跟踪、可

视化管理,从而降低货物和车辆风险,提高车辆调度效率和货物周转频率,减少车辆的迂回和闲置,实现智能化管理。

2. 建立物流诚信服务体系，随时监管物流各个环节

"信任危机"是阻碍物流业发展的一大顽疾,车辆闲置、被拖欠运费、被敲诈、被欺骗等问题在物流业屡见不鲜。"林安物流"为扶持中小物流企业,引入银行合作,为园区商户提供结算担保。通过第四方物流服务平台,以信用标普为基准,将物流、商流、信息流、资金流高度融合,解决中小微企业融资难问题,帮助诚信企业做强做大。本案例研究将考察"林安物流"的诚信服务体系,如"林安物流"为司机会员推出的诚信首赔承诺,凡是在林安集团交易进行公证验证,一旦发生发空车、被骗车、被拖欠运费、超宽、超长、超高、押车、敲诈等情况,由"林安物流"协调处理,并承担首赔责任。通过案例研究,分析"林安物流"建设线上线下交易平台所带来的诚信管理巨大力量和口碑效应,弥补物流行业的缺失。

本案例研究还将考察"林安物流"通过自主开发的手机终端软件——"我要物流"APP,研究其如何发布空车信息的定位位置和货源信息,如驾驶员通过手机即可查货配货,如果双方互不信任,则由"林安物流"提供第三方担保,通过信用标普建立诚信交易单,即可实现远程配货交易;同时,对于骗货的司机,"我要物流"APP 通过实时跟踪,可帮助公安部门找到骗货、发生交通事故逃逸的犯罪嫌疑人。利用实地调研和现场访谈的研究方式,分析"林安物流"如何以平台的物流信用标普普及和信用数据采集为基础,开展物流行业诚信体系建设。

3. 编制物流价格指数，创新方式降低物流成本

现代流通业是现代服务业的龙头,在许多国家和地区,现代服务业都被放在优先发展的位置。要解决现阶段物流业普遍面临的难题,在大力推进产业转型升级的过程中,推动"传统物流"向"现代物流"发展,首先要降低物流成本。本案例研究重点考察"林安物流"如何根据电子商务、交易所的数据,参考其他大型物流公司的物流价格情况,率先编制物流价格指数。通过对物流价格进行现场显示、示范和调研,考察物流价格稳定如何降低物流行业成本,从而减少商品供应链上库存、运输、搬运等物流环节的重复费用。

本案例研究还将组织案例研究团队,现场考察"林安物流"组建的全国首家物流交易所,分析其如何为物流企业提供物流信息交易、物流招投标、物流产权交易、金融服务、咨询等专业服务,从而加快企业物流信息对接,提高物流效率,解决融资难题,促进物流多式联运发展。通过现场调研林安物流信息交易中心,研究"林安物流"如何借鉴证券交易所模式,设立 1500 个交易席位,搭建起厂商、物流企业、司机面对面直接交易平台,实现物流业和制造业的直接对接和联动发展,并

分析这种集中交易的模式如何提升中小企业的组织化程度，解决中小企业的散乱问题。通过考察林安物联网应用示范中心，研究“林安物流”如何利用射频识别（RFID）、红外感应器、全球定位系统、激光扫描等技术，实现对物流车辆的“高效、节能、安全、环保”的“管、控、营”一体化，从而切实提高物流服务效率。

二、当前物流行业及林安物流集团发展概况

（一）当前物流行业发展现状

中国物流产业目前正处在“物流硬件升级阶段”末期和“物流成本管理时代”初期的发展阶段，伴随信息技术的大量应用、电子商务的兴起以及对成本控制要求的提升，物流产业结构日益规模化及专业化，进入整合阶段，从无序走向有序，各种新的业态及物流公司开始涌现。

2005 年到 2015 年间，中国社会物流总额逐年递增。2015 年，我国社会物流总额高达 220 万亿元，与 5 年前相比增长 70%左右，年均增幅约为 8.7%（见图 2）。社会物流总费用占 GDP 比例是国际通行的用于衡量一国物流行业效率的指标。我国社会物流总费用与 GDP 的比率从 2010 年的 17.8%降至 2015 年的 16%，运行效率有所提升（见图 3）。但是，对比发达国家，中国社会物流总费用占 GDP 比例依然过高，约为美国、日本的两倍。2015 年社会物流总费用 10.8 万亿元，同比增长 2.8%，增速比上年回落 4.1 个百分点。从结构看，运输费用 5.8 万亿元，同比增长 3.1%，占社会物流总费用的比重为 53.7%；保管费用 3.7 万亿元，同比增长 1.6%，占社会物流总费用的比重为 34.25%；管理费用 1.4 万亿元，同比增长 5.0%，占社会物流总费用的比重为 12.96%（见表 1）。

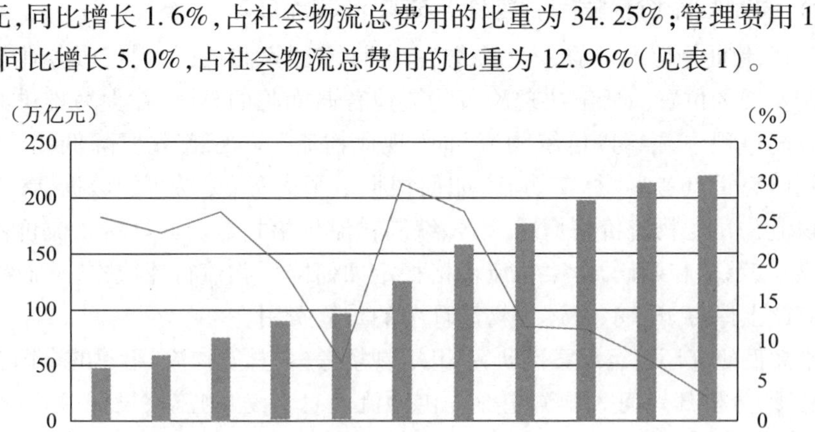

图 2　2005—2015 年中国社会物流总额及增长情况

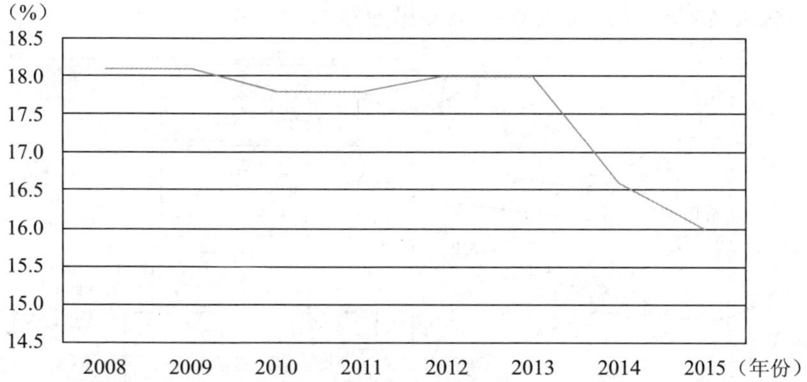

图 3　2008—2015 年中国社会物流总费用与 GDP 的比率

表 1　2015 年中国社会物流总费用构成情况

指标	绝对额(万亿元)	同比增长(%)	占社会物流总费用的比重(%)
社会物流总费用	10.8	2.8	100
其中:运输费用	5.8	3.1	53.7
保管费用	3.7	1.6	34.25
管理费用	1.4	5.0	12.96

按照从事物流行业的主体不同,物流行业可以分为第一方物流、第二方物流、第三方物流与第四方物流(见图 4)。第一方物流指卖方、生产者或者供应方组织的物流活动,如中国石化、海尔集团、格力电器、康佳集团等。第二方物流指买方、销售者或流通企业组织的物流活动,如苏宁电器、百大集团、五星电器等。第三方物流是指生产经营企业为集中精力搞好主业,把原来属于自己处理的物流活动,以合同方式委托给专业物流服务企业,同时通过信息系统与物流企业保持密切联系,以达到对物流全程管理控制的一种物流运作与管理方式,如中铁快运、中远国际货运、南方物流、德邦物流等。第四方物流是 1998 年美国埃森哲咨询公司率先提出的,专门为第一方、第二方和第三方提供物流规划、咨询、物流信息系统、供应链管理等活动,并不实际承担具体的物流运作活动,如林安物流园、汇通公路港、传化物流基地等。第四方物流是一个供应链的集成商,一般情况下,政府为促进地区物流产业发展领头搭建第四方物流平台提供共享及发布信息服务,是供需双方及第三方物流的领导力量。它不是物流的利益方,而是通过拥有的信息技术、整合能力以及其他资源提供一套完整的供应链解决方案,以此获取一定的利润,同时帮助企业实现降低成本并有效整合资源,并且依靠优秀的第三方物流供应商、技术供应商、管理咨询以及其他增

值服务商，为客户提供独特的和广泛的供应链解决方案。

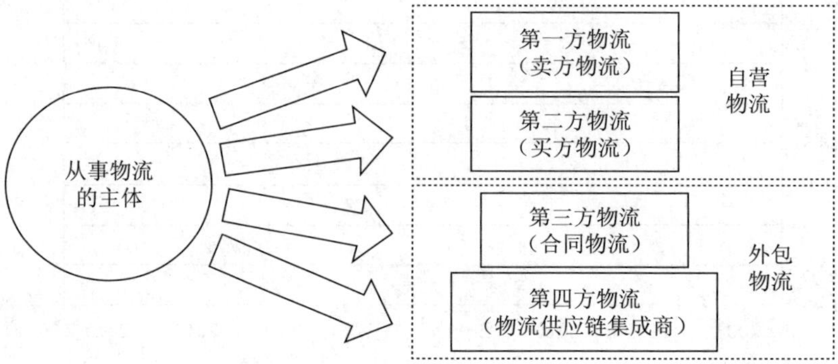

图 4　物流行业的不同分类

目前我国物流市场仍以自营物流为主，以第三方物流为代表的外包物流的市场占有比率仅为 10%，与美国的 58%、欧洲的 76%、日本的 80%差距较大。外包物流可以有效降低物流成本，提高物流响应速度，满足企业商品流通调频率、大范围的需要，从而显著提升物流市场运营效率。其中第四方物流平台是物流业"阿里巴巴"式的发展模式，采用信息技术、资源整合及专业服务为人们提供物流金融整体解决方案的信息资源整合和交易的平台。由于目前中国物流成本依然较高，外包物流仍处于起步阶段，第三方物流与第四方物流将会迎来发展良机。

由于物流园在经济开发、多种运输方式的整合、城市环境的改善等方面具有明显作用，各地政府及企业在近几年不约而同地将物流园建设作为推动区域及城市物流发展的重点工程。目前，中国基本形成了从南到北、从东到西的物流园区建设发展局面。物流园区的收入来源主要是土地的级差收入、办公楼、市场摊位租金、库房货场租金、设施设备租金、物业管理费、信息服务费、中介费、物流业务收入等。总体来看，库房/货场租金、办公楼租金仍然是目前物流园区的主要收入来源，其次是所属物流企业物流服务、各种增值服务费、配套设施租金/管理费、物业管理费等（见图 5）。

按照服务对象和物流供给特点的差异，中国物流市场可细分为高端、中端、低端三个层次，由低到高呈现出金字塔形的结构特征（见图 6）。在经济全球化与电子商务的双重推动下，物流业正从传统物流向现代物流迅速转型并成为当前物流业发展的必然趋势。在系统工程思想的指导下，以信息技术为核心，强化资源整合和物流全过程优化是现代物流的最本质特征。

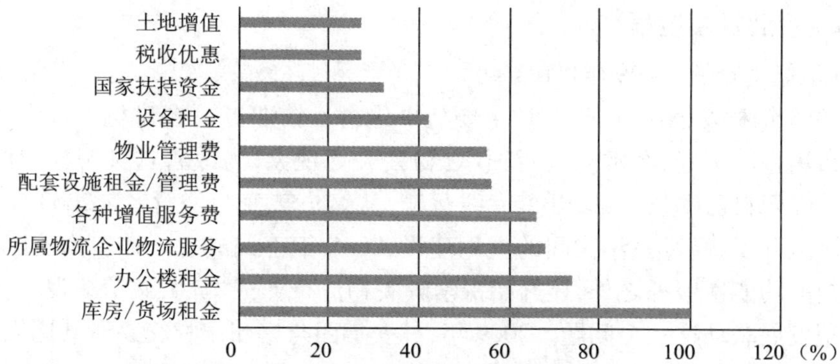

图 5　全国物流园区主要收入来源企业占比情况

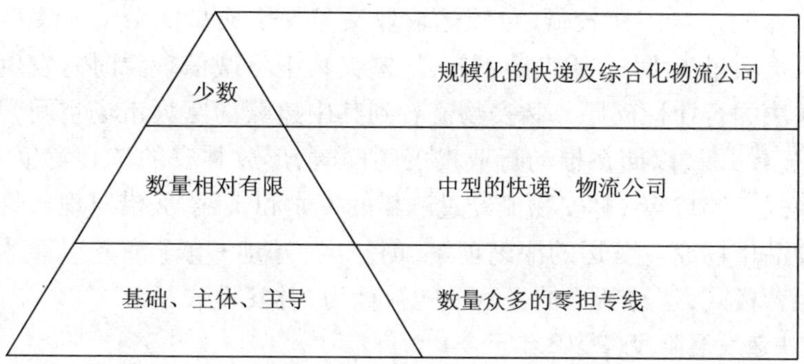

图 6　中国物流市场结构图

(二)林安物流集团发展概况

1. 企业基本情况

广东林安物流集团成立于 1983 年,经过三十多年的发展,2015 年总资产超过 85 亿元,年整合 1 万家物流企业及 100 万辆货车,旗下林安商贸物流园是华南地区最大的物流园之一。林安集团从现代物流园和专业市场的建设与经营起步,至今已发展成为一家大型综合性现代化企业集团,拥有广东林安物流有限公司、广州林安物业管理有限公司和广州商物通网络科技有限公司等多家控股子公司。

目前,林安物流集团在董事局主席李金平、副主席李清林和总裁余栋梁,以及集团党支部书记孙志东、工会主席廖河洋等人的领导下快速发展,已经成长成为中国物流行业的标杆企业。集团总裁余栋梁荣获 2015 年“全国物流行业劳动模范”称号。

2. 企业发展过程

(1)起飞阶段(2009 年以前)

1983 年林安公司刚成立时,主要从事建材运输业务。在建材运输中,由于物流市场秩序不好,经常出现货损、货物丢失等现象,为改善这种现象,林安开始着手经营自己的物流部,开展专线运输,从客户转变为经营者。2003 年林安物流园区开工,经过三年时间的规划建设,2005 年正式成立。林安物流园区除了传统的功能性服务之外,还开始探索解决物流行业成本高、诚信缺失、物流业和商贸发展联动这三个问题。2009 年,林安集团与广州产权交易所共同发起成立了国内首家物流交易所,将其定位为区域性物流服务集成者。

(2)“林安模式”的实现阶段(2009—2012 年)

运输业的市场门槛较低,传统运输业又是一个典型的劳动密集型产业,因此从业人员数量庞大、素质良莠不齐,运输交易中不诚信现象时有发生,这无疑是亟待解决的行业性问题。林安物流看到其中蕴藏的巨大市场空间,开始着手打造“林安模式”,以期在推动行业发展的同时,形成林安的核心竞争力和特有的盈利模式。2012 年,林安物流经过三年的摸索和实践,凭借对现代物流、现代城市和商品市场商业营运的深刻理解,创新出“基地+电子商务”“商贸+物流”的业态经营模式,这种新型的经营模式被称为“林安模式”。

(3)快速发展阶段(2012 年至今)

依托“林安模式”,林安集团近年来采取大力扩张策略,加快在全国布局步伐,已在全国连锁发展多个物流基地,目前在广东、北京、山东、安徽、河南、江西、湖北、重庆、海南、新疆等地分别建立或者规划了第四方物流园,计划未来 5 年内在全国建造 100 家商贸物流园区,形成覆盖全国的物流网络。目前,林安的交易系统已整合了 5000 多家第三方物流企业、20 多万家专线公司以及 100 多万驾驶员会员,建成了国内规模最大的物流数据库。借助该数据库,可以有效地降低物流交易成本,跟踪交易记录,保障物流交易的诚信和安全。

3. 林安集团发展现状

林安物流园位于广州市白云区太和镇,交通便利,地处华南快速干线、京珠高速、广清高速、北二环交会处,占地面积 300 多亩,是广州市物流规划的中心区域和华南主要干线的重要枢纽,处于北部物流圈的咽喉地带(见图 7)。林安物流园是中国物流和采购联合会授予广州市唯一一家“中国物流实验基地”,注册资金 10 100 万元。物流园结合林安物流信息交易平台(林安物流网),依照市政府城市规划和现代物流理念构建而成,是华南地区在经营管理、信息化建设上最具规模和特色的公路枢纽物流园区。作为大型公路运输枢纽,林安物流园以信息化为核心，整合物流产业链各项服务资源，拉伸了公路物流短板，构建集海、陆、空于一体，高效联动的“大物流”体系，成功打造成为网上信息交易平台、网下物流信息交易市场、物流市场、第三方物流总部、物流招投标中心、物流结算中心一体化的现代物流科技创新园区。林安物流园建有全国最具规模的零担专线市场和信息交易市场，是货物集散、中转、流通加工，以及专业化、集约化、网络化、信息化运作的服务平台，现已成为全国各地品牌专线汇聚和信息化及物联网发展的现代示范园区，并不断扩展物流供应链服务功能，延伸产业链，在促进物流行业发展的同时，为其他行业的发展提速。

林安物流基地的核心是林安物流交易中心，此外还包括林安物流网、零担快运中心、停车服务中心、汽修汽配中心、配套服务中心、第三方物流总部中心、停车服务中心、银行等多个功能区，未来还将吸纳保险公司进驻，促使物流基地的功能更加完善。

图7　林安物流园布局

林安物流信息交易中心是国内大型物流信息交易市场之一，是国内唯一实行物流信息网上、网下实时交易的市场，信息客户1500多家，每天接待找车的厂商1000多家，找货的司机6000多位。线路遍布全国，一期为北方信息撮合市场；二期为南方信息撮合市场。林安物流信息交易中心现设有1000多个交易席位，全部配备电脑和LED信息显示屏，通过实体市场和56A88平台进行物流撮合交易。信息席位和货运司机凭专用账号和会员密码发布和更新货源、车源信息。园区拥有应急大型货车5000多台、物流专线2000多条，可为企业运输1000公里外10万吨货物，遍布全国10000多个网点（见表2）。针对物流行业存在诚信缺失现象，推出诚信首赔担保服务，凡是经林安物流信息市场见证的发货找货交易，发生任何不诚信的行为均由林安负责协调，对货主和司机造成的损失由林安先行赔付。

表 2　林安商贸物流园区与物流网发展现状

林安商贸物流园区	林安物流网
物流企业整合数量：超过 1 万家	用户数量：500 万注册会员用户
货车整合数量：100 万辆	日访问量：超过 1200 万人次
林安提供服务的物流厂家和商家：20 万家	活跃企业用户：近 500 万人
物流吞吐量：超过 3000 万吨/年	车/货源匹配工商企业：5 万多家
找货的司机：6000 多位/天	日交易量：30000 单
物流专线：2000 多条	
接待找车的厂商：1000 多家/天	
物流园进出的车辆数目：超过 2 万辆/天	
应急大型货车提供：5000 多辆	
物流公司全国网点数量：10000 多个	

三、林安物流集团的“特色产品”

（一）林安班车

1. 林安班车平台介绍

2014 年以来，传统线下物流行业受到 O2O 软件的冲击不小。在中国大大小小的物流园区，由于受到经济不景气和物流软件行业分流的双重影响，有一部分物流信息户的生存日益艰难，传统建立在地缘和人脉关系的基础上的信息壁垒，被互联网日益瓦解。

林安物流通过“基地+电子商务”运营模式，提供了两个平台来构建诚信物流交易系统：一是以电子商务交易平台为基础的线上交易系统；二是以林安物流交易中心为核心的第四方服务平台。两个平台构成了 O2O 型的电子商务模式，实现了物流、信息流、商流和资金流四流合一，为物流供应链的每个节点提供增值服务，通过服务创造价值。线上交易系统包含林安物流网、车讯通、多式联运；线下平台包括交易中心、第四方物流中心、物流招投标中心、全国物流呼叫中心、城际物流班车管理中心。

“林安班车”平台在这一背景下应运而生，凭借雄厚的实力，在上游获得了有利润空间的优势货源，为“林安班车”APP 打下夯实的货源基础。通过上游巨大的货源入口，不断供给平台积累了 10 多年的 200 多万车主和 80 多万调车信息部，再加上经验丰富的纠纷调解团队，形成良性经营模式。

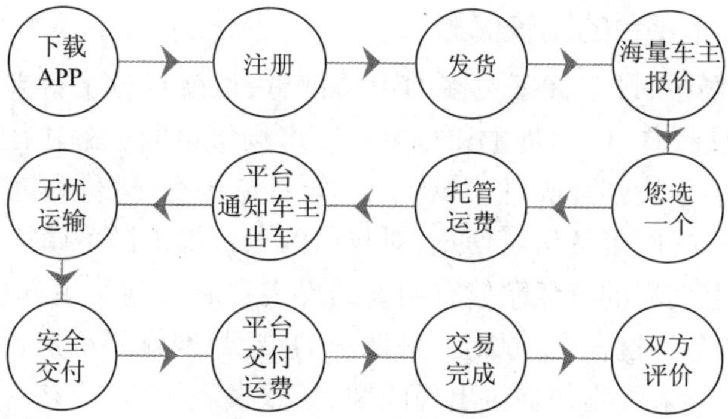

图 8　林安班车业务流程

“林安班车”的业务流程有点类似于淘宝,货主在平台询价后,车主进行竞价,综合自身情况报出自己的价格,货主再综合价格和司机的诚信记录等因素进行综合考量,在平台下单,并进行运费托管,等货物运输到达,确认无误后,再将运费打到司机账户(见图 8)。林安班车服务于广大车主、货主、物流企业等,提供快速找车、找货、智能匹配、平台担保、平台公证、信用保险、线上一体的物流交易平台,方便用户掌握实时物流信息,为物流交易提供保障。

2. 林安班车平台特色

林安班车平台主要为司机和企业、厂家提供几大特色服务:

第一,林安物流集团的一站式 O2O 物流供应链平台实现了线上线下信息同步实时更新,有运输需求的货主在林安班车 APP 平台发货下单,30 分钟内即可获得多个来自调车信息部从市场一线反馈的精准报价,将传统的线下比价流程简化。

第二,在线交易。线上公证,平台担保,保障双方权益。

第三,运价查询。货主端包括企业货主、个人货主和经纪人货主。企业货主、个人货主通过“林安班车”平台发布一票货源之后,在 30 分钟内获得十几份报价,并择优选取,货主下单时,需确认详细的发货地址、卸货地址、装卸条件,否则一旦因为货主的原因而造成空车,需要根据具体情况受到平台的处罚。

第四,货运保险。在线购买保险,降低货运风险。

第五,身份验证。自主验证对方身份证信息,掌握对方真实资料。林安物流园的信息系统与公安部联网,如若前来交易的人员有使用虚假身份或者有犯罪前科等违法情况,林安能够第一时间发现并报告警方。注册成为林安班车司机,首先需要提交本人的身份证号、车辆类型、主营线路以及身份证照片、司机本人现场确认照片。完成资料填写并经过审核后,司机才可以在手机 APP 上进行空车上报,填写发车信息。

3. 林安班车平台的比较优势

在货运市场中，谁掌握了更多的市场信息，谁就具备了得天独厚的竞争优势。在实际物流操作环节，货主和车主对于市场价格的了解往往是片面或者滞后的。在所有的车货匹配软件中，林安班车率先开发"运价查询"这个功能，让货主和车主第一时间了解市场信息，对自己的出价报价做出调整。

林安对线上交易的责任赔偿有明确的界定："林安与货主方签订运输协议，协议规定，在找车的过程中，原则上是谁犯的错误，谁就要承担责任。当一个货主通过平台订了车，货物却临时出现问题，导致发不了货，应该由货主赔偿相应的损失；而假如经纪人报低价，却找不到车，由经纪人承担相应的差价。"在线下调车的时候，货物临时变更，或变更装货地点的情况十分常见；经纪人报出低价后，本来可以定的车辆却又临时订了其他的货，导致找不到车的情况也时有发生。而在林安班车的平台，就有一套标准的游戏规则来保证这个生态的正常运转，使货主和车主双方的权益可以得到保障。

林安班车平台可以满足不同货主的个性化诉求。比如，有的运输瓷砖、原料类的货主，货物价值和运输利润不是很高，其最大的诉求就是"低价"。这一类的货主，在平台可以直接联系到司机，省去中间费用，减少成本。有的厂家企业、三方货主，最大的诉求就是"安全"。这一类的企业，可以与平台签订长期运输协议，并将运费托管，一旦出现问题或是任何运输纠纷，平台有义务负责替双方追讨回对应的损失。

林安班车平台的运营团队分为车源组和货源组，在某一段时间内到底是主抓货源还是车源，完全由市场决定。

（二）林安货的

1. 林安货的平台介绍

林安物流集团旗下运营的 APP 除了跨省跨城的林安班车，还有着力打造同城货运信息平台的林安货的。林安货的 APP 于 2015 年 10 月 15 号推出，目的是建立同城货运的 O2O 平台，旨在将距离城市市中心 100 公里范围内的闲散运力整合起来，帮助城市的工、商客户削减运输成本并提高运转效率。与林安班车相同，林安货的 APP 分为货主端和司机端，利于管理的同时，能更好地为车主和货主提供不同服务（见图 9）。

在实际运营中，林安货的通过精准配对的移动互联网技术，帮助全城货车车主、运货货主、物流企业提高运作效率、降低货运成本、增强企业竞争力。通过提供一键叫车、GPS 精准定位、全程运输监控、全程保险服务等一系列服务支持，林安货的APP帮助货车司机快速找到附近货源，帮助货主找到响应最快、信用最好、用得放心的货车司机，为车主和货主日常的商业活动带来便捷、安全、省心的服务。

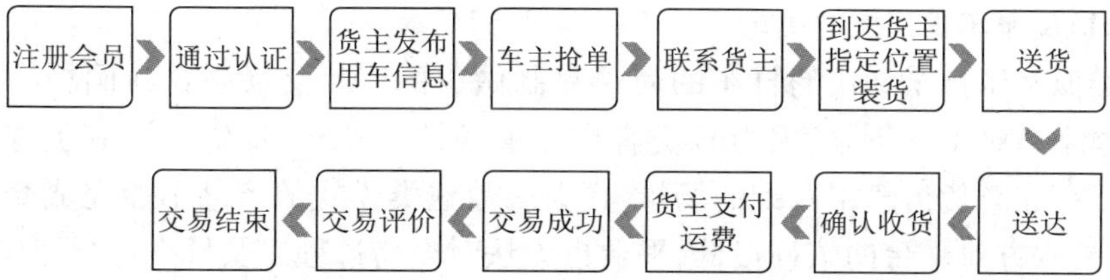

图9　林安货的业务流程

2. 林安货的平台特色

在打车出行领域，出租车是稀缺资源，在打车烧钱大战中首先开始补贴的是司机，抢的是司机资源，而在物流领域，这类APP平台最不缺的就是司机和车辆。在项目的早期运营阶段，林安货的的运营团队也曾考虑过要补贴司机，抢占司机资源，但是实际运营一段时间以后发现，只要保证货源，一定会有大量优质司机源源不断主动加盟，因为在城市货运乃至整个物流市场，运力过剩是基本形势。

目前林安货的的定位是为工业区、专业批发市场、货运场的客户提供同城快运服务，具有“按需速送”“整车速送”“小件速送”三种服务场景，客户可以通过林安货的的网站、微信、APP等多种方式在线迅速下单、查单、支付，并可快捷查看交易记录和实时追踪。此外，林安货的还为用户提供各种各样的增值服务，如包装、装卸、上楼、代收货款、代收回单等。为了让用户放心，林安货的创新性地设立了风险保证金，由于林安货的协议车主的责任造成的货物损失，平台将先行赔付。林安货的还联合保险公司，实现了每张运单自动生成货运运输责任险。

3. 林安货的平台的比较优势

相比其他同城物流平台，林安货的有四大平台优势：一是2分钟响应，万名专业司机随时提供服务；二是按百度地图提供的路线公里数计费，行程不变，价格不变；三是全天24小时提供用车服务；四是货物出现丢失破损，林安货的承诺限额2万元的先行赔付。

林安货的不仅仅是一个简单的信息发布和交易撮合平台，它实际上承担了货物运输过程管理的实际责任，并能够通过多点取送、智能派单，实现对闲散运力的整合和最大化利用，为客户提供标准化的物流服务产品，同时也可最大程度缓解城市货运带来的交通压力。对于零担类的客户，林安货的采用按“方”计费（按照货物实际体积和运输路程计费），承诺城区内四小时送达，并无须用户承担车辆空载和空驰带来的费用，平台提供非常亲民的价格，相比传统同城物流的解决方案，可为货主节省50%以上的运费。

4. 同城物流领域平台的不同商业模式及林安货的模式

(1)简单车货匹配的模式

类似滴滴打车和快的打车的简单复制做成的车货交易平台在同城物流市场将越来越难生存下来，因为C类客户需求场景不清晰、频次不高，B类客户又基本不存在车货信息不匹配的场景，且大多数这类模式的产品不能完成交易闭环，交易双方对平台的依赖很低，平台也无法对交易过程以及价格进行把控。

(2)类似专车的整车模式

用户可以选择需要的车型，按照车辆类型，进行整车租用交易，即最小的交易单元为整车。相对于简单车货匹配的产品，对价格有了明确的定义，也可实现交易的闭环，但由于城市内部物流的基本特征是货源非常分散，对运输时效的要求又很高，最小交易单元为整车的产品对于客户的集货能力要求相当高，C类客户自己积攒到需要整车运输的货量可能性很小，而B类客户又多有常年合作的熟悉司机和车辆，只可能在非常紧急以及没有合适车辆时才会考虑临时从外部找车，一旦货源稳定，车货双方极有可能脱离平台。

(3)虚拟车队的模式

通过各种模式聚合司机（如微信、APP），形成车队，将B类客户的货源在内部展开招标，价低者得。此种模式由于没有从根本上改变此类客户的交易模式和成本结构（货源比较充足的货主的运价一定较低，而服务有刚性成本，车主不太可能长期以低于刚性成本的价格服务），且服务质量和标准没有保证（最低价格的交付一定是以最低质量服务为标准），单纯的竞价补贴只是持续地烧钱，没有清晰的盈利模式。

林安货的的业务模式不同于上述三种，其业务服务聚焦于深度的货运服务，为客户提供一条龙服务。目前林安货的在广州市场已经发展2万多名车主和7万多名货主。

四、林安物流集团的增值服务

（一）林安征信

1. 服务定位

林安征信是一种针对物流业内行为规范的第三方信用评估和信用管理平台，它通过一系列系统收集数据，以与物流相关的各种服务作为评判信用度的

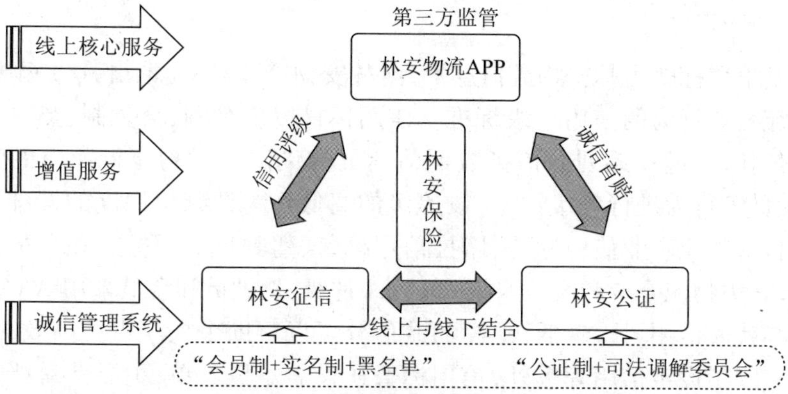

图 10　林安物流服务体系

标准，运用大数据计算物流业内的物流企业、驾驶员等的信用状况，方便物流人根据交易方等级的高低来决定是否交易。林安征信旨在建立公平、公正、公开、受社会监督、诚信的物流环境，为物流业内的交易提供可靠的信用凭证，是林安物流倾力打造的诚信体系。它还提高了物流市场信息的透明度，营造了一个诚信的物流市场氛围，规范行业秩序，使交易更安全、可靠、放心、高效。

2. 征信平台

林安征信平台共包括企业牌照、企业信用、货主信用、驾驶员信用和黑名单五个子项目。企业、货主和驾驶员注册成为会员，即可在平台中公布自己的信息，林安征信会通过信用评级标准给各个会员评级，流程如图 11 所示。在物流交易过程中，交易双方均可在征信平台中查询到对方的信用评级，如果对方的信息被记录在黑名单当中，说明该行为主体过去出现不良信用记录或者产生重大纠纷记录项，交易存在较大风险。

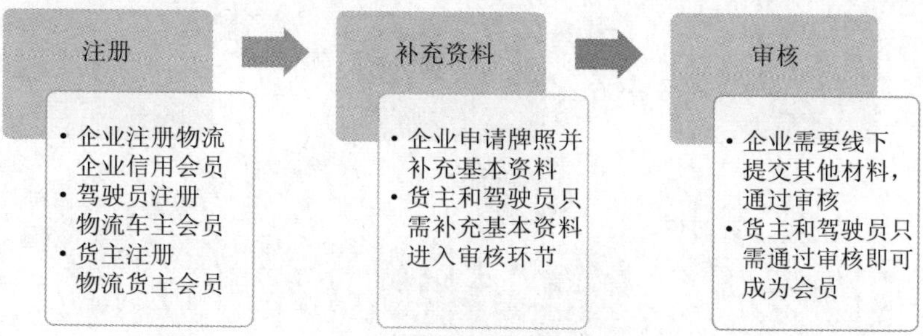

图 11　林安征信平台注册流程

3. 信用标普

林安信用标普由林安物流信息平台(林安物流园)率先推出,这是全国首家针对物流行业行为的信用评级标准。信用标普以实名制、会员制、黑名单三种制度为依托,通过一系列诚信指数评估标准的设定来对物流行业内的物流企业、驾驶员等行为进行等级评定,以等级的高低作为评判信用度的标准。林安征信现包含物流企业信用标普、席位信用标普、驾驶员信用标普和会员信用标普四类,其中物流企业和席位采用 AAAAA 评级,驾驶员和会员采用 AAA 评级,分值越高代表信用风险越低,更高的诚信分可以帮助个人获得更高效、更优质的服务。除了设定信用等级外,信用标普还设立了黑名单,主要针对严重的不诚信行为主体,如若被列入黑名单,则无等级评定。针对等级评定的标准有一套具体的行为细则,如市场席位的评估内容主要有 5 项,每一项代表一个等级,分别是证照齐全、信息化水平、诚信交易单单数、纠纷处理以及对市场积极贡献等情况;驾驶员的评估内容有 3 项,分别为诚信档案、信息化水平和诚信交易单单数的情况。每一个项目都对照有具体的评估标准,不仅使评估内容系统化、标准化,也为被评估对象提供了一套行为参考方案。

4. 诚信指数

林安征信的诚信指数评估建立在七大系统数据整合的基础之上,如图 12 所示。其中,林安班车、林安支付和林安货的系统来源于林安物流集团旗下的三大移动端 APP,货主和驾驶员通过注册会员将信息记录在 APP 中,每一笔交易都能被记录,作为诚信指数评估的数据样本;另外的四大系统主要来源于行为主体线下行为的记录。表 3 详细介绍了其中部分系统的数据收集方法和渠道,以确保评级数据真实可靠。

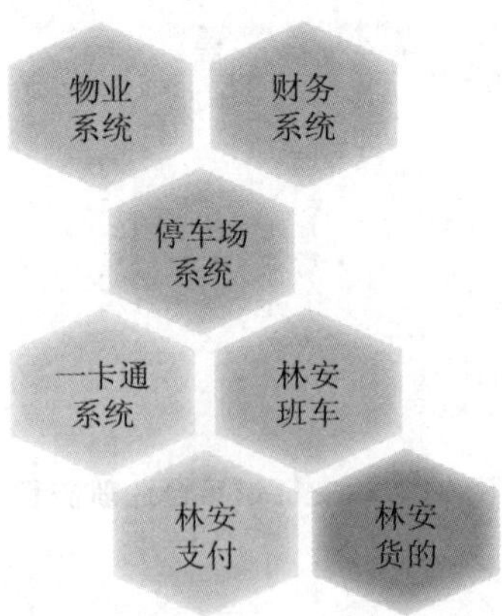

图 12　七大数据系统

表 3　系统数据来源

物业系统	物业系统包括房屋信息管理、租户信息管理、租赁管理、设备管理、保安消防管理、采购库存管理等6大主要模块。其中，房屋信息管理主要记录管理区的大楼、楼层、房间及配套硬件设施的基本信息，楼宇基本信息和房间管理信息；租户信息管理负责实现对租户出租、退租的过程管理，可以随时查询租户历史情况和现状；租赁管理提供给物业公司的房产租赁部人员使用，能够对所管物业房产的使用状态进行管理，可以按租赁状态等方式进行分类汇总、统计，还可对出租截止日期等租赁管理信息进行查询、汇总，预先对未来时间段内的租赁变化情况有所了解、准备；设备管理建立了设备基本信息库和设备台账，定义设备保养周期等属性信息、故障记录等信息；采购库存管理是针对物资建立的一套管理库存的电子集成化方案，从采购、入库到库内作业、出库、核算等
停车场系统	停车场系统集感应式智能卡技术、计算机网络、视频监控、图像识别与处理及自动控制技术于一体，对停车场内的车辆进行自动化管理，包括车辆身份判断、出入控制、车牌自动识别、车位检索、车位引导、会车提醒、图像显示、车型校对、时间计算、费用收取及核查、语音对讲、自动取(收)卡等系列科学、有效的操作
林安支付	林安支付是一款连接物流行业和金融支付产业的终端支付工具。满足客户租金缴纳、会员费缴纳、运费支付、订单货款支付、信息发布费、车辆跟踪费、短信联系费、车辆停靠费、驻场费、货物搬运费等互联网支付需求，有效地促进实现物流、信息流、商流、资金流的"四流合一"
林安班车	林安班车是一款集快速找车、找货、智能匹配、平台担保、平台公证、信用保险、线上交易于一体的物流配货软件，可以随时随地查询全国各地货运信息，提高配货效率，降低返程空载率，方便快捷，及时高效
林安货的	林安货的是一款基于IBS定位的同城货运配送APP，由货主一键下单，订单推送附近车源，司机快速抢单并在线购买货物追加保险，旨在为各大货主提供快速安全的货物运送服务

(二)林安公证

1. 服务定位

林安公证中心是通过会员制、实名制、公证制等诚信制度，根据交易双方的需要进行验证和交易公证的场所。交易发生前，交易双方先将货代以及驾驶员的身份证、驾驶证、行驶证、家庭住址及其电话、近照、指纹录入林安公证的信息化系统，并签订林安物流园提供的公证协议书。交易发生时，双方资料将显示在交易单上，这大大减少了欺诈现象的发生，一旦出现恶意诈骗或者纠纷，林安公证将主动进行协调并启动诚信首赔制度，将交易单交给公安机关，确保交易双方的利益和诚信经营，营造安全的交易秩序。物流交易首赔担保服务是在公证之后，如果产生纠纷，林安公证中心会依据实事，做出公正裁决，根据公证协议议定的首赔约定，合理的一方可以得到林安物流的首赔。

2. 诚信制度

林安公证制度来源于《诚信管理公约》，其为林安公证提供了信息保障。林安要求所有合同均签订《诚信合同书》和《共廉协议》，每家商户会员必须缴纳信誉保证金，以防范不诚信经营行为的发生。所有商户会员必须办理工商营业执照和诚信经营卡，从 2013 年起所有商户均办理信用标普，对每日的经营情况、发车量、运货情况、安全消防情况、信用行为记录、财务情况等进行调查和了解。由林安担保的每票交易强制验证定位、购齐货运综合险，保障货物的安全。同时，亦为司机会员提供诚信验证，并记录行驶证、身份证、指纹等交易信用信息。

林安公证组建了专业的团队对纠纷进行公正裁决，即司法调解委员会，它由市区政府司法部门和物流园区的警务室牵头，培训专业司法调解员，并通过长期大量纠纷调解的实践总结，出台了《林安物流园纠纷调解方法》，这使得物流行业假证骗货、敲诈等现象大幅减少。每天的纠纷调解记录均签订《纠纷调解协议》在警务室存档，并形成信用记录，由市场管理员录入物流从业人员的信用行为记录档案中。如果被列入黑名单，则立即通报曝光。在 2012 年，林安就通过提供交易资料帮助公安机关破获了 6 起案件，交易市场纠纷调解率达 100%。从 2013 年至今，受到信用标普的良好约束，会员暂未出现违法犯罪行为。

3. 林安保险

为了使客户能够放心地在交易平台上进行交易，林安物流推出为客户量身打造的四类商业保险，即货运保险、物流责任保险、高危工种意外险、林安模式车险，客户可以根据需求选择保险类别。林安保险能够有效规避货物运输过程中可能出现的风险，一定程度上保证了物流交易中货物运输这一重要环节，有效为物流人保驾护航、规避风险，同时，也为林安物流 APP 提供服务支撑。例如，林安班车等 APP 都设置有在线投保的功能，只需填写投保人相关信息、运输路线信息和货物信息，通过林安第三方支付平台即可快速购买保险。货主可以方便地在手机上查询投保结果，无缝衔接物流交易环节。

林安保险是依托于物流交易而衍生出的金融服务，负责为货主开展在线投保服务。截至目前，全国各大保险公司与物流业务相关的险种中仍只有人保公司出台的两个产品，大多数保险公司均因重重顾虑而未敢涉足该行业。而林安保险具有专业物流服务背景，提供便捷的线上保险服务，不仅能实现保险的盈利功能，也有助于林安第三方支付的运转，从而发挥服务增值功能。

（三）林安指数

1. 林安指数的发展历程与分类

林安指数，即中国公路物流运价指数，如图 13 所示，是由中国物流与采购联合会（以下简称“中物联”）和林安物流集团联合调查的中国公路物流运价指数。它是一种将线下实情与线上信息平台相结合，以体现物流行业公路运输价格变化为目的，反映出物流行业不同时期的价格水平变化方向、趋势和程度的经济指标。该指数的推出使行业内信息更加对称，物流市场更加有效和公平。同时，倡导诚信经营，促进行业生态圈健康和谐发展，并为国家经济提供预警预测，指导生产，引导消费，成为反映公路物流运输供应与需求的晴雨表。林安指数最初是林安物流园首创的反映物流运输行业价格的指数，于 2012 年 1 月 2 日首次发布，并以星期为单位定期在互联网上连续发布。此后，价格指数迅速在物流运输业内传播，从广东省内逐渐演变成全国范围的公路物流价格的风向标。该指数发展历程如表 4 所示。2015 年 6 月 12 日，在林安指数的基础上，中国物流与采购联合会加入其数据与算法，正式发布了中国公路物流运价指数。此后，中物联在林安物流信息平台官网的价格指数频道上发布月指数及周指数，并在中央财经台及行业各大网站上播出。

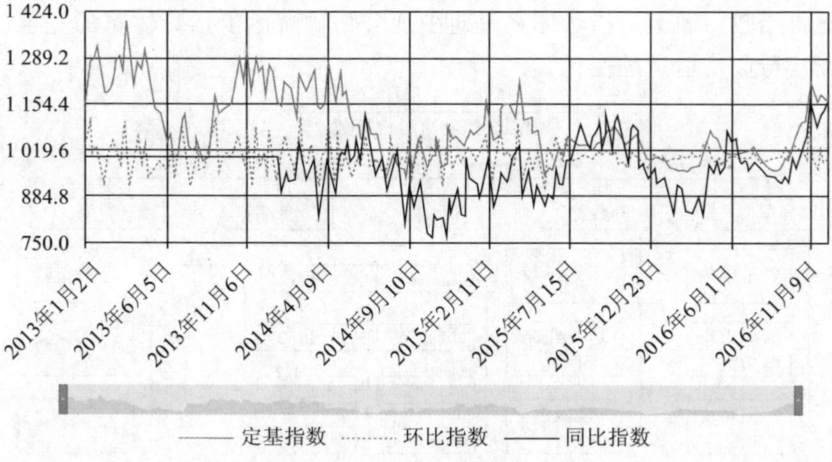

图 13 中国公路物流运价指数

资料来源：中国公路物流运价指数官方网站

表 4　林安指数发展历程

时间	发展历程
2012 年 1 月	林安物流信息平台发布了第一期林安价格指数
2013 年 10 月	林安物流采集了 36 家企业数据，累计发布 42 期价格指数，并以环比指数形式进行分析
2014 年 5 月	林安指数累计发布超过 70 期，成为广东省物流运输业价格的主要风向标
2015 年 6 月	中物联与林安物流联合测算，中物联正式发布了中国公路物流运价指数，成为全国公认的物流指数

林安指数是一个开放的体系，随着中物联的加入，指数所反映的内容被不断地丰富和完善，由此逐渐发展为一个功能全面的指数体系。一般而言，为了满足用户的不同要求，一种指数下还设有多层次、多维度的细分指数，整体分类结构如图 14 所示。按照计算时所采用基准期的差别，可以分为环比价格指数（以上一期为基期）、年距环比价格指数（以上年同期为基期）和定基价格指数（以某一固定时期为基期）；按时间范围划分还可分为周指数、月指数、季度指数和年指数。此外，按其反映的内容还可划分为运价指数和运量指数，运价总指数又可分为大类指数、物流区域指数、节点城市指数和运输路线指数，其中每一类指数又可细分为各种子指标。以大类指数为例，按照车型可分为整车运输、零担重货、零担轻货三个子指标，用户可以根据自己所采取的运输方式直观地查阅运价指数。而运量指数体系是对中国公路物流运价指数体系的完善，偏重反映物流行业货运量的变化。

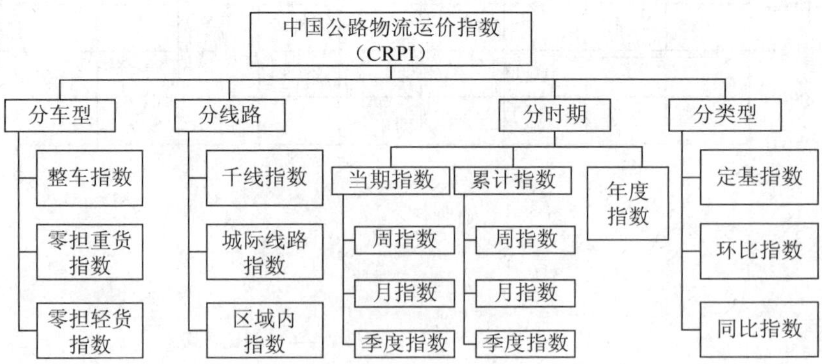

图 14　指数分类结构

资料来源：中国公路物流运价指数官方网站

2. 林安指数的构成

林安指数涉及物流园内的大量数据，在物流行业中专业程度高、覆盖面广，是一项具有一定科学性的综合指数。整个指数体系立足于微观公路运输车辆的承运人、承运单位，可以反映出不同车辆类型、不同区域以及不同主要路线的公路物流运价。因此，通过整个指数体系的综合变化可以观察出整体物流运输业的发展状况和变化规律，并在一定程度上体现出国民经济运行的状况。在设计运价指数的过程中，林安物流综合考虑了本地的产业集聚和区域市场的可比性，以数据采集企业和路线范围为基础数据来源，建立起价格指数模型。该模型按照国际通用的公式，分别赋予各个分类相应的权重，最后计算出各级分类的指数和总指数。其中，路线范围参考了从广州到全国各地的横向运输价格。企业数据的采集是在林安物流园内上千家企业中选择出最具有代表性的 36 家企业，采集其每周实际完成交易的平均运价，再加上林安信息交易中心收集到的周平均运价。林安物流信息交易中心拥有信息交易席位 1500 个，每天参与交易人员超过 2 万人次，运输线路辐射全国，每天成交量巨大，由此收集的信息数据具有相当的代表性。另外，在指数发布之后，林安物流还提供运输价格查询和指数分析等价格指数延伸出的服务功能，主要包括指数点评、专家点评、价格分析等服务栏目。

在林安指数的发展后期，中物联为其注入了新的力量，并在原指数的基础上测算出覆盖全国的“中国公路物流运价指数”。中国公路物流运价指数的数据收集与以往由人工填报报送的统计调查方法不同，运用了“大数据”“云计算”等调查分析方法，基于以林安物流网为代表的公路物流平台的动态交易信息计算出指数，实时读取，没有人工填报环节，客观真实，数据量大，时效性高。目前，采集的价格数据涵盖了全国 9 大物流区域、38 个重点城市、74 个物流节点平台、1406 条公路运输线路，以及 200 万辆货运车辆。公路运输物流网的框架如图 15 所示，它主要由公路运输平台及运输指数平台构成。公路运输平台收集了面向承运人及货主方的每笔交易产生相应的电子订单。运输指数平台首先由大数据采集平台从公路运输平台的电子订单（千万级数据信息）中提取出关键信息（如货运量、运输费用、运输平均价格等）；其次，云计算平台使用这些关键信息，并通过预先设定好的指数计算方法，实时并分类计算出各类指数；最后，由指数发布平台通过互联网向公众用户发布各分类指数信息。相对应的用户是指承运人、货主方和公众用户。承运人由 38 个物流节点及 200 万辆货车组成；货主由 5 万多家工商企业组成；公众用户由政府、企业、机构及个人用户组成。

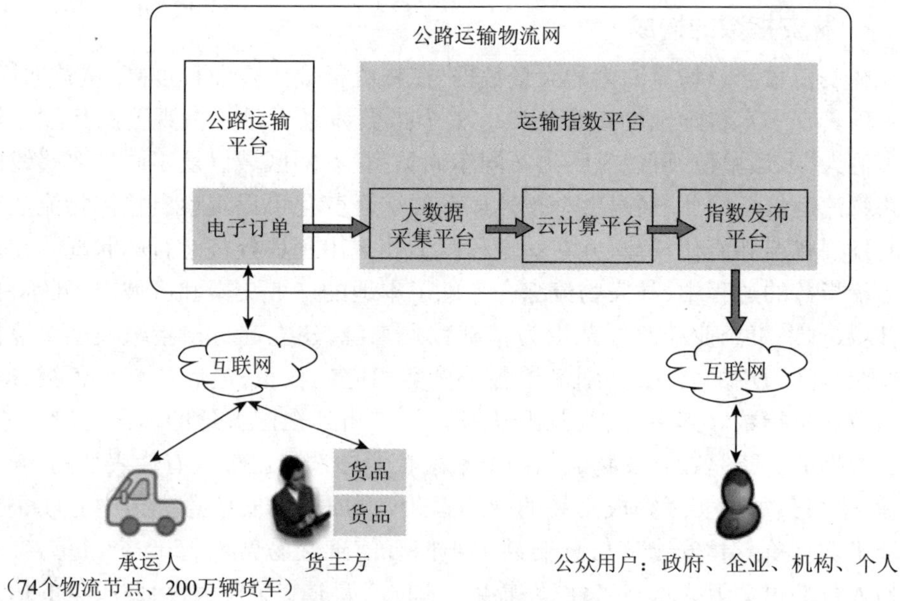

图 15　公路运输物流网框架

资料来源：中国公路物流运价指数官方网站

3. 林安指数的社会意义

林安指数的发展顺应了中国公路物流市场提质增效、有序发展的客观需求，丰富和完善了现行物流统计体系，为观察、分析我国公路物流行业市场运行发展趋势提供了新视角。该指数的建立与发布使我国公路物流领域有了一套公开、透明、系统的价格信息体系，对物流运输业的发展具有重大意义。对政府和行业部门来说，价格指数的发布为行业及其相关部门及时准确地了解物流市场的交易动态、预测行业未来走势提供了极大的便利，也为政府部门制定产业政策和发展规划提供依据，加强宏观调控。从而有利于整个物流行业的建设环境，引导公路物流行业健康有序发展。对于物流运输业供给方而言，帮助其判断物流需求的变化，有助于合理调配物流运力，进而提高行业的服务水平。对物流服务的需求方而言，公开透明的价格指数为其进行成本预算和价格谈判提供参考，还能为企业的生产经营提供有效的市场信息，规范参与市场竞争，促进企业发展壮大。

五、林安物流集团的“网上+网下”交易服务平台

(一)林安支付简介

林安支付是由广州商务通网络科技有限公司自主研发的互联网支付平台，服务于物流园区发展商、席位租赁商、物流行业及相关行业企业、个人用户。针对批发市场、品牌连锁、采购供应链、线上 B2C 和 B2B 提供行业定制解决方案，是集网银支付、快捷支付、电子钱包支付等为一体的一站式金融服务平台，提供林安物业缴费、手机充值、车辆跟踪、企业资金环节的账务清分支付结算服务，代收代付结算服务，融资贷款服务等，是林安物流集团建设“网上+网下”物流供应链一站式服务综合平台重要的环节。目前可以通过手机 APP 或者电脑下载使用。

广州商务通网络科技有限公司从 2012 年着手准备申请“非金融机构支付业务许可”,2014 年 7 月 16 日成功通过中国人民银行的“非金融机构支付业务许可”认定,2014 年 9 月 17 日中国人民银行广州分行李升厚副行长向林安物流颁发《非金融机构支付许可业务》,标志着林安物流集团可正式开展第三方支付业务,至此也成为物流行业第一家拥有第三方支付许可的企业。

广州商务通网络科技有限公司凭借对物流行业应用流程的深刻理解,紧密围绕物流企业、承运人和持卡人的服务核心需求,大力推广“基地+电子商务”“商贸+物流”结合的创新模式。通过线下、线上交易平台的有机结合,贯通网络物流集中采购、厂家和商家的网络营销、货主与承运人信息交互三大渠道,提供适合物流行业发展的支付服务,有效地促进实现物流、信息流、商流、资金流的“四流合一”。

通过实地调研中国人民银行广州分行支付结算处等相关业务指导部门,结合对林安集团的实地调研和资料查询,可以发现林安支付具有以下几个特点:一是步骤简单,使用方便。交易流程步骤少,一键可以跳到林安支付页面。拥有手机支付接口和网关支付接口,在 T+2 天能够免费接入完成。可以通过 PC 端快捷支付或网银支付,手机端快捷支付 APP、H5、电子钱包支付等进行支付。目前已经和 12 家主要合作银行和中介机构合作,并且支持全国 26 家国内主流银行在线支付,能够满足用户的使用需求。二是隐私保密。林安支付不会保存用户卡信息,不会收集用户的购买信息,同时也能保证其他人无法获取这些信息,能够保证用户的个人信息安全。三是数据传输安全。林安支付具有高级别的数据加密传输,防攻击泄露,保证数据的安全;通过 PCI-DSS 信息安全认证领先的技术、严密的流程,给用户的在线交易提供强有力的安全保障。四是强大

的账户管理功能。能够随时查询账户交易明细，进行账户管理及对账，并且转账交易手续费为0。

（二）林安支付运行分析

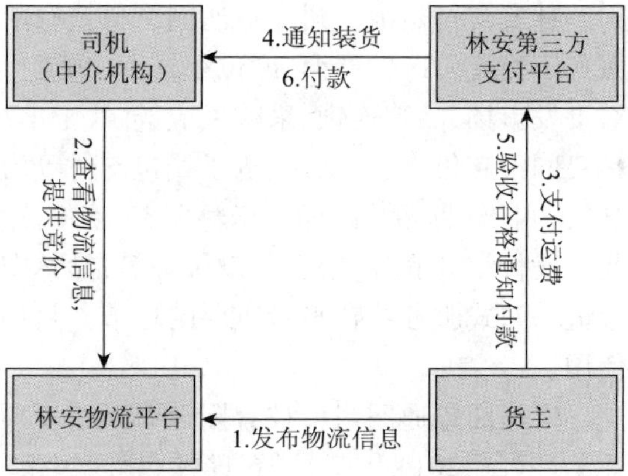

图16 林安集团作为第三方支付的流程图

林安支付的功能和运作模式类似于阿里巴巴集团旗下的支付宝，被誉为物流人的"支付宝"，其最主要的用途是运费托管以及为企业提供融资贷款服务。在林安运费托管流程中存在有四个主体：货主、林安第三方支付平台、司机（中介机构）以及林安物流平台。具体流程见图16。

林安第三方支付主要有六个步骤：货主通过林安物流平台发布货物信息，可以在30分钟内收到来自信息中介的报价，该报价只能由货主单方面看到，货主根据中介的价格、信用等因素挑选中介。中介成功获得订单后，给货主安排司机。货主在确定货车司机后，将运费转到林安第三方支付平台，第三方支付平台将会通知司机。当货车司机将货物安全运到事先约定的地点并通过验收后，货主向林安第三方支付平台确认支付；如果货物遭受毁损，参照运输协议，从运费中扣除一定的赔偿金后，再转到司机账户。当然如果货物安全运达目的地，货主迟迟不确认支付，林安支付在过一定时间后会自动将运费转给中介机构或司机，这样能够保证中介机构和货车司机的利益。

第三方支付平台的建立，将解决交易双方因信息不对称导致的道德风险和逆向选择。引入"第三方担保交易"模式，承担物流交易信用中介角色，约束货主与车主双方的交易行为，为交易双方的信用提供担保，从而化解网上交易风险的不确定性，增加网上交易成交的可能性，确保交易中资金流与物流的双向流动，有利于交易双方业务的开展，提高物流效率，降低物流成本，提升行业竞争力。对于司机来说，由于有了林安平台在中间担保，大大减少了被骗派车、放空、结不到运费、货主无故拖欠运费的风险，减少车辆迂回；对于货主来说，当货物遭受损失、丢失等意外事件时由于有林安交易平台先行赔付的制度，减轻了货主遭受损失的可能性以及遭受损失的金额。

供应链金融也是林安支付为入驻会员提供的重要的服务，在获得第三方支付牌照前，通过银行与物流园区合作入驻园区，为园区的企业提供服务，企业要经过一系列评估才能获得资金。而在获得第三方支付牌照后，只要会员企业申请进入信用体系，林安支付就可以为企业提供资金支持，提高企业获得资金的效率。截至2016年11月底，已有10多家银行与林安物流集团合作，授信总额超过20亿元。

（三）林安支付的发展前景

1. O（机会）

伴随着全面深化改革，工业化、信息化、新型城镇化和农业现代化进程持续推进，产业结构调整和居民消费升级步伐不断加快，我国物流业发展空间越来越广阔。当前，中国物流界生态正面临着一场大变局。根据国务院印发的《物流业发展中长期规划（2014—2020年）的通知》，规划期间物流业年均增加值将达到8%，到2020年物流业增加值占国内生产总值（GDP）的比重将达到7.5%。政府将大力推进物流行业结构升级，发展一批技术先进、主营业务突出、核心竞争力强的大型现代物流企业，并且加大北斗导航、物联网、云计算、大数据、移动互联等先进信息技术在物流领域的应用，加快企业物流信息系统建设，发挥核心物流企业整合能力，提高物流企业的信息化水平和专业化水平。2016年4月6日，李克强总理部署推进“互联网+流通”行动。在“互联网+流通”被称为中国新一轮的“流通业革命”的当下，物流的现代化发展被提升到了重要位置。物流行业广阔的发展前景、政府政策的大力支持，给林安集团提供了有利的外部发展环境；同时林安集团作为世界银行“绿色交通”项目的试点单位、物流行业的5A级企业、3A级信用企业和广东省及广州市重点扶持的现代化龙头企业，政策红利明显。

2. S（优势）

林安物流集团长期致力于现代化物流园，在品牌、运营、物流信息化等方面取得了成功，创造了“林安模式”。首先，林安物流集团在物流信息网络、物流金融领域居于领先地位。林安物流集团是物流行业第一家获得非金融机构支付许可业务牌照的企业，在行业竞争中占得先机。林安支付的技术也在不断完善和成熟，随着人们的观念的改变，以及林安集团市场开拓的推进，林安支付也将更多地被人们所接受。其次，林安物流集团通过十年来的物流平台运作，建成全国20多个连锁物流基地，搭建中国物流信息交易平台，发展四方物流招投标综合服务平台，实现物流信息和资源的互联互通。在林安物流网上，聚集着1万多家物流企业、20多万家生产企业和180多万辆货车的信息。通过“网上+网下”的模式，基于林安集团在网下积累的知名度和信誉，林安网上物流平台和林安支付更易被客户所接受和认可。

3. T（威胁）

林安支付面临的主要风险是政策风险和行业竞争风险。首先，林安支付面临着激烈的竞争环境，尤其是在支付领域。截至 2016 年 12 月，市场上拥有第三方支付牌照的企业达到 267 家，其中有诸如阿里巴巴（支付宝）、腾讯（微信支付）、百度（百度钱包）这样的互联网巨头，它们深耕市场多年，被市场广泛接受，拥有一批忠实的用户。无论是在市场知名度、技术成熟度还是市场占有率等方面目前很难有企业能与它们相抗衡。因此，在运费托管领域外，林安支付将很难与它们竞争，这将影响林安支付市场的开拓。同时，作为多元化战略的一部分，互联网巨头未来如果布局物流行业第三方支付，林安支付的生存环境将受到更大的威胁。其次，林安集团的第三方支付牌照将于 2019 年 7 月 9 日到期，牌照能否续期将直接关系到林安支付能否继续运行下去。《中华人民共和国中国人民银行法》《非金融机构支付服务管理办法》等法律法规对拥有第三方支付牌照的企业做出严格的要求，包括盈利能力、经营风险、是否遵守法律法规等，对于违反相关规定且情节严重的，中国人民银行将注销其《支付业务许可证》。这些因素加大了林安支付运作的不确定性。

4. W（劣势）

首先，作为一家从传统物流领域转型的企业，面对日新月异的技术变化，是否具有创新的公司文化，公司领导层是否拥有前瞻性及时应对外界环境的变化，这对林安集团和林安支付提出严峻的挑战；其次，广州商务通网络科技有限公司位于广州市的郊区（白云区太和镇），离广州的市中心有一定的距离，生活配套比较缺乏，对高层次的 IT 人才吸引力将大打折扣，缺少高技术企业所需要的集聚效应；再次，林安支付的应用功能比较单一，目前仅限于第三方支付、林安物业管理费缴纳以及手机充值的功能，产品市场占有率低，因此林安支付的发展将会受到极大的限制；最后，中国人民银行规定拥有第三方支付牌照的支付机构不得经营和变相经营证券、保险、信贷、融资、担保、信托、货币兑换、现金存取等业务，林安支付的主要收入来源为货主备付资金的利息和相关手续费，收入来源的匮乏，使得林安支付抵御竞争的能力下降。

通过 SWOT 分析法可知，林安集团应积极利用已有的有利环境和自身优势，不断克服潜在的威胁与劣势。具体措施包括：加大对技术研发的投入，引进高水平的技术人才，激发公司员工创新精神和创新能力；及时跟踪市场变化，根据客户的需求提供服务，提高客户的满意度。

六、林安物流集团的发展规划

通常来说,在规划物流园区时要求园区须有两种以上的运输方式可供选择,目的就是通过园区来整合各种物流资源。单一的物流园难以发挥整体功能和产生规模效益,物流园之间只有通过优势互补、协作经营,才能整合社会资源和提高资源的利用率,产生协同效应。区域经济的一体化发展需要区域物流协同发展,林安物流园可以与周边区域的物流园区通过合并、合作、加盟、信息交流等形式提高资源使用率,形成强大的物流园区跨区域网络联盟,在更大的范围内整合物流资源,优化资源配置,合理进行物流规划,实现优势互补,提高区域物流网络的运行效率,共同打造区域性全程物流链平台。最终降低物流环节的成本,保障物流安全,从而实现园区之间的互利共赢发展。

通过与林安物流集团部分负责人的座谈,研究小组了解到林安物流集团已在海南、广东、江西、湖北、安徽、江苏、河南、河北、山东等省建立了自己的物流节点和物流网络。为更好贯彻落实“互联网+流通”战略,根据“先集结后分散”和“效益优先”的发展原则,林安物流集团布局全国,计划五年建立100个物流园区和信息化平台节点,逐步形成全国范围的物流骨干网络,构建“大物流”“大平台”的物流生态圈。下面以该集团正在开发的海南林安农产品电商物流园作为分析其发展规划的对象。

(一)建设背景

海南省是中国第二大岛,并且是中国最大的经济特区。面向东南亚,地处亚太经济圈中心和南海国际海运要道。处于泛珠三角“9+2”与东盟自由贸易区“10+1”的结合部,3小时航程范围内包括港澳台、珠三角、长三角、东南亚等地区。全岛形成了岛内以公路为主、岛外以水运为主、海陆空协调发展的综合交通运输网。

目前,海南省的社会经济发展水平取得了较为显著的成就,但是不免存在着一些亟待解决的问题:第一,区域经济差异化问题日益严重。海南省的经济发展具有明显的分块形势,东南西北四大块区域的发展差距明显,北部是海口市,是最为发达的区域,接着是南面的三亚市和五指山市,然后是东部区域,经济发展水平最低的是西部区域。第二,物流业处于初级发展阶段,满足不了海南的整体需求。海南省的物流行业还存在规模小、设施少、层次低、成本高、融资难等问题。因此,海南省需要一个能够根据海南特色而制定的物流大平台,助推全省的商贸流通,逐步缩小地区发展差距,并且大力推动物流业的整合和发展。

（二）必要性分析

海南是全国唯一的热带岛屿，光热充足，雨热同季，热带农作物、经济作物、花木苗卉、畜禽、海洋渔业，南药黎药等资源丰富，特别是热带农产品上市时间与内地相比，有十分明显的季节优势。但是，随着中国东盟自由贸易区的建成开放以及农业科技的推广应用，海南的农产品面临着来自东南亚国家的竞争，其发展优势逐渐减弱。因此，海南省需要一个能将海南的产业资源整合在一起的大平台，以此带动产业全面升级。

物流是海南的支柱产业之一，但物流市场主体还停留在自发形成阶段，市场培育、规范与管理无章可循，并且岛内的港口、公路、机场、铁路以及物流园区等物流硬件基础设施建设尚不完善，严重制约了海南物流业的快速发展。通过物流信息化平台，实现物流资源整合，形成物流诚信生态圈，有效解决信息不对称、诚信缺失，从而大大降低物流成本，促进物流企业快速转型升级。

2016 年 4 月 21 日，国务院办公厅印发《关于深入实施“互联网+流通”行动计划的意见》（下文简称《意见》），促进流通创新发展和实体商业转型升级。《意见》指出，“互联网+流通”正在成为大众创业、万众创新最具活力的领域，成为经济社会实现创新、协调、绿色、开放、共享发展的重要途径。为进一步促进发展，林安物流集团布局海南，开拓全国物流骨干网络，深入实施“互联网+流通”行动计划。针对海南省的特色，特制定海南省 O2O 绿色农业物流骨干网，通过搭建“大物流”，形成海南省“商贸大平台”，促进海南大发展。

（三）项目规划

海南林安农产品电商物流园主要以“互联网+物流+金融+电商+农副产品”为运作模式，规划以海口为中心、三亚为副中心，在澄迈、文昌、琼海、东方、琼中、万宁、儋州建设电商、物流集散基地的项目，通过全国城际配送的林安班车、同城配送的林安货的以及高效便捷的林安支付，打造线上、线下一站式物流信息交易平台和农产品电商产业园。项目规划可以概括为“一主、一副、七基地”：

1. 海南总集散中心——海口

利用海口天然的地理优势，在物联网全方位集中调度下，各分拨基地把全省当季优质农副产品及生鲜产品及时运往海口，再通过海口快速运往国内外；同时将国内外商品汇集到海口总中心，并通过环岛物流骨干网快速调度、分拨至全岛各节点。

2. 南部分流中心——三亚

规划在三亚建成国际农产品展贸中心、跨境电商交易中心，利用信息化平台的信息撮合，把岛内各特色农副产品快速推上市场，促进产品高效流通，同时通过建立电商孵化基地，扶持中小电商发展做大，多方位推动产业升级。

3. 七个分拨基地

计划在澄迈、文昌、琼海、东方、琼中、万宁、儋州七个城市建成冷链、仓储、配送分拨基地，结合物联网技术，打造当地“菜篮子”绿色工程，建立从农地到消费者全方位物流可追踪体系，打造农副产品产销物流网络体系，满足居民日常生活需求。

（四）特色功能板块

海南林安农产品电商物流园有五大特色的功能板块，通过这五大功能来提高海南农产品物流的效率和服务质量。

1. 智慧物流

海南林安农产品电商物流园以打造智慧型的信息化为核心，规划物流信息交易中心、物联网应用中心。该中心借鉴证券交易所模式，计划设立 300 个交易席位，搭建起厂商、物流企业、司机面对面直接交易平台，实现物流业和制造业的直接对接和联动发展，降低物流成本，提高交易效率。集中交易模式有助于提升中小企业的组织化程度，解决中小企业的散乱问题，构建线上线下融合发展的体验式智慧物流商圈。

2. 电商物流

规划电商创客中心、电商网购中心、城市快运中心、现代仓储中心，通过全新 P2D 模式运作，结合林安信息化平台，提供智能立体仓储、城市配送服务，快速解决电商最后一公里问题，加快电商网购流通，推进海南电子商务与物流快递协同发展。

3. 金融物流

林安物流集团是唯一一家获得第三方支付牌照的物流企业，因此，海南林安农产品物流园计划建设物流金融中心。林安农产品物流园要通过打造一个高效、快捷、诚信、低成本的物流结算和支付体系为会员服务，同时为物流行业中小微企业解决融资难问题。

4. 商贸物流

海南林安农产品物流园规划商贸展贸中心，通过把物流和商贸相结合，整合海南重点产业，形成优势产业效应。该物流园将以物流带动商贸，以商贸促进物流，打造高端的物流中心和欣欣向荣的商业中心，提高辐射半径，买全国、卖全国。

5. 绿色物流

林安集团将搭建海南首个物流信息交易中心，通过平台高效的交易，可以实现制造业零库存，厂家和商家不需要再建仓库，可以将生产的产品直接拉到物流园区，实现货物和车辆的对接，再由物流园区直接配送到全国各地，或者集中放在物流园区的仓库内，根据需求进行配送，从而实现零库存，集约利用土地，同时可以尽可能地避免信息不对称带来的资源闲置、浪费等问题。

（五）项目效益

《物流业发展中长期规划》指出，物流业是运输、仓储、信息等产业的复合型服务业，是支撑国民经济发展的基础性、战略性产业。加快发展现代物流业，对于促进产业结构调整、转变发展方式、提高国民经济竞争力和建设生态文明具有重要的意义。因此，林安集团顺应了国家战略发展的方向，在海南布局多功能的物流园区，可以为海南带来重大的经济社会效益。

1. 增加税收、就业和拉动当地的经济增长

通过“物流促进商贸，商贸带动物流”的创新理念，海南省O2O绿色农业物流骨干的各个节点城市的物流园区都将聚集、引入大量个体、工商企业经营业务，形成欣欣向荣的经济增长圈，为当地提供大量就业机会，繁荣的经济也将给当地增加一大笔的税收。在经济拉动方面，能带来巨大的人流、车流，增加消费，还能带来对经济有推动作用的巨大的现金流、商品流、信息流、科技流。

2. 提升当地的竞争力及居民的幸福度

海南现在大力发展商贸业、物流业和现代服务业，但信息化的现代物流业、展贸业和高端服务业较少。海南省O2O绿色农业物流骨干网的建成，将为各个节点城市的生产企业、商家等降低物流成本，提升整体城市竞争力，也为当地居民节省日常生活费用做出贡献，提升居民的幸福指数，促进海南的现代物流业和商贸市场的快速兴旺。

3. 合理规划集约用地

通过建设集集约运输、仓储、商品市场、信息、管理功能为一体的园区，对优化该节点城市功能、缓解城市交通压力以及减轻产业对环境造成的压力等方面将发挥重要作用。并且，可以缓解大部分商业和服务业在城市中心高度集约的

现状和瓶颈，在城郊打造欣欣向荣的新商圈，延伸当地城市发展空间，缓解紧张的城市资源。

4. 倡导和推进诚信物流

该项目通过信息化平台、物联网应用和“林安模式”的诚信管理体系，为整个海南的物流市场和商品交易市场打造安全诚信、健康有序的良好经营环境。旨在健全诚信管理体系，改变传统物流行业、商品市场缺乏诚信现象。

七、“林安模式”的核心价值及政策建议

（一）“林安模式”的基本内涵

1. “基地+电子商务”的运营模式

“基地+电子商务”的运营模式是林安物流园借鉴第四方物流（4PL）的先进管理思想而建立的面向电子商务领域的新型服务模式。“基地+电子商务”是“林安模式”的技术基础，其中“基地”是指由林安物流园及其相关物业和设施构成的物流基础设施体系，这是建立“林安模式”的核心基础之一。“电子商务”是指林安构建的以电子商务系统为基础的物流交易平台。这个平台与林安物流交易中心构成了线上、线下融合的交易系统，是一个以实名注册、资质审核为基础，包括信用评估、电子交易、电子支付、第四方认证、税收、监管、投诉等服务在内的电子商务系统。

林安物流通过创新型“基地+电子商务”运营模式，提供两个平台来构建诚信物流交易系统（见图17），即以电子商务交易平台为基础的线上交易系统和以林安物流交易中心为核心的第四方服务平台。两个平台构成了“OAO”型的电子商务模式，实现了物流、信息流、商流和资金流四流合一，为物流供应链的每个节点提供增值服

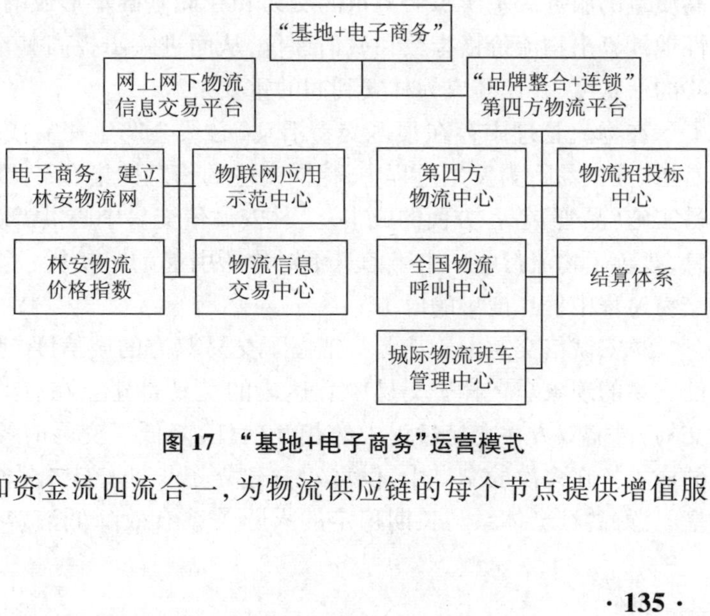

图17 “基地+电子商务”运营模式

务,通过服务创造价值。

2. “商贸+物流”的经营模式

“基地+电子商务”是为了适应市场,而“商贸+物流”商业模式是为了制造市场。物流如果能够与商贸和制造过程融合,就会形成相互促进发展的巨大市场空间。“商贸+物流”的业态经营模式是指林安物流在整合商业资源、推进信息化平台的基础上,通过品牌效应、管理输出、合作、兼并、收购,走连锁化经营之路。在具有一定工业基础、商业基础和区位优势,并能保证足够发展空间和规划空间的地区之后,积极寻求商务合作伙伴,共同推动林安商贸物流园的项目建设,打造商贸与物流一体化的产业模式。

林安商贸物流园拥有完善的软、硬件条件和齐备的信息化系统、供应链系统、商业系统、生活系统等,是集商业、物流业、居住、购物中心、写字楼、酒店、餐饮、网购、配送、休闲、娱乐、会所等于一体的大型综合性物业。例如,林安物流已在江西丰城投资20亿元,兴建“丰城(林安)国际商贸物流城”项目,项目总占地面积960亩,规划业态包括家居、装饰材料、小商品、五金机电、摩托车电动车、汽配汽贸等,并配备有一级客运站、仓储物流中心、酒店公寓、配套住宅、大型超市等核心配套设施,是拥有专业物业公司全程运营管理的商贸综合体。

3. “物流+征信”的制度保障

凭借良好的市场声誉,林安集团让物流公司和托运人相信,在林安能够得到更加完善的服务以及更有保障的交易。林安为企业和驾驶员免费提供信息服务和交易软件,企业和驾驶员仅需要交纳少量的注册费就可以获得全面的、高质量的服务。基于每天大量的交易和在此基础上形成的交易记录,林安创新性地计算出物流价格指数和诚信评价,从而进一步提高其市场吸引力及交易中心的活跃度,并让其成为林安利润的重要来源。

在物流管理中存在很多交易活动,必然会产生交易成本,物流业交易成本是指“在交易行为发生过程中,伴同产生的信息搜集、条件谈判(议价)与监督交易实施(品管)等各方面的成本”。林安诚信交易中心供需双方都能掌握市场信息,改善了物流行业中由于信息不对称所引起的车找货、货找车等现象,降低了交易过程中信息搜集的成本。

林安诚信交易中心从源头把握了交易双方的诚信度,改善了物流市场不诚信交易的现象。在林安交易中心达成的交易是建立在有效安全保障机制下的交易,供需双方在交易过程中的相互信任,降低了交易时签订契约和监督交易的成本。在多次的交易中,供需双方建立了长期稳定合作关系,信息的通畅共享、良好的社会体系与长期稳定的人际关系有效降低消费者在市场寻觅、讨价还价方面耗费的交易成本。

4. “林安模式”的行业效应

一是通过物流信息资源共享,使物流交易市场公开透明。林安物流通过设立信息市场,以出租交易席位的形式将周边货运代理公司集合至同一市场,进行货物信息发布,进行多方比价,为货主提供最低价的货运物流服务;对运输服务方推行会员制,审核验证身份和运输资质,有效核实信誉情况;开发手机版物流交易信息软件,便于机主查询物流信息;编制承运物流指数,为行业提供了价格参考。

二是通过入会实名制、交易验证制、契约式管理、保险制度、车讯通定位、结算体系、司法调节制度、诚信首赔制度、诚信曝光台和诚信评级等市场监管体系,采取市场利益引导、信息化监管、适度奖惩等办法,集中解决物流行业诚信缺失的问题。通过实名制管理,林安集团严格把好会员质量关,净化市场环境,提高企业竞争力。林安物流定期在道路货运物流公共信息平台发布考核结果,建立道路运输从业人员诚实信用记录,连续记录从业人员资信状况、诚信从业情况、安全驾驶情况等信息,凡是经林安物流平台见证的监管物流业务或物流合作项目,物流供应商出现不诚信交易行为,或者货物承运出现问题及造成实际损失,由林安物流负责协调并启动诚信首赔。出现纠纷时,由林安物流园司法调解委员会进行调解,并设立回访电话,将诈骗、虚假行为列入网上和网下黑名单,防止类似事情发生。

三是创新支付方式,以物流带动资金流集聚。将电子商务的模式应用于物流服务,建立类似“支付宝”的“商务通”第三方支付平台,交易相关方可将运输款和货款通过该平台进行支付,简单、安全、快速,真正实现物流、资金流、信息流和商品流“四流合一”。

四是以打造公路物流集聚、发展良好平台为主要目的,低收费成就高收益。林安定位于从事第四方物流,不参与具体的物流操作,致力于实现物流资源整合,低价收取会员费、席位费、车辆出入费,实现了近亿元的年营业额。林安城市配送结合林安自身优势,打造最优解决方案,攻克“最后一公里”。林安的城市配送体系是城市配送的未来发展趋势,将愈加向集约化、规模化、规范化发展,林安物流作为中小物流企业的空间集聚地,存在不可估量的市场销售潜力。同时,林安集团作为中小物流企业的组织者与意见领袖,对中小物流企业的用车选择倾向有着重大影响。

（二）“林安模式”的推广价值

1. 创新的产业模式

“林安物流”创新“基地+网络”的全新业态模式，把现代物流和当地优势产业有机融合，解决了大部分城市的商贸物流处在初级阶段和物流信息不能落地的瓶颈，促进了当地城市现代化物流产业转型升级。传统物流企业和物流园区功能比较单一，有的纯做停车场，有的纯做仓储，有的纯做零担，综合性的供应链平台比较少。“林安物流”把物流与电商金融有机结合，通过“第四方物流服务平台”引入金融、电商、保险、设备等，将其打造成供应链上下游全方位的一站式服务平台，不仅降低了物流成本和经营风险，而且提高了产业聚集和辐射效应。

2. 创新的服务理念

“林安物流”率先践行信息化和物联网的应用，搭建了第四方信息化平台，把第一、第二、第三方物流企业以及相关企业需求整合起来，打造供应链一体化服务方案，服务于政府、行业、企业和个人，实现了物流、商流、信息流、资金流的“四流合一”；通过无缝连接物流供应链和其他产业链，最大范围地整合资源，实现制造业与物流业联动发展，打造全新的集海、陆、空、铁于一体的服务体系，有效降低了物流成本，打造诚信物流服务体系，提高了当地企业的竞争力。

3. 创新的经营模式

“林安物流”创新物流供应链“网上+网下”相结合模式，提供一站式服务O2O平台服务体系，打造商贸物流标杆和信息平台名片，以“大商贸、大物流、大市场、大平台”的现代商圈促进当地产业大发展，实现了现代物流产业转型升级。同时，“林安物流”大力建设电子商务平台，通过第三方支付扶持、培育新兴的中小电商企业，并为其解决仓储和运输等难题，从而建设高端的电商企业孵化基地和创业中心，大大提高电商企业的竞争力。

4. 创新的监管体系

代收货款拖欠、资金无监管、回单才结算、司机运费被克扣等现象，都是货运行业存在的问题。为此，“林安物流”引入金融服务，搭建第三方支付平台，为货运企业提供资金环节的账务清分支付结算服务、代收代付结算服务、融资贷款服务等。2014 年 7 月 16 日，“林安物流”获得中国人民银行的“非金融机构支付业务许可”。第三方支付平台的落地，有效解决了因双方不见面而互不信任造成物流业务难以开展的诚信难题，也解决了远程调车、货物交收的资金保证问题，从而减少车辆迂回，提高物流服务效率并降低物流成本，提升行业竞争优势。

（三）“林安模式”未来发展面临问题及政策建议

1. 面临问题

第一，进驻企业间合作缺乏。如果物流园仅是各物流企业的简单集合，缺乏供应链管理理念，无法合理整合园区内的物流资源，“累积效应”也就表现不出来。广州林安物流园区内的进驻企业较为分散，产业关联度不高，基本是“各做各”的状态。缺乏协作难以使入园企业间实现资源的共享和功能的互补，园区内企业的集聚效应体现不了。

第二，园区内企业信息化率不足，物流软件普及率有待提高。从园区物流企业的办公环境可以看出企业对于信息化的投入明显不足，造成信息化程度偏低。造成该现象的原因主要包括：首先，信息化意识薄弱。企业经营者缺乏长远投资观念，对信息化推进企业发展的重要性认识不高。其次，企业资金有限。园区内主要以中小企业为主，企业运营的流动资金不多，开发或使用物流软件需要不小数目的资金，并且物流软件的回报周期长，信息化效果并非立竿见影。目前，使用物流软件的主要为大型物流集团。

第三，过于密集的物流园同质化竞争。广州林安物流园周边集聚着丰和物流园、淇骏货运市场、鑫都物流园、容发货运市场、合昌物流园、新百佳、泰邦货运市场、白云货运市场。这些物流园的服务辐射区域重叠、服务同质化现象比较明显，竞争态势严峻，无序竞争日趋激烈，导致物流园区过剩现象出现，利用不充分。

2. 政策建议

未来一段时期内，林安物流集团在不断强化和推广“林安模式”的过程中，需要加强以下几方面的工作：

第一，重视与区域经济发展相匹配。以中心城市为核心构筑的区域物流系统，与区域经济发展相互依存，是区域经济专业化分工与协作在空间上的反映，区域经济系统内部及区域间存在的经济发展空间差异与互补性是区域物流产生的最直接的原因。物流园要与区域经济发展匹配，有产业支撑，才能持续发展。随着泛珠江三角洲区域协作、珠江三角洲地区一体化建设等区域合作的不断深化，林安物流园应与区域经济和产业有效衔接，协同发展，实现共赢。

第二，推动产业之间的融合和协调发展。林安物流园应充分结合自身园区特点，对接广州空港经济区的发展，围绕航空运输业进军航空物流服务领域，构建便捷的航空物流综合平台，助推航空物流发展，带动区域经济加速增长，为珠三角协同发展搭建平台。推动物流业和制造业的融合和联动发展，引进一些大型企业上下游关联企业入园，提升产业发展层次，延伸产业链条，壮大产业规模，打造产业集聚效应。

第三，进一步提高物流信息化程度。林安旗下有许多的物流 APP 软件，例如林安班车、林安货的等，这些 APP 为物流双方提供了信息对接的平台，有助于提高物流效率。因此，林安集团可以向园区内进驻企业推广这些软件，一方面可以在推广的过程中加大 APP 的应用市场，另一方面可以提高物流园区的信息化程度，提高对接效率。

第四，加强物流供应链的资源整合。物流园不单是物流企业在空间上的集聚，更应重视企业间在物流职能上的互补和物流业务上的规模效益，让有一定产业关联度的物流企业集中入驻物流园区，这有利于整合物流资源，减少物流基础设施的重复建设，达到物流服务的规模效应，提升园区整体物流的服务水平和区域竞争力，从而产生“集聚效应”。

参考文献

[1] 广东林安物流集团官方网站，http://www.linangroup.cn.

[2] 中国公路物流运价指数，http://index.0256.cn.

[3] 我要 56(林安货的)网站，http://www.cyhhe.com.

[4] 林安物流：智慧做物流　融合海南的“重新连接”，http://news.163.com/16/0617/11/BPORRFND00014AED.html.

[5] 实地调研获取的各类资料.

琪原转型发展研究

项目负责人:梅林海
理论政策研究:李　艳　孟凡强　李广析
资料收集:黄漫华　邵　文　陈志豪
报告撰写:王明润　吕　燊

一、案例研究背景

(一)行业背景

阻燃科学技术是为了适应社会安全生产和生活的需要、预防火灾发生、保护人民生命财产而发展起来的一门科学。阻燃剂是阻燃技术在实际生活中的应用,它是一种用于改善可燃易燃材料燃烧性能的特殊的化工助剂,广泛应用于各类装修材料的阻燃加工中。

国内阻燃剂的品种和消费仍以有机阻燃剂为主,无机阻燃剂生产和消费量还较少,但近年来发展势头较好,市场潜力较大。阻燃剂中最常用的卤系阻燃剂虽然具有其他阻燃剂系列无可比拟的优势,但是它对环境和人的危害是不可忽视的。环保问题是阻燃剂开发和应用商关注的焦点,所以国内外一直在调整阻燃剂的产品结构,大力推进高效环保型阻燃剂的开发。无卤、低烟、低毒阻燃剂一直是人们追求的目标,近年来人们对阻燃剂无卤化开发表现出很高的热情,投入了很大的力量,并取得了可观的成果。

随着国家对阻燃技术要求力度的加强,我国阻燃剂的开发和发展将出现更好的广阔前景。我国应该提高开发创新能力,推动阻燃剂工业朝着环保化、低毒化、高效化、多功能化的方向发展。

梅林海:暨南大学经济学院博士、教授、博导。
李艳、李广析:广州金融学院博士、副教授。
孟凡强:广东财经大学博士、讲师。
黄漫华、邵文、陈志豪:暨南大学经济学院 2014 级研究生。
王明润、吕燊:暨南大学经济学院 2015 级研究生。

氢氧化镁作为无卤环保阻燃剂具有广阔的应用前景，但目前国内生产的氢氧化镁阻燃剂与国外先进产品相比，存在阻燃效率低、需要高填充量、易团聚、影响基体材料的力学性能等不足，需要行业加大技术攻关力度，降低生产成本和产品价格。

2010 年全球阻燃剂消费量约 180 万吨，销售额约 56 亿美元；2013 年全球阻燃剂消费量约 185 万吨，销售额约 72 亿美元。

2007 年中国阻燃剂产品中，氯系阻燃剂占 84%，而低烟无毒的无机阻燃剂产品只占总量的 8%左右。随着国家对阻燃技术要求的提高，中国低烟无毒阻燃剂开发和发展将呈现更广阔的前景。

(二) 公司概况

广州琪原新材料有限公司(以下简称琪原公司)注册成立于 2010 年 3 月，位于具有"南粤硅谷"之称的科学城，2013 年被认定为广东省高新技术企业(GR201344000507)。

自琪原公司成立以来，秉承防火工程的使命，致力于环保阻燃材料的研发、生产和销售，为市场提供完整的阻燃方案。产品已远销欧美、东南亚等地，占领了一定的市场份额；企业配备高端专业的研发实验室，并配置了先进的研发检测设备；招纳贤才组成一支高素质的科研队伍，采用产、学、研模式与国内外知名院校建立长期的合作关系。承担国家科技部、市发改委、市科信局等多个项目，现已成功研发出协效阻燃、无卤阻燃、特效灼热丝阻燃、环保阻燃母粒等系列二十多个牌号的专用型阻燃剂。环保阻燃剂(母粒)年产能 6000 吨，创造出极大的经济效益和社会效益。

琪原公司以稳定求发展，以质量定市场，以服务论优先，将通过战略布局将自身打造成为行业内最具影响力、产品最具竞争力的多功能新型阻燃材料供应商。以市场需求、创新发展为理念，与时俱进，把企业做强做大，使琪原新材料永远走在行业的前沿。

二、案例研究的初衷和依据

(一) 企业转型发展的背景

当前中国宏观经济的发展面临着发展方式转变，其关键在于如何改变企业的行为，促进企业转型升级。要顺利实现经济结构的调整和经济发展方式的转变，既需要宏观政策、制度层面的调整，也需要企业微观层面的转型升级。企业的行为决定了经济增长的质量和效益，企业的投入产出方式决定了经济增长的方式。

所以,没有企业发展方式的转变,经济发展方式是不可能有实质性转变的。

资源和环境约束日益加深。煤炭本是中国的优势能源,但从 2009 年开始已经呈现净进口的局面。2011 年,中国生产煤炭 35.2 亿吨,进口 1.8 亿吨,煤炭消费总量相当于其他国家煤炭消耗的总和。中国石油消费量近 60%依赖进口。全国 600 多个城市中,有 400 多个城市缺水。由于多年来持续高速的经济增长,环境压力也越来越大。

劳动力、土地等要素综合成本上升导致传统比较优势快速下降。随着中国农村剩余劳动力不断减少,近年来农民工工资大幅度提高,与周边一些国家,特别是东南亚国家相比,中国劳动力成本低的传统比较优势正在逐步消退。2000 年中国制造业职工月平均工资约 88 美元,同年印度和越南分别为 59 美元和 67 美元,三个国家的平均工资水平相差不大,中国分别为印度和越南的 1.5 倍和 1.3 倍。但到 2011 年,中国和印度的月平均工资分别为 456 美元和 107 美元,中国是印度的 4.3 倍。从土地价格看,2011 年末,全国主要监测城市地价总水平为 3049 元/平方米,是 2005 年的 2.4 倍。

多年高投资率,不仅导致中国总体投资效率急剧下降,而且许多行业产能过剩问题突出。中国不少传统产业甚至新兴产业,比如粗钢、水泥、平板玻璃、太阳能电池等都占世界产能的 50%以上。产能过剩不仅导致企业之间出现恶性竞争、效益下降,还会使企业看不清未来的发展方向,更可能导致系统性风险甚至经济危机。

外部环境仍然非常复杂。作为中国出口主体的欧美国家在未来较长一个时期仍处于艰难的复苏期或者低速发展期,贸易、投资保护主义可能会更加严重和普遍,企业发展的外部需求空间受到制约。

(二)企业转型发展文献综述①

1. 转型发展概念归纳

国内外有较多的文献研究企业转型,但是并没有统一的标准定义。本研究从以下四个方面对企业转型的定义进行归纳:

一是企业转型与企业组织行为。组织学家贝克哈德从组织行为学角度将企业组织转型定义为“组织在形式、结构和性质上发生的变革”。Kinann 和 Covin(1988)认为企业转型是指企业检查本身过去是什么、现在是什么、将来还需要做什么及如何去完成必要的改革的过程。Hammer 和 Champy(1993)认为企业转型是指企业在重新思考和检讨传统的功能式组织结构的基础上,通过企

① 黄速建,等. 中国企业创新政策研究[M].北京:经济管理出版社,2013.

业的横向作业流程管理，从而使组织在成本、质量及服务等绩效指标上，获得跳跃式的改进的过程。Shaheen（1994）认为，企业组织在价值、形态、表达、技术及行为等项目上的移转，让组织架构具备弹性化，能实时应对环境的变化；企业转型不仅是企业改造的重新设计，还包括组织文化的重造、组织架构的重组、战略与产品的新定位及企业核心能力的新变化等；转型的主要目的是企业在历经一段时间的努力之后，能大幅改善竞争绩效，并能持续维持企业竞争力。Muzyka等（1995）则认为企业转型是由企业行为的根本性改变而引起的组织内在逻辑的改变。巴图克（1998）认为，组织转型是一种发生在组织对自身认识上的跳跃式的变革，并伴随着组织战略、结构、权力方式、模式等各方面的变化。吴鹏辉（2011）指出企业转型是指企业为了求生存并持续经营以获利成长而突破现状，在经营策略、组织结构或企业文化等方面所做出的重新规划或创新性改变，从而提高企业经营绩效和竞争力的行为。

二是企业转型与企业经营战略。Lavy 和 Merry（1988）提出，转型是企业为了求生存，在构面上发生重大变化，包括组织使命、目标、结构及企业文化等，亦即是第二次变革，是多构面的、多层次的、定性的、不连续的逻辑跳跃式的现况变革。竹本次郎（1989）认为转型是企业应对外部环境变化所采取的经营策略。Hamel 和 Prahalad（1990）认为企业面对竞争冲击时，需要进行战略改造，重新建立企业的核心战略，改造产业的竞争规则；通过战略改造，公司能主导本身所属产业的转型过程或重新划定产业间的界限，甚至创造出全新的产业，最后取得产业领导者绝对地位和未来竞争优势，这一系列的过程构成了企业的转型。Klein（1996）认为，转型就是要通过组织调整或目标转换的战略，改变结构形态，创造出适应未来的新经营模式。

三是企业转型与企业心智（观念）转移。Adams（1984）认为，转型是企业为了创造出一个不可回复、与先前不连续的系统而在思考和行为上彻底且完全地改变。Joyce 和 Tim（1995）从思考性的角度提出，一个组织无法自己转型，除非其改变自身的思考方式；组织中的思考指的是组织中心智活动、观念开发、学习以及技巧改进、信息交换、策略方向改进、计划、沟通、市场调查、问题解决与过程改善等，这些构成了组织的整体知识活动。

四是企业转型与企业行业转变。王吉发（2006）认为，企业往往是由于自身在所处行业的竞争能力降低和竞争者优势的衰退，促使自身通过组织等的变革提升企业在产业内的能力；或者由于所处行业的衰退，企业发展前景黯淡，迫使企业不得不主动或者被动地采取产业转移战略，寻求新的经济增长点，使企业获得新的生机。这种行业间的转移，可能是企业保留原有行业的业务，实行多元化的策略，也能是完全退出原有行业，全部进入新的行业。

2. 转型发展的类型

企业的转型发展一般指企业通过改变原有的发展模式,包括对市场、经营、产业、管理等方面进行改变和变革,以更好地适应外部环境变化,获取并且提升竞争优势、提高企业可持续发展能力的行为。

(1)市场转型

市场转型主要反映企业销售市场的分散化程度,主要指国际国内市场销售份额变化,国际国内市场的分散化程度。

(2)经营转型

经营转型指企业经营模式的转型,例如从代工到自主品牌的变化(用自主品牌占所销售产值的比重和广告费用所占比重进行度量)、商业模式的变化、企业产品向服务的延伸等。

(3)价值转型

价值转型指通过各种途径增加产品的附加价值。价值转型包括产品从低端到高端,也包括产品本身附加值的提高等;价值转型主要来源于企业的研发创新和升级等,用研发投入占销售收入比重,每年申请专利数量,研发人员占企业员工比重,资本报酬和劳动成本的比重,是否有生产工艺、生产技术的改进或革新等因素来表示。

(4)产业转型

产业转型主要考察企业在专业化水平分工和完善产业链以及产业多元化程度等方面的发展情况,重点考察产品数量、产业链或产业数量的变化。

(5)管理转型

管理转型主要考察企业管理规范化、科学化进展,例如对家族企业的公司制改造、引进职业经理人、管理制度化等,还包括企业管理效率的改进,用定性结合定量的方式度量,管理效率方面用单位产品的生产成本(人均产品数量)等表示。

(6)绿色转型

绿色转型主要考察企业提高生产效率和降低污染方面的进展,以资源能源消耗率、单位产品碳排放量、单位产品污染物排放量等表示。

3. 企业转型的动因及影响因素

(1)企业转型的动因

1)综合因素

学者们从不同视角研究企业转型的动因,并将各种动因划分为不同类型,如内部—外部因素、主观—客观条件、拉动—推动因素、压力—能力因素等。

Boyle 和 Desai(1991)将其分为外部因素(战略因素、行政因素)和内部因素

（战略因素、行政因素）。Reger（1992）认为企业变革受多种因素影响，如外部环境因素、科技因素、组织文化因素等，当外部环境稳定时，企业一般会选择渐进式变革方式，一旦外部环境出现巨变，则往往采用彻底的革命性转型。Gersick（1994）则认为，企业内部条件与外部环境改变只是产生改变的需求，并不会直接产生革命性的变革，企业转型发生的主要原因之一在于领导者认知的主观条件，只要领导者认为组织的情况有变革的需要，组织就会发生变革。Kanter 等（1992）总结企业转型有三大动因：一是企业内部权力系统的变迁（如所有权的转移、经营控制权的转移、第二代接班等重要的人事变动）；二是企业成长过程中内生的变迁力量（主要指企业生命周期阶段的转换）；三是环境的变迁（如市场需求的偏好转变、原料市场的价格变动、重要技术突破或产业结构改变等）。Barker 和 Irene（1997）认为进行变革的压力（绩效压力、技术变迁）和进行变革的能力（资源）是企业转型的两大动因。杨振（2004）将转型动因分为内外两类，外部动因包括宏观经济环境变化、产业结构调整和市场竞争日趋激烈；内部动因主要有获取竞争优势和企业发展需要。王吉发和秦夏明（2006）同样认为企业转型在于内生和外生动因的影响，企业转型问题的研究过程一般遵循着“资源—能力—行业内地位提升—产业定位”的逻辑线索。吴家曦（2009）认为企业转型的动因可以分为拉动因素和推动因素。拉动因素包括对企业未来长远发展的考虑、对当前形势判断、找到了新的市场渠道和新的技术；推动因素包括产能过剩和过度竞争带来的压力、企业成本难以消化、市场萎缩、行业发展前景暗淡、受其他企业的影响。

2）具体因素

①外部因素

一是经济因素，包括国家经济发展、全球化的冲击、产业结构的调整、经济转轨及体制改革、贸易条件恶化、贸易壁垒、新型工业化道路的推动、本币升值；二是政治因素，包括政府的管制、政策规制上的解除、绿色壁垒（环保标准的提高）、出口退税政策、劳工政策、企业转型优惠政策的取消、出口产品内销限制的解除；三是科技因素，包括国家科技水平的提高、国家对行业技术发展的支持、技术的创新、信息技术的广泛运用；四是文化因素，包括消费习俗的变迁、社会阶层的改变、社会文化水平的提高；五是市场环境因素，包括市场结构、市场需求状况、消费者价值观的改变；六是行业结构因素，包括竞争者的作用、供应商的作用、竞争的日趋激烈、行业地位的变化、其他行业的吸引、多元化经营、国际产业结构的转移。

②内部因素

一是企业能力，包括营销能力、生产能力、研发能力、管理能力、动态能力、技术能力;二是资源;三是组织结构,包括权力系统的变迁、组织结构的改变;四是企业文化。

(2)影响转型效果因素

1)外部环境影响企业转型绩效

Meyer(2000)研究认为网络是企业间市场的重要机制,激烈竞争、组织内部的资源与能力以及外部合作伙伴的支持是OEM企业转型升级的基础(Pfeffer,Salancik,2003),企业转型升级需要市场基础、文化自信心和制度条件等因素的支持(刘志彪,2008)。

发展产业集群可以促进企业转型发展。本地化的企业间合作、人际交流、劳动力流动等集群学习方式有助于促进集群企业的转型成长(Grabher and Ibert,2006)。邬爱其(2009)把超集群学习分为异地同产业学习、异地跨产业学习和本地跨产业学习三种模式,它们激发和促进了企业的业务转型和战略转型;随着企业阶段性成长,超集群学习模式总体上呈现出从异地同产业学习到异地跨产业学习再到本地跨产业学习的演变特征;直接投资、战略联盟、聘请专家、国际参展等是超集群学习的主要方式。特别对于中小企业转型,张聪群(2009)认为应将中小企业置于集群网络之中探究其转型模式,抱团转型和联动转型是浙江中小企业转型的主要模式。此外,将产业集群嵌入全球价值链有助于集群企业在链上企业的合作过程中学到知识和实现创新,进而促进发展中国家的集群企业从全球价值链低端转向中高端(Staber,2001;Schmitz,2006)。但是,尽管各地的集群企业高度重视集群学习,实践中还是不断出现集群企业被本地网络锁定、外迁发展甚至衰退等问题(Uzzi,1997;Eriksson,Lindgren and Malmberg,2008);发展国家的集群企业在跨国公司主导和控制下难以成功转型升级(Pietrobello,Rabellotti,2007)。Oinas(2000)指出,全球价值链和集群学习(本地网络)仅代表产业协作分工的两个端点。因此,同时整合利用全球价值链和集群学习的积极作用,成为发展中国家推进集群企业转型成长的重要任务(Rappert,Webster and Charles,1999)。

张聪群(2011)强调了地方政府在企业转型中的重要作用。产业共性技术和区域品牌都具有公共产品属性,因此地方政府应该扮演该战略的制定者和战略实施的组织者。

2)企业内部环境影响转型效果

①企业转型需要有效的转型管理

Kotter(1995)指出企业转型每个阶段都不能轻视,整个转型过程包括8个阶段,即营造危机感、塑造富有战斗力的团队、勾勒愿景、传达愿景、授权按新愿景行动、计划并实现阶段性胜利、巩固成果并推动更多的变革、制度化。

曹建海和黄群慧(2004)揭示了企业制度转型和管理模式创新对中国现阶段民营企业成长的决定性意义,并进一步引申出民营企业成长管理的"三维模型"。Valerdi 和 Blackburn(2010)研究指出,绩效评估对企业转型有重要作用。

②经营者素质是影响企业转型绩效的重要因素

大前研一认为,企业要转型成功的首要条件是企业领导者要下定转型的决心,并能准确辨识企业经营基础的变化,再根据变化调整企业组织形式,将改革的重点放在企业组织如何适应环境变化及如何积极开发员工能力上。

简井信行、龙泽正雄(1988)同样认为企业成功转型有赖于经营者的果断与魄力。首先,企业领导者重视转型的时机,并能选择出最适合的方案;其次,对经营领域的潜力及新市场与顾客群进行彻底调查,并建议借助外来专家的智慧来促进转型升级。

中国台湾学者袁素萍(2003)认为经营者策略敏锐、经营者参与程度、领导团队是影响企业转型成功前三大关键因素,其他因素依序为:支持产业竞争态势、愿景沟通、企业规模/国际化脚步、人力素质、人际网络/策略联盟、发明及创新能力。

③企业文化和企业能力是重要因素

Rouse(2005)认为价值观与企业文化、激励机制与企业认同机制、员工个人能力及团队能力以及领导力是影响企业实施转型能力的重要因素。

Amsden(1989)以韩国企业为例提出"学习论",认为代工企业可以通过学习,缩小与国际品牌客户的差距。代工过程中学习到的先进技术与管理知识有助于代工企业的转型(Hobday,1995;Ching,Wayne,2008)。技术能力的提升可以促进代工企业从 OEM 到 ODM 再到 OBM 的演进升级(瞿宛文,2007;刘志彪,2008)。

Prahalad 和 Oosterveld(1999)总结了企业转型成功的几个特点:第一,企业必须对发展战略有一个通盘的思考;第二,高层管理者应具备强有力的组织领导能力;第三,在转型过程中,没有什么是金科玉律,企业需要从根本上改变当前的观念、做法以及股东的态度和行为;第四,必须对雇员进行培训以提高他们的技能和竞争力;第五,加强对员工的激励,提供更好的薪酬条件、发展机会和职业前景。

(三)中国企业转型发展概况①

1. 中国企业转型发展的政策

企业转型发展既是企业随着自身成长而不断提升的自我选择过程,也受宏

---

① 赵昌文,等. 中国企业转型发展调查研究[M].北京:中国发展出版社,2013.

观环境和政府政策的引导。自中国“九五”期间提出促进经济发展方式转变以来,国家为促进经济发展和产业结构转型升级出台了一系列政府措施,对企业的转型发展起了重要的推动作用。

(1)“九五”时期:积极推进经济增长方式转变

1996 年至 2000 年是中国第九个国民经济和社会发展五年计划的时期,也是中国首次正式提出促进经济增长方式根本转变的时期,经济发展方式转变的基础是企业增长方式的转变,因此我们把“九五”作为分析中国促进企业转型发展政策的起点时期。该时期主要任务是促进经济增长、稳定物价和国企改革,促进发展的战略思想是完善经济体制和促进增长方式转变。

(2)“十五”时期:积极主动对经济结构进行战略性调整

自 2000 年开始的“十五”时期是中国经济发展中承上启下的一个重要历史阶段,在这一时期,中国加入了 WTO,中国的国际化程度显著提高,社会主义市场经济体制更加完善,经济增长也进入了新一轮的快速增长时期,这一时期也出台了许多有利于促进企业转型发展的重要政策。该时期中国进入全面建设小康社会、加快推进社会主义现代化的新阶段,促进发展的主要思路是坚持推动结构调整。

(3)“十一五”时期:以全面贯彻落实科学发展观推动全面协调可持续发展

“十一五”时期是中国全面建设小康社会的关键时期。一方面经济社会继续保持了高速增长,综合国力进一步提升;另一方面由快速增长带来的各种矛盾也在不断积累和体现。因此党中央提出了全面贯彻落实科学发展观,以促进经济社会全面协调发展。

(4)“十二五”时期:突出要求加快经济发展方式转变

2. 中国企业转型发展的进展

一般地讲,企业转型发展指企业通过改变原有的发展模式,包括在产品、产业、商业模式、生产工艺、市场结构和内部管理等方面进行改革,以获取并提升竞争优势、提高企业可持续发展能力的行为。它不仅包括转型升级,也包括虽然没有实现升级,但通过转型使企业更加适应外部经营环境和自身特点变化的情形。基于上述转型发展的含义以及企业数据的可获得性,转型发展主要有以下几个方面的内涵:

市场转型:主要反映企业销售市场的结构调整情况;

经营转型:指企业经营模式的变化,例如从代工到自主品牌以及商业模式的创新;

价值转型:指通过各种途径增加产品的附加价值,包括产品从低端到高端,也包括产品本身附加值的提高等，价值转型主要来源于企业的研发创新和产品升级等；

产业转型：主要考察企业在专业化水平分工和完善产业链以及产业多元化程度等方面的发展情况；

管理转型：主要考察企业管理规范化、科学化方面的进展；

绿色转型：主要考察企业提高生产效率和降低污染方面的进展。

国务院发展研究中心企业研究所于 2012 年 5—10 月进行多次实地调研以及问卷调查。通过总结 300 家企业的访谈调研和 1491 家公司的问卷调查分析，得出以下结果：

第一，多数企业仍处于低水平同质化竞争中，但也有不少公司在提高附加价值方面取得了显著进展。首先，调研中的多数企业由于创新能力不强，产品特色不鲜明，表现出明显的低水平同质化竞争；其次，调研发现有许多优秀企业在价值链升级方面取得了显著进展；再次，研发投入有所加大是促进企业提高附加值的重要原因；最后，研发的效果及其在公司转型发展中的关键作用得到普遍认同。

第二，发展自主品牌存在诸多困难，但强化品牌经营是众多企业的共识。首先，金融危机背景下，品牌对企业利润的提升和市场地位的作用进一步凸显；其次，企业更加重视发展品牌，从无品牌到有品牌是企业转型的主要模式之一；最后，不少受访企业开始由单一品牌向多品牌转变，拥有商标数量增长迅速。

第三，加强协作整合，向产业链上下游延伸是企业进行内部产业结构调整的主要模式。首先，进行产业结构调整的企业比重逐年增加；其次，超过一半的企业选择向上下游产业延伸的模式；最后，保持主业不变并进入新行业的情形也较普遍。

第四，总体管理水平仍然较低，但企业普遍重视通过引进现代管理技术和工具推动管理转型。

第五，在推动绿色发展方面取得了一定进展，但节能减排的动力和压力仍然不足。

第六，市场压力不断加大，企业普遍加强了对国际和国内市场的拓展力度。

3. 广东省企业转型发展①

(1)广东省企业的基本情况

1)经济发展的主力军

广东主要经济指标长期名列全国各省、直辖市、自治区前茅，中小企业在其

① 王学力，黄荣斌，郭良凯．后危机时代广东中小企业发展模式转型的方向选择[J].经济研究参考，2010(40)：21-23+35.

中做出了重要贡献。广东省中小企业局 2008 年的一项摸底调查报告数据显示，广东中小企业实现增加值占全省工业增加值的 76.3%，实现利润占全省工业利润总额的 72.2%，贡献税收占全省工业的 73.5%。目前，广东中小企业数量已突破百万大关，占全省企业总数的 99.8%以上。中小企业不仅是广东构建现代产业体系的主体，也是经济发展的主力军。

2）发展水平全国领先

广东中小企业发展速度和质量都优于全国平均水平。企业数量、工业增加值、资产总额、产品销售收入、利润总额、利税总额和从业人员的增长率等主要衡量指标均处于全国领先水平；尤其通信、计算机及电子设备制造业，交通运输设备制造业，饮料制造业，医药制造业，化学原料及化学制品业，农副食品加工业六大行业具有相当规模的优势和竞争力。

3）区域分布不平衡

按珠三角、粤东、粤西和粤北四大地域分，无论是企业总量还是各类型的企业，珠三角在全省的比重都有绝对优势。如按行政区域分，广州、深圳、佛山、东莞、江门、中山等约占了全省的七成。

4）行业广域和集群化特征明显

广东中小企业分布十分广泛，覆盖了机械、电子、化工、建材、轻工、冶金、建筑、运输、通信、商业、餐饮、其他服务业等众多类别。同时，企业集群化特点明显，主要以广州、深圳、佛山、东莞等中心城市或专业镇为载体，形成众多专业化的中小企业集群。

5）所有制类别以非国有经济为主

改革开放以来，广东非国有经济迅速发展，中小企业更是如此。所有制类别主要以民营企业为主（包括私营、外资、合资），其次是集体企业，国有企业极少，分别占 68.67%、8.44%、2.41%，非国有中小企业数量的比重超过了 95%。

6）面临强大转型升级压力

广东中小企业的主体以劳动或资本密集型产业为主导，OEM 企业占有相当大比重，金融危机以来，经济环境的变化使得广东中小企业面临技术结构和产业结构存在向更高层次转化的趋势和强大压力。

（2）金融危机给广东省企业造成的巨大冲击

1）部分中小企业陷入发展困境

金融危机中部分传统和 OEM 中小企业陷入发展困境，关、停、搬迁企业的数量增加，仅 2008 年 1—10 月就有 15661 家企业关闭、停产和外迁。从企业特点看，主要是高耗能、高污染、自主创新能力弱、产业层次低、附加值不高的企业。从行业分布看，劳动密集型的纺织服装、五金塑料、电子产品、陶瓷建材等产业居多。

2）外部市场需求大幅下降

金融危机使得世界市场，尤其是广东依赖程度很高的欧美市场需求大幅下降，大量订单一夜间突然消失，外贸出口严重萎缩，对贴牌生产、“两头在外”类型企业造成严重打击。

3）贸易保护主义抬头

为了保护自身利益，发达国家和一些新兴经济国家滥用反倾销、反补贴、技术壁垒、绿色壁垒等手段，导致贸易摩擦日益增多，贸易保护主义倾向有所抬头，出口退税、税费减免等扶持外向型企业发展的政策边际效应呈现递减趋势。

4）企业生产经营环境恶化

金融危机发生以后，企业融资难度加大、信用违约事件和各种债务纠纷增多、人民币汇率持续升值、资源与劳动力成本继续攀升、市场自由度下降等，导致企业的生产经营环境出现恶化趋势，效益下滑，亏损面扩大。

（3）金融危机倒逼广东中小企业发展模式转型

1）“依附发展”模式及其存在的问题

改革开放以来，广东中小企业的快速发展主要依赖于大量承接国际产业转移、主动融入跨国公司全球化生产布局等方式，具有典型外向型特征，多数中小企业处于全球产业链中低端，属于无核心技术、无产品品牌、无销售网络或渠道的“三无型”企业。由此可见，广东中小企业发展属于比较典型的“依附发展”模式。多项实证研究成果表明，“依附发展”模式存在巨大风险。因为，后发经济体如果对模式形成“路径依赖”，一旦经济发展达到需要进行产业结构升级阶段，发达国家就会由支持转为“抑制”。假如无法依靠内升动力完成“路径转换”，就将掉入“后发陷阱”。全球性金融危机导致广东大中小企业生存困难甚至倒闭，正是“后发陷阱”风险的集中爆发。显然，基于高投资、高消耗、低效益、低工资特征的“依附发展”模式由于必然形成产业链和产业价值链低端固化、产业技术依赖等问题，一旦外部市场环境变化、资源与环境约束强化、劳动力成本上升，就会面临发展瓶颈或“玻璃天花板”，增长将停滞甚至倒退。

2）基于原始技术创新的“自主发展”模式是后危机时代转型方向的必然选择

金融危机给广东中小企业的发展带来了极大冲击，危机中暴露出的问题和经济环境的变化，反映出“依附发展”模式已难以为继，也倒逼着广东中小企业发展模式必须加快转型。选择好方向是转型的关键。基于原始技术创新的“自主发展”模式是后危机时代转型的必然方向；掌握产业核心技术和共性技术，不断增加企业发展的技术含量，逐步使原始技术创新成为广东中小企业持续发展重要的内源性动力，也是发展模式实现转换的治本之策。根据迈克尔·波特的观点,经济增长的核心动力呈现出从有形要素驱动到资本要素驱动,再到创新驱动变动的规律,广东目前正从第二阶段向第三阶段转化,可见上述方向选择遵循了经济发展的规律。同时这个选择也符合经济发展的实际,例如在美国,50%~60%的科技进步发生在小企业中,70%以上专利出自中小企业,80%以上新开发技术是由中小企业来付诸生产,中小企业平均创新能力是大企业的2倍以上。经济合作与发展组织(OECD)的一项调查表明,在推动技术创新和提升创新速度与效率方面,中小企业的作用更大。同样,我国大约专利技术的65%、技术创新的75%以上和新产品的80%都是由中小企业完成的。当前是广东经济和产业结构调整、经济增长方式转变的关键时期,开展大规模和富有效率的技术原始创新十分重要,因为我们的最终目标是变"广东制造"为"广东创造",而中小企业是最具创造性活力的企业群体,未来一定会是广东提升技术原创能力、发展内源型经济、促进经济转型升级的主要力量。

(4)广东中小企业技术原创活动的基本状况与主要问题

1)中小企业技术原创活动的现状

所谓企业技术原创力,是指企业在技术领域进行具有商业化价值的原始创新的总体能力,是企业最强大、最重要的支撑之一。广东中小企业在技术原创活动方面已取得了许多令人欣喜的成绩。

①原创平台的量和质不断提升

广东原创平台数量近年快速增长,到2009年,全省共有国家级企业技术中心36家、省级中心347家、市级中心800多家,其中多数分布在中小企业。同时通过深化省部院和产学研合作、增加专项资金投入、实施"科技特派员创新工程"等方式,原创平台的质量在不断提高。

②相当多中小企业涉足原始创新活动

广东省中小企业局2008年的调查显示,已有73%的中小企业设立了专门的研发机构,40%建立了省级和地市级企业技术中心或工程研发中心,81%进行了新产品、新技术的研究开发,41%进行过原始创新。可见,相当多中小企业涉足了原始创新活动。

③中小企业创造了大量原始技术创新成果

据调查,2007年广东省有5家中小企业跻身全国发明专利申请量前十名(占全省的83.3%),73家中小企业获广东专利优秀奖(占获奖总数的70.9%),有超过三成的企业拥有发明专利授权。这些数据表明,中小企业已成为取得原始技术创新成果的重要力量,创造了大量原始技术创新成果。

④新兴产业涌现出一批原创型中小企业

目前,广东在新兴产业领域已涌现出一批原创型中小企业。如珠海炬力以原创技术成为全球最大的多媒体芯片供应商；深圳朗科拥有闪存及移动存储领域多项基础性及核心发明专利，累计全球专利及专利申请量达 300 余项，且大部分为发明专利；广州阳普医疗是国内真空采血临床检验实验室标本分析前变异控制技术的领军者；南风股份通过研发先后成功进军地铁、核电、隧道通风等新领域。原创型中小企业的成长，使广东中小企业的技术结构和产业结构可以向更高层次转化。

2）中小企业原始技术创新存在的主要问题

①风险和急功近利影响技术原创活动的开展

尽管调查数据显示，84.11%的中小企业对创新的需求较为“迫切”，但超过 95%的中小企业认为企业创新有风险，对之既爱又怕；同时急功近利的思想在中小企业中依然十分严重，许多传统型或外向型企业认为原来的赚钱模式虽然不理想，但相对保险，依然不愿轻易放弃，因此也影响技术原创活动的开展。

②创新资源和人才制约参与原始技术创新

原始技术创新的好处企业十分清楚，但大多数中小企业都存在创新资源和高水平研发人才不足的问题，加上资金、市场、制度和政策约束并未完全消除，对参与原始技术创新的意愿、规模和效率形成制约。

③原始创新活动水平不高

原始创新能力的提升有一个积累过程，我国中小企业从事原始创新的时间并不长，加上自身条件和客观条件的原因，尽管广东专利总量增长迅速，但专利结构与发达国家完全相反（发明专利严重偏低），说明目前广东原始创新活动的水平还不高。

④中小企业从事原始技术创新活动差异较大

这种差异十分明显，先进制造业和现代服务业领域的企业进行原始创新的比例高于传统制造产业和服务业，内源型企业高于外源型企业，珠三角企业高于其他地域企业。

三、企业转型发展战略研究

（一）企业转型发展总体概况

1. 企业转型发展方法与思路①

第一，合理使用互联网工具，向互联网转型。国家提出的“互联网+”战略，

① 龚晓峰.企业转型升级的新思路、新方向、新路径[Z].“2015 全国机械工业经济形势报告会”演讲.

为企业的转型提供了一列可以搭乘的高速列车。企业在后端,互联网成为前端工具和出口,在与互联网的链接过程中,为企业生产工艺、产品品质、集约管理、成本管控、需求把握等提供了全方位的武器。即使是在商业模式上,互联网思维也给企业再造商业新模式提供了借鉴和启迪。所以,企业应当有破釜沉舟的勇气,深入变革企业生产模式、管理模式、流程模式、交易结构等,从而在用户层面、企业层面、产品层面搭建起完整的价值链。

第二,勇于进行技术创新,在技术创新的突破上寻找企业发展的突破。对于中小企业来说,在过去近二十年的发展过程中,重视人才与科技创新的企业在当前的经济变革中遭遇的压力普遍要轻得多,原因是技术创新始终会成为企业发展的核心驱动力。实施技术创新的前提是勇于变化,不能拘泥于既有的成果,要永远锚定客户需求,创新更能满足用户需要的产品和服务。技术创新更多地有赖于研发的资金来源,这对于中小企业以往所秉持的商业哲学来说,可能是不可承受之重。所以,中小企业更多要从企业负责人思想层面进行创新,创新对企业发展的认识和对未来目标的判定。

第三,模式创新,既包含商业模式的创新,也包含企业价值再造。在商业模式上,互联网的冲击已经为中小企业上过很深刻的一课,变则生,不变则死,这是中小企业家们的普遍认知。而在企业价值的再造方面,我们通常从产品价值的打造进入企业品牌价值的打造,从而提升企业的影响力和附加值,这是无形资产,而从商品价值到品牌价值的全部内涵,则构成了一个企业的内在价值,股权要素也是中小企业的一个内在价值。对于中小企业来说,本身的股权就是最大的核心价值,通过股权融资,不仅解决了企业创新发展的资金问题,而且引入了更多层面的智慧和行业资源,可以从宽度、深度、远度等多个方面加大对企业的推动作用,从而实现企业的腾飞与质变,实现跨越式发展。

2. 企业转型发展难点与困境①

(1)市场进入隐性壁垒依旧存在,转型升级之门较难开启

由于受到投资规模等限制,目前中小企业尚不具备相应实力进入电力、电信、石油等领域。但是,由于垄断性行业改革滞后,垄断行业依旧存在纵向一体化的产业组织体系,竞争性业务尚未有效剥离。同时又由于政企不分,主管部门能够利用行政权力维护所属企业利益,并通过经营条件、结算办法等方面的规定阻碍中小企业进入相关延伸服务、配套服务或增值服务领域。现阶段我国中小企业市场准入在许多行业仍存在着"玻璃门"现象,转型升级之门较难开启。

---

① 刘方. 我国中小企业发展状况与政策研究——新形势下中小企业转型升级研究[J].当代经济管理,2014(2):9-18.

（2）多元化的金融服务体系发展不足，难以满足转型升级融资需求

由于我国中小企业自身经营的特点，在融资活动中信息不对称和交易成本高的问题突出，加之我国高度集中的金融结构"先天"不适配中小企业的融资要求、我国实体经济经营环境不理想等，我国中小企业融资难、融资贵问题尤为严重。当前，我国中小企业正处于经济转型和产业升级的关键时期，一般性融资难、融资贵问题尚未得到有效解决的同时，又面临转型升级所带来的特殊性、阶段性融资性需求，使其融资呈现出"长、大、稳、综"特点；而满足中小企业转型升级新生需求的金融业务与金融服务体系却发展滞后。主要表现在以下四方面：

第一，缺乏针对中小企业转型的融资方式创新。一方面权利质押发展不足。中小企业融资面临的"无抵押、无贷款"问题仍未得到有效解决，存货、订单、专利权、商标权、股权、应收账款等权利质押在融资中的功效较小，虽有实践，但不成规模。中小企业融资难的传统问题在较大程度上延续至转型与升级阶段。另一方面转型融资方式创新不足。中小企业通常采取产业集权的组织形态，为核心企业提供产业配套，"供应链"融资或者基于产业集群的中小融资虽然能够有效克服中小企业融资面临的信息、成本限制等问题，但是相关研究和推广滞后。基于信息技术的互联网金融和金融互联网服务可能为中小企业融资开辟新的贷款途径，但是围绕法律合规、风险控制、行业规则、金融监管、盈利方式等还有大量理论和实践问题需要解决。

第二，中小企业转型升级的多层次融资渠道建设滞后。中小企业转型与升级、技术创新面临着较大的风险，但是缺乏 VC、PE 等专业面向风险投资的融资渠道；中小企业债务融资存在发行周期较长、环节较多、发行费用较高等问题，而且发行门槛高，筛选发行人时除要求满足净资产、注册资本、连续盈利等条件外，还设定其他条件对企业优中选优，一般中小微企业难以达标，债务融资无法满足中小企业转型升级的融资需求。

第三，信用担保体系为中小企业转型升级提供担保服务的能力有限。目前，我国信用担保体系为中小企业转型升级提供担保服务的能力有限，主要表现为以下几点：一是风险补偿机制仍然缺位，担保公司缺乏规范的担保保证金制度、再担保制度，这增加了担保公司的风险，也无法应对中小企业转型升级面临的风险。二是部分担保机构运营不够规范，对担保机构整体信用水平产生负面影响。三是担保机构与银行业金融机构合作不对等，降低了为中小企业转型升级提供担保服务的能力。

第四，民间金融机构发展滞后，无法满足中小企业融资需求。目前，民间资本已经开始进入金融领域，但是由于与民间资本在金融领域发展相配套的法律、法规及机制还没有健全，仍无法作为各类银行的主发起人并拥有实际控制权,发展仍面临较大障碍。如在村镇银行的市场准入方面,根据现有规定,村镇银行最大股东或唯一股东必须是银行金融机构,其持股比例不得低于15%。现有小贷公司如果要改制为村镇银行,就必须将控股权转让给体制内的金融机构。一些大银行对设立村镇银行并无兴趣,而有意从事此业的投资者又因不能控股而踌躇不前。目前国有大型商业银行的主要客户还是以大型企业为主,民间金融机构发展滞后,将无法满足中小企业转型升级融资需求。

(3)新时期中小企业成本全面上升,转型升级动力不足

一是劳动力成本刚性上涨。由于招工难,很多企业不得不采取提高薪酬待遇的办法来吸引和留住员工,刚性上涨的人工成本给企业带来了生产经营成本的上升。二是能源、运输、原材料成本上涨的压力依然存在,油价、工业企业电价成本也有较大上升。三是由于大型企业和部分中型企业比较容易获得各种名目的直接或间接税收优惠或财政补贴,导致盈利水平较低的小型和微型企业实际税负偏重。一些地方执法不公也增加了企业负担,个别地方甚至为完成税收任务随意增加企业税负。四是中小企业长期遭受乱收费。虽然目前各地加强了针对中小企业的"三乱"治理,但部分依附于政府部门的中介机构和一些审批环节仍然存在乱收费的问题,加重了中小企业负担。

当前企业成本上升的后续压力仍然较大,中小企业依靠"低成本、低价格、低利润""高消耗、高排放"的发展模式难以为继,在国内外市场竞争中的成本比较优势越来越小,这无疑给微利经营的中小企业带来较大挑战,转型升级动力不足。

(4)技术创新和管理创新遭遇瓶颈,转型升级条件亟待完善

一是中小企业对技术创新的重视程度不够。在技术创新上过分依赖政府或科研单位,经营理念上注重短期效益、缺乏持续发展的思想,没有开展技术创新的积极性和主动性。目前中小企业的创新基本上是以单个企业模仿和消化成熟技术、生产定型和常规产品为主,主导产品的技术和装备主要依靠引进,科技研发意识不足。二是技术创新研究开发经费不足。由于难以从银行获得贷款用于技术创新,造成中小企业研发投入不足,创新缺乏资金支持。虽然近年来国家设立了多项基金来支持中小企业创新活动,但资金规模过小,扶持对象过于分散,资金的实际使用效果不佳。三是人力资源投入不足。从企业技术创新的研究发展人员投入看,我国企业研究人员数量增长较快,但与发达国家的差距依然十分显著,投入仍不足。四是管理创新步履艰难。在管理方式上,家族式管理早已在中小企业中根深蒂固,由此带来的是企业创新机制、优秀人才引进与培养受到严重限制,短视思维的存在往往导致企业难以在激烈的国内外市场竞争中抓住发展机遇。家族成员以外的员工在企业内上升的空间有限,关键岗位基本被“内部人”把持,影响积极向上的企业文化建设和有效绩效考核机制的真正建立。五是创新环境亟待改善。由于目前市场壁垒依旧存在,多数中小企业仍然处于价值链末端,在发展的主动权上受限,这些弊端无疑抑制了中小企业创新能力的提升。此外,由于我国生产要素的市场化还相对滞后,行政力量的干预往往导致中小企业在获取创新要素资源方面处于弱势地位。中小企业技术创新动力不足与我国当前知识产权政策环境不完善也有一定的关系:一方面,企业申请专利的成本很高,既要花费相当多的资金去完成相关的申请流程,等待相当长的时间,还要承担专利申请失败的机会成本。另一方面,当企业的专利被侵犯时,企业维护知识产权的成本非常高。上述原因直接导致企业不愿意进行创新。

(5)中小企业的政府管理部门协调不力,转型升级缺乏保障

国家层面的中小企业管理部门仅有工信部下属的一个中小企业司,而且不同类别中小企业和民营经济的管理分属工业和信息化部、商务部等不同部门,许多机构的管理服务能力尚不能适应中小企业发展需要。各省、市、县中小企业主管部门设置与同级经贸或工信部门存在职能交叉重叠的现象,组织协调难度加大。从部门运转情况看,中小企业主管部门职能弱化,人员配备、编制安排、经费拨付均与经委(或工信厅)相差甚大,导致中小企业主管部门的积极性与主动性欠佳。另外,中小企业的政府管理部门协调不力也使转型升级缺乏保障。一方面,政府部门缺乏针对中小企业政策落实的追踪考核机制,从而无法有效判断政策的实施效果,往往使得政策落实不到位,中小企业直接受益不够。另一方面,中小企业统计监测制度仍不完善,尚未形成统一的中小企业统计体系,有关部门也未建立中小企业统计监测系统,国家统计局将规模以上工业企业标准从主营业务收入500万元上调至2000万元也不利于加强中小企业统计监测。

(二)企业转型发展战略方法研究①

1. 战略管理研究综述

从企业未来发展的角度来看,战略表现为一种计划(Plan);从企业过去发展历程的角度来看,战略表现为一种模式(Pattern);从产业层次来看,战略表现为一种定位(Position);从企业层次来看,战略表现为一种观念(Perspective);此外,战略也表现为企业在竞争中采用的一种计谋(Ploy)。这是关于企业战略比

① MBA智库百科:战略管理理论.

较全面的看法,即著名的5P模型(Mintzberg et al.,1998)。从科学实践的观点看,战略制定需要科学的战略管理理论的指导,而战略管理理论的科学性又是战略管理作为一门学科存在的最终理由。以一个片面的战略管理理论来指导战略制定,是注定要失败的,完善战略管理理论是制定有效战略的一个基本条件。现有战略管理理论都是基于企业内外部因素及企业社会关系进行的分析。从企业内部情况看,其基本结构包括资源维度、人维度、组织结构维度、精神维度、活动维度这五个维度;从企业外部环境看,包括自然环境、经济环境、政治环境、历史文化、教育水平、科技水平、国际关系、产业竞争状况、历史机遇和其他不确定性因素等,这些因素在国家、产业和企业发展的不同时期的地位及作用各不相同。战略管理实质上就是使企业内部要素(维度)、企业环境因素和企业社会关系呈现出协调性、一致性和整合性的过程,如何从整体上构建系统的、完整的理论是战略管理研究一个重大任务。

在理论研究中,仅做静态分析显然是不够的,因为任何事物都随着时间的推移而不断地变化发展,无论是企业本身,还是企业外部环境、企业社会关系。若能发现这种变化的发展规律,对理解战略和战略制定都具有重要的指导意义。目前国内在企业战略理论上基本朝着跟踪国际研究前沿问题、与国际研究接轨的方向发展,在研究方法上已开始注重一定的规范性,在理论推导、命题建立、方法选择、数据分析以及命题验证等方面都形成了较为规范的技术路线。

战略管理是一个应用性较强的领域,其主流理论基本上发端于西方,尤其是美国,而中国企业所处的环境与背景有其一定的特殊性,使得问题的选择与研究结果的解释不能完全类同于西方,在战略实践中必须注意理论的适用性问题。展望国内战略管理研究的未来趋势,应当是在借鉴国际上规范研究方法基础上,突出战略管理的环境依赖与问题导向性,在测量变量尤其是控制变量选择上充分考虑中国特定的社会、经济与文化背景,即战略研究在中国环境背景下如何较好地实现本土化。在重视战略理论对实践的适用性问题的同时,突出强调战略主体在理论运用和发展过程中的主动性与创造性。只有这样,才可以使研究更加有效地聚焦于国内具体的企业战略问题,并最终获得较理想的研究效果。

2. 战略管理研究的发展趋势

第一,战略管理学说将从对一个个要素研究而形成复杂的学说丛林局面逐步走向融合,即将复杂要素结合在一起,形成一个统一的、严密的学说体系,在融合的过程中,不排除对单个维度或要素的重新认识或深化认识。

第二,战略管理理论作为一个学科或一门科学,必须有历史的分析,包括经济发展的不同阶段、产业发展的不同阶段和企业发展的不同阶段中企业内外部各要素地位和作用分析。实际上，战略管理大师钱德勒已经在这方面做出了很好的榜样。

第三，以往对战略管理理论的研究方法主要是定性的方法，诸如案例方法、类比方法等，而对战略管理的定量研究重视不够。其中定性分析法中的案例分析法是战略管理研究中普遍采用的方法，大多数的研究运用少量的案例甚至个别案例形成通用的观点，很少运用众多的案例进行研究，结论难以令人信服。从战略管理理论的发展看，定性方法和定量方法的有机结合将是形成完善的战略管理理论的有效途径。

第四，相关学科领域理论与已有战略管理理论的融合嫁接会是一大趋势，如已经和正在研究的战略管理热点或前沿——战略生态理论、柔性战略、战略集群、合作竞争战略、边缘竞争战略、复杂性理论在战略制定和实施的过程中的运用等。不同于传统的大型制造型企业战略管理的研究，新经济条件下虚拟组织战略管理研究、中小型企业成长战略、服务企业战略管理都将是今后的研究趋势和热点。

3. 战略管理分析工具

(1) PEST 分析

PEST 分析是指宏观环境的分析，P 是政治（Politics），E 是经济（Economy），S 是社会（Society），T 是技术（Technology），用于分析一个企业集团所处的背景及面临的状况。

(2) 波特五力模型

波特五力模型是将大量不同的因素汇集在一个简便的模型中，以此分析一个行业的基本竞争态势。五种力量模型确定了竞争的五种主要来源，即供应商和购买者的讨价还价能力，潜在进入者的威胁，替代品的威胁，以及同一行业的公司间的竞争。竞争战略从一定意义上讲是源于企业对决定产业吸引力的竞争规律的深刻理解。任何产业，无论是国内的或国际的，无论生产产品的或提供服务的，竞争规律都将体现在这五种竞争的作用力上。因此，波特五力模型是企业制定竞争战略时经常利用的战略分析工具。

(3) 价值链分析

价值链分析方法视企业为一系列的输入、转换与输出的活动序列集合，每个活动都有可能相对于最终产品产生增值行为，从而增强企业的竞争力。企业通过信息技术进行关键业务流程的优化是实现企业战略的关键。企业通过在价值链过程中灵活应用信息技术，发挥信息技术的使能作用、杠杆作用和乘数效应，可以增强企业的竞争能力。公司的价值链是一个跨越公司边界的供应链中各节点企业所有相关作业的一系列组合。价值链分析就是核心企业将其自身的作业成本和成本动因信息与供应链中节点企业的作业成本和成本动因信息联系起来共同进行价值链分析。

(4) SWOT 分析法

SWOT 分析法是用来确定企业自身的竞争优势、竞争劣势、机会和威胁,从而将公司的战略与公司内部资源、外部环境有机地结合起来的一种科学的分析方法。S(Strengths)是优势、W(Weaknesses)是劣势,O(Opportunities)是机会,T(Threats)是威胁。按照企业竞争战略的完整概念,战略应是一个企业"能够做的"(组织的强项和弱项)和"可能做的"(环境的机会和威胁)的有机组合。基于内外部竞争环境和竞争条件,将与研究对象密切相关的各种主要内部优势、劣势和外部的机会和威胁等,通过调查列举出来,并依照矩阵形式排列,然后用系统分析的思想,把各种因素相互匹配起来加以分析,从中得出一系列相应的结论,而结论通常带有一定的决策性。运用这种方法,可以对研究对象所处的情景进行全面、系统、准确的研究,从而根据研究结果制定相应的发展战略、计划以及对策等。

(5) 平衡计分卡

平衡计分卡是从财务、客户、内部运营、学习与成长四个角度,将组织的战略落实为可操作的衡量指标和目标值的一种新型绩效管理体系。设计平衡计分卡的目的就是要建立"实现战略制导"的绩效管理系统,从而保证企业战略得到有效的执行。因此,人们通常称平衡计分卡是加强企业战略执行力的最有效的战略管理工具。

(三) 国内外企业转型发展实践与借鉴

1. 国内企业转型发展案例①

(1) 江浙地区企业转型发展案例

江浙地区是我国中小企业最发达的地区之一,中小企业已经成为江浙地区经济的中流砥柱。截至 2011 年底,江苏省全省中小企业总数超过 120 万家,占全省企业总数的 99.8%;浙江中小企业占地区企业总数的 99% 以上;产值贡献率超过 80%。江浙地区中小企业转型的成功为我国中小企业未来的转型发展提供了经验借鉴,同时,其转型发展过程中遇到的失败教训也可以警示我国中小企业在前进过程中避免重蹈覆辙。

---

① 赵昌文,等. 中国企业转型发展调查研究[M].北京:中国发展出版社,2013.

1）发达的金融服务体系是转型发展的资金保障

中小企业的转型发展关键在于依靠生产技术的革新与产品创新，建立自主品牌提升中小企业的市场竞争力，这需要中小企业有足够的资金支持其技术研发、产品开发。江浙地区处于改革开放的前沿，最先享受到了改革所带来的一系列好处。尤其是地方政府充分利用国家的开放政策，围绕中小企业转型发展设立了专项发展资金、企业上市扶持资金、企业技术改造补贴资金、企业创新项目资金等一系列扶持企业转型发展的保障资金，以此鼓励中小企业引进国外先进设备、技术、人才，转变传统的生产方式、培育经济增长创新点、创立自有名牌。为优秀人才创业项目和初始期困难企业提供社会保险和岗位补贴，孵化未来具有优势竞争力的朝阳产业，储备企业后续发展力量。并且由政府牵头建立风险补偿机制，依托国家财政补贴和社会资源，鼓励商业银行、基金组织、民间资本等各类资金对中小企业进行股权投资；在现有法律法规下搭建由金融机构、担保机构等合作参与的中小企业信贷担保平台，加强对融资担保机构监管力度，加快以中小企业为服务对象的社会贷款公司和村镇银行的发展，促进担保贷款对中小企业转型发展的资金扶持力度。截至 2008 年底，浙江超过半数的银行机构为中小企业提供了融资服务，中小企业的贷款业务量占银行整个企业贷款业务量的比例高达 87. 34%，贷款余额也达 31. 24%。小额贷款公司数量发展到 98 家，注册资本 117 亿元，为 3. 2 万家中小企业提供小额贷款服务，贷款金额超过 500 亿元。同时期中小信用担保机构 378 家，提供担保金额 170. 56 亿元，单项担保资本金高达 4. 31 亿元，最低仅 200 万元。江苏省在 2011 年共注册小额贷款公司 4481 家，实收资本 840. 5 亿元，中小企业贷款余额达到 1. 25 万亿元人民币，占比为 32. 9%。如此发达的借贷融资平台和企业贷款风险补偿机制为江浙地区中小企业转型发展提供了资金保障。

2）政府职能的准确定位为转型发展保驾护航

中小企业与大企业相比明显处于弱势地位，政府转型升级政策主要受益者是大企业。中小企业独自转型能力有限，离不开政府的支持。江浙政府制定、调整了相关财税政策，优化政务环境，支持中小企业的转型发展。江浙地区政府准确的角色定位对中小企业转型起到关键性作用，主要表现在以下两个方面：从宏观层面上看，江浙地区政府机构为中小企业转型发展提供了宽松的政策支持，消除了阻碍企业提升创新能力和竞争力的行政因素，比如减免税收、降低贷款利率、扩大融资途径等。另外还出台大量的普惠政策，取消不合理税费，简化行政手续，改革企业管理制度，提供优质的公共服务等。仅浙江省在 2009 年，就减少 500 亿元税收行政费用，包括 360 亿元的企业税收优惠，50 亿元的高新企业税收减免，以及 90 亿元的免、缓或者取消地方税。从微观层面上看，江浙地区政府为中小企业转型发展加强基础设施建设,提升企业转型能力。促进中小企业与各类职业技术学院和培训机构合作,实行多层次、多形式的技能培训。针对紧缺人才定向培养,提升企业员工专业技能,提高培训实用效率。加快市场化步伐,充分利用市场优胜劣汰的竞争法则,选择具有发展前景的中小企业重点培养。加强政府服务职能建设,为中小企业建立网络信息中心,及时提供政策法规、市场信息、人才招聘、电子政务、网上融资、电子商务等信息服务,促使中小企业信息化发展。降低政府采购门槛,对于大额采购项目进行拆分,为中小企业参与政府采购创造有利条件。优惠的政策为中小企业的转型发展铸造了坚实的后盾。

3)集群式发展是转型发展的产业基础

产业集群是一种新的空间经济组织形式,是在特定的范围内多个产业相互融合、多种类型机构相互联结的发展共同体,超越了一般产业合作关系。产业集群对促进区域内经济发展具有突出作用,正逐步发展成为考察一个地区经济发展水平的重要指标,也是中小企业保持生存发展的重要形式。中小企业通过产业集群方式组成“联合舰队”,增强整体抗风险能力,缓解单独在市场竞争的压力。产业集群建设的关键在于培植能够带动产业发展的龙头企业,通过龙头的“领头羊”作用,发挥集聚功能,形成区域内产品辐射、技术示范、信息扩散中心和销售网络等产业链,降低企业成本,提高规模经济效益。江浙地区中小企业通过产业集群方式,确立自己在国内和国外的优势地位。中小企业产业集群更好地挖掘了区域内产业的竞争优势,促进了社会协调发展,成为促进江浙地区经济发展的重要推动力。其中浙江省多为传统型产业集群,主要以本土企业为主,造就了“一村一品、一乡一业”的独有特色,形成以农副产品、轻纺产品、电器产品、机械制造等为主要产品的块状产业集群。仅在浙江省内就形成了800多个产业集群,其中亿元级的产业集群519个,占总数的64.86%,总产值近6000亿元。平均每个县有三个产业集群,产业集群密度高达0.97。近十几年来,江苏省产业集群发展迅猛,截至2010年,全省共有中小企业产业集聚区503个,注册企业9.6万户,从业人员672万,产业增加值1万亿元。其中年营业收入超50亿元的有220个,营业收入超百亿元的110个,营业收入超500亿元的9个,全省形成超百亿元特色产业集群62个。中小企业俨然成为江苏省社会、经济发展的重要推动力量,创造了全省60%以上的GDP,解决了80%的就业需求。

4)自主创新能力缺乏导致转型发展动力不足

自主创新能力是影响企业转型发展的决定性因素。在发达国家,中小企业具有强大的创新能力,并且早已成了创新的主体。在江浙地区,中小企业虽然逐步发展成为了经济主体,但是其自主创新能力还十分薄弱,产业层次较低,生产结构还处于加工制造阶段。从价值链角度来看,江浙地区中小企业总体上处于价值链低端，企业利润空间狭小，主要集中在轻纺制造业、家电代工、零部件加工等低附加值制造产业，关键技术、设备仍然依靠进口，缺少具有自主知识产权的品牌。大多数企业还停留在简单再生产阶段，企业的发展主要依靠生产规模的横向扩大，利润的增长依赖于产业市场价格和产品需求量，缺乏创新的产业升级动力。而没有创新意识的企业发展只是在重复地进行机械化生产，步入投入—生产—再投入—再生产的不良循环中，企业的创新升级也无从谈起。江浙地区已经成为中国制造的代言人，这恰巧说明江浙地区的产业停留在加工制造层次，没有自己的核心技术专利，没有建立属于自己的产业品牌。产业的发展来源于相对廉价的劳动力和资源优势，企业无法通过创新方式站在利润丰厚的产业链高端，获得创新效益。随着世界经济的发展，科学进步为产业带来了新一轮变革，企业的竞争优势逐步转向新产品的创造、产品技术含量的提高，产品创新对于提高市场竞争力越来越重要，已逐步成为企业竞争的关键。

5）家族式管理阻碍中小企业向现代企业制度转型

家族式管理是指企业的所有权和经营权合二为一的一种管理模式。江浙地区中小企业多属于家族式管理企业，有数据显示，浙江省中小企业90%以上的股权都掌握在家族成员手中，且多为直系家属，企业高层管理人员和核心技术人才只占有不到3%的股份。这种家族管理模式存在很大的弊端，第一，企业的家族成员享受着绝大部分剩余利润，股东利益最大化也就是家族利益最大化，对企业做出突出贡献的其他高层管理人员和基本职工不能享受利益最大化所带来的成果，企业凝聚力较弱，员工工作热情不高。第二，作为企业实际掌控者的家族领导者对于企业的产品研发、生产、营销都亲力亲为，把握企业发展航标，一旦出现决策失误则会令整个企业陷入困境。第三，家族企业始终维护自身的利益，不可能给予家族成员以外的人太多的股份。这种狭隘的利益观造成高级人才不满足现有境遇，一有机会便脱离企业，甚至卷走一批技术人才，让企业损失惨重，也成为了制约中小企业发展壮大的深层原因。第四，有人的地方就有斗争，家族企业成员也一样。企业产权界定不清晰或者利益分配不和谐均可能导致家族成员之间产生矛盾，甚至爆发内讧，导致企业生产效率低下，甚至致使企业直接解体。

（2）湖北省企业转型发展案例

1）湖北省经济和产业发展基本情况

湖北省经济发展长期略低于全国平均水平，但2000年以来发展速度明显加快。从人均GDP水平看，1978年时为333元，为全国平均水平381元的87.4%；到20世纪90年代初与全国平均水平的差距有所缩小，1990年时人均GDP为全国的93.7%，但到2000年时仅相当于全国平均水平的80.1%；2000

年以后,特别是2008年以来中部地区崛起,到2011年湖北人均GDP已经达到全国平均水平的97.2%。

工业化发展快,工业比重高于全国平均水平。2000年以来,湖北省工业加快发展,取得了突出的效果。2000年时,湖北省第二产业比重为40.5%,远低于同年全国45.9%的水平;而到2011年,湖北省三产比重为13.1∶50.0∶36.9,而全国为10.0∶46.6∶39.9。比较来看,这11年里,湖北省工业比重提高了9.5个百分点,而在此期间全国仅提高了0.7个百分点,这说明2000年以来湖北省经济增长主要靠工业加快发展拉动。

工业结构有所优化升级。湖北省自"十一五"以来,强力推进"千亿元产业计划",优势支柱产业不断壮大,电子信息、钢铁、汽车、石化、装备制造、食品、纺织和建材等八个产业主管业务收入相继突破千亿元,占全省规模以上工业的比重由2005年的65.4%上升到2009年的77.0%。以电子信息、生物医药为主的高新技术产业增加值占全省规模以上工业增加值的比重由2005年的26.7%提高到2009年的27.7%;重工业中机电产业比重由2005年的38.9%提高到2009年的39.8%。一批重点产品迈上新台阶,许多产品达到国际先进水平。

2)转型发展的情况

①企业在加强研发、提高附加价值方面取得一定进展

在湖北的调研发现,尽管湖北属于经济相对不很发达的中部地区,许多企业仍把主要精力放在加快发展方面,但也出现了不少优秀企业,依靠技术升级和创新实现了竞争能力和提高附加价值能力的提升。不少企业在沿价值链攀升方面取得了一定进展,非制造环节(研发设计、品牌价值、销售渠道和售后服务等)对总利润贡献在10%~50%的企业比重从2007年的52.0%提高到2011年的60.0%。

被调研企业中,2007年研发人员占员工总数的比重平均为14.8%,到2009年提高到16.6%,2011年进一步提高到17.4%,这说明企业对研发的重视程度在不断提高。研发费用占销售收入的比重在2007年到2009年从4.3%提高到6.7%,但2011年又降低到5.8%,说明在经济形势不好时企业更有可能削减研发投入。

随着企业不断加大研发投入,所拥有的专利数量明显增加。受访企业中,2007年平均每个企业拥有7.1件专利,2009年增加到11.7件,2011年提高到19.2件,增加速度非常快。不过企业之间拥有专利数量的差别很大,很多企业没有自己的专利,而有的企业拥有较多专利。2007年,被调研企业中,武汉光迅科技股份有限公司拥有121件专利,到2011年该公司拥有专利数提高到221件。

②企业发展主要依靠外延式扩张模式

在不同的发展阶段,企业增长的模式有显著差别。在经济起飞阶段,由于市场规模增长较快,企业主要选择外延式扩张模式,即通过在本企业内部增加

要素投入，或者建设新的工厂以扩大产能。到了经济发展程度较高的阶段，企业更多选择通过分工协作和兼并重组以实现优势互补和能力升级。因此从发展模式的特征上也可以看出转型发展的情况。

从湖北的调研情况看，企业发展仍然采用外延式扩张模式，其中 2007 年以来有 36. 6%的企业选择新建工厂以扩大产量，有 78. 0%的企业通过本厂内部增加投入或者挖掘潜力以提高产出，只有 4. 9%的企业通过外包和协作的方式提高产出能力，所调研企业中没有通过兼并重组模式扩大产出的。

③丰富主导产品的品种，提高主导产品层次是湖北企业升级的主要模式

从全国的调查数据看，2007 年以来高达 37. 4%的受访企业进行过产业结构调整。与此相比较，湖北省的被调研企业中，也有约 1/3 的企业进行过产业结构调整（总共 38 家回答此问题的企业中，有 13 家进行过产业结构调整）。在产业结构调整的方式上，向产业链上下游延伸是最主要的形式，在 2007—2011 年中占 50%以上的比例，而保持主业不变但不断拓展企业经营行业也是企业转型发展的常见方式之一，2011 年这一方式在各种方式中的比重为 30. 0%。

在保持主导产品基本不变的情况下，湖北省企业转型升级的主要方向有两个：一是主导产品层次不变，但品种更为丰富，约有 1/4 企业采取这种模式促进发展。二是在保持主导产品不变的情况下，向高端产品发展，约有一半的企业选择了这种模式。

④重视通过引进现代管理技术和工具推动管理转型，但与全国相比仍有差距

调研中发现，湖北省的企业较为重视现代管理技术和工具的应用，应用这些管理技术的企业比重逐年提高。2007 年约有 20. 0%的企业实施了 ERP（企业资源计划），到 2011 年共有 44. 0%的企业实施了 ERP；其他的如引入全面质量管理、精益生产、电子商务的比重也都有大幅度提高。

但我们也发现，在使用这些现代管理手段的比重上，湖北与全国平均水平还有较大差距。例如 2011 年全国被调研企业中，有 65. 3%引入了 ERP 管理，而湖北只有 44%，湖北企业中采用电子商务的比例也比全国平均水平低 18 个百分点。

⑤促进企业转型发展的主要原因是利润率较低和发现新的市场需求

虽然湖北仍然处于加快发展的阶段，企业总体发展环境较好，近些年也都增长很快，但不少企业基于长远发展的考虑，主动寻求转型发展。在接受调研的 40 家企业中，有 37. 5%的受访企业表示利润率较低是企业开始转型发展的主要原因。发现新的市场需求也是一个非常重要的原因，不少企业在经营过程中，敏锐地感受到了新的市场需求，并相应对本企业进行转型，以发掘这个新的市场需求。发现了新的技术或工艺也是一个原因，还有少数企业是由于市场需

求增长缓慢，自身科技含量低，以及出口困难（主要是出口企业）而开始转型。

⑥湖北企业在技术创新中面临的主要困难是缺乏研究人员和技术合作伙伴

技术创新是企业转型升级的重要途径，不同地区的企业在技术创新中所面临的主要困难，或者说制约因素也各不相同。湖北作为一个内陆省份，虽然有很多大专院校，也有很多历史悠久的企业，但调研中许多企业反映难以吸引高水平的技术人才，有44%的企业反映缺乏研究人员，还有40%的企业反映缺乏共同开展技术创新研究的合作伙伴，这在很大程度上影响了企业的技术改造和升级。资金困难也是另外一个重要的制约因素，有约1/3的企业反映缺乏技术创新所需要的资金支持。

2. 国外企业转型发展案例①

（1）美国支持中小企业发展的案例

1）美国中小企业的发展状况及特点

美国目前中小企业的数量占企业总数的99.7%以上，大概是2500万家，在美国经济中占据重要地位。中小企业贡献了全国非农产出的半数以上，在中小企业中就业的人数占全国劳动力53%以上，全国出口产品的96%由中小企业生产。中小企业在解决就业问题、开展技术创新、促进美国经济增长等方面，更具有优势，更有成长性。美国中小企业长期以来在政府的关注和支持下，表现出了异乎寻常的技术创新水平和能力，实现了全国一半以上的创新发明，其人均发明创造是大企业的两倍。美国中小企业与大企业相比有许多特点：企业内部易于进行交流；经营策略机动、灵活；技术创新能力极强；创新效益高、速度快。

2）政府扶持中小企业的动机

内战前，小企业、小商人和农场主是美国社会经济的主要构成。由于民众相信自由放任主义，因此国家认为提出相关的政策来扶持中小企业是没有必要的。美国的工业化始于19世纪后期，其迅速扭转了美国的农业经济，使其成长为一个膨胀的工业经济国家。利用合伙、合股、兼并、辛迪加托拉斯等途径，美国企业的规模不断成长，并成为垄断企业，不择手段的竞争和肆无忌惮地追逐私利使民众的利益受损。《谢尔曼法》作为联邦政府反垄断法于1890年出台，维护小企业的利益、防止大企业垄断是该法案的目的。政府于1914年出台了《克莱顿法》和《联邦交易委员会法》，禁止任何限制竞争的价格差别和有附加条件的格式合同，以避免不公平竞争行为等，间接地保护了小企业。美国1929—1933年经济大萧条，大量企业裁员和减产。当时众多上市公司的市值骤

① 雅娜．俄罗斯中小企业的发展［D］．吉林大学，2013．

然间蒸发了80%。倒闭银行5000多家，倒闭企业10多万家。1933年，国民收入和工业总产量跌了近50%，贸易量下跌了2/3，商品价格下降1/3，失业率陡然上升。政府开始有意识地扶持中小企业发展，《联邦贸易委员会法》出台。20世纪70年代之后美国的国内外经济条件发生急剧变化，生产效率不断降低、通货膨胀持续恶化、赤字增加以及国外竞争加剧，由于经济优势的不断丢失，美国只能通过制定必要的法律和法规来增强中小企业竞争力。因此，在帮助中小企业筹集资金的政策上，美国政府进行了重大调整，巩固小企业的竞争性地位并鼓励中小企业创新。政府开始关注中小企业的发展问题，为了支持其健康快速发展，专门设立了相关的组织机构并制定了有关的政策。

3）美国中小企业政策方面扶持的主要内容

①立法保证措施

1953年出台《小企业法》，以保护和帮助小企业。成立小企业管理局，通过资金扶持、信用担保的方式帮助小企业提高技术、管理水平，并专门制定和颁布了《小企业融资法》来提供法律保障。1958年《小企业投资公司法》提出，必须建立针对小企业的专门的投资公司，并由企业管理局统一管理，这些投资公司要从资金上扶持那些缺乏资金但是发展空间巨大的小企业，通过提供信用担保使其从银行获得贷款或直接给中小企业发放发展资金。美国为了帮助小企业获得与大企业一样的贷款机会和条件，在颁布《机会均等法》之后，1964年又提出了一项“机会均等贷款”的新项目，规定中小企业均有机会获得最长期限为15年的2.5万美元的贷款。

美国1974年之后对相关法案都进行了修订，在争取小企业融资的公平性上进行了更加详尽周密的法律工作安排。具体法案有：为了给小企业创造一个公平的竞争环境，国家制定了《公平信贷机会法》；为了号召广大社区银行增加对小企业的信贷扶持，出台了《社区再投资法》；为了支持小企业的创新变革，修订了《小企业创新发展法》；为了引导各种社会和民间资本流向小企业，国家提出了《综合贸易和竞争法》；《小企业股权投资促进法》和《信贷担保法案》旨在帮助小企业通过股权改革或者政府担保获得融资；《雷格尔社区开发和规章制度改进法》旨在通过不断修正上市规则，帮助小企业也能通过在交易所上市来获得企业发展的资金。2008年金融危机后，美国很快通过了旨在降低贷款门槛和贷款利率的《小企业贷款基金法案》，同时旨在减税的《小企业法案》也出台了。

②政府扶持措施

一是政府采购，旨在扶持中小企业实现稳定的发展，政策规定政府采购合同的23%必须留给中小企业。二是减免财税，中小企业积极投资技术创新的，可以得到永久性税收减免的优惠，并且通过投资先进技术所获得的收益免征50%的所得税。三是政府补贴,为了帮助小企业提升自主研发和创新能力,专门设立了“中小企业创业研究基金”。小企业如果投资于技术创新,可以从政府取得10%的国家社会基金和国家研究经费补贴;同时,如果政府部门年研究经费超过1亿美元,其中1.3%的财政预算必须用于扶持进行技术创新的小企业。四是发展PE等私募行业。通过小企业管理局,创业投资经理人募集的私人资本可以在小企业进入正常发展阶段后向其提供贷款。小企业向创业投资经理人支付其所贷款项并支付一定利息收入,创业投资经理人再抽出部分资金归还给小企业管理局。

③设立专门的政府机构——SBA

SBA(Small Business Administration)即美国联邦小企业管理局,于1953年在美国华盛顿成立,五年后成为“永久性联邦机构”,其局长和地区负责人由总统直接任命,主要任务是为小企业提供采购、组织管理、对外宣传、信用担保和贷款等方面的支持。目前该机构的分支散布在美国十大城市,地区办公室有69个,支部办公室有17个,具体的服务网点达到960多个,员工总人数超过4000人。

自1953年起,SBA累计支持的小企业达2000多万家,贷款总额高达2000亿美元。SBA的职责主要是:一是获得资金。SBA支持了小企业对资金的需求,方式包括权益投资、融资保证以及履约保证等。二是管理及信息服务。小企业发展中心由SBA以合伙出资方式建立,其目的是在管理咨询、技术培训和研发、信息宣传等方面为小企业提供帮助。与SBA相关的组织还有企业信息中心、出口培训中心和妇女企业中心等。三是协助取得政府的采购合同。小企业可以在SBA的帮助下争取联邦政府的服务、公开采购和工程合同。四是为小企业代言。跨部门沟通协调小企业的难题,深入小企业群以听取他们的心声并担任企业主的发言人等。

4)美国中小企业政策支持的特点

①全国统一的中小企业管理机构

在中小企业政府管理组织机构中,美国政府设立的SBA是唯一功能齐全的。SBA的中心位于美国华盛顿,地区性直属办公室和分支机构几乎达到100个。另外,其在全国各地有美国出口援助中心17个,小企业发展中心1000个,“一站式资本店”13个,企业信息中心39个,退休经理自愿服务团13000个,部落企业信息中心18个。

②以信贷担保为主的政府支持

美国政府以给小企业提供信贷担保为主,而不是直接给中小企业提供政策性贷款。原因是美国信奉自由经济的理念,其资本市场和民间资本充裕。美国SBA为中小企业信贷提供担保是通过与全国700多家商业银行合作实现的,最高金额可达到中小企业每笔贷款的3/4;同时,美国银行大部分实行短期贷款业务,期限一般 3~5 年,其主要目的是降低贷款风险,然而如果小企业能获得 SBA 的担保,这个贷款年限可延长到 25 年。

③美国中小企业促进政策的核心是技术创新

增强企业自主研发能力和创新能力是美国促进中小企业发展的政策中最核心的特点。20 世纪 70 年代以来,美国通过了一系列支持中小企业技术创新的法令,地方政府、联邦政府、学术界和工业界开始关注中小企业技术服务。80 年代以来,技术服务组织体系变得比较完善,中小企业的技术创新得到有力推动。此外,专业化的技术转移组织得以建立,技术扩散和技术创新在新的组织形式和服务手段下扩散得更快。

5)中小企业信用担保体系完善

美国的中小企业信用担保体系分为三个等级:第一,SBA 直接负责全国中小企业的信用担保。第二,中央政府规定,地方政府可以因地制宜,依据本地区的特点建立自己的担保系统。第三,社区为帮助社区内的贫困人口在创办小企业上提供资金担保构成的信用担保体系。

表 1　贷款项目　　单位:元

指标	衡量标准	2007 年（实际）	2008 年（实际）	2009 年（实际）	2010 年（实际）	2010 年（目标）	2011 年（目标）
核准贷款（Non-recovery）	产出	14 292 141	12 671 136	2808969	2 434 355	5 800 000	12 800 000
核准贷款（Recovery）	产出	—	—	6 382 135	9 972 642	5 300 000	—
总核准贷款	产出	14 292 141	12 671 136	9 191 104	12 406 997	11 100 000	12 800 000
贷款小企业数（Non-recovery）	产出	90 146	62 441	12 175	13 195	23 000	40 700
贷款小企业数（Recovery）	产出	—	—	24 978	28 510	14 500	—
贷款总小企业数	产出	90 146	62 441	37 153	41 705	37 500	40 700
就业数（Non-recovery）	数目	776 729	586 955	136 838	130 600	443 300	474 100
就业数（Recovery）	数目	—	—	287 142	342 902	181 700	—
总就业数	数目	776 729	586 955	423 980	47 350	625 500	474 100
受支持的小企业成本	效能	792	1 382	7 460	11 351	—	2 715

资料来源:雅娜．俄罗斯中小企业的发展[D].吉林大学,2013.

6)全方位的中小企业扶持政策

首先,成立中小企业管理局,它是一个独立机构,隶属于政府。它成立的主要目标是:协助中小企业制订战略发展计划,明确正确的发展道路;为企业提供培训,提高管理层和员工素质;搭建信息平台,提供最先进、最及时的市场和科技信息给企业。其次,为中小企业提供法律基础和法律保障。美国保护中小企业的基本法是《小企业法案》,有利于中小企业对抗大型托拉斯的法律是《谢尔曼法》。最后,为中小企业提供必要的咨询、培训等服务。向中小企业提供科技、商业咨询以及较强的学术性和专业性帮助。

(2)日本支持中小企业发展的案例

1)日本中小企业的发展状况及特点

无论是在国内,还是国际化的经济活动中,日本的中小企业的表现都极为活跃,对日本的经济发展和社会稳定起到了重要的作用。在日本企业中,99%都是中小企业,城镇就业岗位有将近80%是由中小企业提供的。日本的中小企业走的是专业化道路,它们不求企业综合全面,而是进行精细生产,充分发挥中小企业自身优势来谋求与大企业的合作。它们会综合考虑自身条件,如资金、技术、设备、人才和产品等各方面因素,最终决定自己的发展方向。小企业这种做专、做细、做精、做深的优势无可替代,在与大企业合作的过程中逐渐奠定了自己的地位。

2)政府扶持中小企业的动机

日本中小企业缺乏独立性,因为中小企业在资本、技术上无法与大公司竞争,所以只能协助大企业进行配套生产或加工。“二战”之后,基础工业几乎被毁灭殆尽,为了使经济能尽快恢复,日本政府主张实行政府主导型金融体制。政府出台的政策也体现了产业扶持的本质,而中小企业作为产业链的一部分,自然也在受扶持之列。20世纪80年代以来,日本经济增长速度开始下滑,日本政府为了支持衰退地区的中小企业的发展,积极调整产业群,核心工作是帮助小企业向深发展等,以提高国内企业的竞争力。随后,日美欧之间贸易摩擦加剧及日元升值使中小企业倒闭数量越来越多,日本政府把具有能提高自主研发能力和创新能力的中小企业作为发展重点,积极鼓励和支持国内小企业参与国际分工和竞争,推行其产业政策以最终实现整个社会经济向前发展,政府加强对经济的行政干预。

3)日本中小企业扶持政策的内容

①立法保证措施

自1948年到20世纪70年代期间颁布的一系列法律法规基本形成了日本中小企业法律法规体系:依据1948年制定的《中小企业厅设置法》,日本建立了中小企业厅;为鼓励和支持中小企业联合起来与大型企业竞争,1949年颁布了

《中小企业协同组合法》；为了给中小企业营造一个公平健康的市场环境，防止大企业过度竞争、不择手段，《防止不正当竞争法》于 1950 年颁布；《中小企业信用保险法》在同一年颁布；《中小企业金融公库法》《信用保证协会法》都在 1953 年颁布；《中小企业协同组合法》在 1955 年重新修订；1956 年建立《中小企业振兴资金助成法》；《中小企业信用保险公库法》在 1959 年 7 月公布并立即实施；在总结战后日本的立法经验基础上制定的《中小企业基本法》于 1963 年颁布，它在日本中小企业政策体系中居于核心地位，是中小企业发展的纲领性法规，其不仅是推出各项中小企业政策和法规的基本依据，更是日本长期保护和扶持中小企业发展的立法政策总结；《中小企业高度化资金贷款特别会计法》《中小企业指导法》也在 1963 年颁布；《中小企业振兴事业团法》于 1967 年制定；《防止中小企业倒闭破产法》于 1977 年制定；《特定不景气地位中小企业对策监时措施法》于 1979 年制定；《中小企业事业团法》于 1980 年制定。自 80 年代以来，日本经济持续不景气，为了扶持中小企业的发展，一系列的法律法规得到修改、制定并实施：在鼓励技术创新方面，1985 年通过了《中小企业技术开发促进临时措施法》；次年，为了支持企业多元化发展，制定并推行《特定中小企业者事业转换对策临时措施法》；为了平衡和促进地区企业的发展，制定《特定地区中小企业对策临时措施法》。

②政府扶持措施

经济民主化、反垄断的理念是在日本内阁会议于 1947 年 2 月 15 日通过的《中小企业振兴对策要纲》中确立的，基于这一理念，旨在限制经济力量过度集中的《经济过渡集中排除法》《关于禁止私的独占及确保公正交易的法律》于 1947 年 4 月制定。《中小企业厅设置法》于 1948 年制定，同年中小企业厅正式成立。该法的目的是支持中小企业发展，具体做法如下：一是积极创造间接融资市场。各类公库、政府投资公司迅速涌现，为中小企业提供政策性贷款的政策性金融机构在政府的支持下也得到了全面发展。二是财政信贷规模巨大。日本政府为了帮助中小企业更快成长，强势介入并扩大对中小企业的财政资金支持，极大促进了中小企业的发展。三是财税优惠。日本政府在税收方面也派发大量福利给中小企业，具体支持政策包括：降低中小企业所得税税率，减轻企业的财税负担；减免小规模企业和个体业者的所得税，增强其活力；共同使用机械设备的中小企业减征固定资产税。

③政策性政府金融机构——金融公库和特殊银行

旨在为中小企业提供融资服务的金融机构大体分为两大类：第一类是由各种金库组成政府中小企业金融机构，例如，工商组合中央金库、中小企业金融公库和信用担保公库、国民金融公库等。第二类是主要由互助银行、地方银行信用组合、民间劳动金库及信用金库等组成的中小企业金融机构，全国共有 2000

多家分支机构。在为中小企业提供融资服务时,两类金融机构相互渗透,从而形成互为补充的有机整体,既有明确分工,也有交叉之处。

4) 日本中小企业扶持政策的特点

①中小企业政策紧密围绕产业政策

一切政策都围绕产业发展展开。20 世纪 60 年代的中小企业政策是为谋求规模适当化,20 世纪 70 年代中小企业政策的焦点为知识集约化的转型;80 年代,为把石油危机转化为契机,日本政府试图转变经济增长方式,优化产业结构,因此在 1976 年专门出台了《中小企业事业转换对策临时措施》(《事业转换法》),之后十年,为调整日元升值及经济萧条影响,政府颁布和实行《特定地域中小企业对策临时措施法》(《特定地域法》)。

②中小企业融资模式单一

一方面,国家实行政策导向,鼓励大量政策性金融机构,如国民金融公库、商工组合金融公库等给中小企业提供政策性的贷款支持。这些贷款利率较低,属于中长期贷款,信用好,资金是财政拨款或者由财政担保来提供。另一方面,政府还鼓励和支持各种民间金融机构的自由发展,并形成了一套中小企业融资网络体系,其中包括合作信用社、互助银行、信用金库等。

3. 国内外企业转型发展经验借鉴

第一,政府应该通过规划引导,加快推进产业转型升级。第二,政府应该高度重视产业转移工作,在产业转移过程中实现工业的转型发展。第三,企业应该注重加快技术改造,大力推进技术创新和技术进步。第四,推进工业化和信息化深度融合,促进制造业与生产性服务业融合发展。第五,推动生产要素和资本要素的合理流动,大力培育市场主体,促进大中小企业协调发展。第六,充分利用现有的税收优惠政策,促进企业的转型发展。第七,充分尊重市场主体地位,利用市场力量引导企业发展。第八,政府应该重视规划引导,提高产业集聚水平,减少地区间同质化程度。

四、案例分析

(一) 琪原公司总体概况

1. 琪原公司发展历程

2008 年初,开始研发环保协效阻燃剂,并筹建广州琪原化工有限公司。

2009 年 12 月,以新型环保协效阻燃剂项目入驻广州国际企业孵化器。

2010 年 3 月,注册成立广州琪原化工有限公司。

2011 年 5 月，项目“新型环保协效阻燃剂”获科技型中小企业创新基金项目立项以及广州市科技企业孵化器发展专项（优秀团队）立项。

2012 年 11 月，公司名称变更为广州琪原新材料有限公司。

2012 年 11 月，环保协效阻燃剂获国家发明专利证书（专利号为 ZL 201110098946.2）。

2012 年 12 月，新型环保阻燃协效剂获广东省高新技术产品认定证书。

2013 年 6 月，以广州市战略性新兴产业示范工程专项项目入驻广州开发区科技业加速器，注册地变更为广州高新技术产业开发区科学城开源大道 11 号 B8 栋首层。

2013 年 8 月，荣获首届珠江天使杯（初创组）“广东省百强企业”称号。

2013 年 11 月，荣获第二届中国创新创业大赛“优秀企业”称号。

2013 年 12 月，被认定为广东省高新技术企业，证书编号 GR201344000507。

2013 年 12 月，被认定为广州开发区瞪羚企业（开发区重点扶持 85 家企业之一）。

2014 年 6 月，“新型‘Mg-Al-Si’基无卤环保阻燃剂”获国家科技型中小企业技术创新基金立项。

2014 年 8 月，“环保协效阻燃剂产业化”获广州市发改委战略性新兴产业示范工程专项立项。

2014 年 8 月，荣获第三届中国创新创业大赛“优秀企业”。

2014 年 9 月，“特效灼热丝阻燃剂”获 2015 年广州市科技计划项目立项。

2015 年 5 月，获得广州市科学技术进步奖二等奖。

2016 年 8 月，获得广州市研发机构建设专项立项。

2016 年 8 月，荣获第四届中国创新创业大赛“优秀企业”称号。

2. 琪原公司企业文化

勤：勤能补拙

韧：坚韧不拔、毅力顽强

理：理性处事、凡事言理

聚：协力凝聚、核心团队

细：认真仔细、注重细节

3. 琪原公司内部管理

琪原公司目前员工 16 人，由董事长蒋红丽、总经理姚镪带领团队，下设总经办、财务部、管理中心、销售部、技术部、生产部。

考虑到企业长远发展，琪原公司非常重视人才培养，公司要求所有参与研发、生产和销售的人员在项目实施过程中,多环节参与,全面了解客户需求,保证研发、生产、销售相互促进,共同提高。由于培养具有综合能力的人才有利于项目从研发、生产到销售及售后服务的无缝连接,因此着力培养有市场眼光和生产经验的科研技术人才、有技术素养和生产经验的销售人才、了解产品性能及用户需求的生产人员,使各个环节的人员都能了解最终用户的真正要求,避免开发过程与生产实际和客户要求脱节,并使项目开发和人才培养同步进行,为企业的长远发展储备各种技能的合格人才。

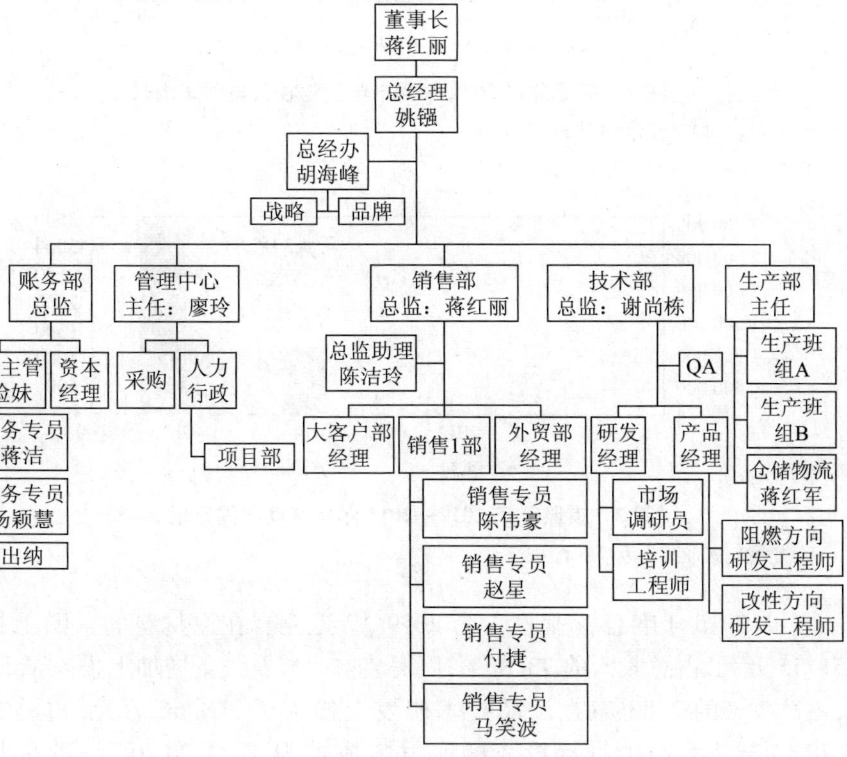

图 1　琪原公司内部管理构架及对应职位

资料来源:琪原公司内部资料

4. 琪原公司财务概况

琪原公司 2012 年营业收入 854. 79 万元,2013 年营业收入 906. 01 万元,2014 年营业收入 987. 51 万元,2015 年营业收入 2079. 17 万元;2013—2015 年增长率分别为 6%、8. 99%、110. 55%。

琪原公司 2012 年净利润 1. 13 万元,2013 年净利润 3. 25 万元,2014 年净利润 101. 03 万元,2015 年净利润 276. 53 万元;2013—2015 年净利润同比增长率分别为187.89%、3012.88%、173.7%。

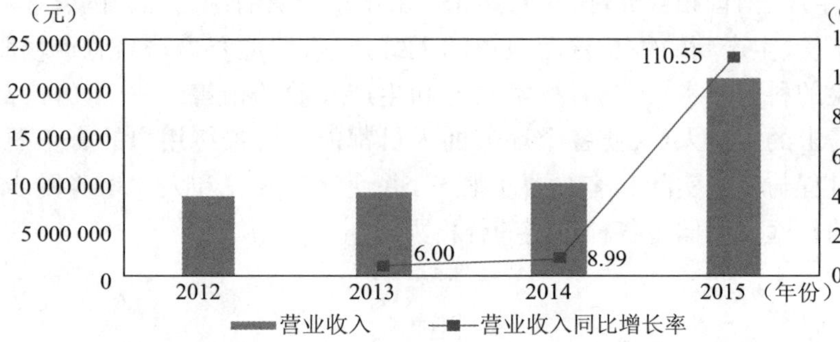

图2　琪原公司2012—2015年营业收入与同比增长

资料来源：琪原公司内部资料

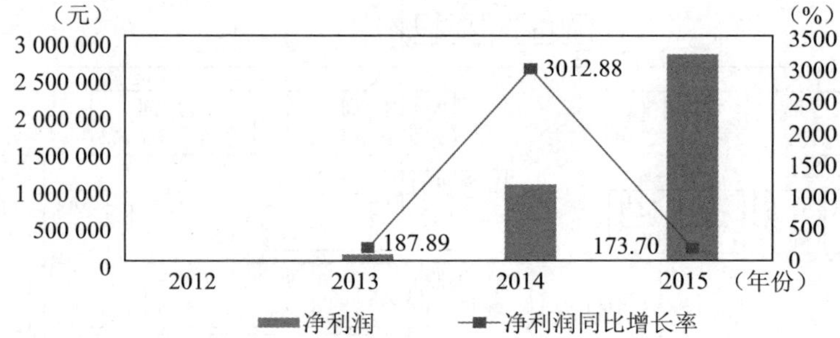

图3　琪原公司2012—2015年净利润与同比增长

资料来源：琪原公司内部资料

其中，2015年度总营业收入为2079.17万元。在原材料的采购上投入了1951.55万元，占总收入的93.86%；厂房装修改善及设备增加上投入了58.9万元，占总收入的2.83%；在产品技术研发上投入了368.66万元，占总收入的17.73%；产品生产中直接投入的原材料成本为1344.20万元，占总收入的64.65%；营销成本1395.30万元，占总收入的67.11%。

5. 琪原公司营销情况

为了配合公司产品的销售，公司专门组建了销售团队，负责对国内外市场情况进行调查分析，制定近期和长远的营销计划和市场策略。

（1）产品策略

琪原公司始终坚持公司“创造需求、引领市场、服务客户”的市场理念，主动把握分析行业发展趋势，挖掘潜在的客户需求，以稳定求发展，以质量定市场，以服务论优先，精益求精，不断追求可持续发展。产品方面根据客户要求量身定制，以满足客户不同的阻燃要求。强化项目产品在其他材料领域的应用。作为一种环保、节能、高效和高性能的环保材料,产品在改性塑料、橡胶、涂料等领域也大有作为。通过与重点客户的业务合作,进一步提升公司在行业中的知名度。

(2)渠道策略

直销方式:通过直销方式将项目产品销售给阻燃材料制造企业来实现商业价值,形成现金流并获取相应的利润。利用公司已与相关企业建立的商业关系,将性能不断提高的产品提供给客户,促进客户最终产品性能和质量的提高,扩大产品的市场占有率。巩固已建立商业关系现有客户,通过提供高性能产品、搞好售后服务,不断扩大甚至独占材料市场供应份额。寻找新的该类产品开发者,并协助他们进行产品开发,为日后的产品销售作准备。采取各种优惠措施配合电子电器、电线电缆等生产企业,抢占国外企业所垄断的市场,达到扩大销售的目的。

网销方式:充分利用互联网信息覆盖面广的优势,扩大网络宣传和营销的力度,使之成为销售业绩新的增长点。在阿里巴巴、百度推广、中国制造网、慧聪网及其他相关的行业网站、论坛上进行产品销售。

转销方式:将项目产品销售给贸易商/经销商/代理商,进行内销、外销,建立更完善的代理商营销网络,并通过参加各种会展扩大宣传,提升企业的知名度。

(3)定价策略

项目产品的定价分为四个阶段:导入期、成长期、成熟期、衰退期。导入期:采用"撇脂定价"策略,即采取尽可能高的价格策略(但还略低于传统价格),以尽快收回产品成本,并获得利润。这个阶段主要是在产品研发成功,试销售时期,产品经过测试表现性能极佳,客户试用反馈信息良好时采用高价试样,获取产品的更多信息。

成长期:采用"渗透定价"策略,即以相对较低的价格,吸引相对较多的顾客,提高市场占有率。此阶段顾客对产品已经熟悉,大量的新顾客开始购买,市场逐步扩大。产品大批量生产,生产成本相对降低,企业的销售额迅速上升,利润也迅速增长。在改善产品品质、寻找新的细分市场、改变广告宣传重点的同时适时降价,以激发那些对价格比较敏感的客户产生购买动机和采取购买行动。

成熟期:采用"竞争价格"策略,即依据成本、利润进行定价时,根据新技术竞争对手的政策而制定低于对手的价格,以赢得市场,得到顾客认可。

衰退期:采用"维持价格"策略,企业价格维持在消费者认可的程度。鉴于项目产品是一种高技术环保材料,以及客户对阻燃要求的日益提高,产品尚未进入衰退期。

项目产品的价格主要由生产成本、开发费用、设备折旧、管理费用、销售费用、税收和利润构成。项目实施过程中利润率维持在较高水平，之后随着产能的增加和劳动生产率的提高而逐步对利润率进行调整，目前销售价格约在 1.8 万元/吨，当原材料价格波动时，价格随之波动。

项目产品的价格受市场情况、产品质量、生产能力和客户情况等综合因素的影响。目前产能有限，价格可以定在较高水平。在项目实施过程中，随着产能逐步扩大，可以根据市场竞争格局，适时调整价格；产品价格的调整以保证公司获得最大盈利为目的，合理利用价格手段来促进销售，达到产销两旺。同时，不单纯使用价格杠杆的作用，千方百计提高产品质量，提高生产效率，保持综合竞争优势。

（4）政策导向策略

公司产品均属于国家重点支持领域，均送样到检测中心，通过通标标准技术服务有限公司（SGS）的检测，符合欧盟 REACH 法规、RoHS 指令。

（5）项目产品获利模式

第一，通过直销方式将项目产品销售给阻燃材料制造企业来实现商业价值，形成现金流并获取相应的利润；第二，通过将项目产品销售给贸易商，形成现金流并获取相应的利润；第三，通过对外贸易公司将项目产品推广、推销给国外企业，同时设立外贸部门，配置外贸专员，实现产品外销成功。

6. 琪原公司主要产品

（1）系列 1：环保阻燃母粒

琪原牌环保阻燃母粒是经自主研发的特效成炭剂，与多种阻燃成分有机改性复配结合，通过双螺杆挤出机经过混炼、挤出、造粒而制得。

产品特性如下：一是环保、有效阻燃成分高；二是投料方便快捷，易分散；三是无粉尘污染，减少材料非正常损耗，降低人工成本；四是无析出，对应用产品物性无影响。

（2）系列 2：无卤阻燃剂

琪原无卤阻燃系列具有产品白度高，相容性好，添加量少，可增加耐冲击性，提高弯曲模量，不吸潮，不析出，耐候性强，抗紫外线能力强，应用于电子电器、电线电缆、涂料、软泡材料、高端洁具产品等领域。

（3）系列 3：特效灼热丝阻燃剂

特效灼热丝阻燃剂（专利号：201410103441.4）采用纳米空隙填补技术和组分间的瞬间吸热功能制备而成，具有稳定的耐温性能。

（4）系列 4：协效阻燃剂

琪原协效阻燃系列产品特殊功能性强，为国家独创产品，其中“新型‘Mg-

Al-Si'基无卤环保阻燃剂"获国家科技部科技型中小企业技术创新基金立项，是广东省高新技术产品。

表 2　2013—2015 年科技成果转化明细表

编号	科技成果名称	成果来源	转化形式
PS01	PP 阻燃母粒	自主研发	自行投资实施转化
PS02	PBT 无卤阻燃剂	自主研发	自行投资实施转化
PS03	环保复合锑阻燃母粒	自主研发	自行投资实施转化
PS04	石墨烯特效导电导热阻燃剂	自主研发	自行投资实施转化
PS05	硅胶专用阻燃剂	自主研发	自行投资实施转化
PS06	PU、PE 专用无卤阻燃剂	自主研发	自行投资实施转化
PS07	尼龙无卤阻燃母粒	自主研发	自行投资实施转化
PS08	EVA 无卤阻燃剂	自主研发	自行投资实施转化
PS09	PE 专用无卤阻燃母粒	自主研发	自行投资实施转化
PS10	特效灼热丝阻燃剂	自主研发	自行投资实施转化
PS11	新型"Mg-Al-Si"基无卤环保阻燃剂	自主研发	自行投资实施转化
PS12	灼热丝 PP	自主研发	自行投资实施转化
PS13	尼龙灼热丝阻燃母粒	自主研发	自行投资实施转化
PS14	聚烯烃抗菌母粒	自主研发	自行投资实施转化
PS15	PBT 无卤阻燃母粒	自主研发	自行投资实施转化
PS16	EVA 无卤阻燃母粒	自主研发	自行投资实施转化
PS17	PP 无卤阻燃母粒	自主研发	自行投资实施转化
PS18	透明阻燃母粒	自主研发	自行投资实施转化

资料来源：琪原公司内部资料

（二）琪原公司发展战略研究

1. 琪原公司发展战略选择

首先对琪原公司所处的外部宏观环境及行业环境，以及自身优劣势进行 SWOT 分析。

表 3 琪原公司 SWOT 模型分析表

优势(S)	劣势(W)
S1:品牌具有较好的知名度 S2:拥有高素质的科研队伍 S3:拥有先进的设备 S4:与知名院校长期合作 S5:产品丰富多样,适用性强 S6:拥有较多的技术储备,能应对不同的市场需求	W1:资金储备不足 W2:市场占有率不大 W3:经营成本相对较高
机会(O)	威胁(T)
O1:阻燃市场对环境的重视提高 O2:市场需求将会带动原材料的需求增长 O3:国家防火标准提高 O4:消费者对阻燃的认识提高 O5:防火、阻燃的宣传力度加大	T1:宏观经济增速放缓 T2:潜在竞争对手增多 T3:人力成本不断增加 T4:购买者议价能力越来越强,压缩利润空间 T5:客户对产品的要求增多,需要不断创新

借助 SWOT 分析,可以明确琪原公司的优势、劣势、机会和威胁,据此提出 SO 策略、WO 策略、ST 策略和 WT 策略这四种策略方案。

表 4 琪原公司 SOWT 战略矩阵

	机会(O)	威胁(T)
优势(S)	SO(增长型战略):巩固本地市场,扩大与院校的合作程度;积极在国内外布点,将优秀经验复制到其他地区;深入互联网平台,与全世界合作更加紧密	ST(多元化战略):完善业务品种,拓展业务;积极探索互联网业务模式;持续提升风险管理能力
劣势(W)	WO(扭转型战略):积极探索和同行合作,在同行竞争中获得主动;紧跟科技发展步伐,提升科技实力;与监管层、地方政府保持良好关系,争取获得金融政策支持	WT(防御型战略):积极引进科技人才,提高企业人才素质;规避风险,将资源投向风险较低、收入稳健的业务

SO 增长型战略是依靠内部优势,利用外部机会,适合于外部机遇和自身优势均比较明显的企业。琪原公司现阶段可以采取该种模式。

ST 多元化战略主要是企业发挥内部优势,规避外部威胁。琪原公司经过多年经营累积下优秀的成绩和业务经验,优势比较明显,但是目前经济环境比较复杂,对琪原公司的挑战较大。

WO 扭转型战略是利用良好的外部机遇,弥补企业内部不足与劣势的发展战略。这种战略适合虽然自身资源不足,但外部环境较好的企业。

WT 防御型战略是通过减少内部劣势,规避外部威胁与风险的战略。该战略适合面临外部威胁且自身发展欠佳的企业,并不适合琪原公司。

综上所述,琪原公司经过多年的发展,奠定了较好的经营基础,根据目前的情况看,更适合 SO 和 WO 战略模式相结合。琪原公司应该借助自身优势,积极开拓市场,以应对竞争对手和宏观经济放缓带来的挑战。

2. 琪原公司业务层战略

企业战略结构包括三个层次:总体战略(公司层面)、业务层战略(事业部层面、竞争战略)、职能层战略。竞争战略属于企业业务层战略,与企业相对于竞争对手而言在行业中所处的位置相关。它是在总体战略指导下,经营管理某一个特定的战略经营单位的战略计划,是总体战略之下的子战略。它的重点是怎样在市场上实现可持续的竞争优势或者是改进一个战略经营单位在它所从事的行业中,或某一特定的细分市场中所提供的产品和服务的竞争地位。它的运用和发展经历了成本领先战略、差异化战略和集中化战略,此三种战略是建立在零和博弈的市场基础上的战略,是排他战略。

成本领先型战略(Overall Cost Leadership)也称为低成本战略,指的是当成本领先的企业的价格相当于或低于其他竞争厂商时,它的低成本地位就会转化为高收益。一个成本领先的企业是依赖其成本上的领先地位来取得竞争优势的,但是它要成为经济效益高于平均水平的超群者,则必须与其竞争厂商相比,在产品别具一格的基础上取得价值相等或价值近似的有利地位。琪原公司在这几年的发展中,奠定了良好的基础并积累了较为庞大的客源,形成了一定的规模优势,在业务拓展和风险控制上可实现较低的信息成本和营销费用。琪原公司在 2015 年度总营业收入为 20 791 736.64 元,净利润为 2 765 263.25 元。考虑到琪原公司未来几年可能需要在科技方面持续加大投入,为避免成本收入比攀升,降低成本提高效率可能是未来几年需要着力解决的问题。

差异化战略(Differentiation Strategy)又称别具一格战略,是指为使企业产品、服务、企业形象等与竞争对手有明显的区别,以获得竞争优势而采取的战略。这种战略的重点是创造全行业和顾客都认为较独特的产品和服务。差异化战略的方法多种多样,如产品差异化、服务差异化和形象差异化等。实现差异化战略,可以培养用户对品牌的忠诚。因此,差异化战略是使企业获得高于同行业平均水平利润的一种有效的竞争战略。实现差异化战略的方式有许多,琪原公司可以采取特色差异化的发展战略,在市场、客户、产品上实现差异化经营。

集中战略(Focus Strategy)又称专一化战略,指的是主攻某个特殊的顾客群、某产品线的一个细分区段或某一地区市场。正如差异化战略一样，专一化战略可以具有许多形式。虽然低成本与差异化战略都是要在全产业范围内实现其目标，专一化战略的整体却是围绕着很好地为某一特殊目标服务这一中心建立的，它所开发推行的每一项职能化方针都要考虑这一领域中心思想的崭新焦点。目前琪原公司并不适合该战略。

综合考虑，成本领先型战略和差异化战略难以共存，根据目前的宏观经济环境和琪原公司的情况，应该优先考虑成本领先型战略。

后记

琪原公司经过多年的发展，奠定了较好的发展基础，公司的收益逐年递增，为广州市的阻燃市场的发展、社会的进步做出了较大的贡献。根据研究发现，琪原公司的发展转型更适合 SO 和 WO 战略模式相结合。该公司应该借助自身优势，积极开拓市场，以面对竞争对手和宏观经济放缓带来的挑战。另外，考虑到琪原公司未来几年可能需要在科技方面持续加大投入，为避免成本收入比攀升，降低成本提高效率可能是未来几年需要着力解决的问题。根据目前的宏观经济环境和琪原公司的情况，应该优先考虑成本领先型战略。

琪原公司在目前发展阶段，积极与国内外知名院校合作，重视科研队伍的建设和科技的创新，并运用互联网工具进行营销。互联网思维打破了传统的经营模式。在转型发展的道路上，新的商业模式在带来挑战的同时也提供了更多的机会；勇于变化、敢于创新的企业精神是琪原公司的核心驱动力。

琪原公司未来需要加大科技创新的投入并开发新的市场，适应政府的政策的调整变化，抓住机遇，争取更多相关的金融政策支持，顺势而为，努力进取。

同时，政府相关部门也应该对新型中小科技创新企业给予更多的扶持，通过正确的规划引导，推动中小企业协调发展，减轻企业的财税负担。可以借鉴美国、日本政府的做法和经验，加快推进企业的转型发展。另外，政府相关部门也应该重视建立公平的竞争环境的整备和加大知识产权保护的力度。

我国当前需要推动经济结构的调整，促进经济发展方式的转变，转型发展将会成为企业走出困境，抢抓机遇的重要举措，也是我国经济发展的推动力。

参考文献

[1]蔡袁强，朱家德，胡新根．面向区域中小企业转型发展，提升应用型人才培养质量——以温州大学为例[J].高等工程教育研究，2012(5)：114-120.

[2]陈姣娣．我国大型资源型企业转型发展模式研究[D].云南财经大学,2013.

[3]陈瑾．中小企业产业集群升级的探索式案例分析——以绍兴纺织产业集群升级为例[J].企业经济,2012(12):76-81.

[4]程虹,刘三江,罗连发．中国企业转型升级的基本状况与路径选择——基于570家企业4794名员工入企调查数据的分析[J].管理世界,2016(2):57-70.

[5]褚静涛．关于支持小微企业转型发展的思考[J].吉林金融研究,2012(1):47-49.

[6]段升森．中小企业基因重组与转型成长研究[D].山东大学,2013.

[7]顾春梅．坚持五大发展理念加快辽宁省民营企业转型升级[J].新经济,2016(9):38.

[8]关军祥．山西中小企业转型发展对策研究[D].山西财经大学,2013.

[9]何倩馨．转型经济背景下顺德小型企业发展策略研究[D].广东工业大学,2013.

[10]扈家瑞．吉林省中小企业解困及转型研究[D].吉林大学,2014.

[11]黄令环．A建筑装饰企业转型升级的案例分析[D].华南理工大学,2012.

[12]蒋晓佳．"一带一路"战略下山西煤炭企业转型发展探究[J].煤炭经济研究,2015(7):92-94.

[13]李辰．中小货运代理企业向第三方物流企业转型策略研究[D].集美大学,2015.

[14]李锐．我国民营企业转型升级的路径选择及建议[J].亚太经济,2013(4):106-110.

[15]李锐．我国民营企业转型升级问题研究[D].福建师范大学,2013.

[16]李尧．中小企业升级的路径选择研究[J].经济问题探索,2013(9):99-103.

[17]廖东平．政治关联与高新技术企业创新投资研究[D].江西财经大学,2015.

[18]廖锦钊．广东民营外贸企业转型升级研究[D].广东外语外贸大学,2014.

[19]林立．加工贸易企业转型升级研究[D].中国社会科学院研究生院,2012.

[20]凌捷．大数据时代高新技术企业管理战略转型研究[J].改革与战略,2015(5):143-146.

[21]刘德雷．外贸代工企业转型困境研究[D].华东理工大学,2013.

[22]刘方．我国中小企业发展状况与政策研究——新形势下中小企业转

型升级问题研究[J].当代经济管理,2014(2):9-18.

[23]刘彤．以“五大发展理念”推进企业转型升级[J].市场观察,2016(1):7.

[24]陆娟．江苏中小企业转型升级中软实力建设策略研究[J].现代商贸工业,2015(22):42-43.

[25]马维雄．基于发展惯性的中国中小企业转型研究[D].云南大学,2015.

[26]彭锐．株洲中小服装企业转型研究[D].湖南工业大学,2015.

[27]彭瑶琳．DHT服装公司发展战略选择研究[D].电子科技大学,2013.

[28]沈雯．江西民营企业转型发展对策研究[D].南昌大学,2013.

[29]施永．江西省中小企业转型升级的路径选择与发展研究[J].宜春学院学报,2011(10):47-49.

[30]寿佳蕾．浙江私营企业转型升级研究[D].浙江理工大学,2012.

[31]孙浩然．C集团公司以可持续发展为导向的转型升级案例研究[D].华中科技大学,2013.

[32]孙凌宇．资源型企业绿色转型成长研究[D].中南大学,2012.

[33]孙伟光．新常态背景下中国外向型中小企业转型研究[D].云南大学,2015.

[34]谭鑫．基于技术创新的中小企业转型与成长过程研究[D].河北工业大学,2008.

[35]王丹．环境规制、技术创新与资源型企业转型[D].内蒙古大学,2014.

[36]王玲杰．科技型小微企业带动区域转型发展的路径分析[J].区域经济评论,2014(3):70-74.

[37]王启山．五大发展理念引领企业跨越发展[J].铁道工程企业管理,2016(2):14+22.

[38]王学力,黄荣斌,郭良凯．后危机时代广东中小企业发展模式转型的方向选择[J].经济研究参考,2010(40):21-23+35.

[39]王忠禹．践行五大发展理念　推动企业提质增效[J].企业管理,2016(5):6-8.

[40]魏晶晶．康奈集团有限公司转型升级路径研究[D].浙江理工大学,2013.

[41]吴华维．基于全要素生产率的广东省工业企业转型升级研究[D].广东工业大学,2014.

[42]吴家曦,李华燊．浙江省中小企业转型升级调查报告[J].管理世界,2009(8):1-5+9.

[43]谢薇．ZTSJQ公司转型发展中的战略研究[D].西南交通大学,2013.

[44]徐燕,姚奇英．低碳经济下我国出口企业的转型发展[J].经济问题探

索,2012(3):86-89.

[45]雅娜. 俄罗斯中小企业的发展[D].吉林大学,2013.

[46]闫彦. 民营体育用品企业转型升级研究[D].上海体育学院,2014.

[47]余鲲鹏. 转型企业知识转移模型与策略研究[D].华侨大学,2013.

[48]余思成,周桂荣. 中小企业转型升级的关键问题及解决对策分析——以京津冀地区为例[J].环渤海经济瞭望,2015(4):49-53.

[49]俞超,李向东. 常州民营中小型高新企业转型升级评价研究[J].江苏理工学院学报,2015(1):56-62.

[50]赵昌文. 国务院发展研究中心研究[M].北京:中国发展出版社,2013.

[51]张亮. 我国民营企业转型升级面临的主要问题与对策建议[J].发展研究,2013(1):11-14.

[52]张晓杰. 新常态下政府推动高新技术企业转型升级对策研究——以山东省为例[J].现代国企研究,2016(2):126.

[53]张亚丽. 民营企业转型升级中的政府作用研究[D].辽宁大学,2015.

[54]张志红. 发展低碳经济全力推进煤炭企业转型发展[J].经营管理者,2012(12):52-53.

[55]赵巧艳. 新形势下园区中小企业转型发展研究——以无锡滨开园区为例[J].新经济,2016(14):7-8.

[56]周枝田. 企业转型升级策略研究[D].暨南大学,2010.

[57]朱洪伟. 上海市引导中小企业转型发展政策研究[D].上海交通大学,2014.

[58]祝锦祥. 基于能力系统演进视角的企业转型成长过程研究[D].东华大学,2014.

纳丽德工贸精益敏捷供应链造就企业转型与腾飞

资料整理:梁　云
资料收集:梁　云　杜芊锐

一、案例研究背景

阳江纳丽德工贸有限公司(以下简称“纳丽德”)成立于1999年,是一家专业从事高品质移动照明工具的研发、制造和销售的高新技术企业(见图1),产品涵盖中高端手电、头灯、自行车灯及多用途工具灯等。纳丽德的前身是百源工贸有限公司(以下简称“百源”),是代工生产刀具起家的典型代工型企业,生产的刀具远销美洲、欧洲,到目前为止一直是欧洲狩猎刀具销量第一的生产商。

图1　纳丽德公司电筒生产基地

公司的发展经历了由原来完全代工生产(Original Equipment Manufacture, OEM),逐渐进行设计开发,由国外客户提设计要求,企业人员自行设计,生产样品,客户认可生产(Original Design Manufacture, ODM),最终成为拥有自主品牌的现代化企业(Original Brand Manufacture, OBM)。

回顾十年的OBM历程,特别在专业移动照明方面,纳丽德成绩斐然,现在成为了美国移动照明协会(PLATO)十四个创始成员之一及中国手电品牌唯一

梁云:广东金融学院工管系副教授,研究方向为物流与供应链管理。
杜芊锐:暨南大学工业工程专业2017届研究生。

投票会员，参与制定和优化指导全球手电质量标准的 ANSI① 标准。

2005 年，主要指标达到世界最先进手电水平的氙气强光手电——T6A 问世，标志着纳丽德进入高品质手电制造行列。

2006 年，20000 支第一代警用电筒服役使用。守卫在北京天安门广场的国旗护卫队用的就是纳丽德手电。

图 2　2013 年亚洲户外大奖证书及产品

2008 年 6 月，纳丽德第二代警用手电正式服役使用。

2013 年，两款手电获得亚洲户外大奖，见图 2。

2015 年 5 月，天安门国旗护卫队全员再次列装纳丽德 TA40 战术手电。

2016 年，新品 USB 直充调焦高亮头灯 myStar，凭借创新人性化的设计和可靠的性能，荣获 2015 中国户外产业年度评选“国产品牌装备奖”。

2016 年 3 月，在国际最权威的工业设计大奖——Red Dot Award 2016 评选中，myStar 又在 5000 多件参赛作品中脱颖而出，与高亮白绿双光源 USB 直充手电 P5G 一起荣获红点产品设计奖（见图 3）。

图 3　两个获得工业设计最高奖——红点奖的产品

经过十年的创新发展，凭借可靠的产品品质，纳丽德目前已经成为国内高品质手电市场引领者、欧洲狩猎市场手电领军品牌，并跻身国际知名手电品牌前列，产品畅销全球 100 多个国家和地区。

纳丽德拥有专业的设计研发队伍，60 余名科研人员，其中，中级工程师 4 名，设计人员 48 名；并与广东工业大学、华南师范大学达成产学研合作，为公司的研发工作提供了强大的后盾。截至 2016 年，纳丽德已申请专利 92 项，已授权 73 项，其中美国发明专利 2 项，中国发明专利 4 项，实用新型 52 项，外观设计

① 美国国家标准学会（American National Standards Institute，ANSI）成立于 1918 年，致力于国际标准化事业和消费品方面的标准化。

专利15项，产品已经通过SGS的产品CE认证。

百源时代主要生产模式是代工生产（OEM），为美国一个客户生产户外用刀。产品交货量大，生产周期长，当时主要企业管理焦点是按质量完成订单。随着原材料价格的不断上涨，公司也面临着成本的压力，百源倡导员工提出合理化建议，消除各种浪费，实现精益生产目标，最终在产品质量（Quality）、成本控制（Cost）、交付期缩短（Delivery）、士气提升（Morale）、安全事故降低（Safety）等方面进行改进，提升了供应链的效率与效益。

二、案例研究的理论方法

（一）供应链管理概述

供应链管理是围绕核心企业，通过物流、资金流、信息流等，将供应商、制造商、分销商、零售商直到最终用户连成一个整体的功能网链结构系统。供应链运作的目的是满足链条上最终客户——消费者的需求，即以恰当的时间、恰当的地点获得恰当的价格、数量和产品。降低全部产品从生产起点到消费者终点所有流程的成本，为顾客提供高质量和柔性化的服务。

经过世界经济工业化的发展，企业竞争核心从成本转移到质量直到如今的速度。随着生产力的发展、物料采购与产品销售的全球化，企业除了面临成本和质量的竞争外，供应链趋向尽量缩短响应时间以满足不断变化的用户需求，链条间时间的竞争成为趋势。这种基于时间的竞争，要求企业的供应链运作与市场需求同步，不仅要响应速度快，而且要反应得“柔性”灵巧——生产批量越来越小，批次更换越来越频繁。由于市场复杂，各种不确定性因素导致供应链中的时间和费用的消耗有时大于制造过程。因此，在供应链运作过程中的各种浪费不能再被忽视，必须从整体上考虑供应链的运作成本和响应周期。

在20世纪80年代，制造业精益生产和敏捷制造的概念形成，随后被引入供应链管理中。

精益意味着构建价值流来缩减和消除一切浪费（包括时间），使企业以尽可能少的投入获得尽可能多的收益。精益生产的起源可追溯到日本的丰田生产系统（Toyota Production System），它主要强调缩减和消除浪费。精益生产的基本原理是：不断改进；消除资源浪费；协力工作。当市场需求相对稳定、产品品种少而且具有可预测性时，易于达到精益。但当市场需求具有多样化、不可确定的特点时，企业仅仅拥有“精益”不能快速、准确地响应市场中变化万千的顾客需求，这时就需要企业的“敏捷”能力。

一个敏捷组织的显著特点是柔性，其概念起源于“柔性制造系统”（FMS）。

以往在制造中通过使用自动化的技术、设备来适应市场快速的变化称作“柔性”。进入21世纪,市场环境中的“柔性”或者“敏捷性”则是指一个企业的综合能力。表1列举了敏捷性在营销、生产、设计、组织、管理和人力资源六个维度的特点。

表1　与敏捷相关联的活动的特点

营销	丰富化、个性化的产品和服务的组合
生产	具有高度柔性的生产设备,能够提供不同型号、不同批量的顾客订单的产品和服务
设计	集成供应商、销售商、顾客的商品生产、营销的同步方法,并行开发新产品,编制工艺规程,展开经营销售活动
组织	利用分布在不同企业内的专业技能和生产资源开发新的生产能力
管理	关注领导能力,提倡信任,支持人员的创造性和主动性
人力资源	有见识的、熟练的和创新性的员工

(二)供应链设计与产品特征分析

企业构建供应链类型上,管理者进行了很多探索。美国经济学家费舍尔(1997)基于产品市场需求的特点,将产品分为以价格竞争为主的稳定需求的功能性产品、基于快速反应的需求不稳定的时尚或创新性产品,两者的区别见表2。

表2　功能性产品和创新性产品的区别

比较项目	功能性产品	创新性产品
需求特征	可预测	不可预测
产品寿命周期	>2年	3个月至1年
边际收益	5%~20%	20%~60%
需求的产品多样性	低(10~20种)	高(上百种)
平均预测误差幅度	10%	40%~100%
平均缺货率	1%~2%	10%~40%
平均季末降价比率	几乎为零	10%~25%
MTO产品的提前期	6个月至1年	1天至2周

精益或敏捷供应链应分别匹配这两种不同特点的产品。为满足低成本和快速反应需求提出了构建敏捷供应链,它主要体现在对市场需求的响应功能上,即把产品分配到满足用户需求的市场,对未预知的需求做出快速反应,强调速度。精益供应链主要体现供应链的物料转换功能,即以最低的成本将原材料

转化成零部件、半成品、产品，以及在供应链中的运输，强调成本。

从需求的角度看，现在市场中产品繁多，顾客个性化要求高，企业根据市场需求组织生产非常困难，生产计划做到适时、适地更不容易。尽管市场需求变化很大，但仍然可以将其划分为两大类：基本需求和变动需求。基本需求可依据历史数据预测，满足这部分需求采用精益生产方式，减少、消除生产过程中一切浪费，进行大批量生产，从而获得规模经济收益。变动需求很难用以往活动的信息、数据预测，满足这部分需求的产品无论从数量或是品种上灵活性都很大，成本也较高，相比较而言，敏捷性供应链更能够适应这些特性的产品需求。表 3 列出了精益供应链和敏捷模供应链的一些主要特征。

表 3　精益供应链和敏捷供应链的比较

特征	精益供应链	敏捷供应链
产品类型	功能性商品	时尚商品
市场需求	稳定	不稳定
产品品种	少	多
产品寿命周期	长	短
主要成本组成	实物处理成本	市场中运作成本
核心责任	缩减成本	快速反应
快速反应	长期合约制定	得不到订单
业务处理	产品细化	从末端分配产能
信息共享	理想状态	必要条件
预测方法	通过数学方法	通过各方协调

1. 两种供应链的不同点

费舍尔（1997）指出，供应链的类型应以产品市场需求特点为中心。精益供应链采用 ECR 战略，即在对最终顾客需求预测的基础上，以成本节约为基本点，以成本领先确保供应链竞争优势。而敏捷供应链采用 QR 战略，即在最终顾客订单拉动下，以提前期为供应链管理核心，通过提高服务的柔性和速度，实现对个性化、多样化需求的快速响应。

2. 两种供应链的相似点

首先，“敏捷”和“精益”都对产品和服务提出了高质量要求。精益生产通过消除对过程或服务不增值的因素（包括时间），缩短了产品交货期；而敏捷制造则需要一个快速响应式的供应链。对敏捷供应链而言，市场变动大，难以预测，如果从供应端至消费端之间耗时过长，必然影响企业响应市场变化的速度，发现市场机会就比较困难；另外，企业在缩短反应周期的过程中做出的努力涉及企业运作的方方面面，往往带来企业制造成本大幅度下降和生产效率大幅度提高。

其次，两种供应链对缩短提前期的追求一致。对精益供应链而言，即是消除一切浪费，反映在时间上就是要求提前期最短；而敏捷供应链是通过信息流和物料流来缩短交货期的。

虽然精益供应链与敏捷供应链有很多不同之处，但也有很多共通之处，在实际中予以适当管理与控制，可形成一种混合的精益—敏捷供应链运作模式。

3. 集成精益—敏捷供应链的途径

具体实践中是单独采用其中一种供应链模式还是二者结合运用，取决于时间、空间这二维因素，如表 4 所示。

表 4　时间和空间矩阵

空间	不同	根据不同产品的特点确定具体的策略	解耦点策略（产品形成延迟）
	相同	无法实现	区分不同时间的基本需求和变动需求
—		相同	不同
—		时间	

（1）矩阵左上角

表明在供应链流程中可以平行地分别使用两种策略，在经营多品种商品的企业中，根据单位产品量的特点来选择。如果产品生产量可预测，采用精益，例如用最低的成本和最有效益的流程生产和装配；而不可预测的生产商品流水线可能要求更敏捷的方法。理想状态下，这两种供应链可以分开执行，比如建立一个精益工厂、一个敏捷工厂。

（2）矩阵右下角

表明如果需求可以提前预测，总需求的一部分可以提前生产或外包。这部分需求代表了很高的确定性，提前生产或外包风险很小；为了满足基本需求以外的不确定性需求（某些突发的需求），额外的生产能力通过外包或一系列联系紧密的柔性的团队生产模式（外包合同制造商）完成。

（3）矩阵右上角

表明通过产品形成延迟策略而实现精益—敏捷混合供应链，以实现标准化和规模经济。在供应链上游运用精益模式，获得成本优势。在供应链的下游实现对实时需求的快速反应的敏捷模式，能在不确定的变动市场中取得较高的服务率水平。精敏供应链的构建关键在于如何确定合适的与二者相结合的平衡点（解耦点）。

（三）精益—敏捷供应链的解耦点设计

耦合（Coupling）是一个物理学上的概念，是指两个或两个以上的系统或运动方式之间通过各种相互作用而彼此影响以至联合起来的现象。

目前供应链的竞争战略转向提供“敏捷+低成本”的服务，构建精益—敏捷供应链成为当前主流。延迟差异策略是在供应链中把精益和敏捷结合起来的一种有效方法。这项策略不仅可以实现精益供应链系统的规模经济优势，而且可以实现敏捷供应链的许多优点。在供应链的物理结构中，实际需求从下游渗透到上游的点可以界定为解耦点（战略库存点），即解耦点是将面向用户订单的供应链部分与基于计划的供应链部分隔离开来的分离点。在解耦点的上游，生产是由预测驱动的，要求需求平稳，产品品种少；而在解耦点的下游，生产是由需求驱动的，产品品种和需求可以是高度变化的。这说明产品的变化点位于供应链的解耦点或下游位置上，解耦点作为战略库存，在用户需求变化、产品品种变化和平稳产出之间起缓冲作用，这对考虑何时采用敏捷制造或精益生产十分关键。精益生产方式可以应用于供应链解耦点的上游，因为在上游需求是平稳的，所生产的产品也标准。敏捷制造方式必须应用于解耦点的下游，因为此时需求是可变的，产品也是多变的。供应链从一个整体的精益供应链在解耦点下游转变为合成敏捷供应链，成为一个集成敏捷和精益模式的混合供应链。

顾客订单解耦点若向上、下游移动，通用化、模块化阶段就缩短或者延长，按订单执行的活动范围就扩大或者可实现批量化生产的范围效应就大。图4显示不同的解耦点位置。

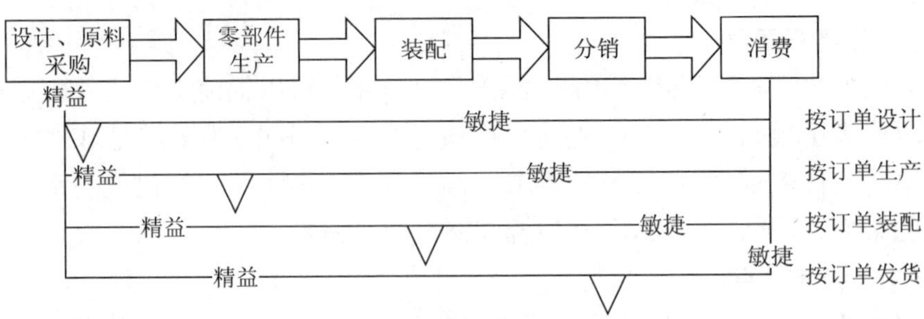

图4 制造业供应链簇解耦点位置

解耦点的上游采用平稳的生产流程，以实现效率。解耦点的下游采用延迟策略，从而实现大量的个性化定制，增强企业的响应能力。精益—敏捷供应链中的几个不同的解耦可能点，具体放置在哪个位置，还需要考虑产品特性、市场类型等因素；也可以将精益—敏捷混合供应链看成是连续与离散状态混合的、结构可变的动态系统，不同解耦点位置的不同适应对象和特点见表5。

表5 解耦策略特点

解耦点位置	策略名称	策略	适应对象	特点
设计环节	按订单设计	产品需求特殊性强，生产需从设计开始，不允许出现成品库存以免产品积压	产品形式变动速度快	生产组织的柔性最高，但产品的交货期较长
采购环节	按订单采购	产品需求特殊性强，生产需从原料采购开始，不允许出现成品库存以免产品积压	一般单件价值高，产品适合单件或小批量生产	生产组织的柔性较高
制造环节	按订单制造	产品所需的设计工作量较小或无须进行重新设计，可兼顾自身生产能力	产品更新速度快，适合中小批量生产	生产组织的柔性较高，但产品的交货期较长
制造装配环节	按订单组装	可根据客户对产品的总装要求将自制或外购的标准零部件从库房中取出进行组装即可	适合具有核心装配过程的产品生产，可根据需要实现异地装配以节省运输成本	产品间零部件的种类和数目不同；无最终库存，交货期适中，生产组织柔性较小
分销环节	按订单销售	根据市场预测确定生产任务，并将产品存放在仓库中或通过分销商向客户提供，客户与制造商之间没有直接联系	部分战略物资、生命周期长且有市场的产品，对市场需求预测的准确性要求很高	产品批量大，交货期短，易造成过高的库存费用和流动资金积压，生产组织缺乏柔性

三、案例分析

（一）推行合理化建议

公司前期推行过合理化建议制度，员工响应不多，这项工作没有达到预期的效果。最大的原因就是提合理化建议会被引向指出别人的问题，造成工人间关系紧张。

随后，纳丽德提出了创意功夫的办法，以员工本职工作为起点，通过全方位的改进，只要达到削减八大浪费（见图5）的目的都可。员工本人先实施改进方案，达到预期效果后，形成提案，提交创意功夫小组。创意功夫的运作方法见图6。

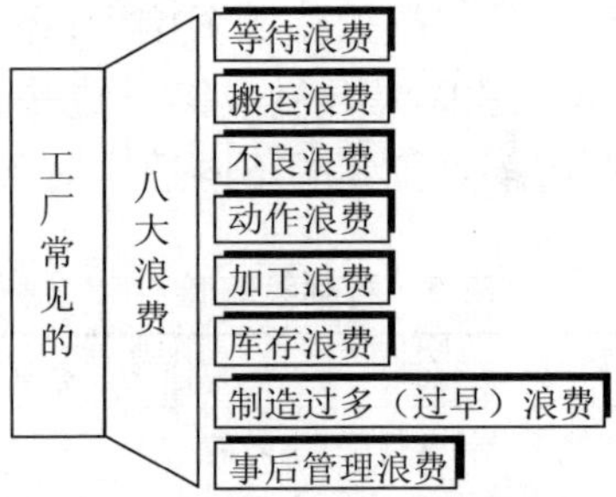

图 5　工厂常见的八大浪费

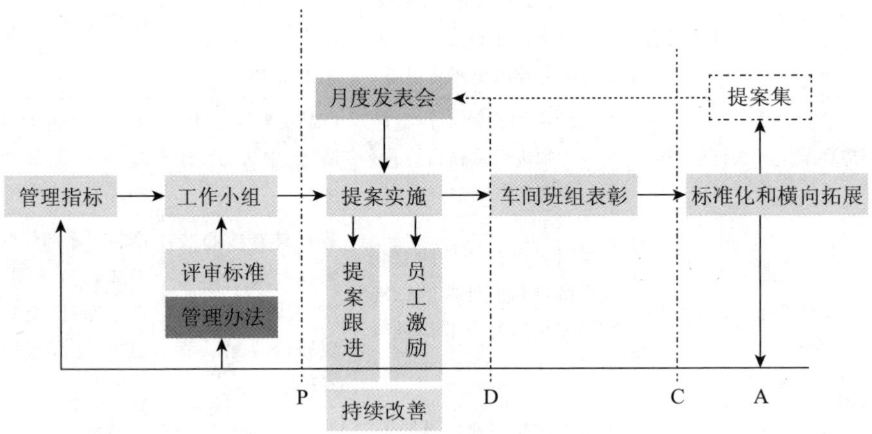

图 6　创意功夫运作方法

为了保证创意功夫成为纳丽德一项持续的工作，引入了戴明的 PDCA[①] 全面质量管理思想，改进强调了不断循环的过程，对生产过程中产生的浪费进行持续改进。

创意功夫工作小组进行实地考核和检查，确认效果。提案经过标准化和进一步改进后正式实施，形成计划—实施—检查—行动的 PDCA 循环，最后还给予个人和班组奖励。

经过对员工的动员与行之有效的奖励制度，员工参与的热情大大提高。

通过推行创意功夫，在不间断的改进中提高了员工的技术水平，培养了一批核心技术员工，优化了供应链，同时也大大降低了企业的运营成本，取得了很好的战略绩效与财务绩效，创意功夫运作理念见图 7。

① PDCA 循环又叫质量环，是管理学中的一个通用模型，最早由休哈特于 1930 年提出，后来被美国质量管理专家戴明于 1950 年再度挖掘出来，并加以广泛宣传和运用于持续改善产品质量的过程中。

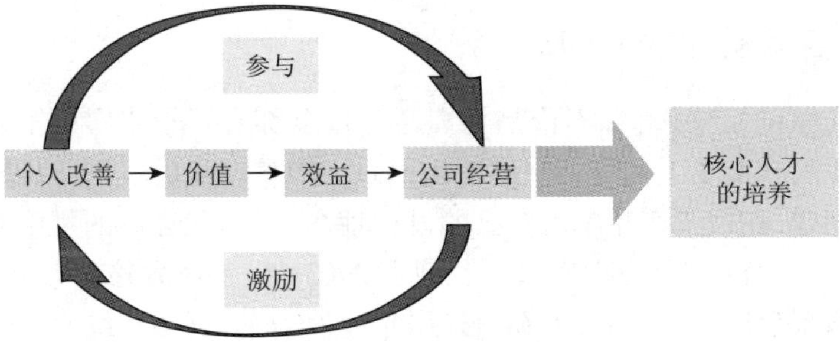

图7　创意功夫运作理念

(二)大力推行"5S"现场管理

以整理、整顿、清扫、清洁和修身为内容的活动,称为"5S"活动。首先,将工作场所任何东西区分为有必要的与不必要的;其次,把必要的东西与不必要的东西明确地、严格地区分开来;最后,不必要的东西要尽快处理掉。

生产过程中经常有一些残余物料、待修品、待返品、报废品等滞留在现场,既占据了地方又阻碍生产,包括一些已无法使用的工夹具、量具、机器设备,如果不及时清除,会使现场变得凌乱。

通过规范现场、现物,营造一目了然的工作环境,可以培养员工良好的工作习惯,是日式企业独特的一种管理方法,其最终目的是提升一线员工的工作态度和提高工作效率。一是革除马虎之心,养成凡事认真的习惯(认认真真地对待工作中的每一件"小事");二是遵守规定;三是自觉维护工作环境整洁明了;四是文明礼貌。

"5S"现场管理实施半年后,从工具的摆放、地面的各类标识、机器和生产设备的保养到员工的精神面貌,整个公司都焕然一新(见图8)。

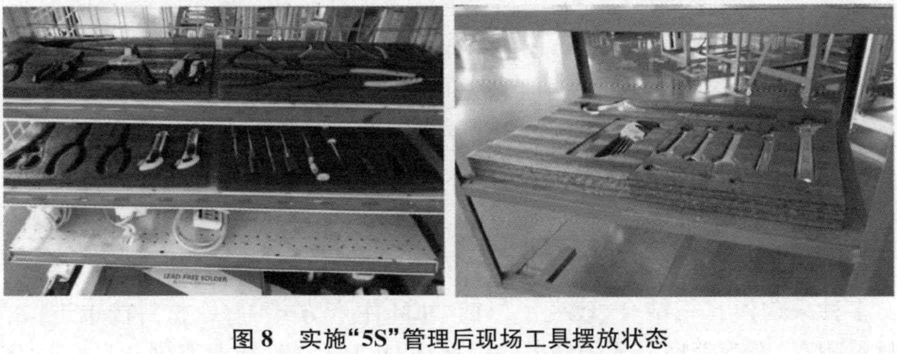

图8　实施"5S"管理后现场工具摆放状态

（三）百源实业的 ODM

经过几年的发展，百源不论是规模还是资金都有了较坚实的基础，代工生产的品牌在国际市场上拥有良好的销售记录。随着市场的发展，以及公司对市场需求的把握，在代工产品融入自己的设计理念，根据代理商的规格和要求，设计和生产产品，公司进入 ODM 时代。到了 2003 年，公司海外业务覆盖全球 30 多个主要国家和地区，产品以刀和户外用品配件为主，百源传统 OEM 业务与核心 ODM 业务的品牌见图 9。

图 9　百源传统 OEM 业务与核心 ODM 业务的品牌

如今百源已经是具有一定设计能力的公司，企业的核心竞争力逐渐向设计倾斜，公司正式更名为纳丽德工贸有限公司，同时也实现了公司的第一次跨越式发展。

1. 上游精益生产实践

公司的产品种类繁多，需通过整理历年的采购目录，将数目 1.4 万种的物料整理成 12 个门类，合并物料中较小差别的物料规格，减少物料种类，实现采购物料的标准化，降低库存成本及库存风险，同时降低采购难度，获得批量采购优惠。为了实现这一目标，需要协调产品设计部门、质量管理部门等多个职能领域，即要保证产品不能因为材料规格的变动影响质量，又要达到物料种类规格的缩减。最终采购物料种类下降至几百种，大大降低了库存管理难度，库存成本也随之大幅度下降。例如，采购铝板的厚度由原来的 80 个规格，缩减至 0.7～12 毫米的 30 个规格。

多种采购模式相结合，改变了以前 OEM 生产方式时，原材料按单进料、剩余材料积存、库存管理混乱的现象。为保证 ODM 生产，纳丽德创新自主开发了 ERP 软件，在接受订单和预测两个需求信息的基础上，扣除库存及在途库存、计划产出量后，平衡生产能力，导出车间生产计划和物料采购计划（见图 10）。

这两个计划有时间刻度、有数量指示。根据排产计划生成的采购计划，做到按订单进行数量采购。按照时间刻度，将物料的采购回货时间定为几个时间，按时间采购。而根据预测性生成的采购计划适用于使用量大、供应商的起订量也较大的物料，如铝材起订量在 200~300 公斤，预测的使用时间大约是一个季度的使用量，全年采购四次，减少资金占压。两种采购模式结合并用，既可以节省库存面积，又使库存管理清晰、准确，同时均衡了采购成本和订货批量，可进行良好的时间管理，库存成本得到最佳控制，向 JIT（Just In Time）方向又迈近了一步。

图 10 纳丽德 ERP 计划分解的采购部分计划

随着采购原材料种类的减少，供应商数量也下降了，纳丽德可以实施更好的供应商管理方法。以前 OEM 生产方式，订单量大，单次采购量大，采购次数少，订单生产周期长，原材料采购允许寻找更便宜、采购周期更长的供应商。但企业转型 ODM 生产，原材料采购方式已发生转变，对供应商选择也在变革中。经过公司采购部门人员筛选，原材料采购基本确定在广东省境内，在符合质量要求的情况下，力争就近供应。

根据原材料对最终产品的价值贡献和原材料的供应风险等因素，可从两个维度将供应商供应的物料分成四种类型，即杠杆物料、战略物料、一般物料、瓶颈物料。两个维度分别是供应风险维度，包括供应商的数目、可靠性、订单响应速度等；物品的重要性维度，包括采购量、采购金额比例、缺货成本等（见图 11）。

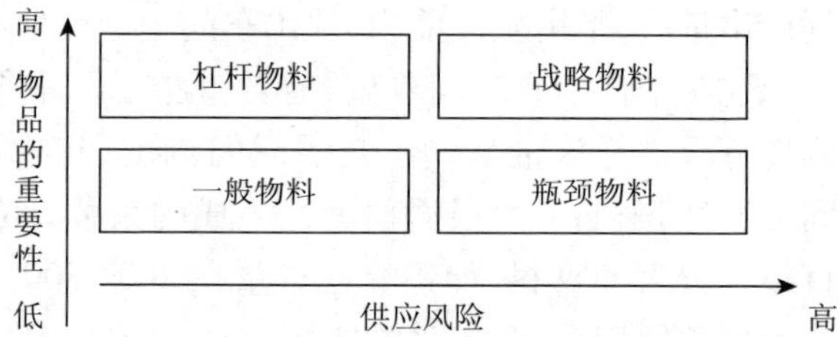

图 11　物料的分类

为此，纳丽德与广东省内的战略合作伙伴供应商，在多个方面进行了洽谈。对一些关键要素，如原材料质量、订货提前期、采购批量等进行了磋商，有效缩短了物料的供应时间。以警用电筒 P6 为例，按订单采购，最长的一种物料采购周期为 30 天，是属于第三回货顺序的。第一回货顺序的物料由原来的 7~25 天，现在一般能够控制在一周以内。警用电筒 P6 部分物料采购方式如表 6 所示。

表 6　P6 手电筒的物料采购方式

材料名称	订货方式（库存计划/订单采购）	采购周期（天）	材料回货顺序
铝管	库存计划	22	1
三菱 PC 镜片	订单采购	30	3
反光杯	订单采购	5	2
铝基板	订单采购	7	2
CREE XPE2-R3	库存计划	30	2
贴片黄钽电容 1206	库存计划	7	2
贴片电阻 0805	库存计划	7	2
EN 单片机	库存计划	7	2
IC（驱动）	库存计划	10	2
贴片电阻 0603	库存计划	7	2
弹簧	订单采购	7	2
灯头大弹簧	订单采购	7	2
0.3MM 特氟龙	订单采购	5	1
充电安装壳	订单采购	5	1
开关安装壳	订单采购	5	1
开关	订单采购	7	1
DC 插座 B 版	库存计划	30	1
导电接触帽	库存计划	20	1
0.25 黄铜板	订单采购	5	1

续表

材料名称	订货方式(库存计划/订单采购)	采购周期(天)	材料回货顺序
密封圈	库存计划	15	3
不干胶	库存计划	7	3
充电塞(C版)较软	订单采购	15	3
胶帽	订单采购	15	3
胶帽压块	订单采购	15	3
硅胶片	订单采购	7	1

2. 计算机排产助推供应链优化

公司自行研制开发的符合企业生产需求的ERP系统(见图12),能够使车间在一周内同时生产十几个规格的产品。ERP系统加快了生产排产的过程,较好地平衡了企业的生产能力,在一段时间内保证了生产能力的均衡使用。系统分解出详细的车间生产计划,使得车间按照生产计划,在生产过程中不断置换生产品种,而不出现生产停顿、混乱的现象。这套ERP系统的成功使用,缩短了排产时间,大大改善了企业的排产柔性。

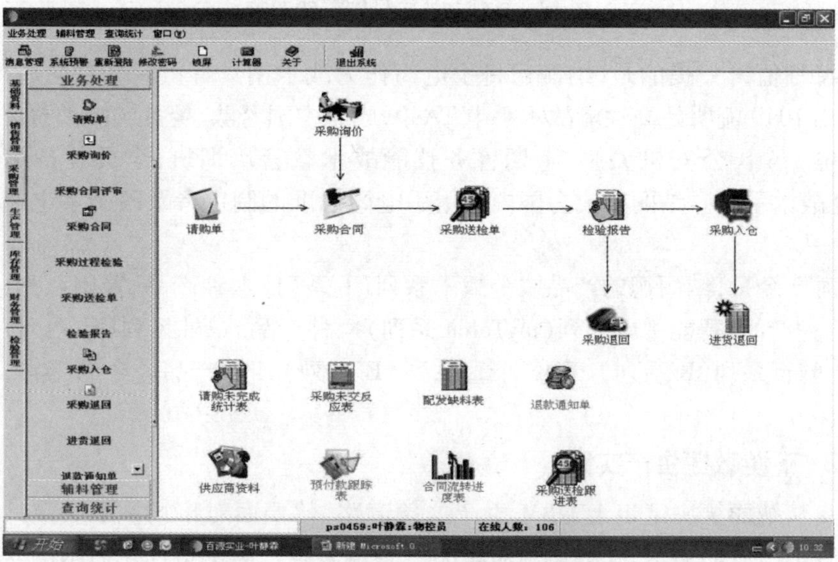

图12 纳丽德自行研制的ERP系统

（四）纳丽德的 OBM

1. 自主品牌的创立

源于一次客户拜访，与一名美国警官的交谈使警用手电筒成为纳丽德的转型契机。

2005 年 1 月 27 日，纳丽德实业形成了由自主品牌手电筒系列的纳爱丽 OBM、厨房用品品牌膳道、刀具品牌纳拓、代理品牌奈爱构成的产品体系（见图 13）。纳丽德的成立标志着公司从 OEM 到 OBM 的转型，成功实现了公司的腾飞。

图 13 百源实业生产的产品品牌

特别值得一提的是，纳丽德将手电筒作为战术用具首次明确在国内提出，并推出 1040 流明超高性能战术手电 TA40，成为中国警队、警务实战教官首选战术手电。全国公安机关第 51 期警务技能战术教官培训班，全员装备纳丽德 TA40 战术手电。纳丽德成为国内警用手电筒标准的制定者及警用手电筒供货商之一。

时至今日，纳丽德的产品线分战术系列（T 系列）六种产品、警用系列（P 系列）六种产品、智能手电系列（myTorch 系列）六种产品、户外系列（H 系列）四种产品、骑行系列（B 系列）、EDC 小直系列（E 系列）四种产品。产品丰富，种类繁多。

2. 下游敏捷生产实践

自从纳丽德决定走上 OBM 生产这条道路，就要面对市场挑战。设计产品要符合消费者的需求，找准适销对路的产品是关键。满足个性化需求的要求造成产品细分现象明显，产品的规格、种类大幅增多。订单的数量增多，每单的产品数却在减少，呈现出订单量小、规格多、订货频繁、交货时间短的特征。

纳丽德目前的手电筒销售分几个系列，订单量从历年来看，一单最少可以有 50 个以下，一单多的有 1 万数量，产品完全按订单生产，客户对交货期有较严格的要求。每周可以同时生产十几个规格的产品，对生产流水线转换生产能力要求很高，一年平均有120多个产品规格的转换要求。电筒的交货时间一般较为充裕，但要求准时交货率高。订单批量小，规格多，对做生产计划和生产线的柔性要求较高。

建立高度柔性的生产线，对从OEM生产方式转换成OBM战略是一个较大的考验。OEM是对应大批量、少规格、交货期长、生产比较标准的产品的特点。百源目前的OEM订单通常都是在年初就有了一个比较明确的订单量，而后分单生产。OBM恰恰相反，必须紧紧追随市场变化，对应的是小批量、多品种、交货期短、技术含量高、淘汰速度快、个性的产品，唯有建立柔性生产线才能满足企业的战略转型。

公司在厂房加建和电线升级改造过程中，对生产设备的排列进行重新布置，做到人机协调配合，尽量缩短员工在操作中的走动，提高员工的服务机台数量。针对不同的产品线要求，有的排列成直线型、有的排列成U型，有的排列成L型，尽量减少原材料、半成品在机台位间的移动，缩短转移工位时间。例如数控铣床生产线由直线型（见图14）改为U型（见图15）后，一人可以看管四台机，极大地提高了生产效率。

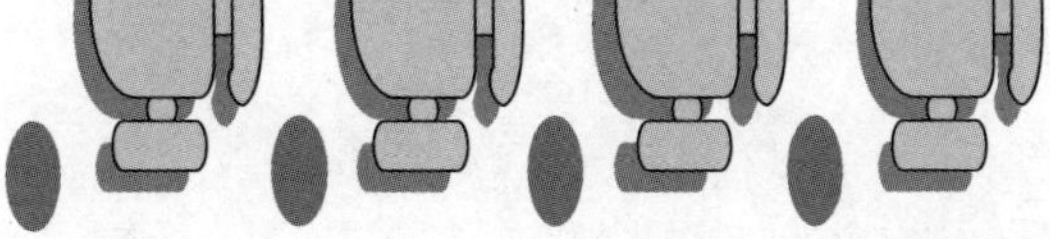

图14　数控铣床一人一机的生产线直线型布置

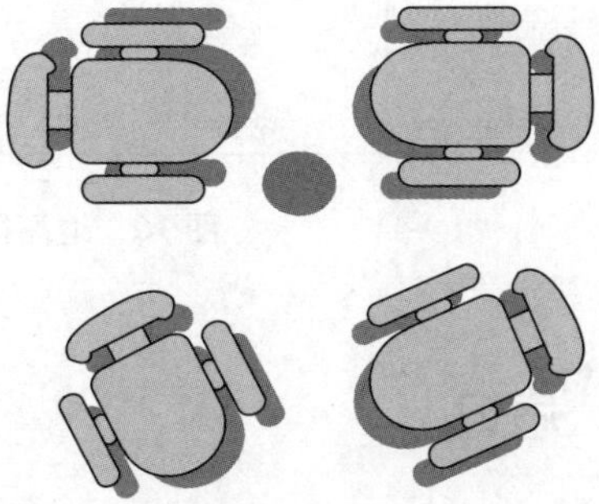

图15　数控铣床一人四机的U型生产线

从设计产品这个源头做起，兼顾个性与共性，推行标准化思想。设计的标准化带来物料的标准化，夹具、模具的标准化，工艺的标准化。通过创意功夫活动，消除动作浪费，变换操作方法，切换模具的时间由原来平均2小时降到目前平均30分钟，随着敏捷供应链的推行和深入，这个时间将会变得更短。

3. 警用电筒P6的耦合点分析

纳丽德的产品有战术系列、警用系列、智能手电系列、户外系列、骑行系列、EDC小直系列。目标顾客差别很大，对于交货期的要求也不同。战术系列、警用系列，因为有特殊的销售对象，一般都是按单生产，交货提前期较长，包装要求简单。大多数时候可以从容生产，库存量较少，供应链耦合点位置较高，在零部件生产环节。

户外系列和骑行系列属于小众产品，需求量不高。如果按单生产，数量小，组织生产成本高，因而可以按预测生产，实行规模生产，降低生产成本。这个系列的产品创新能力较弱，因而短时间的库存不太可能造成产品积压。供应链耦合点位置可以较低，实行按单发货。

EDC 小直系列竞争对手多，产品创新能力强，尤其是产品外观更是多种多样。市场也要求此类产品的交货期较短，对于需求量高的种类，一部分零部件预测生产，供应链的耦合点位于中段，做到按单装配。销量较小的应当按单生产，因而供应链的耦合点位置较高。各系列产品的耦合点设计见图 16。

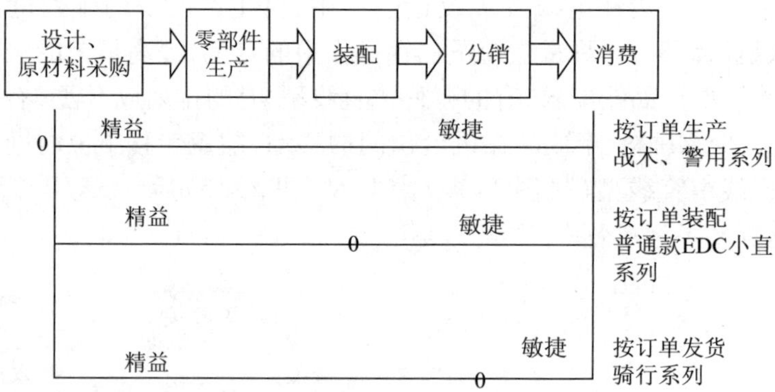

图 16　纳丽德各系列产品的耦合点设计

后记

时至今日，纳丽德的产品线分战术系列（T 系列）六种产品、警用系列（P 系列）六种产品、智能手电系列（myTorch 系列）六种产品、户外系列（H 系列）四种产品、骑行系列（B 系列）、EDC 小直系列（E 系列）四种产品。产品丰富，种类繁多。

经过十年的创新发展，凭借可靠的产品品质，纳丽德目前已经成为国内高品质手电市场引领者、欧洲狩猎市场手电领军品牌，并跻身国际知名手电品牌前列，产品畅销全球 100 多个国家和地区。

进入 21 世纪，消费者对获得产品的速度要求越来越快，消费者的需求偏好也随着产品越来越丰富，乃至过剩，变得不可预测。美国管理专家哈默和钱皮教授在其著作《业务流程重组》一书中提出，顾客（Customer）、竞争(Competition)和变化(Change)是市场看不见的推手,推动企业适应这三C的变化。纳丽德的未来发展在供应链方面还将面临更多的挑战。

参考文献

[1]吉敏,谢庆红. 集群供应链知识共享与创新机制研究综述[J].经济理论与经济管理,2013(4):23-27.

[2]贾平. 供应链管理[M].北京:清华大学出版社,2011.

[3]李陶然. 采购作业与管理实务[M].北京:北京大学出版社,2013.

[4]梁展豪,俞国方. 中小企业生产现场能效提升——5S与PDCA整合应用[J].经营与管理,2013(1):56-60.

[5]王林生. 中国制造的发展路径与战略选择评价[J].中国工业经济,2012(6):35-41.

[6]许锐,等. 混合供应链解耦策略研究综述[J].软科学,2011(4):20-28.

[7]张岳松. 集成精益和敏捷的供应链运作模式[J].价值工程,2004(8):32-36.

[8]Bicheno J. Kanban:The Old and the New[J].Control,1999(9):22-26.

[9]Boden J. A Movable Feast[J].Materials Management and Distribution,1995(11):23-26.

省省回头车在共享经济"互联网+"模式下的转型发展创新模式

案例撰写:李　斌
资料整理:李　斌　陈晓曦
资料收集:梁爱爱　查刘芳　陈晓曦　李　斌

一、案例研究背景

李克强总理指出,目前全球分享经济呈快速发展态势,是拉动经济增长的新路子,通过分享、协作方式搞创业创新,门槛更低,成本更小,速度更快,并在《政府工作报告》中提到了"互联网+"行动计划。"互联网+"行动的核心是推动互联网由消费领域向生产领域拓展,加速提升产业发展水平。共享经济是源于实践的全新经济模式,共享的理念一经提出,就迅速在美国、欧洲等信息技术发达的国家演变成声势浩大的社会实践。目前,共享经济的发展规模和体量尚未有明确的量化指标,在"互联网+"背景下孕育而生的共享经济显示出了强大的发展趋势和潜力。

广州回头车信息科技有限公司是一家共享经济模式下的自主创新互联网物流公司,其主要业务是为车主、货主及物流公司提供回头车、回程车、顺风车及货主的货源信息的信息发布平台,是车辆管理和物流交易的移动互联网平台。"省省回头车"创立于 2014 年 4 月,隶属于广州回头车信息科技有限公司旗下,创始人兼 CEO 刘凡军。截至 2016 年 11 月 1 日,公司员工 36 人,员工平均年龄 25 岁,公司大部分管理层均为大学本科以上学历,年龄在 23~35 岁,具有丰富经验。管理层中既有擅长技术开发和技术管理的专业人员,也有熟悉营销、财务、人力资源的专业人员,人员结构合理,公司组织架构见图 1。

李斌:暨南大学管理学院企业发展研究所副教授,研究方向为行为决策与消费心理、组织行为与管理心理。

陈晓曦:暨南大学管理学院讲师,研究方向为认知心理与行为决策。

梁爱爱、查刘芳:暨南大学管理学院 2014 级本科生。

广州回头车信息科技有限公司作为一个真正基于共享经济与"互联网+"思维打造的智慧物流管理服务平台，致力于打通车主与货主的信息壁垒，实现车主与货主信息的无缝对接，进而实现提高物流效率、降低物流成本的愿景。目前开始以零担领域为突破点，致力于打造遍布每个村镇的零担揽货网络，实现线下布点，并建立真实的信任关系，形成一个智慧物流网络。截至 2016 年 12 月 31 日，省省回头车的注册会员达 101 万，包括中小工厂、物流专线、三方物流和卡车司机。平均每月交易额约 2 亿元，平均客单价 810 元。广东省 70%的物流公司在使用省省回头车下单、接单。2013 年 8 月，总经理刘凡军"省省回头车"项目荣获第一届暨南大学 EMBA"E 战成名"商业模式大赛冠军，在上百个参赛项目中脱颖而出；2015 年部分媒体对本项目的商业模式进行了报道；2016 年 12 月，公司通过国家高新技术企业认定。

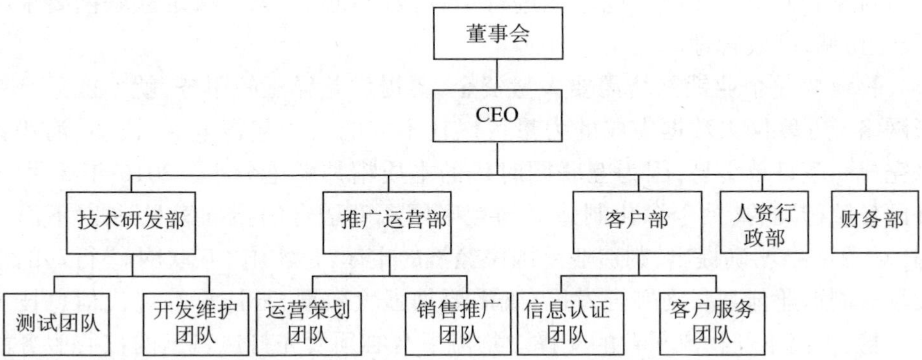

图 1 公司组织架构

二、案例研究的初衷和依据

（一）案例研究的初衷

物流作为商品流通的承载工具，在传统的模式下，对整体从业人员要求水平不高，主要靠劳动力密集承担最后一公里配送。有关资料显示，物流行业中效率最低的是货运物流。据统计，目前国内有 1100 多万辆货车，3000 多万名卡车司机。由于管理能力和技术缺乏造成资源严重浪费，使得运费高企和运力严重过剩同时并存。主要问题包括：信息平台分散，大小不一，缺乏系统管理，信息混乱、不对称，造成车辆空驶率较高，车货难以匹配。互联网公司和运输公司或者其他参与方搭建了很多物流平台，但平台与平台之间无接口，不开放，区域性强，规模大小不一，没有一个统一有效的工具和信息平台将它们串联起来。信息内容分散，难以形成有效匹配。即便有大量配货站、物流信息部，空驶、迂回等问题在我国仍大量存在，空载率在40%左右。尤其在主要大城市，入城车辆聚集多，导致少则2~3天，多则7~8天才能等到一车货，甚至于空车返回。物流行业参与者分散，运输公司或参与个体多，货物种类繁杂，供应链条长，缺乏统一、有效管理。

传统运输链条从上至下包括货主、物流公司、承运商、专线物流、终端客户等多个环节，行业参与者众多。参与各方涉及议价、交付、支付、时效管理等内容，主要通过电话、邮件、传真实现交互，自动化程度低。承运货物种类繁多，对运送时效、安全保障、储存有不同的要求，难以实现统一、有效管理。参与个体现代化程度低，缺乏新技术支撑，导致效率低下。参与个体在旧的管理模式下，要求的技术程度不高，导致新技术匮乏，使得行业管理效率很低，比如运单的回单和结算，绝大多数的企业都需要司机拿着运单将货物送到目的地，接收人签字后再拿着回单返回出发地才能进行结算，效率低下，难以满足互联网要求的开放、协调、高效管理。

物流快递企业铺网络需要大量资金，要提供差异化的服务，就不能只有一张网络。互联网大数据集成的力量可以让不同的人一起帮电商、快递、消费者来完成一笔订单交易，因为互联网时代的本质精神就是分享。2016 年 5 月 13 日国务院印发的《关于深化制造业与互联网深度融合的指导意见》（以下简称《指导意见》）明确提出，制造业是国民经济的主体，是实施“互联网+”行动的主战场。制造业与互联网融合发展，既需要加强大数据、云计算等现代信息技术的支持，也离不开物流平台的支撑。物流平台必须要先打造自己的核心服务能力，否则难以在“制造+互联网+物流”的融合发展中担当重任。

“省省回头车”物流交易平台积极践行“互联网+”与“共享经济”结合的高效物流，是中国第一家互联网公路物流智慧服务平台。对“省省回头车”进行案例开发研究，对“互联网+”背景下的“共享经济模式”的企业创新与转型具有重要参考价值。

首先，可为本次调研企业广州回头车信息科技有限公司提供现状调研报告与转型升级规划方案，有助于广州回头车信息科技有限公司成功实现转型升级，赢得持续竞争优势。

其次，可加深企业家对于共享经济“互联网+”模式下带来全新的战略理念，生产模式、消费模式和企业运营模式的理解，可为广东企业如何在共享经济模式下进行战略创新与运营模式转变提供参考。

最后，可进一步探索与完善共享经济“互联网+”模式的虚拟价值链理论模型，为未来企业如何在共享经济模式下实现虚拟价值链的创新、管理与盈利提供理论参考。

(二)案例研究的依据

1. 共享经济的基本特征与模式

共享经济(亦称分享经济、合作消费)是通过互联网平台将商品、服务、数据或技能等在不同主体间进行共享的经济模式(见图2)。其核心是以信息技术为基础和纽带,实现产品的所有权与使用权的分离,在资源拥有者和资源需求者之间实现使用权共享(交易)。其发展理念是“人们需要的是产品的使用价值,而非产品本身”。在新模式下,人们既是生产者也是消费者,越来越注重产品的使用价值而非私有价值、共享性而非独占性。

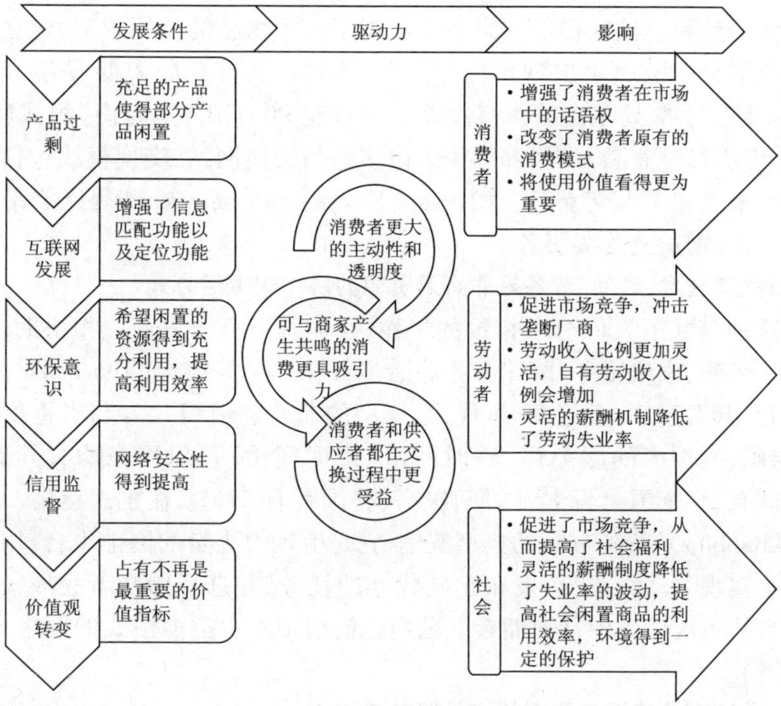

图2 共享经济模式

共享经济主要具有三个特点:一是以现代信息技术为支撑。互联网尤其是移动互联网技术的成熟实现了共享的便捷化,大大降低了共享的成本。基于位置的服务(LBS)为多样化的共享服务提供了可能,而基于社交网络平台(SNS)建立的信任机制为使用权的公平交易提供了信用保障。二是以资源的使用权交易为本质。共享经济形成了一种双层产权结构,即所有权和使用权,共享经济提倡“租”而非“买”，需求方通过互联网平台获得资源的暂时性使用权，以较低的成本（相对于购置而言）完成使用后再移转给其所有者。三是以资源的高效利用为目标。共享经济强调产品的使用价值，将个体拥有的、作为一种沉没成本的闲置资源进行社会化利用，最终实现社会资源有效配置与高效利用，有利于经济社会的可持续发展。

当前共享经济的主要商业模式有以下四种：

（1）基于网络平台的商品再分配

以基于互联网的社区租借和二手交易市场为主要代表。社区租借模式通过和邻里共享物品以节省资金和资源，以 NeighborGoods. net 为例，主要采取免费交易的模式（以借代租），通过向建立私密分享群组的用户和有认证需求的用户收费实现盈利。社区租借网络平台提高了闲置物品的使用效率，建立了社区沟通交流平台。国内也出现了如“享借”等网络平台开展类似服务。eBay 和 Craigslist 是二手交易平台的典型代表。20 世纪 90 年代“快时尚”模式（追随当季潮流，淘汰过时商品）的风靡催生了诸多物品交换网站，交换模式包括双向交易、买卖、赠送和多人交易等。如 Swap、Netcycler 和 Bartercard 等网络平台也开展商品交换、赠送或购买服务。

（2）共享技术、时间、劳务等非有形资源的协作式生活方式

在这种模式下人们分享相投的兴趣，在非有形资产方面互相协助，涉及园艺、技术、劳务、家政服务、医疗服务等诸多行业。时间银行（Timebanks）是早期的创新者（起源于 20 世纪 80 年代，是典型的非营利组织），参与者提供如临时保姆、绘画，或按摩的服务赚取“时间币”，“时间币”可以用来购买其他服务。目前全球有 26 个国家设立了时间银行，美国就有 276 家在正式运营。而跑腿兔（TaskRabbit）是劳务分享的典型案例，它是劳动力买卖的网上平台，用户可以在网站上实现劳动力买卖，发布跑腿代办的任务，并选择跑腿者完成任务。跑腿兔平台从每次任务中抽取佣金。国内也已出现不少类似模式的网络平台（如猪八戒网）。

（3）共享高价值固定资产的产品服务系统

2008 年以来相继出现了多个网络平台，将个人的闲置资产（汽车、卧室、车库、办公室空间等）提供给其他人以获取收益，参与成员可共享公司或私人所拥有的多余产品，付费获取暂时使用权而不必拥有产品。租车领域的 Uber 用车平台、Zipcar 汽车共享服务和房屋租赁领域的 Airbnb 是典型代表。Zipcar 介于出租车和传统租赁之间，通过智能终端 APP，用户可以方便地取车还车，实现汽车共享。Zipcar 收取一次性注册费用和会员年费，并按租车小时收费（包含汽车使用、汽油和保险等费用）。Zipcar 在全球 20 多个城市为近 77 万注册会员提供1.1万辆机动车的共享租赁服务。尽管2013年被传统租车公司Avis收购，但其汽车共享的商业模式仍被保留，并以多种形式被大型运输公司所采用。Airbnb则通过P2P共享平台将个人闲置房间、公寓或别墅出租给旅游人士，通过预订服务费获取收入。这种出租多余空间的概念也扩展到闲置车库、车位、办公室等领域。国内也出现了小猪短租、丁丁停车等企业。

(4)基于社交网络平台的共享经济模式

以Facebook、微信为代表的社交平台帮助用户与现实生活中的朋友、同事等分享生活体验，进而衍生出朋友间的协作消费。这种模式实现朋友间点对点、点对面的协作生活方式或者圈子营销，因此形成了社交式的共享经济模式。如借助微信平台的微商，实质就是“开放平台+朋友圈”，通过用户交流和互相关注，从个人在社交媒体里面的信息足迹和人际关系链出发，把线下产品或服务推广融入社交网络中，通过“口碑营销”在多个圈子群体形成几何级数传播。与国外共享经济通常由专门的网站各司其职的现象不同，国内更多借助原本就有大量用户群的社交网站来实现协作消费。比如豆瓣小组、QQ群、论坛以及微博中的微群等都出现了拼饭、拼车、拼屋的专门板块。

与传统经济相比，共享经济具有以下优势：第一，共享的商业模式成本低、部署快，在既有市场拓展或进入新市场时可以快速扩张规模；第二，灵活性强，遇到市场形势、监管环境、竞争环境发生变化时，可以快速调整；第三，资本效率高，资本投资回报率高。

2. 虚拟价值理论

传统的价值链概念是由美国哈佛大学商学院教授Michael E. Porter于1985年在其所著《竞争优势》中提出的，他认为：企业创造价值的过程可以分解为一系列互不相同，但又相互关联，连续完成的增值活动，这些活动构成了“价值链”。他将企业价值链的九种活动划分为基本活动和辅助活动。基本活动包括内部后勤、生产经营、外部后勤、市场销售、售后服务；辅助活动包括采购、技术开发、人力资源管理和基础设施，如图3所示。

John Shank和V. Govindarajan于1993年所提出的价值链，发展了波特提出的企业价值链思想，认为任何企业的价值链都包括价值生产的整个过程。这个过程包括从最初的供应商手里得到原材料直到将最终产品送到用户手中的全过程。两位学者将价值链从企业价值链推演到了企业和企业之间围绕产品生产和销售而形成的全过程价值链。然而，随着社会经济网络技术和通信技术等信息技术的发展，价值链模式不再是单一的、线性的实物价值创造模式，互联网技术的交互性、快捷性和开放性，打破了产业与产业之间、企业与企业之间、企业与顾客之间的时空障碍，以顾客需求为中心的通过开发、生产、销售、共享、共赢来快速满足顾客个性化、多样化需求的拉动式、网络式价值创造模式越来越受到人们的关注，因此提出了虚拟价值链和价值网等新的价值创造模式。

图3　企业价值链的基本活动

虚拟价值链理论是由美国哈佛商学院 Jeffrey F. Rayport 和 John J. Sviokla 于1995年所提出的，他们认为，进入信息时代的企业都在两个世界中进行竞争，一个是管理者可以看到、触摸到的由物质资源组成的物质世界，称为市场场所（Market Place）；另一个则是由信息资源所组成的虚拟世界，称为市场空间（Market Space）。这样，企业价值创造活动就可以分为两部分：一部分是在市场场所中，企业利用传统的物质资源来为顾客生产有形的产品或提供服务，即基于物质资源的增值活动；另一部分是在市场空间中企业利用信息资源，为顾客创造的一些无形产品或服务，即基于信息资源的增值活动。物质增值活动就是传统的价值链，而信息资源的增值活动就形成了虚拟价值链。也就是说，虚拟价值链是将实物价值链以信息的形式反映在信息世界所形成的信息价值链，它有别于虚拟企业的价值链。

在虚拟价值链中，数据化信息支配着产品和服务，产品和服务以信息为基础渠道进行传递。一般认为虚拟价值链主要有以下基本特点：

第一，信息代替物质资源成为非物质性虚拟价值链各节点环节上的价值活动，非物质性虚拟价值链不受传统生产要素的束缚，如土地、劳动、资本等，只有具备信息加工能力才能对其产生重要的影响。

第二，灵活性企业有多个可以向顾客提供价值的增值点，既可以通过信息进行适当/敏感和不同层次类型的加工来为顾客提供异质化的服务，又可以在虚拟价值链的各环节上向顾客提供相关有效的信息。

第三，每个企业的虚拟价值链都是具有自身特色、不可复制的。虽然独特性市场场所中企业可以设计相同或类似的生产线/设计样式和产品进行生产销售竞争,然而由于价值链各环节的变化、多样性和处理结合方式的不同,可以说找不到两个完全相同的虚拟价值链结构。

第四,虚拟价值链能够使企业在市场竞争力中处于优势地位且保持持久领先地位,这是由企业发展历程的不同所导致的企业经验与技能的难模仿性所决定的。

三、案例研究的方法和步骤

(一)研究方法

在案例研究的过程中,可以使用多样化的数据来源以使案例研究基础更加坚实有效(Glasser & Strauss,1967)。因此,本研究在省省回头车的案例分析中将搜集多样化的数据,用多数据来源保证研究能相互补充和交叉验证。数据主要来源于以下三方面:

第一,深度访谈分析,包括领导层深度访谈、基层员工半结构化访谈、参与式观察。

第二,通过其他方式获得一手资料,包括电话采访、电子邮件,从供应商及行业其他企业等处获取的信息,访谈后信息数据的补充。

第三,基于行业内的二手数据搜集,包括公开网络资料、年度总结报告、汇报材料、相关研究论文、新闻报道等。

(二)研究步骤

本案例首先分析该企业的战略思维转变,其次深入剖析其运营模式,最后解析其虚拟价值链,企图充分挖掘其企业在共享经济“互联网+”转型发展的问题与经验,提炼与丰富企业转型发展理论。

1. 共享经济“互联网+”下企业转型的战略思维转变

据普华永道(Price Waterhouse Coopers,PwC)预测,到2025年,全球共享经济产值可以达到2300亿英镑,产业规模和发展潜力巨大。共享经济的发展还拉动了IT软硬件生产、无线网络和信息终端等产业的发展。国内企业只有树立共享经济意识,充分重视共享经济战略,才能在经济全球化背景下积极融入国际市场,主动迎接经济全球化的挑战。国内企业树立共享经济意识,要进一步提高对实施共享经济战略的重要性、必要性的充分认识,增强紧迫感、责任感和使命感,从而在经济全球化竞争中变被动为主动。本项目将对省省回头车的品牌意识树立及战略决策进行深入分析,探索共享经济模式下企业转型的品牌意识与战略决策互动机制。

2. 共享经济“互联网+”下企业转型的运营模式分析

共享经济的具体模式包括租赁、易物、借贷、赠送、交换以及合作组织等共享形式，主要有三种类型：一是基于共享和租赁的产品服务；二是基于二手转让的产品再流通；三是基于资产和技能共享的协同生活方式。不同共享经济模式，其具体的企业运营模式也不尽相同。本项目将对省省回头车的具体运营模式进行深入分析研究，探索共享经济下企业转型发展过程中如何制定一个合适、高效的企业运营模式。

3. 共享经济“互联网+”下企业转型的虚拟价值链分析

将实物价值链以信息的形式反映在虚拟的信息世界所形成的信息价值链，就是企业的虚拟价值链。虚拟价值链是实物价值链的信息化反映，它有别于虚拟企业的价值链。最早提出虚拟价值链的是 Jeffrey F. Rayport 和 John J. Sviokla，他们认为企业的竞争环境分为两个：一个是被称为市场场所（Market Place）的物质世界，另一个是被称为市场空间（Market Space）的虚拟世界。基于虚拟价值链理论，并结合 O2O 模型，本项目提出与构建了回头车的新型虚拟价值链模型（见图 4）。我们认为由广州回头车信息科技有限公司与支付工具服务商构成的回头车信息平台，通过获取用户需求、整合用户需求、分配用户需求并传递用户需求实现“线上服务与线下体验”的结合与“基本增值与辅助增值”

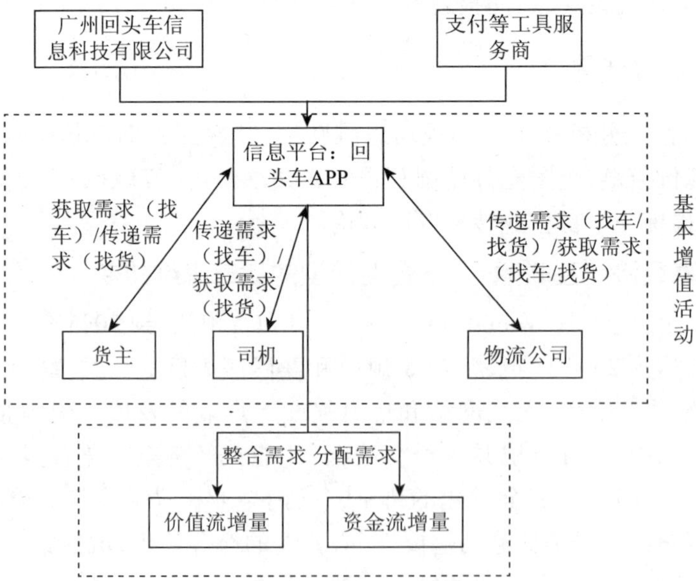

图 4　省省回头车的虚拟价值链模型

的结合。本项目将对回头车的虚拟价值链模型进行探索、分析与验证。

四、案例分析

(一)省省回头车的战略目标与战略变革

1. 省省回头车的战略目标

(1)短期(1~3年)

第一,打造省省回头车物流交易系统和99TMS智慧物流管理系统,包括PC端和APP手机客户端;第二,产品导入广东市场,提高产品知名度,树立品牌形象;第三,逐步建立健全的销售网络;第四,打开并占领中短途整车市场,初步涉足长途零担货运市场;第五,产品基本成熟,重点挖掘产品新性能,开发衍生产品,拓展市场。

(2)中期(3~5年)

第一,进一步完善和健全销售网络,进入GDP前10强省份;第二,进一步拓展产品线,引入金融服务机构;第三,中短途市场占有率达到50%~60%,居于领导地位;长途零担市场占有率达到10%;第四,启动第三方广告业务;第五,启动车后市场业务

(3)长期(5~10年)

第一,利用公司在产品与市场方面的优势,引入第三方建设智能物流园区;第二,通过对交易数据分析,入股部分经营稳定的线路合伙人和生产厂家,分享产业链利润;第三,扩大市场占有率,成为公路物流领域的领先者。

2. 省省回头车的战略变革

省省回头车的总裁刘凡军毕业后从事的第一份工作是进出口贸易。他认为那时候的进出口贸易,其实就是国际供应链管理,即国内买货,出口到国外,或者代理货主到国外买货,运回国内。2003年刘凡军初到广州,进入传统物流运输行业工作,2005年,他创立了自己的第一家物流公司。短短几年时间,刘凡军就从最初的单枪匹马发展成一支拥有16台车的队伍。但随着车辆越来越多,在经营上对货源获取能力要求越来越高。

2013年6月,中科院的李海舰老师在《新战略管理》课程上提出的“战略就是寻求上位解”观点引起刘凡军的思考,一个新的思路开始呈现在他们面前:朝第四方物流领域发展,利用“来回有货”的方式改造中国的中短途公路运输领域。由此诞生了在暨大EMBA首届“E战成名”商业模式大赛中获得冠军的省省回头车项目。

省省回头车为第四方物流项目，主要为货主提供价格非常便宜的中短途公路运输服务。以回头车、顺路车作为主要供应商，推出比市场价便宜30%、服务质量可控、安全的中短途整车物流服务，为车主提供更多回程货源，实现平台用户多赢局面。

中国的物流企业与欧洲一样，普遍比美国的物流企业的规模小很多。相对于美国企业的重资产运作模式，中国的物流企业更多的是依赖整合外部运作资源（独立车主）来承担运输工作。使用独立车主的车辆和司机，可以在车辆成本、激励司机效率方面有直接的收益，所以无论是欧洲还是中国市场，这种运作模式非常普遍。这就是为什么中国90%的运输公司不养车和司机的原因。

目前的困局是独立车主揽货能力有限，货源信息渠道不畅通，往返费用统一由单程货主承担，造成整个社会物流效率低下，成本过高。现在随着智能手机的普及和网络成本的快速降低，使得回头车的信息可以随时随地发布出来，货主随时随地都可以找到回头车来运输，物流管理的移动化和自助化已然成为现实。货主及车主可以通过省省回头车的APP迅速和简单地进行运输计划、采购、交易、调度、监控、支付及办理运输保险的投保工作。

目前生产制造企业和商贸企业的中短途运输方式95%为公路运输，送货及时率90%左右，平均货损率2%左右。货车返程空驶率在30%~50%。也就是说，如果在一条公路上有10台货车，那么就有3~5台是空车。车与货的信息不匹配现象严重。

刘凡军在2013年9月开始策划“省省回头车”的项目，将“省省回头车”定位在“把控货源，为发货人提供中短途提、送货和长途零担运输的公路物流服务智慧平台”，理念是“不购置自有运力、通过整合形成全国公路物流服务智慧网络”。务求做到让发货人在一个APP上能直接与货车司机和零担专线公司交易，去掉第三方物流等一切中间环节。并做到货运服务的提货、干线运输、送货的一条龙自动服务。同时力求做到价格最低，服务体验更好。他们将目标市场锚定4200万家中小企业、1100多万辆货车、3000多万名卡车司机，每年中短途整车物流市场约1.2万亿元，全国零担物流市场约0.86万亿元。

受经济大形势的影响，目前公路货运市场行情低迷，“运力过剩”、车多货少，货主的需求成为车货匹配达成的关键。货主的真正需求并非车辆，而是按时将货物运送到目的地的服务。作为运力的司机或车主，他们通过提供这些服务来与货主达成交易。所有的交易过程以满足货主的需求为出发点，货主就能使用平台，而有了货主发布需求的平台，车主和司机自然不请而来。因此，如何满足货主运输货物的需求是真正实现车货匹配的起点与核心。2017年省省回头车推出零担物流业务，联合每个城市最优秀的直达专线为中小工厂提供服务，实现全国大部分一二线城市从 A 点到 B 点的直达。届时，工厂在一个平台就能完成整车、拼车和零担的发运工作，解决制造业企业的一切公路物流问题。目前正开始以中山为试点突破零担领域，致力于打造遍布每个村镇的零担揽货网络，实现线下布点，并建立真实的信任关系，形成一个智慧物流网络。

（二）省省回头车的运营模式分析

2015 年 7 月国务院印发《关于积极推进“互联网+”行动的指导意见》以来，我国物流平台的发展势头迅猛，各类平台不断涌现，但主要有以下四种模式：

首先是基于互联网的 C2C 信息撮合，即在移动互联网兴起前大量存在的配货网站，如天津的生生网、湖南天骄网等。它们大多以“网站+客户端”的形式存在，服务于个体货代（“黄牛”）和司机间的车货信息撮合。由于无法监测成交，网站基本只能收取会员费，无力打通各项闭环和生态。因此网站运营完全取决于地面的推广能力和客户关系维护，大多是割据一方。当然也有试图走向全国的一点通、天下通，但都以失败告终。不可否认，这类原始的“互联网+”车货匹配在信息技术极其落后的年代，还是发挥了一定作用，但其创造价值有限，在新技术面前不堪一击。

其次是基于移动互联网（LBS）的 C2C 信息撮合。随着智能手机的流行和移动互联网的兴起，车货匹配成为最早应用相关技术的行业。早期有百及的“车运宝”、传化的“e 配货”和林安的“我要物流”，它们通过智能手机 APP，将黄牛和司机位置匹配的物流信息进行撮合。因为与滴滴出行模式相近，后来人们将该类产品称为“货运滴滴”。其实“货运滴滴”比“滴滴”早很多，只是因当时货车司机的手机拥有率太低而没能流行起来。“货运滴滴”兴起于 2013 年下半年，这要归功于个方面：一是微信等的流行让智能手机在市场迅速普及；二是滴滴的巨大成功，让资本看到“货运滴滴”的广阔前景。据相关网站统计，截至 2014 年底，全国约有 800 个车货匹配 APP 出现，大量 APP 获得资本的青睐，其中佼佼者都宣称拿到 1 亿美元以上的融资。相比于第一种模式，“货运滴滴”在撮合的效率和成功概率上有大幅的提升。但“货运滴滴”并不成功，2015 年车货匹配 APP 开始出现关闭和转型潮，目前仍在市场上坚持这一模式的企业已经屈指可数。

再次是基于移动互联网的 B2B 商业连接。这种形态不再连接“货主（三方）—货代（黄牛）—司机”价值链的后半部分，而是连接前半部分，更贴近于物流的本质和交易特征。其“质”的进步主要体现在两个方面：一是明确了服务的客户是“货主（三方）”，货主（三方）是整条价值链的“现金输入”者，他们的问题不能解决，用再大的力都是隔靴搔痒、无济于事。“货才是王道”。要真正理解它的内涵其实就是一句话，物流的一切服务对象是货主，货主的体验是最重要的。二是突出了“货运经纪人”的价值，即小型货代由“黄牛”改为“货运经纪人”。名称的变化凸显了“货运经纪人”在整条价值链中的作用——连接货主（三方）和个体司机的桥梁。货运经纪人作为一个群体，通过为司机提供货源，与司机打造较为亲近的连接。很多时候两者是亲戚或者老乡，个体司机也更倾向于与“货运经纪人”合作，长此以往，货运经纪人逐渐有了自己的“运力池”。当货主（三方）的需求出现时，他们会根据“运力池”的情况进行预先报价，夺标后再从运力池中找车运输。

最后是基于专线物流解决方案的运营整合。从目前货运的发展趋势看，第三种模式仍然存在两个问题：一是只能解决整车的问题，而随着电商在我国流通业的比例不断增加，货物小型化带来的零担趋势越发明显，整车的比例会越来越小。二是仍然建立在“社会车辆”的基础上，忽略了“大车队”“专线运输集约化”的趋势。我国90%的货量是由专线完成的，绝大部分车货匹配的过程也是由专线完成的。所以，提高专线的“车货匹配”能力，才是解决我国公路货运问题的关键点。

1. 省省回头车的主要运作模式

“省省回头车”的运营模式更多的是O2O模式，通过互联网把“卡车司机”“中小型工厂”和“物流专线”高效有机结合在一起，具体而言要做到：首先，中小工厂有中短途整车运输需求时直接和回头车司机成交；其次，中小工厂有长途运输需求时直接和物流专线成交；最后，物流专线有提货、送货需求时直接和回头车司机成交（见图5）。

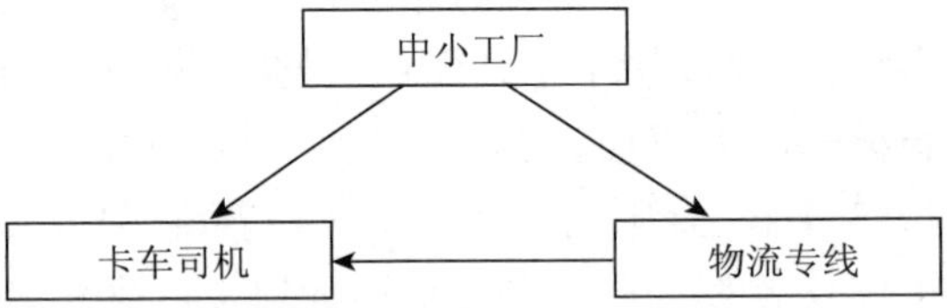

图5 “省省回头车”的主要运作模式

“省省回头车”主要是通过对中短途货车、零担专线公司的整合，减少中间环节，让承运方直接为中小工厂提供运输服务。客户通过省省回头车下单后，客户直接和实际承运人交易，无任何中间加价环节。系统在为客户匹配供应商时，优先将订单分配给核心供应商，再分配给普通供应商。省省回头车通过向核心供应商（线路合伙人）收取年费和佣金方式获利，并通过在运单执行过程中为用户提供金融、广告、车后市场、保险等增值服务获得佣金返点。

2. 省省回头车的整车、拼车及零担模式

目前中短途运输报价时是按“来回程油费+来回程路费+利润”的方式来计

算的。由于现在车主在目的地很难找到回程货源，导致回程空驶费用由去程货主承担。"省省回头车"针对这一物流行业"痛点"，特别开发了 APP 移动应用终端，免费提供给货主、车主发布货源、车源信息，所有车主和货主的手机都是实时信息采集器。让所有信息在我们的系统上自动匹配，并特别设计了实名认证和免费担保交易环节保证交易双方的货物和运费安全。

中小工厂有中短途整车运输需求时直接和回头车司机成交；中小工厂有长途运输需求时直接和物流专线成交；物流专线有提货、送货需求时直接和回头车司机成交。

整车、拼车部分直接用回头车运输，来回有货，费用最低(见图 6)。

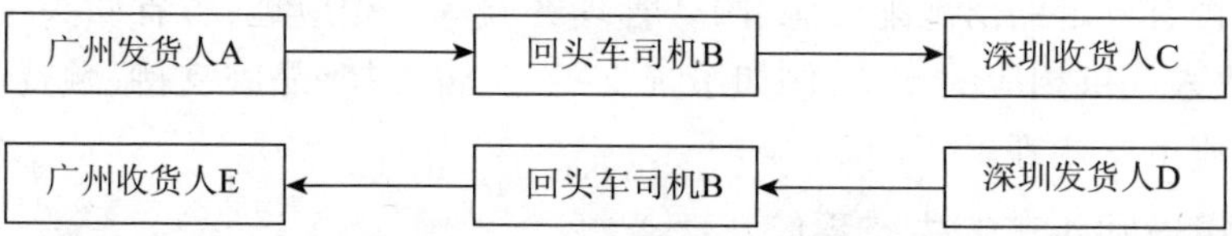

图 6 "省省回头车"的整车、拼车模式

零担部分通过系统算法找到离发货人最近的直达物流专线，派出平台上离发货人最近的车辆提货，分段运输，去掉第三方物流加价 30%的中间环节，降低发货人的物流成本(见图 7)。

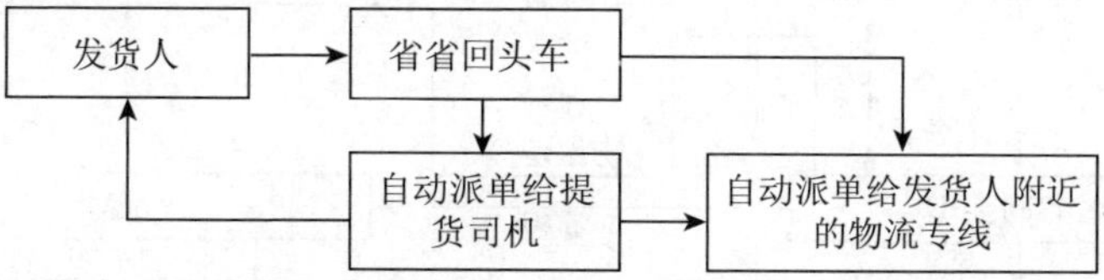

图 7 "省省回头车"的零担模式

3. 省省回头车的合伙人模式

省省回头车志在联合天下物流人，目前在全国招募合伙人。合伙人主要包括三个层级，分别是省级合伙人、城市合伙人、区镇与线路合伙人(见图 8)。省级合伙人是当地的管理人，由省级合伙人拓展和管理这个省份所有城市合伙人。城市合伙人是这个城市的管理人，负责拓展和管理区镇合伙人和线路合伙人。区镇合伙人负责承包区、镇的提货、送货工作。线路合伙人包含整车线路合伙人和零担线路合伙人，都是省省回头车的供应商。负责为货主提供省时、省心、省钱的物流服务。

每个层级的合伙人都会享受一定的权利，例如承包线路优先接单及承包线路的定价权等。同时他们也担负一定的责任，例如，帮忙做宣传广告、承担接单货丢、货损的赔偿、承包线路在线接单率保持在一定的基数上，同时对响单率、送货及时率也有相应要求。所有入伙人的入伙条件都必须要达到一定的要求才行，例如是否有落地配、专线或第三方物流经验，是否有一定的落地配资源、团队管理经验等。相应地，省省回头车总部也会给合伙人提供相应的支持，例如系统支持、广告支持、品牌支持、融资支持、培训支持、流量支持等。

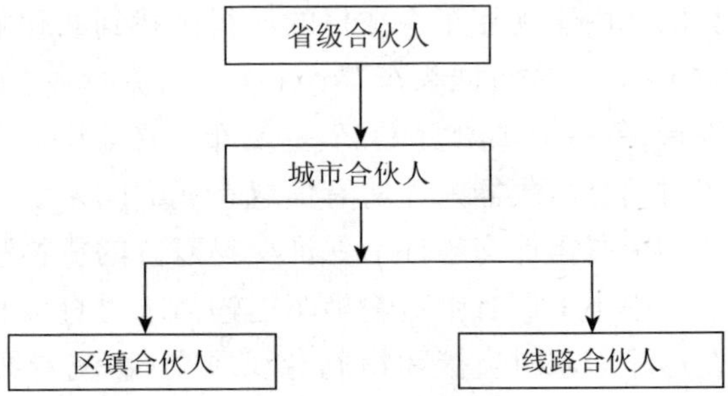

图 8　省省回头车合伙人层级

4. 省省回头车的生态系统

“省省回头车”通过“互联网+”与共享经济模式建立了一套极具竞争力的业务系统，它主要包括一套体系、两个系统。一套体系是指线下服务标准体系，两个系统分别是省省回头车交易系统、99TMS 智慧物流管理系统（见图 9）。

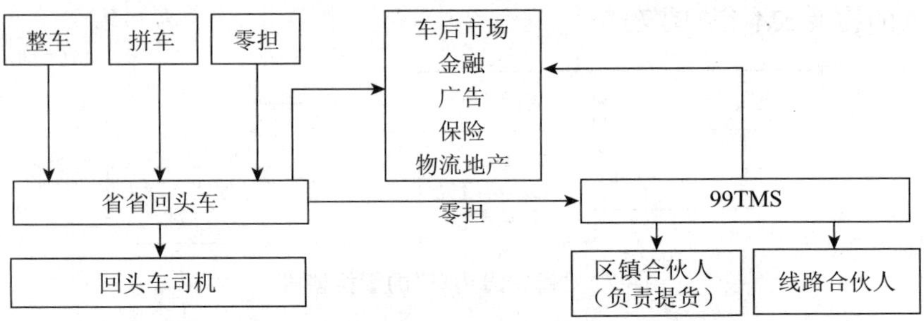

图 9　省省回头车的生态系统

线下服务标准体系包括装货卸货的具体操作标准、联系客户的用语、违规行为的约束等。例如不能随便爽约，货主在发布需求时可以要求司机缴纳一定的保证金到回头车那里，如果司机爽约，回头车会把这笔钱转给货主，顺利完成订单后则会归还给司机。

省省回头车交易系统是“省省回头车”特别开发的 APP 移动应用终端，免费提供给货主、车主发布货源、车源信息，所有车主和货主的手机都是实时信息采集器。让所有信息在我们的系统上自动匹配，并特别设计了实名认证和免费担保交易环节，保证交易双方的货物和运费安全。

作为时代物流管理者,99TMS 智慧物流管理系统为客户提供运单管理、运输过程管理、结算管理、供应商 KPI 管理等功能服务,是一套连接发货人和所有承运商的管理系统,让所有物流环节清晰可见。该管理系统已清晰地预见未来物流管理发展的必然趋势与需求,使物流管理更加系统、高效、便捷。

(三)省省回头车的虚拟价值链分析

基于虚拟价值链理论,并结合 O2O 模型,我们认为回头车存在一种新型的虚拟价值链模型(见图 10)。广州回头车信息科技有限公司与支付工具服务商构成的回头车信息平台,通过获取用户需求、整合用户需求、分配用户需求并传递用户需求实现“线上服务与线下体验”的结合与“基本增值与辅助增值”的结合。

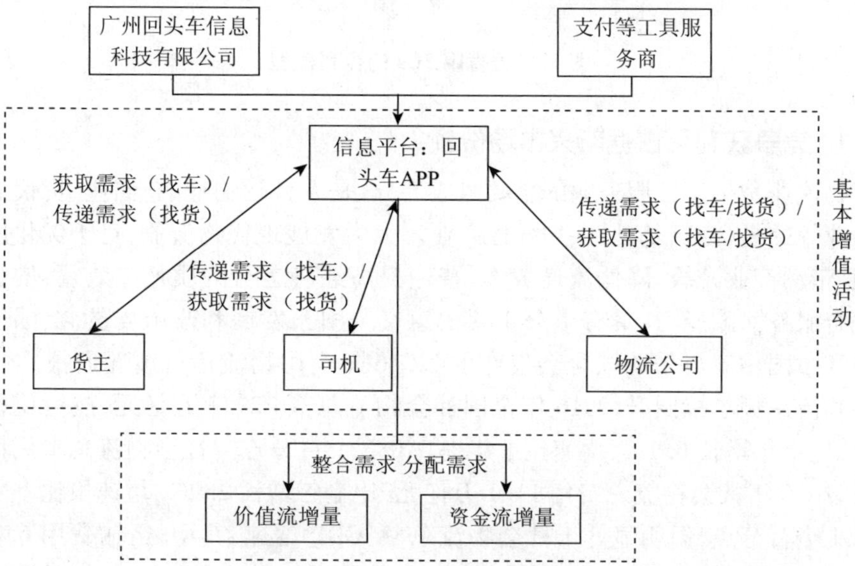

图 10　省省回头车的虚拟价值链

根据麦肯锡 5Cs 的盈利模型,企业获取剩余价值存在于五方面:竞争(Compete),即通过竞争者剩余获利;集中(Concentrate),即通过渠道剩余获利;攫取(Capture),即通过消费者剩余获利;创造(Create),即通过创造新需求获利;合作(Cooperate),即通过合作获利。从上述“省省回头车”的价值链来看,五种盈利渠道均有涉及,但运用的时间与程度存在一定差异。其中,竞争获利是抢占先机的首要前提,集中获利是实现盈利的长远打算,攫取与创造获利是实现盈利的重要渠道,而合作获利是实现盈利最大化与长期性盈利的新型战略与发展趋向(见图 11)。

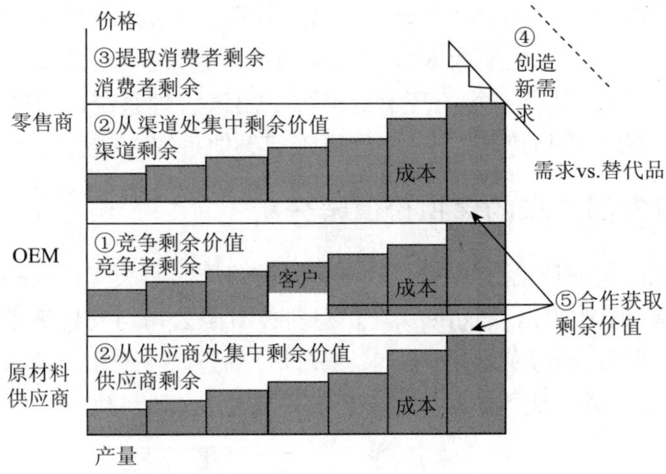

图 11　麦肯锡 5Cs 的盈利模型

1. 竞争获利：占据新兴市场份额

物流业是生产性服务业的重要组成部分，是融合运输业、仓储业、货代业和信息业等的复合型、基础性、先导性产业。大力发展现代物流业，对于优化发展环境、带动产业升级、降低流通成本、普遍提高经济运行的质量和效益、增强城市综合服务保障能力，具有十分重要的意义。国家发展和改革委员会、国家统计局和中国物流与采购联合会发布的《2016 年全国物流运行情况通报》显示，社会物流总额小幅回升，2016 年全国社会物流总额 229.7 万亿元，按可比价格计算，比上年增长 6.1%，增速比上年提高 0.3 个百分点。社会物流总费用低速增长，2016 年社会物流总费用 11.1 万亿元，比上年增长 2.9%，增速虽比上年提高 0.1 个百分点，但明显低于社会物流总额、GDP 增速，其中，运输费用 6.0 万亿元，增长 3.3%，提高 0.2 个百分点，2016 年社会物流总费用与 GDP 的比率为 14.9%，比上年下降 1.1 个百分点。物流业总收入稳步增长，2016 年物流业总收入 7.9 万亿元，比上年增长 4.6%。

由此可见，物流业已成为支撑国民经济社会发展的基础性、战略性产业。如果公路运输全部采取“省省回头车”的模式，所有费用采取移动支付的模式，这将是一个巨大的市场机会。

经过近两年多的补贴、地推大战，车货匹配的市场上还没有形成像打车软件 APP 中的类似滴滴快的打车、优步打车这样的“巨头”垄断企业。“省省回头车”当前主要聚焦在做省内中短途的整车业务，广东省内还有另外两家企业做货运匹配服务，一个是“货车帮”，一个是“运满满”，但它们主要集中在长途整车业务。另外还有“货拉拉”和“58 速运”，它们主要做短途特别是市内短途的小货运或搬家工作。由此可见，“省省回头车”的战略目标是清晰合理的，虽然目前还没有相关行业市场份额的报告，但可以确定的一点是，“省省回头车”必须在扩大市场份额的同时保存市场份额才能真正在竞争中获利。

2. 渠道获利：支付手段与信息谋利

车货匹配软件的背后是用户支付方式的改变，虽然当前移动支付发展较快，但仍处于初期阶段，因此市场主流厂商试图通过构建支付场景的方式来培养用户的支付习惯，并逐步扩大用户范围。车货匹配软件作为互联网企业探索服务业行业 O2O 先行领域，其根本在于扩大网上移动支付的影响力，增强用户黏性，减轻打车软件对补贴资本的依赖，拓展相关业务与建立有效的商业模式，打车软件微信支付与支付宝的“补贴战”用意便在于此。经过滴滴打车、优步打车等打车软件的洗礼，现在绝大多消费者已经习惯微信或支付宝的无现金支付方式，“省省回头车”在货主的支付方式方面无须花太大的功夫进行培养。货主在“省省回头车”APP 上确认运费后下单；司机及线路合伙人接单；货主预付运费到省省回头车；货物送达后，货主在省省回头车上确认货到，省省回头车支付运费给司机及线路合伙人。

货运行业是城市规划和道路交通的重要组成部分，其发展备受政府与社会关注。省省回头车 APP 所收集的大量数据资源与用户信息存在两方面价值：一是完善货车匹配软件自身的产品服务，锁定忠诚用户从而提供针对性服务；二是向商圈、政府等提供交通路况信息，实现交通的动态化检测。动态化交通信息的收集不仅可以在一定程度上改变城市规划与道路交通管理方法，还在一定程度上改变居民出行，即根据路况信息决定“3W”（Where 意为去哪，When 意为什么时间去，How 意为采用什么交通方式去），从而潜移默化地影响百姓的生活方式与思维方式。

3. 消费者与新需求获利：实现价值链增值过程

省省回头车软件价值链相比于传统的价值链存在“两大增量”：一是价值流增量，即通过优劣分析论证其存在的合理性，从而实现对顾客需求的全面整合；二是资金流增量，即通过满足现有消费者或扩大需求来实现资金量的增加，从而实现对顾客需求的科学分配。

图 12 中两大增量反映了省省回头车价值链的价值增值过程，即满足消费者需求的同时，激发消费者的潜在需求。在此，用 SWOT 分析省省回头车行业的优势、劣势、机会、威胁来考察其内部与外部的基本情况，进而考察其价值流增量本存的优劣；我们用剩余价值的纵向拓展与横向延伸分析省省回头车如何

在盈利瓶颈中实现“造血计划”。

(1)价值流增量

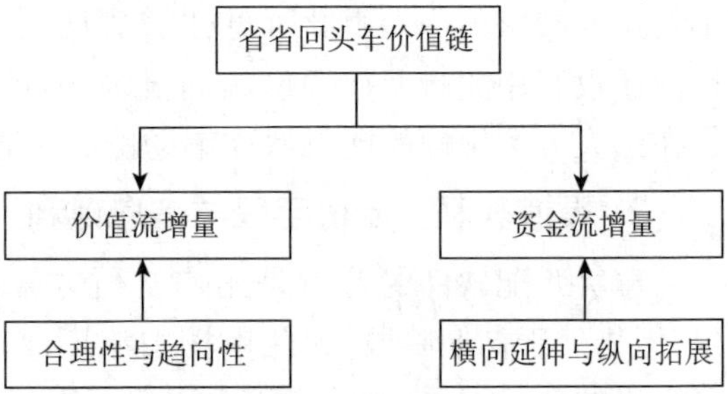

图 12　省省回头车价值链的两大增量

省省回头车属 O2O 模式，在其 SWOT 分析中可以发现，内部因素多于外部因素，积极因素胜于消极因素。外部因素中，“互联网+”的政策具有长期性与稳定性；大众的需求是一种持续上升的态势，而由于当前市场竞争激烈，对于新兴的竞争者也并不具有绝对的竞争优势。而在内部因素中，我们可以发现很多不可调和的因素，物流行业存在“门槛低，小、散、乱、差”等乱象。中间环节多，各自为政，从业人员进入门槛低，监管力度不够是目前物流行业的基本行情。

物流行业中间环节的从业人员众多，想颠覆传统物流行业的模式，缩减中间环节，绝不是一件简单的事情。国内物流行业目前的生态不适合单纯的车货匹配 APP，车货匹配 APP 承载不了车、货双方的信任力，前期市场的火热不过是烧钱烧出来的假象，而非市场的真正需求。当资本的热度退去，车货匹配 APP 的困境就暴露出来，没有了补贴用户就难以增长，不烧钱商业模式就难以为继。总的来说，便利性及用户体验的优越性使得其发展处于上升的态势，符合当今社会发展潮流。

(2)资金流增量——剩余价值获取阶段

省省回头车软件仅能改变资金流动的方式，并不能实现资金增量。车货匹配软件仅靠内部生态实现盈利很难，因为其本身缺少造血功能，并不能增加资金量。通过扩大消费者需求，带动甚至引领需求是扩大剩余价值的最佳路径。结合生命周期理论，根据省省回头车成长的特点以及获取剩余价值手段的差异性，可以将省省回头车获取客户的剩余价值分为以下三个阶段（见图 13）：

成长阶段：处于成长阶段的省省回头车，运用其核心网络技术开拓市场（A 点），不仅横向拓展新业务，而且纵向延伸业务范围，但当横向新业务的拓展处于瓶颈期（同类企业奋起竞争而省省回头车本身缺乏革命性变革），纵向延伸业务成为获取剩余价值的关键。

发展阶段：当其发展不再满足新顾客需求时，原有业务的纵向拓展不能持续支撑企业的发展，因此需要拓展新业务（B 点，需要更长的时间和精力，因此斜率小于成长阶段的涨幅），横向拓展省省回头车的剩余价值，由此进入省省回头车的发展阶段。

饱和阶段:处于饱和阶段的省省回头车,其横向拓展需要更多的时间与技术支撑,而且其涨幅不再具有“飞跃性”(在C点实现突破,业务量大而复杂,但缺乏“造血”功能),出现一定的“用户饱和”与“软件功能饱和”。在此阶段,结构与技术的突破性升级成为获取客户剩余价值的关键。

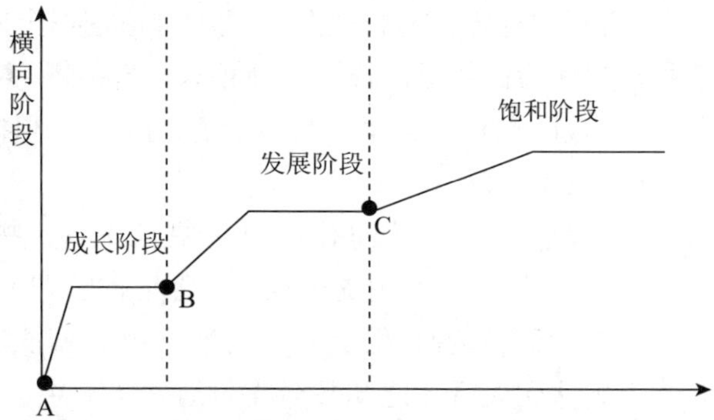

图 13　省省回头车获取客户的剩余价值的阶段

4. 合作获利:推行合作性“造血”计划

就目前来看,车货匹配软件仅仅将客户需求转化为信息流与数据流,并没有体现出应有的市场价值,缺少盈利这一根本环节。因此,如何把信息资源进行二次开发实现盈利,是车货匹配软件需要解决的首要问题,合作获利是突破“造血”瓶颈的新思路,也是车货匹配软件发展的新趋向。

一方面,可以通过以基础业务为基础,相互“借力”。随着车货匹配软件用户的不断拓展,基于车货匹配软件平台的多领域合作已成为业务拓展的新渠道。行业之间的合作固然重要,但是在过多过滥或者行业相关性不足的情况下,很容易忽视自己的核心业务。

另一方面,还可以大数据为背景,建造“超级大脑”。“超级大脑”是指支持企业产品、商业、运营的商业化团队,支撑了大数据应用所需的基础数据。在大数据背景下,提升用户体验需要两种“捷径”:一种是在行业初期发展阶段,企业利用核心技术带给用户更多便利性与实用性,区别于其他行业或企业;另一种是在企业后期发展阶段,企业通过更好地整合与传递需求,实现更好的体验,从而提升用户依赖度与使用黏性。团队合作便在以上两阶段提供了技术支持与保证,为企业海量数据的运行提供重要保证。总而言之,依靠渠道获利、合作获利与创造(新需求)获利三种增量方式,采用横向拓展与纵向延伸的剩余价值攫取手段,依赖于专业化数据处理与用户体验提升的企业战略,才能进一步实现省省回头车的“造血”与升华。

5. 省省回头车的独特盈利点

当前多数货运O2O主要做干线市场,而干线市场提供的服务只是让司机找货、货主找车更方便,而非创造新价值。省省回头车主要针对省内中短途,提出

"每一趟回程空车都有价值"，把这种价值挖掘出来，让货主充分利用这一价值，使得用户体验比较好。任何商业模式，产品能否给用户创造价值是达成双赢的关键。通过"省省回头车"可以做到货主、车主和物流公司多方共赢。

（1）货主方面

第一，整车、零担定价比市场价便宜30%。物流费用比以前要节省30%~40%，一个一年物流费用支出在100万元的公司，一年就能节省30万~40万元。

第二，可以运费担保交易。每次在省省回头车上发货，直到目的地卸完货收货人确认无误后才通知平台支付运费给车主或物流公司，将主动权交回给发货人。

第三，可以通过平台以很便宜的费率为单票货物购买货物运输保险。以前货主没有买保险的想法是因为无法接触到保险公司，保险公司对这种小客户接触成本太高。如果发零担，零担公司收取的保险费是货值的千分之三，而省省回头车平台的费率是千分之一。

（2）车主方面

首先，在免费安装APP后，就可以轻松找到回程货源，回程不再放空，每月收入增加30%~50%。

其次，去程报价可以比其他未安装APP的车主低，提高去程报价成功率。车主可以提前联系回程货源，去程报价比其他没有回程货源的司机更低，更容易与去程货主成交，赚来回两趟满载的运费。比如广州到深圳的正常去程运费是1600元，司机完全可以报价1200元，然后在平台上用同样的价格找到回程货源，来回一起可以收到2400元运费，相比以前1600元的运费，车主的收入增加了50%。接单也变得比以前更加容易，每月业务量明显比以前会增大不少。

（3）物流公司方面

第一，整车定价比市场价便宜30%，用车成本大幅降低；第二，成为省省回头车线路合伙人，大、小零担业务都能接。

（四）省省回头车的未来战略布局

截止到2016年12月31日，注册会员达101万，包括中小工厂、物流专线、三方物流和卡车司机。平均每月交易额约2亿元，平均客单价810元。公司现有员工36人。广东省70%的物流公司在使用省省回头车下单、接单。回头车未来会在产品策略、渠道策略、推广策略及推广方法上进行更多的工作。具体如下：

1. 产品策略

第一,省省回头车作为交易系统,为用户提供交易安全保障。

第二,99TMS 作为智慧物流管理系统,一个系统管理所有供应商。

第三,用算法为客户规划最佳物流路由,减少物流行业的中间环节,交易环节越少,成本越低。让订单执行者直接完成订单信息反馈,减少物流行业的人工支出。

2. 渠道策略

第一,引入合伙人制度,实行"联邦制"。与城市合伙人共同开发市场,由城市合伙人负责建设线路合伙人和区镇合伙人体系。

第二,SEO、SEM、广告联盟及 APP 应用商店推广。全面开展网络营销,将宣传触角伸到网络上每一个需求用户身边,不断调整推广策略,确保平台产品全网覆盖。

3. 推广策略

移动互联网的流量来源更多是社交网络,微博、微信、QQ 账号一键登录,调取用户在社交网络乃至手机通讯录中朋友信息,通过用户主动分享和 APP 自动推送,实现病毒式传播。充分利用社会化媒体,不断推出相关推广活动,吸引用户参与并分享给自己的朋友,互相感染,口碑传播。

根据对市场环境、企业自身、竞争对手以及目标消费者心理的分析,省省回头车所做营销推广策略见图 14。

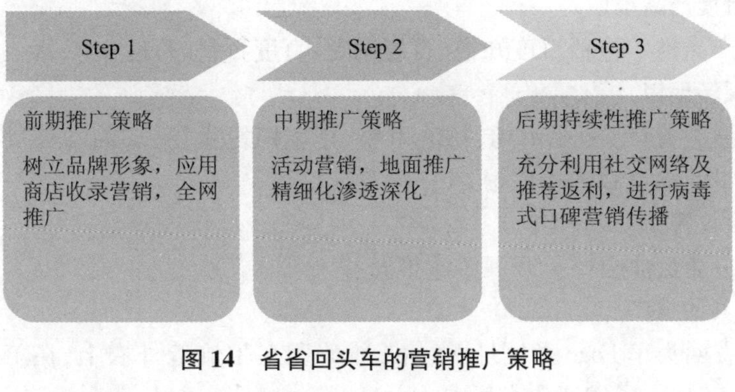

图 14 省省回头车的营销推广策略

4. 推广方法

(1)线下媒体广告投放

选择时机在物流行业平面媒体《物流》《物流与供应链》《现代物流》《物流

技术与应用》《大物流》适当投放广告。

(2)传单发放

结合推广活动,选择在目标人群中发放传单。

(3)网络媒介广告投放

选择与省省回头车没有业务冲突的物流资讯网站及百度联盟、阿里妈妈等渠道推广。

(4)网络推广

结合每次推广活动,策划宣传内容,目前可以采取的网络推广方式为:软文宣传,QQ、微信、微博推广,论坛推广。

软文宣传:每周结合产品,写一篇省省回头车平台产品的软文宣传文案,让目标人群切实感觉到“省省回头车”的独特魅力与资源优势,形成口碑传播。

QQ、微信、微博推广:省省回头车平台产品在推广和宣传时,充分利用微信、微博、QQ 群等资源。

论坛推广:论坛推广的目的在于提升省省回头车的品牌传播和诱导论坛会员直接跳转进入省省回头车网站。

(5)邮件、手机短信推广

根据用户画像利用爬虫全网扫描目标用户手机号码和邮箱号码,开展短信或 IMESSAGE 和邮件营销。

(6)SEO 搜索引擎优化

设置省省回头车的长尾关键词,开展 SEO 营销。

(7)百度产品推广

百度产品推广包括百度知道、百度贴吧、百度百科、百度文库等。

(8)现场促销

在大型工业区、专业市场、物流市场、货车销售卖场、加油站等货主车主相对比较集中的地点做现场促销。

(9)会议营销

在制造业行业会议上开展讲座推介。

(10)其他推广

将省省回头车 Logo 及网址、微信二维码印在 T 恤等外衣上,在工业园区免费分发穿着,加大省省回头车影响力。

(五)省省回头车的未来发展建议

结合我国公路运输市场的发展现状和特征,加快基于移动互联网的省省回头车平台发展可以从以下三个途径考虑:

1. 细分服务对象，优化物流资源

车货匹配平台的发展与我国物流行业的发展状况及企业运作模式密切相关，货主企业找第三方物流、第三方物流找专线、专线找回程车，每一次寻找与匹配实际上都是一种物流作业的优化过程，而车货匹配平台也是一种物流作业的优化。平台的存在价值就在于满足货主与司机双方的需求。基于“互联网+”的车货匹配平台目前仍处于尝试阶段。整体上看，其核心价值仍然是物流资源的优化配置。如何优化、如何吸引、如何做得比传统的线下匹配更好是关键的问题。这既是移动车货匹配平台最重要的切入点，即平台的核心是服务司机为主，也是服务货主为主，还是服务传统信息部为主。对于不同的服务对象，开发的产品将有所不同。服务司机的平台主要通过智能终端与手机，集聚运力资源相对容易推进，而问题在于如何为集聚起来的资源提供价值；服务货主的平台一旦形成规模，对运力的吸引不言而喻，但是前期货从哪里来、如何集聚也是省省回头车需要考虑与解决的问题。

2. 分析企业需求，制定平台参与规则

车货匹配平台成功的关键是通过互联网思维与创新思考，构建一套多方共赢的交易规则，使货主、车主、平台及上下游相关企业等各方形成良好的合作循环机制。货运平台的投资主体无论是第三方物流企业，还是互联网企业，其所打造的平台一定不能是企业自用的平台。真正的平台要制定规则，吸引各参与方加入，最终形成用户生态。制定规则，形成生态，需要平台以中立的身份进行，但中立并不代表不以盈利为目的。社会化的平台也能以企业化平台为基础搭建，省省回头车目前正处在快速发展阶段，但是发展到一定阶段，必须制定公平合理的规则，吸引社会资源进入，才能真正把平台做大。

3. 政企多层次合作，打破公路货运业“信息孤岛”

我国各类物流信息系统在迅速发展的同时也存在重复建设、信息系统间标准不统一、公共信息开放不足等导致的“信息孤岛”问题。从物流行业的发展看，平台化将是大势所趋，亟须实现互联互通打破“信息孤岛”瓶颈。车货匹配平台将是打造公路运输互联互通生态圈的重要一环。数据交换是平台的核心优势。平台可以为各种不同增值服务软件的数据交换提供渠道。通过平台的数据交换，运输企业可以实现找得到服务资源，运输企业可以实现管得住服务过程。因此，要真正抓住客户，需要省省回头车从企业需求出发，结合回头车的优势，从找得到、管得住两个角度为企业提供物流公共信息服务。回头车平台功能的实现需要市场中更多的企业参与其中，形成合力、找到支点，才能撬动整个市场形成新的生态系统。只有通过政企多层次合作，依托公路港夯实保障体系、诚信体系、标准化流程等线下基础，再结合线上、线下同步推进，借助线上的

回头车的车货匹配平台，才能形成系统化、网络化的公路货运信息平台。

后记

共享经济背景下“互联网+物流”的大潮让传统货运市场变得热闹非凡，激发出新的火花，省省回头车的公路物流服务智慧平台给传统的货运行业带来了新的活力。回头车利用互联网实现了信息透明化，解决了货主和车主信息不对称问题，在相当短的时间内建立了车货联系，实现了促成交易、提高效率、减少成本的效果。回头车平台具有智能的数据挖掘功能、海量的车货源信息资源成本节约优势，实现了平台用户多赢局面，具备稳固的平台交易安全保障等强有力的竞争优势。但回头车的未来机遇与挑战并存，用概念来颠覆传统物流行业的想法不切实际。与传统货运行业融合，更好地为之服务，从线上转型线下才是生存之道。省省回头车目前正以零担领域为突破点，开始以中山为试点，致力于打造遍布每个村镇的零担揽货网络，实现线下布点，并建立真实的信任关系，形成一个智慧物流网络。这或许是未来一个非常具有竞争力的发展方向。

参考文献

[1]彭静．车货匹配类“互联网+物流”企业现状剖析[J].现代营销(下旬刊)，2016(11)：177-178.

[2]胡心．“互联网+”助推物流行业演化[J].中国物流与采购，2016(23)：36.

[3]王丁平．物流平台促进“制造+互联网+物流”的融合发展[J].中国物流与采购，2016(21)：62-63.

[4]杨学成，涂科．共享经济背景下的动态价值共创研究——以出行平台为例[J].管理评论，2016(12)：258-268.

[5]王爽，刘立强，葛林，邹俐，李洋．车货匹配平台创新模式探讨[J].黑龙江科学，2017(4)：30-31+33.

[6]常俏．当车货匹配遇到无车承运[J].中国物流与采购，2017(7)：50-51.

[7]李静宇．平台如何走出“新路”？——车货匹配平台情况综述[J].中国储运，2015(7)：46-47.

[8]李静宇，卢立新，李勇昭，张欲平．论道车货匹配平台[J].中国储运，2015(7)：50-54.

[9]卢希鹏，随经济．共享经济之后的全新战略思维[J].人民论坛·学术前沿，2015(22)：35-44.

[10]汤天波,吴晓隽．共享经济:“互联网+”下的颠覆性经济模式[J].科学发展,2015(12):78-84.

[11]王婷．“互联网+”时代公路运输车货匹配平台的发展[J].综合运输,2015(12):22-28.

[12]宋家婷,郭纭记．oTMS:车货匹配可能是伪命题[J].中国企业家,2016(2):53-55.

[13]王依娜．滴滴打车如何“造血”?——基于虚拟价值链理论的打车软件盈利模式研究[J].经济论坛,2015(12):85-89.

[14]李平,刘古权,王端芳．滴滴出行的协同创新[J].企业管理,2016(3):113-114.

[15]祁娟．物流业回顾:转型升级关键期互联网领衔新变革[J].运输经理世界,2016(1):58-61.

[16]梁田玮,赵月,李小阳．虚拟价值链视角下打车软件的发展研究——以“滴滴出行”为例[J].现代商业,2016(12):83-84.

[17]江风林．借助互联网+大数据打造货运云商平台[J].中国公共安全,2016(6):72-74.

[18]蔡依陶,闫旭晖．基于价值链理论探讨滴滴出行的竞争策略[J].管理观察,2016(17):73-75.

[19]纪红青．公路货运行业供给侧改革之“互联网+”车货匹配[J].中国物流与采购,2016(18):44-45.

[20]郭朝峰．“互联网+物流”发展模式与业务创新[J].中国电信业,2016(10):34-36.

[21]杨小明．车货匹配交易网站及其运营模式[J].物流技术与应用,2010(7):91-93.

[22]傅建木．基于虚拟价值链导向的企业成本控制路径设计[J].财会通讯,2013(29):108-109.

[23]丁永波,尹同国．基于B2B电子商务的虚拟价值链研究[J].中国管理信息化,2006(9):54-58.

[24]陈荣,吴金南．虚拟价值链:电子商务环境下企业竞争优势的分析工具[J].经济管理,2006(13):44-46.

东江鸿星基于扎根理论的成长路径

案例撰写：胡矗明
餐饮企业的发展路径研究：张　泳
餐饮企业品牌管理的相关研究：杨德锋
企业转型升级的路径研究：王　瑞
企业访谈和资料整理：赵　影
收集并整理文献资料：陈　璐
核查并修改文稿：唐佩佩

一、案例研究背景

(一)餐饮行业现状

1. 全国性的餐饮行业

改革开放 40 年来，餐饮业已成为我国经济运行中发展势头最好、增长速度最快的行业之一。根据国家统计局统计公报，我国餐饮收入从 2000 年的 3 753.44亿元增长到 2015 年的 32 310.00 亿元，增长了约 8.61 倍，复合增长率达 15.43%，实现了较大幅度的持续增长。2011 年，“八项规定”出台后，我国餐饮收入增长率开始逐年下滑。到 2014 年底，全国餐饮企业单位为 243.1 万家，餐饮企业从业人数 1 445.2 万人。

根据国家统计局对餐饮业细分行业的数据统计方式，我国餐饮业细分行业分为正餐、快餐、饮料及冷饮和其他餐饮。2008—2014 年，从限额以上餐饮企业的营业额占比情况来看，正餐占比 70%以上，为餐饮业最重要的经营方式。

胡矗明：暨南大学管理学院副教授，研究方向为战略管理和电子商务。
张泳：暨南大学管理学院副教授，研究方向为战略管理和服务营销。
杨德锋：暨南大学管理学院教授，研究方向为战略管理和国际商务。
王瑞：暨南大学管理学院教师，研究方向为战略管理和国际商务。
赵影：暨南大学国际商务专业 2018 届研究生。
陈璐、唐佩佩：暨南大学国际商务专业 2017 届研究生。

目前，我国各地区的限额以上餐饮企业餐费收入分布较为不均衡，这主要与各地区的经济发展水平、管辖面积及人口密度等因素相关，是由我国特殊国情所决定的。其中，2014 年限额以上餐饮企业餐费收入最高的广东省达 579.9 亿元，最低的西藏自治区仅为 0.6 亿元，低于平均值 132.91 亿元的地区数量 21 个，占全国 31 个地区的 2/3。

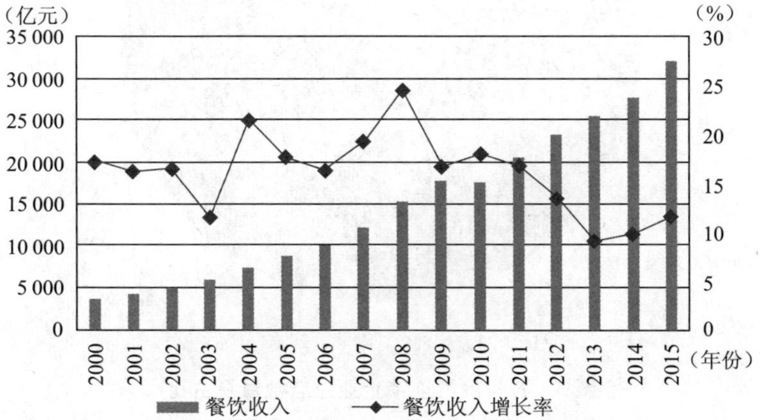

图 1　2000—2015 年我国餐饮业收入增长情况

资料来源：国家统计局公报

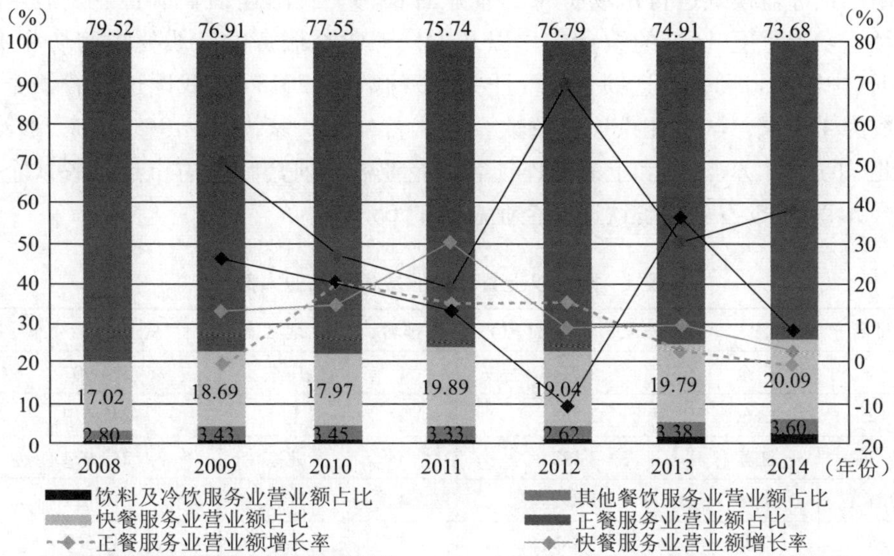

图 2　2008—2014 年我国限额以上餐饮企业按细分行业划分的发展情况

资料来源：根据国家统计局公报整理

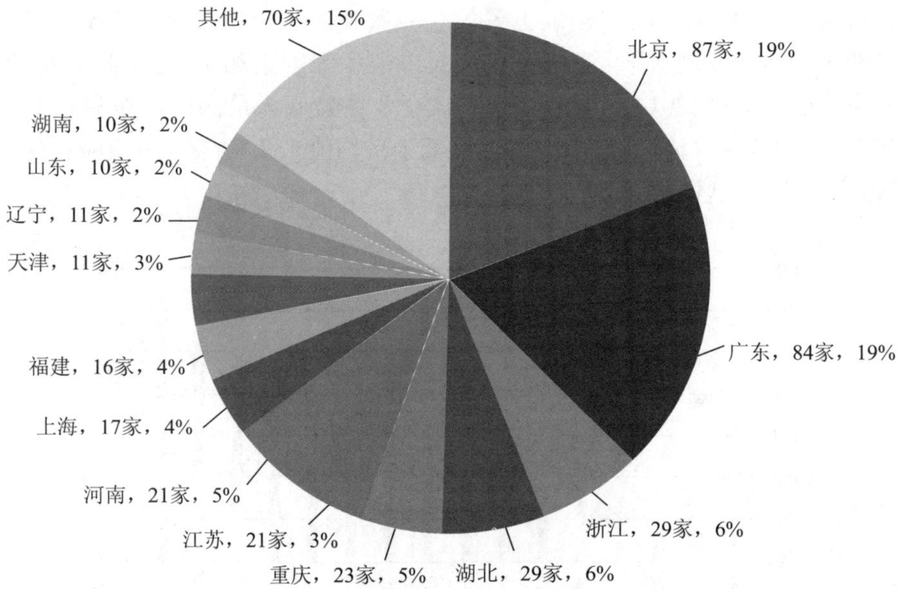

图 3　各省餐饮连锁企业总店数量及占比

资料来源：根据《中国零售和餐饮连锁企业统计年鉴》整理

随着国内餐饮行业的快速发展，外资连锁餐饮企业的强势进入，目前国内采用连锁加盟模式进行市场扩张的企业有很多。我国连锁餐饮企业发展与区域经济发展程度、区域的饮食文化以及大众对餐饮服务的品质要求密切相关。根据《中国零售和餐饮连锁企业统计年鉴》的数据，2013 年，我国连锁餐饮企业总数为 454 家，其中，北京连锁餐饮企业居首，为 87 家，占比 19%，广东、浙江、湖北、重庆、江苏、河南和上海的连锁餐饮企业数分列其后，7 省市连锁餐饮企业数合计 224 家，占全国餐饮连锁企业总数的 68. 5%。

表 1　限额以上餐饮企业数量及从业人数

排名	地区	法人企业数量(家)	排名	地区	从业人数(人)
1	广东	2 914	1	广东	324 907
2	山东	2 268	2	上海	245 619
3	江苏	2 122	3	北京	233 974
4	上海	1 892	4	江苏	216 627
5	湖北	1 883	5	山东	143 307
6	北京	1 873	6	浙江	131 722
7	四川	1 547	7	四川	121 212

续表

排名	地区	法人企业数量(家)	排名	地区	从业人数(人)
8	浙江	1 544	8	湖北	110 080
9	吉林	1 374	9	陕西	86 920
10	河南	1 311	10	重庆	82 241

资料来源:国家统计局公报

对我国省级区域餐饮业竞争力驱动因素的实证分析发现,需求因素、支持因素和规模因素是影响我国餐饮业竞争力的主要动力因素,其中需求因素的作用最大。这在某种程度上表明,当前区域餐饮业竞争力的强弱主要取决于餐饮需求市场的大小。可以预计,因我国经济发展水平不断提高而产生的日趋旺盛的餐饮消费需求,仍将是今后区域餐饮业竞争力提升的主要动力源泉。

2. 广州市的餐饮行业

2015 中国粤菜产业发展大会首次发布《2015 中华粤菜产业发展报告》显示,餐饮业进入了大众消费、互联网发展、产业链融合的新阶段。2015 年上半年,广东餐饮业销售收入 1519 亿元,同比增长 10.4%。广东餐饮收入增速每月均超过社会消费品零售总额的增速,其中广州市城市居民人均饮食服务支出超过 6000 元,居国内大城市首位,是全国平均水平的 4 倍。

广州是中国饮食资源最丰富的地区之一,粤菜历史悠久,博采中原美食和西餐之长,吸收广东境内地方菜的优点,其烹饪技术之精妙,菜式糕点之纷繁多样,味道之鲜美,色、香、味、形整体设计之完美,以及饮食环境、气氛之优雅和服务之细致周到等,都可谓首屈一指。20 世纪 90 年代中、后期,以奢华装修和极品海鲜吸引食客的餐饮店开始出现。广州的经济和人均收入以及餐饮消费支出一直居于全国各城市前列,旅游收入也处于领先地位。经济的高度发达和旅游市场的活跃,为餐饮业市场的发展提供较大的发展空间。

(二)公司简介

鸿星海鲜饮食集团始创于 1990 年,从摆海鲜摊档起家,经过 20 多年的默默耕耘,已发展成为广东省最大的餐饮企业(正餐)。集团以经营海鲜餐饮为主,渔民新村是其旗舰店,其他还有日本料理店及西餐厅;先后在广州、上海、南京、佛山等地开设 20 余家分店,公司员工近 5000 名;2015 年总营业额为 20 多亿元,在 2015 年广东省餐饮服务行业协会发布的广东餐饮 50 强中排在第四,正餐企业排第一,位于广州酒家之前(前三位分别是百胜、真功夫、麦当劳),单店利润额相当于广州市其他酒楼的集团利润额,行业地位在广州遥遥领先。

鸿星海鲜酒家一向以“不断进取，精益求精”的服务精神，以人为本、以客为尊、以诚相待的服务准则，不断学习、不断改良、不断创新的服务宗旨，为宾客提供“色”“香”“味”俱佳的美食，细致周到、体贴入微的服务，整洁舒适、温馨高雅的用餐环境，令所有宾客有宾至如归的感觉。

二、案例研究的初衷

经过改革开放 40 年来的快速增长，餐饮业在国民经济中的地位和作用越来越凸显，已成为对社会经济和人民生活具有较强影响力的重要行业。随着国民经济、社会发展水平的持续快速发展，我国餐饮业发展跨越了起步阶段，初步形成了投资主体多元化、经营业态多样化、经营模式连锁化、品牌建设特色化、市场需求大众化的发展新格局。

随着我国互联网的快速发展，特别是基于互联网的电子商务应用不断普及和深入，网络消费成为中国消费市场的重要特征。根据广州市社科院、广州市商务委和广州商业总会日前联合发布的《广州蓝皮书：广州商贸业发展报告（2016）》，有近一半的消费者就餐前使用互联网订位，35%用餐消费后通过互联网方式支付。

现阶段，我国传统餐饮业面临着如何提升行业竞争力，使快速成长中的餐饮业获得持续的发展动力，从传统产业向现代产业转型升级以更好地满足消费者不断变化的需求等的挑战。

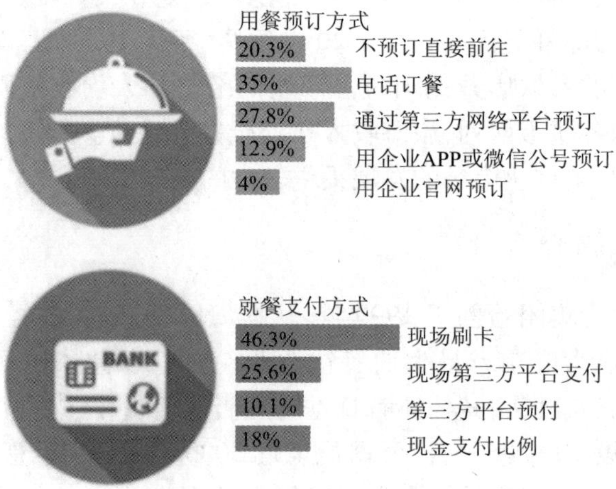

图 4　消费者用餐预订方式及就餐支付方式

资料来源：《广州蓝皮书：广州商贸业发展报告（2016）》

(一)做强广东省餐饮企业的需要

广东省餐饮企业的营业额约占全国的1/10,排名各省之首。然而,根据2015年由中国商业联合会、中国烹饪协会和中华全国商业信息中心联合发布的中国餐饮企业百强(2014),广东省只有区区4家企业上榜(排在最前是真功夫,排名第10)。广东一直只是餐饮大省,而不是餐饮强省。近年来,外资、外省的餐饮品牌在广东省攻城略地,各地遍布城市每个角落的麦当劳、肯德基、川菜馆、湘菜馆,挤压了广东本地餐饮企业的生存空间;而在全国餐饮业一片兴旺的今天,广东本地传统粤菜餐饮企业知名品牌"走出去"成功的案例却并不多,业界和学界也一直探究其中的原因。本案例的研究希望为广东省由餐饮大省发展成为餐饮强省做出有益的探索。

(二)丰富中国情境企业管理理论的需要

企业成长具有积极的社会经济功能,有助于扩大社会就业和促进经济增长,其成长过程通常反映企业被市场接受的程度。然而,企业的持续成长是非常困难的,通常只有1/7的企业能够在激烈的市场竞争中持续发展壮大。因此,对企业成长的探讨在国内外一直是经济学、管理学和社会学学者关注和研究的主题。众多的因素制约了民营餐饮企业的成长,无论是民营餐饮企业的制度、运行机制、创新实践等方面都需要详细的梳理和深入的研究。本研究通过对国内、国外服务业,特别是餐饮企业发展经验的分析、对比,提出鸿星海鲜饮食集团转型升级的对策建议。

马云曾说过:"电子商务绝对不是一种生意模式,它是一种生活方式的变革,不可逆转。"在今天这个电子商务的时代,互联网已经渗透进了很多传统行业,并以互联网的思维改变着传统行业,这一点在服务业尤为明显,也是服务业转型升级的一个重要任务。在互联网的冲击下,零售业的格局已经在改变,而O2O的发展也已经在影响着餐饮业。作为广东餐饮业的领先者和典型传统服务企业,东江鸿星集团的"互联网+"探索可以为广东省餐饮业的转型升级积累经验;标准化对于连锁企业来说,等同于产品模型与制造企业的关系,只要确定一个模型,就可以不断复制。真功夫正是解决了中式快餐标准化的问题,而发展成为全国最大的中式餐饮企业。但是,中式正餐的标准化还有很多的难题,也成为阻碍中式正餐企业规模化发展的一个主要原因。近年来,随着分店的迅速增加,东江鸿星集团在标准化方面进行了多种尝试,也取得了一定的成果。通过本次研究对其进行总结,可为本企业,也为广东的餐饮企业标准化发展提供经验积累。

三、主题分析

(一)成长路径

1. 企业成长定义

企业成长是一种成长“基因”推动企业系统内部的组织与功能不断分化,从而促进企业规模不断扩大、企业内部结构不断成熟,并与环境形成良性互动的过程。国内外学者对这一现象给予了不同的解释,甚至还赋予了不同的名词,如企业成长、企业发展、企业演进等不一而足。有些人将上述名词相互通用,有些人则认为它们之间有严格区分。科斯(1937)认为,企业成长表现为企业功能的扩展;彭罗斯(1959)认为,企业成长是规模的扩张与获取资源能力的增强;斯达巴(1965)认为,成长乃组织规模之改变,发展乃组织年岁之改变;托斯(1976)认为,成长是指成长指标(主要是销售额、资产规模、员工等)的绝对增长;特瓦沙和纽波特(1979)认为,成长乃涉及一个组织在其环境中生存与繁荣能力的不断增强;钱德勒(1992)则认为成长是企业组织能力的增强与市场范围的扩大。在管理学视角中,企业成长是一个“通过创新、变革和强化管理等手段,积蓄、整合并促使资源增值进而追求企业持续发展的过程”。英国经济学家马歇尔早在20世纪初就对企业成长的阶段性进行了相关探索研究,他认为企业的成长与自然界的生存规律存在相似性。钱德勒(1962)第一次对企业成长阶段做了一个较为明确的界定,虽未正式提出企业成长阶段理论,但他对成长阶段有透彻的观察:第一阶段,创业初期企业家主要的工作重点在聚集生产资源以发展企业。此时,他是最重要的决策者,并且对企业中所有事情都有极大的影响力。第二阶段,注重资源分配过程,使其更加有效率;增加产品线,拓展市场,也可能采取垂直整合。第三阶段,其成为分权的多部门企业。

2. 企业成长模式

企业成长模式是指企业在其存续的整个历史进程中所采用的成长方法或者所遵循的成长路径。关于企业成长模式的认识比较纷杂,尚处于“丛林”阶段。刘彪文(2010)从企业生命周期的阶段性和整体性的角度,将企业成长模式划分为两类:一类是以阶段性企业生命周期为基础的企业成长模式,另一类是以整体性企业生命周期为基础的企业成长模式。陈德智(2007)认为,基于组织结构发展的企业成长模式有两种:分散化成长模式和集团化成长模式;基于企业经营结构发展的企业成长模式有四种:规模型成长、多角化成长、纵向成长和复合型成长。阳志梅(2009)基于资源获取的方式,提出高技术企业成长的三种模式：内部成长模式、并购（外部）成长模式和网络化成长模式。陈琦（2011）根据企业成长构成要素的差异，将国外高技术企业成长模式归纳为自成长模式、政府主导成长模式和混合成长模式。李大兵（2010）从成长方向与成长方式两个维度探讨了饲料加工企业的成长模式，认为从业务的成长方式来看，包括内部成长和外部成长两种模式；从业务的成长方向来看，包括横向成长、纵向成长和多角化成长三种模式。

3. 基于扎根理论的企业成长路径

扎根理论（Grounded Theory）被视为是质性研究领域中较为科学的一种方法，1967 年由社会学者格拉斯（Glaser）和斯特劳斯（Strauss）提出。

扎根理论研究方法的核心是资料收集与分析过程，主要分析思路是比较，在资料和资料之间、理论和理论之间不断进行对比，然后根据资料与理论之间的相关关系提炼出有关的类属及其属性。斯特劳斯将扎根理论对资料的分析称为译码，指将所收集的文字资料加以分解、赋予概念，再以适当方式将概念重新抽象、提升和综合为范畴以及核心范畴的操作化过程，包括 3 个级别的译码，依次为开放性译码、主轴译码和选择性译码。

本研究收集与整理了东江鸿星集团的成长历程、发展趋势等资料。具体包括：对东江鸿星总经理钟剑丰的深入访谈调研记录；通过 CNKI、维普期刊全文数据库收集相关论文；通过 www. google. com 和 www. baidu. com 搜索引擎收集关于东江鸿星集团的报道与评论等；东江鸿星集团内部资料（各分店信息、媒体年度报道收录）。

扎根理论方法的分析过程依次为开放性译码、主轴译码和选择性译码。

（1）第一阶段：开放性译码

开放性译码是采用循序渐进原则将原始资料抽象、归纳成概念和范畴的过程。这里所指的概念、范畴不能仅仅是对原始资料的简单摘要，且必须具备高度的概括性、抽象性以及深刻的理论内涵，并能真实而准确地反映资料的本质，从而达到既能不损失原意又能降低资料数量的双重目的。本阶段是资料分析的初级阶段，提炼出的概念间关系还是松散孤立的。尽管如此，开放性译码分析却能逐步加深研究者对资料内涵的理解，感知部分概念和范畴间的潜在关系，为接下来的主轴译码奠定坚实的基础。

为了说明本研究开放性译码过程，对东江鸿星集团采访资料中部分资料记录的开放性译码进行重点说明，如表 2 所示。

表 2　东江鸿星集团资料记录的开放性译码分析举例

<table>
<tr><th rowspan="2">东江鸿星资料</th><th colspan="2">开放性译码</th></tr>
<tr><th>概念化</th><th>范畴化</th></tr>
<tr><td>东江鸿星集团 1990 年建立，在建立之初，只是一个小的海鲜摊（a1）</td><td>a1 规模小</td><td rowspan="3">1. 以概念 a1，…，a7 范畴化为：生存</td></tr>
<tr><td>建立最初，只有 200 元的自有资金，规模小，知名度低（a2）</td><td>a2 资金量不足</td></tr>
<tr><td>经过几年发展，从小海鲜摊位扩大业务到小型店面，取名东江（a3）</td><td>a3 品牌初创</td></tr>
<tr><td>……</td><td>……</td><td>……</td></tr>
<tr><td>分开经营的东江公司，因为业绩不好，经营权统一收回，形成了现在的东江鸿星海鲜集团（a40）</td><td>a40 统一经营权</td><td rowspan="2">6. 以概念 a40，…，a48 范畴化为：统一</td></tr>
<tr><td>将东江公司之前的店面进行调整、改造、合并之后，进行统一管理，权力集中在东江鸿星海鲜集团（a41）</td><td>a41 统一管理</td></tr>
<tr><td>……</td><td>……</td><td>……</td></tr>
<tr><td></td><td>记 72 个概念</td><td>记 9 个范畴</td></tr>
</table>

注：资料的开放性译码和主轴译码涉及大量的分析表格，为了说明研究过程和节省空间，文中只截取了部分表格，以此为例证。

概念和范畴的命名有多重来源，有的来自访谈记录（鲜活代码），有的来自文献资料（建构代码），有的是笔者研讨的结果。通过对资料东江鸿星集团记录的开放性译码分析，最终从资料中抽象出 72 个概念和 9 个范畴。挖掘出的 9 个范畴（A1～A9）分别为生存、学习、积累、统一、成长、融合、扩张、敢为人先和企业家精神。生存是企业具备一定的市场认可度，不至于被市场淘汰；学习是企业，特别是初创企业在成长过程中，借鉴其他成功企业经验以供自己成长的过程；积累是企业在数量上的发展，包括资产和文化的增值；统一是企业在成长过程中，经营管理统一运作的管理模式；成长是指企业对快速发展和自我超越的热衷和获取；融合是指企业联同其各个分店，资源共享，品牌结合，实现质的飞跃；扩张是指企业在深厚积累的前提下寻求多店面、多地域发展；敢为人先是指企业有灵敏的市场触角，反应迅速，强力创新；企业家精神是指企业家组织建立和经营管理企业的综合素质与才能。

(2)第二阶段:主轴译码

尽管开放性译码阶段研究者可能感知到部分范畴间存在联系,但大多数范畴间内在关系并未得以深入探讨。主轴译码的主要任务便是探索范畴关系、建立各个范畴间联系。在识别、建立范畴间内在关系的过程中,需要借助典范模型。典范模型是扎根理论方法中的重要分析工具,研讨者根据范畴"浓缩"具体内容,将其安排在典范模型中的不同位置,如此便建立了各范畴间联系。建立基于分析结果的具体典范模型框架后,还需提出一个更高阶的范畴(主范畴)来概括模型所反映的问题,模型中的其他范畴便成为副范畴。

主轴译码是指通过运用因果条件→现象→脉络→中介条件→行动/互动策略→结果这一典范模型,将开放性译码中得出的各项范畴联结在一起的过程,目的是发展主范畴与副范畴。典范模型的6个主要方面引导范畴的整理和分析,具体操作上就是将范畴安排至典范模型6个方面的不同位置,位置即体现了关系。

在主轴译码阶段通过典范模型共得到3个主范畴,分别为初创成长(AA1)、资本积累(AA2)和柔道扩张(AA3)。初创成长是由生存、学习和企业家精神3个范畴以及品牌初创、竞争力低、规模较小、善于学习、模仿教学、坚持不懈、敢于冒险等概念通过典范模型构成;资本积累是由积累、成长和统一3个范畴以及资本积累、产业依托、长线投资、客户价值导向、政府扶持等概念通过典范模型构成;柔道扩张是由融合、敢为人先、扩张3个范畴以及突破瓶颈、长期合作、人才培养、资源共享、引进技术与理念、理解变通、团队磨合、各司其职、进军网络、引进新项目等概念通过典范模型构成。典范模型建构起了范畴/概念间的紧密关系,有助于更全面、更准确地把握事件的主范畴。

(3)第三阶段:选择性译码

选择性译码是指选择核心范畴,把它系统地和其他范畴予以联系,验证其间的关系,并把概念化尚未发展完备的范畴补充完整的过程。主要包括如下过程:首先,识别出能够统领其他所有范畴的核心范畴;其次,用所有资料及由此开发出来的范畴、关系等扼要说明全部现象,即开发故事线;再次,通过典范模型将核心范畴与其他范畴联结,用资料验证这些联结关系;最后,继续开发范畴使其具有更细微、更完备的特征。

根据东江鸿星集团的成长轨迹,本研究的选择性译码遵循了以下基本思路:首先,以东江鸿星集团的成长历程、发展趋势作为选择核心范畴的依据;其次,核心范畴的选择必须具有真实性、专属性和认同性。

通过对开放性译码阶段所抽象出来的生存、学习、积累、统一、成长、融合、扩张、敢为人先和企业家精神这9个范畴的继续考察,尤其是对初创成长、资本积累和柔道扩张这3个主范畴及相应副范畴的深入分析,同时结合原始资料记录进行互动比较，发现可以运用“初创资本积累、审时运势发展”这一核心范畴来分析其他所有范畴。东江鸿星集团围绕该核心范畴的故事线可以概括为：企业创建后采取资源集中战略，首先集中资源发展，走出初创企业的生存困境；其次进行资本的有效积累，尽量多开分店，规模随之增大，并逐渐收回统一的经营管理权，购买大型不动产，以此增强资本积累；最后在资本积累到一定规模时，持续学习创新，把握时机，借助强大品牌效应，吸附并整合资源，走上多店面、大规模、多地域的扩张路径，实现快速发展。

4. 企业成长阶段

陈佳贵和黄速建（1998）按企业规模将其分为中小企业和大型企业，并在此基础上进一步将各自的成长过程划分为孕育期、生存期、高速发展期、成熟期、衰退期和蜕变期。丘吉尔和路易斯（1983）根据管理决策风格、组织结构复杂程度、战略规划和业主参与等因素将企业成长过程分为创业、生存、起飞、成功和资源成熟五个阶段。

在梳理文献的基础上，本案例研究将企业成长过程划分为：初创期、慢速发展期、高速发展期、成熟期、衰退期。

纵观企业的成长轨迹，每个成功的企业都有自己独特的成长路径，归结起来，其共性特征相当明显，即天时地利人和，善于捕捉和利用发展契机。当然，处于不同发展阶段的企业的成长路径，具有不同阶段的时代足印和必须遵循的发展规律。由于不同企业可以选择不同的成长模式，而且每个企业都有各自的成长特点，因而很难采用统一的标准对餐饮业的成长模式进行大样本实证研究。当被研究现象本身难以从背景中抽象、分离出来时，案例研究是一种行之有效的研究方法，它能够获得其他研究手段所得不到的数据、经验知识，并以此为基础来分析不同变量之间的逻辑关系（孙国强，2007）。因此，本文采用案例研究方法，通过对代表性餐饮企业的成长案例分析，探索出餐饮企业的典型成长模式。

5. 案例

餐饮业作为制造与服务相结合的特殊行业，有自己鲜明的行业特点，经营环节多而复杂，管理点和信息点琐碎凌乱、千头万绪，产品规格多，批量小，生产过程时间短，生产量较难预测，原料和产品容易变质，损耗点多，人员管理和发展规划都很模糊。在餐饮这种特殊而复杂的行业中，特别是在广州这个对餐饮要求非常高、竞争异常激烈的城市，想要立足甚至扩大发展的民营企业，需要经历诸多的考验。

鸿星海鲜饮食集团，一个民营企业，始创于 1990 年，从摆海鲜摊档起家，经过 20 多年的默默耕耘，已发展成为广东省最大的餐饮企业（正餐）。鸿星海鲜饮食集团店面工作流程见图5。

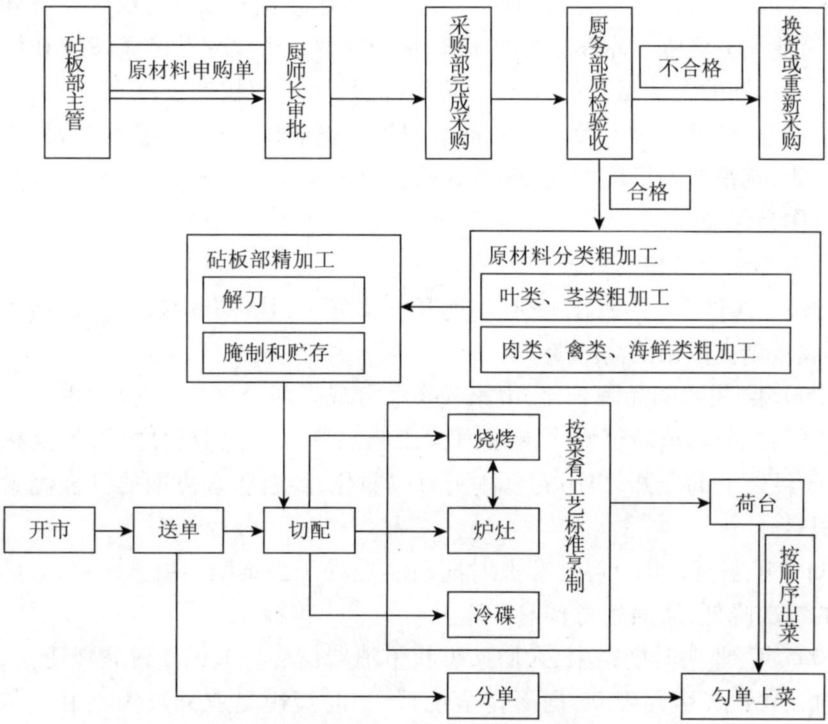

图5 鸿星海鲜饮食集团店面工作流程

26年前黎家两兄弟白手起家，用手中仅有的200元钱闯天下，从一家小小的海鲜档口起家，从一家小店到二十几家分店，从广州到上海、南京，一家比一家豪华，一家比一家更显特色、更具规模。为此，我们为了研究分析该企业的成长路径，笔者多次采访东江鸿星总经理钟剑丰，梳理了集团发展的关键节点。根据访谈内容，将东江鸿星集团的成长过程分为以下几个阶段：

（1）初创期

唐润进（2009）认为，初创期的企业生存能力较弱，市场占有率较低，管理水平差，从而市场地位不稳定，极易受到同行业竞争者的挤压，是企业发展过程中最危险、最难度过的时期。东江鸿星的初创期为1990—1995年，当时只有200元的自有资金，规模小，知名度低，运营成本也低。经过几年的资本积累，从小海鲜摊位扩大业务到几家小型店面，初步形成小型规模，虽然不能和同行业的竞争者抗衡，但是有了知名度和一定好评度的东江品牌，生存问题得到初步解决。

(2)成长期

进入成长期,企业实力得到极大增长,市场份额增长迅速,规模经济开始起作用,企业实力增强。本案例中的成长期分为两个阶段:慢速成长期和快速发展期。成长期的企业虽然生存不是问题,但是要进入快速发展期,市场份额得到快速提升,还要经过一段时间的资本积累。据访谈了解,在餐饮业,特别是海鲜餐饮业,有很多隐形成本,企业进入快速成长阶段之前必须要有一定量的资本积累作为保障。

1)东江鸿星的慢速成长期

1996—2011 年:集团在 1996 年连开三家分店,其中有两家规模是当时比较大,形成从创立以来的高峰期。

2000 年:集团的品牌分化,由家族企业分成了两个公司,一公司沿用原品牌东江公司,二公司重新创立了鸿星海鲜酒家品牌。集团分化之后,各自独立经营,由于经营上的分开,集团的总体实力被弱化,经营管理方面的许多经验需要重新积累。

2002 年底至 2004 年初(非典时期):企业处于困难期。由于非典,人们在外就餐的频次降低,店面生意普遍不好。

2005 年:非典时期结束,人们又重获了消费信心。渔民新村品牌建立,其规模当时在餐饮界引起轰动,据不完全统计,当时规模是亚洲最大。由于非典刚过,人们对食品安全的重视度越来越高,为了消除消费者的担忧,让消费者吃得更加放心,渔民新村在建立之初,就开创了新的经营模式:海鲜超市。

2)东江鸿星的快速发展期

2011—2016 年:企业在经历了慢速发展阶段后,积累了一定的资金,经营规模越来越大,知名度和美誉度越来越高,消费者接受度越来越高,随着经营管理水平的提高,进入了快速发展阶段。

2012 年:分开经营的东江公司因为经营不好,经营权统一收回,形成了现在的东江鸿星海鲜集团。将东江公司之前的店面进行调整、改造、合并之后,2012 年新增加了 7 家分店。

2013—2016 年:新开店面发展速度相对较快,规模都比较大,2013 年天河科韵路 40000 多平方米的分店开业,同年再开 3 家分店;2014 年又新开了 3 家分店,其中珠江新城分店投资 10 亿元;2015 年新开分店两家,购买物业加装修共投资 9 亿元。

6. 企业的管理模式

在企业不同成长阶段中,根据自身规模的变化,其管理模式也发生了一系列的变化。梳理东江鸿星集团的成长历程,从最开始的家族企业成长为股份制公司,其管理模式肯定会发生巨大的变化。盖尔西克、Bams 和 Hershon 等从所有权或控制权的角度来定义家族企业,认为由个人或家族拥有控股权的企业是家族企业。Daily 和 Dollinger 也认为家族企业的总经理等核心管理职位应由一名以上同姓氏人员担任,并且他们与企业所有者有密切关系。还有不少学者认为家族企业重要的特征是家族成员参与到企业的管理过程中,以创业家族对管理控制权的掌握程度来作为判断是否为家族企业的一个标准。

本案例研究采用的标准是被广泛认可的创业家族对管理控制权的掌握程度,认为东江鸿星集团 2005 年以前是一个家族企业,2005 年建立渔民新村时,对员工大范围开放股权,到目前为止,集团持股员工已经达到 2000 多人,成为一个股份制公司。餐饮企业之所以成功,现代的组织管理起到了很重要的作用。很多管理者认为,餐饮企业的组织设计并没有太大的文章可做,大厅、厨房、后勤、财务和营销几大模块的结构似乎早已成为约定俗成的结构,其实,就是在这些约定俗成的组织结构中却存在着许多管理技巧。

(1)制度管理层面

探讨餐饮企业的管理模式首先应该从制度管理入手,很多餐饮企业之所以不能成功就是因为管理者将大部分的精力都放在了追求服务流程和菜品质量上,而忽视了制度层面的一些管理要素。制度管理主要分为两个层次,简单地讲也就是处理好两个关系:一个是经营者与所有者之间的关系,也就是委托代理关系;另一个就是经营者与员工之间的关系,也就是日常管理中的运行秩序。

(2)经营管理层面

2005 年以前东江鸿星集团主要以创业家族成员为主经营、管理企业。在 1996 年以前,经营者和所有者统一,对企业创始人的能力要求较高。鸿星集团的创始人黎永星领导能力强,对市场有敏锐的洞察力,能准确把握消费者的喜好,且具有高瞻远瞩的企业家素质,能够制定长远的战略计划。随着企业的发展壮大,企业开始引入职业经理人,这时,虽然仍然是家族制的企业,但是经营权和所有权分离,为企业的未来发展注入新的力量,使企业能够更加精准定位市场。2005 年以后,随着渔民新村品牌的建立,企业向员工开放股权,更多的引入职业经理人,企业规模进一步扩大,转变成为股份制企业。在处理经营者与所有者的关系上,东江鸿星在面向全公司员工开放股份之前已经鼓励公司的高级管理人员持股,且在开放员工持股时,对高级管理人员按照职位赠送股票,以此来激励经营者的工作热情和主人翁的意识。

(3)组织管理层面

组织管理即处理经营者与员工之间的关系,在东江鸿星集团中,早在 1996

年已经形成了相对较为完善的管理系统。每个分店部门独立经营。集团的管理团队负责所有分店不同的部门,比如出品部、营销部等,每个部门下的分支都由专门的团队管理,每一个部门都有专门的人员配备,负责整个公司的管理和统一。在企业度过初创期,进入到慢速发展阶段时,企业更加关注品牌的建立,每个店专门设有营销团队做分店的推广。除此之外,集团还要有一个统一的营销团队推出集团经营管理方案。对于不同地方的分店采取统一的管理和经营模式,在开设新的分店的时候,会从其他成熟的酒楼调取有经验的优秀的员工到新的酒楼,直到酒楼成熟。大的决策是集团统一调整,但是一些相对小的决策由各个分店自己做出。

(4)流程管理方面

以采购为例,集团一直以来都是统一采购,统一调配。因为海鲜采购成本占公司总成本的比重较高,集团的海鲜采购专门设立了一个部门,由采购、养殖两个团队构成。每天去市场常规采购两次,还从东南亚,以及我国上海、辽宁、湛江、汕头等海边城市采购特色海鲜。公司在组织结构上有专门的采购人员,海鲜采购分工较细,同时对采购的控制管理都比较严格。

7. 企业发展过程中的资金问题

中小企业融资问题是一个世界性难题。中小企业,特别是创业之初的小企业存在融资难问题。在访谈中,我们也了解到东江鸿星集团在发展过程中,在初创阶段和慢速发展阶段,其融资的困难都比较大,之所以在 2011 年以后获得突飞猛进的发展,也是因为在 2011 年以后,融资渠道增加,获得资金的速度加快。那么,资金在东江鸿星集团成长过程中的发挥的作用到底有多大呢?

在企业初创阶段,规模较小,属于微型企业,此时不存在融资难问题。一方面,企业此时融资量小,大都通过友情借贷满足资金需求,甚至有些微型企业通过信用卡额度获得短期融资,并由此积累信用;另一方面,微型企业融资额度小,正式金融机构融资手续繁杂,因此被企业放弃。但是当企业进入到慢速成长期时,规模扩大,从之前的微型企业,成长为中、小型企业,此时,出现了融资困境。据调查结果显示,规模在千万营业额企业的百万以下规模贷款难度最大。该融资需求规模一方面超出了友情借贷能力,也超出了正规金融机构的信用卡授信额度;另一方面却难以支撑正规金融机构的单笔融资成本,并且该类企业或者信用积累不够,或者缺乏足够的有效抵押品,或者产业地位不理想,都构成商业金融机构为其提供融资的不利因素。在这段时间银行对企业的信用评价较低,不能从银行获得资金支持,虽然开放员工持股,但是员工持股的资金数量也不多,融资困境使企业在较长的一段时间内无法迅速成长。

在慢速成长阶段，企业开店的规模一般较小，没有比较大的固定资产投资。而在2011—2016年，企业的融资途径增多，如员工持股、银行融资、物业增值等。随着企业流动资金的充足，固定资产的充足、扩大和增值，银行等金融机构对东江鸿星集团的信用评级大幅提高，迄今为止，就餐饮业而言，集团在银行的信用评级首屈一指。另外，物业增值所带来的资金积累也是一个比较大的资金来源，董事长在集团的发展过程中，持续购买了规模不同的物业，经过十几年的发展，这些物业在广州的升值空间很大，所以说物业也是目前公司获得资金的一种途径。现阶段公司资金较为充足，随着集团拥有的物业越来越多，财力越来越强，集团在银行的信誉度越来越高，银行愿意给集团的资金支持越来越大，所以近几年集团开店的规模和数量迅速上升，固定资产的投资也比较大。

（二）关键成功因素

当前区域餐饮业竞争力主要表现为综合驱动型、需求驱动型、支持驱动型、规模驱动型和综合非优型5种驱动模式。研究表明，广东省属于综合驱动型。这类区域餐饮业竞争力的各项驱动因素得分均高于全国平均水平。广东省位于我国经济最为发达、城市化程度高、人口众多、旅游经济活跃的珠江三角洲地区，餐饮消费需求量巨大，餐饮业的人力资本和产业资产雄厚；而且广东省是我国八大菜系中的粤菜所在地，餐饮生产所需的原料丰富多样，食品工业发达，餐饮业的综合竞争优势强。因此，广东省的餐饮业竞争力的提升主要依靠各项驱动因素的综合作用，属于典型的综合驱动模式。为了提升餐饮业竞争力，综合驱动型区域需要继续强化其综合的竞争优势。

在现有企业成长影响因素的理论研究中，主要存在三种不同的研究视角。产业组织学派认为企业成长的主要影响因素在于企业的外部环境及企业在环境中的位置，企业成长的关键在于产业位势的选择。而资源基础理论、企业能力理论等内生成长理论认为企业成长的影响因素源自企业内部，企业的异质性资源、独特的能力是企业成长的关键因素。本案例研究采用内生成长理论阐述东江鸿星集团的关键成功因素。

1. 企业家对企业成长的作用

企业家具有连接内部和外部的重要作用，在企业中的位置是独一无二的，他（她）既是企业内部的最高领导人，又是连接企业内部与外部重要行动者的关键节点，他必须对不确定环境进行敏锐观察，以挖掘潜在机会并获取资源，同时对企业内外部资源进行有效整合，使企业获取竞争优势并得以成长。

东江鸿星集团在发展过程中，董事长黎永星在发展过程中就是连接企业外部和内部的关键人物，根据信息理论，企业想要提高绩效，必须要获取和应用信息以减少不确定性、发现机会并采取行动。而身为企业的创始人和领导者，黎永星位居组织最高点，并处在联系企业内部员工和企业外部重要行动者这一特殊位置，所以其是否能有效地收集和管理信息，从而有效配置资源，对企业的成长具有重大的影响。

首先，企业家对外界环境的不确定性要有敏锐的观察，以挖掘潜机会并获取资源。企业家导向反映了企业对机会的识别、捕捉并对其进行利用的战略导向。Miller（1983）将企业家导向定义为投入产品营销创新、风险承担性活动及率先提供先动创新。Lumpkin 和 Dess（1996）在研究中也给出了企业家导向定义，指企业的战略导向，包括涉及企业决策制定形式、方法和具体实施的各个方面。通过定义归纳了测量企业家导向的三个维度：创新性（Innovativeness）、风险承担性和先动性（ProaCtiveness）。创新性反映了企业支持新想法、新观念，并进行尝试以生成解决问题和迎合市场需求的新产品或新服务的倾向。先动性表述了企业对市场未来发展趋势的感知，活跃地寻找预期机会以开发和引入全新产品或改进产品、引发对现有战略和策略改变的前瞻视角。

东江鸿星集团在 2005 年创立渔民新村新品牌时，除了其规模之大在业界罕见，还在董事长黎永星的指挥下，开创了新的经营模式：海鲜超市。这种海鲜超市的经营模式，准确地把握住了消费者的需求，增加了消费者的信任感和安全感，自然会赢得更多消费者。Calantoneetal（2002）的研究证实了创新性通过促进企业学习活动中的创造性思想而提升了中小企业的竞争优势。东江鸿星集团打造的海鲜超市模式，具有一定的创新性和先动性，其凭借着对消费市场趋势的把握和对消费者的敏锐洞察，赢得了更多的消费者，提升其竞争优势。

风险承担性是指企业将资源投入到产出高度不确定的项目、活动以及决策的意愿和倾向，反映了企业希望摆脱现有状态，实现不确定性成长的趋势。

近年来，在全球金融风暴的袭击下，特别在 2013 年，随着中央"八项规定""六项禁令"的深入推行，食品安全问题的日益突出等，让十几年高速增长的餐饮业全面进入低谷，众多中高端企业经营业绩下滑，前景惨淡，大量知名中高端餐饮面临关、停、转的困难局面。东江鸿星集团以海鲜而知名，同时也将自己定位成以粤菜为主的海鲜品牌扎根在广州，在这个有着茶市习俗的城市，如今东江鸿星集团各分店仍然保留着茶市。

第一，集团的分店规模都较大，无论是自己购买还是租下来的物业，每天的租金成本相对固定，营业时间越长，平均每小时的成本就会越低。

第二，集团的早茶定价并不高，主要和黎永星董事长对早茶的定位有关，集团开设早茶主要用来凝聚人气，基本上每家分店的早茶都是满座。早茶的消费群体大都是退休了的老年人，这些消费群体，有常年喝早茶的习惯，集团各个分店给他们提供一个舒适的空间，时间久了，来店面消费早茶就成了习惯。而这部分消费群体除了经常喝早茶，在家庭的消费中，还具有很强的决定权，比如说家里的婚宴及聚会的权力大都掌握在这群消费者的手里。因为他们了解店面的环境，长久的消费使其和店面的工作人员都比较熟悉，所以一旦家庭有出外就餐的活动时，他们会优选自己熟悉的店面，这群消费者身上具有较强的隐性消费力量。

第三，虽然早茶消费者自己不消费午餐，但是能带动其他人的消费。因为中国人的传统就是爱热闹，如果酒店冷清，肯定不会有人来；相反，如果生意很好，很热闹，那么就会有一大批人宁愿等待也会来这里。

从上面的策略可以看出，企业家对消费者心理的敏锐洞察，直接运用到企业的战略中，会产生巨大的力量，提升企业的竞争力。

此外，除了识别外部的机会、洞察市场，企业家作为连接内外部的关键节点，还要重视内部网络关系的建立。在私营企业中，通常私营企业家兼具出资者和经营者的身份，因此，不存在所有权与经营权的分离。由于企业成长意味着一部分原先的市场交易内部化于企业之中，这就需要企业内部的行政协调机制相应发达，而随着企业规模的不断扩大和分工的日益细化，各利益主体的关系也变得错综复杂。因此，企业成长需要解决的内部问题是如何在委托代理链条不断拉长的过程中，有效地将新吸纳的管理队伍整合到企业中，并且对企业的经营控制权做出不断的优化配置。

Penrose(1959)在其奠定企业成长理论的开山之作中认为，企业要发展就必须实施扩张计划并扩大"管理队伍"，但如果由于扩张速度过快而"管理队伍"跟不上，则可能会使企业家对企业失去控制，企业将无法与市场上其他企业进行有效竞争，并陷入一个"停滞期"。储小平发现许多私营企业成长的瓶颈不在于金融资本或其他资本，而在于"管理队伍"这种最重要的人力资本，要解决这一成长瓶颈，企业家在员工中建立良好的关系网络无疑是一种适合中国国情和文化的办法。事实上，Fu、Anneand Gregory(2006)从资源观、知识观和社会网络角度对企业吸纳新管理人员进行了研究，其实证结果也支持了企业家与员工之间的关系网络有助于企业成长这一观点；徐万里等(2008)在进行关于企业战略执行力的研究中，也认为企业家与内部员工特别是与中层管理者的良好关系有利于企业战略的实施；高闯、关鑫(2008)认为，企业家在企业内部的关系网络将影响到企业家对企业的运营控制权；储小平(2004)、李新春等(2006)也认同这一观点，认为对私营企业而言，企业家的内部关系网络对企业成长尤显重要。员工分高层和中、基层员工，这里我们主要探讨企业家和基层员工的关系。

餐饮业与第一、第二产业的最大不同之处是，其直接面向终端消费者，生产和消费具有同步性与一致性。即一方面餐饮企业按照消费者的需求生产有形的产品和提供服务；另一方面消费者一般在生产场所直接消费有形产品，同时享受餐饮企业提供的无形的服务。顾客在消费的过程中会对餐饮企业的生产形成一定的印象，并且这种印象会影响消费者选择下次是否会继续光顾。而基层员工是服务的直接提供者，其重要程度不言而喻。

Herriot 和 Pemberton（1995，1997）认为心理契约是“组织与员工个人在相互关系之中感知到为彼此提供的责任”。这种感知或许来自于正式协议，或许潜藏在双方的期望之中。心理契约理论的基本假设是：组织与员工之间的相互关系为互惠互利，双方在付出的同时也期望得到应有的回报。虽然这种交换不像经济交换那样依赖于明确而具体的规定，但人们在内心中会以社会规范和价值观为基础进行相应的衡量和对比。

领导层都设身处地真正为员工着想，根据契约理论，员工也会努力奋斗，以主人翁的心态工作，最终在员工中形成“无论做什么，我们都竭尽全力”的工作氛围。相比以前，收入不再是员工的唯一关注点，即薪酬水平并非激励员工努力工作的最大的影响因素。调查数据显示，员工越来越开始关注是否能在公司学到知识、能力以及个人在公司里是否有晋升的空间，否则工作无法激发员工的工作热情与积极性。虽然餐饮业员工文化程度普遍偏低，但并不表示员工主观上不愿意提高个人技能或得到更好的发展，实际上大部分员工除了获得必要的报酬外，很大程度上都希望看到自己的成长和发展方向。

东江鸿星集团为一线员工提供充分的学习和晋升机会，为他们的职业生涯做出一定的规划。集团认为这些虽然都需要花费成本，但是从公司内部提拔人才，更容易建立员工忠诚度，同时激励其他员工努力工作。比如服务员、传菜员、销售人员等与消费者直接接触的工作人员，这些工作的界限往往没有那么清晰，东江鸿星集团采取的是交叉学习制度，即传菜员在一段时间内也可以充当服务员的角色。在学习过程中会考察员工表现，对表现优秀者给予提升。企业给这些基层员工做了职业生涯规划，比如可以从服务员晋升为领班，做得好晋升为部长，然后就是部门的经理，最后是企业的高级管理人员。交叉学习制度帮助基层员工看到未来发展的方向和机会，从而激励员工从基层开始认真工作。让每个员工充分了解公司的基层岗位的工作，有助于在未来的中高层岗位中设身处地考虑一些管理的问题，提高工作和管理的效率。

对于高级管理人员的培养，采用的是轮岗制度，也就是每个管理人员都要在各个岗位上做过，熟悉各个岗位的工作。除了自己的本职工作以外，其他工作他们不一定精通，但是必须要了解，这样有利于从自己集团内部选拔人才。

在集团内部选拔高级管理人才,一是培养员工的忠诚度和工作热情;二是轮岗工作,能够防止组织内部拉群结派,有利于企业的管理。虽然这种轮岗制度耗费了时间,但是总的来说得大于失。

对于技术人员,高薪聘请有名气的厨师,让他教授菜的做法给自己公司内部的厨师,因为这些高新聘请的厨师忠诚度不高,这也相当于是培训自己内部技术人员的过程。

东江鸿星集团董事长一向比较果断,雷厉风行,这种性格也体现在他对下属的管理上,同时这种管理模式和风格也影响整个高层管理者。

企业家对企业的发展有重要影响,其对市场的把握和消费者心理的洞察会使企业抓住成长机会,增加竞争力;同时在遇到危机时,拥有非常人的魄力、胆识和智慧,果断采取措施,帮助企业渡过难关。在外拥有对市场的洞察和抓住机会的魄力,通过一系列的内部培养、培训制度的建立,在内也能建立良好的内部网络关系,提高内部经营管理效率,使企业平稳运营、发展壮大。

2. 服务

美国市场营销学会(1960)给服务的定义是:服务是伴随着货物销售一并提供给顾客的利益、满足及其他活动。里根(1963)对其的定义是:服务是顾客购买产品或服务时所得到的一种无形的满意结果或有形与无形满意结果相结合的活动。科特勒(1984)对其的定义是:服务是一方向另一方所提供的一种活动或利益,它通常是无形的,而且不牵涉所有权的变化。服务的生产可以与有形产品相关,也可能无关。

服务质量包含三个层面的内容:有形质量(如设备或建筑物)、公司质量(公司形象)和互动质量(顾客与公司之间的互动及顾客之间的互动)(Lehtinen,1982)。

研究表明,服务质量越高,消费者满意度越高,而满意度越高,顾客的忠诚度也越高。

(1)装修、规模、内部陈列

东江鸿星集团的服务首先表现在其装修和规模上,在2005年创建渔民新村品牌时,当时店面的规模在业界引起轰动,而2014年,在寸土寸金的珠江新城,东江鸿星集团豪投近10亿元,占地12000平方米的渔民新村店用近3个月的时间进行筹备与装修,配备了近3000个餐位的超大容量。在珠江新城众多饮食名店中,渔民新村珠江新城兴盛店一举成为其中面积最大、气派十足、不容小觑的餐饮“霸主”。截至目前,分店规模最大8万平方米,最小几百平方米;渔民新村店最小的规模也在6000多平方米,最小餐位在1500左右。

除了规模,分店的结构一般是三层左右,一层宴会大厅,富丽堂皇,二层、三层设立豪华厅房、贵宾房。分店装修各有特色，如鸿星海鲜酒家环市中分店，装饰清雅，古色古香，名人字画，盆景花卉万紫千红，清香飘逸使人心旷神怡，清心悦目。调研的渔民新村临江店的 VIP 贵宾厅，墙壁用的是玉石，餐具一套 100 多元的配置，就连马桶也是单个 2 万多的日式马桶。

店面内部陈列：一楼多个区域设置了展示区，有海鲜展示区、日本料理展示区、厨房展示区、食材展示区、糕点展示区等，并且配合多台液晶 LED 显示屏幕进行实时介绍，开放式的多种展区，让顾客欣赏到整个菜式制作的全过程，满足消费者好奇心的同时，又让消费者吃得放心。

通过规模、装修和陈列，使无形的服务有形化，通过精美、大气的装修和宏大的规模让消费者感觉到企业实力较强，食材新鲜，从而产生信任感，提高了人们的感知服务质量。

（2）企业和顾客之间的互动

服务质量是由消费者主观感知的，它取决于消费者对服务质量的期望与实际感知的服务质量之间的比较。Gronroos（1984）认为，在服务质量的评价中，消费者期望的感知高于实际感知的服务质量，对服务的质量评价就高。而期望的感知服务质量来源于消费者日常的餐饮消费中所享受的服务。如果想要超过消费者的预期，就必须要有超出预期的服务项目。

人们在消费时，会考虑自己的成本，除了金钱的成本，为消费所做的努力也是消费者付出的成本之一。地理位置的远近作为成本的重要依据之一，影响着人们的决策。增加顾客的便利性就会降低消费者的感知消费成本。为此，东江鸿星集团特别提供了巴士服务。

对于普通大众消费者：分店购买了很多大型新能源巴士，如天河的科韵路店、珠江新城店，店铺的巴士会每天定时定点接送消费者，这些巴士活动的范围有周边的居民区、大楼盘或者是人流较多的商圈，客人可以免费乘坐到店消费。巴士服务不仅增加了消费者的便利性，同时增加了集团品牌的曝光度，宣传了自己的品牌。

对于较为长期、高端的 VIP 客户：企业提供 VIP 专车接送，消费者只需要电话预约。

在大型会展时，企业会派出大量车辆，负责接送宾客进店消费。会展服务中，人流聚集，也是宣传集团品牌的好时机。

有客人需要举行宴席时，企业会提供大巴车，接送宾客，并且为婚礼举办者提供豪华车，进行婚礼的接送。

（3）顾客间的互动

“卖品质，更卖氛围。”黎永星认为，“饮食文化的缩影，是一种其乐融融，大家庭式的气氛，你可以在这里无拘无束、随意聊天，获得满足感”。东江鸿星营造家庭式的气氛，增加顾客间互动，提升顾客对企业的服务质量感知。

3. 产品

餐饮业想要保证自己的食品安全，首先要从源头把控产品质量。

(1)产品的采购

统一采购、配送商品是连锁经营的规范化要求，是发挥连锁经营规模优势的重要环节，是连锁企业实现低成本、快周转、省运力、高效率的保证，是连锁经营标准化、简单化、专业化、统一化的重要条件。

东江鸿星集团自开分店以来，均统一采购、统一调配。因为海鲜占公司的比重较高，集团专门设立了一个海鲜采购部门，海鲜的采购、养殖各分一个团队，分别进行。每天去市场常规采购2次，还从东南亚，以及我国上海、辽宁、湛江、汕头等海边城市采购特色海鲜，都会有专门的采购人员，海鲜采购分得很细，同时对采购的控制管理也比较严格。

(2)对供应商的系统评估

与优秀供应商保持合作。优秀供应商应具备充足且品质高的海鲜、高效的生产能力，并能够满足东江鸿星集团对海鲜品质、价格、配货时效等方面的要求。

供应商的星级系统评估。这种星级评估的内容涉及供应商工作环节的各个方面，内容详尽并且具有极强的可行性和可追踪性，通过这项评估，供应商的服务品质得到了很大的提升。星级评估系统包含了质量、财务、可靠性等方面。考核定期或者不定期举行一次，与其供应商保持共赢、稳定、互利的关系。除此之外，还对供应商进行不定期的抽检以及复检。

(3)产品自检

产品自检主要侧重点在于对各方自检流程的优化和完善。不仅继续保持集团分店本身的自检行为，还将重点放在各项信息的公开化、透明化，做好面向消费者的信息公开。

(4)优秀厨师队伍的建设

厨师在餐饮业中的重要性不言而喻。集团主要用三种形式来保证厨师做出质量高、口感好、受欢迎的菜式。

首先，聘请业内大师，还可以作为技术顾问提出指导意见。

其次，聘请有名的师傅进入企业传授一些做菜的新方法，提高企业厨师水平，与外界厨师的交流也能启发企业内厨师对菜品进行创新。

最后，对企业内部厨师进行管理和激励。为保证厨师的质量，公司制定了具体详细的考核流程和标准。入职前管理部门要进行试菜，入职后也要有阶段性地进行考核，保证好的厨师资源，严格厨师挑选及考核，建立优秀的厨师队伍。

(5)产品创新能力

鸿星海鲜酒家作为亚洲餐饮海鲜酒家的领头羊，多年来不断为顾客带来经典饮食惊喜，引进多款新颖的食材。集团秉持“守住经典，持续创新”的原则，对菜式不断创新。

产品创新如果被消费者接受，就能够保持集团持续的竞争力，但同时也会带来很多风险，其中最大的风险是消费者对新菜式的接受度。所以在创新产品之后，会进行企业内部的试菜和推广的过程，如果反响很好再推向市场。如果使用了新的原材料，还要考察原料供给、供应商生产的品质和水平、制作流程的标准化以及制作的时间限制等一系列因素。只有这些风险都被控制，一道新创的菜品才能问世。

(三)转型升级路径探讨

2015 年，中国粤菜产业发展大会首次发布《2015 中华粤菜产业发展报告》，餐饮业进入了大众消费、互联网发展、产业链融合的新阶段。

东江鸿星集团以海鲜而出名，人均消费价格较高，在餐饮业属于中高端消费。对于中高端餐饮，学术界尚无明确的定义，某些行业人员或书籍对高端餐饮特点进行了阐释。杭州国大雷迪森餐饮部负责人认为，高端指菜式、服务、环境，以及信誉上的高品质、高要求。《86 个细节决定餐饮经营的成败》一书中，将高端餐饮定义为高价策略，即为区隔中、低价位市场的不同，以高价位为诉求的高级餐厅或饭店。《上海最佳餐厅 2008》对高级餐厅做了更感性的解释：它必须有精美的食物，给消费者提供一种贴心的距离感。郑伟(2014)认为，高端餐饮可定义为：提供高品质的餐饮产品、用餐环境及服务，满足消费者餐饮享受需求的餐饮企业。它包括星级酒店、高端特色餐饮、高级会所等多种业态。陈立(2014)认为，所谓高端餐饮，也就是高消费餐饮，食客在店内吃的不仅仅是菜品，更加注重的是环境、格调和服务。厂家为了迎合顾客，使得富贵文化、历史文化、菜品文化和环境文化融为一体，超过行业平均水平数倍的雕琢时间、极尽苛刻与完美的制作标准，使每一道菜都成了一件件高贵的艺术品和奢侈品，这种消费是非常态、不健康的，是一种畸形消费。他认为真正意义上的高端餐饮应当具有以下特点：规模具有不确定性，但是强调品质优良；味道不一定最特别，但是做工一定要精良；价格不一定是最贵，但是绝对令一般人望而却步；针对特定人群，餐饮趋向转业性，如商业套餐、工作套餐的高端化；具有自己独特的理念,形成自己的风格。

1. 高端餐饮业的特征

特征之一是企业综合实力强大。高端餐饮企业凭借其现代化的生产方式、一流的厨师厨艺、雄厚的资金实力、先进的营销手段,迅速的形成了品牌,产生了聚集效应,引领整个餐饮行业的发展。

特征之二是产品品质高、附加值高。高端餐饮致力于给消费者提供高级饮食享受,其产品往往取材稀有珍贵,烹饪技艺精湛独特,融入时尚、文化、营养等饮食元素,达到色、香、味的完美统一。高端餐饮还将演艺、品茗、休闲娱乐与餐饮产品相结合,餐饮产品附加值更高。

特征之三是消费群体比较固定。高端餐饮经营范围主要包括公务接待、商务宴请和高收入消费者的节庆宴请,对消费者的消费能力要求较高。

2. 中高端餐饮业的现状

党的十八大以来,中央提出了严格管理和控制三公类消费行为,制定出台了“八条规定”和“六条禁令”等要求,纠正“四风”问题和惩治腐败的力度不断加大。由于在国内的高端餐饮行业中,公费类消费群体发挥着极为重要的作用,特别是在春节前后企事业单位召开的年会通常是高端餐饮企业收入的重要来源。中央持续加大作风建设和反腐败工作的力度,对高端餐饮行业产生了较大的影响,过去依赖于公款消费的高端餐饮类企业受到严重的打击,由于公务类消费的剧减,高档的菜肴受到冷遇,一些大型的会议陆续撤单,致使高端餐饮类企业的营业收入滑坡严重。在国内高档餐饮发展十分低迷的同时,随着餐饮行业国际化、社会化及产业化进程不断地加快,面向工薪阶层的大众化的餐饮消费却显示出勃勃生机,成为未来餐饮行业发展的方向。高端餐饮企业纷纷采取各种营销模式,如外卖、团购、网络订餐等,及时转型成了高端酒店。

3. 高端餐饮面临的转型困局

(1)投资成本高,回收难度大

高端餐饮业步入低谷,投资成本高是主因。过高的投资成本带来了难以解决的问题,已有的存量资产难以转型、成本短时间内难以回收。在这种情况下,许多高端企业尽管短时间内通过促销、团购等方式吸引了一些低端客人,但大多是在亏本经营。如果长期之内无法得到足够的客源支持,只能选择停业或重新装修来改变市场定位,这将造成社会存量资产的极大浪费。

(2)公款消费催生高端餐饮业的无序扩张

过热的高端餐饮业不能代表真实的消费水平,市民的人均可支配收入根本无法支撑如此之多的高端餐饮,高端酒店仅仅依靠公款消费在一段时间内维持着生存。

(3) 身份认同带来的尴尬

就目前情况来看，消费者不愿意到高端酒店用餐的习惯在短时间内难以改变。高端酒店的餐饮收入大多来自会议、宴会等消费市场，尽管放低姿态，但价格上和大众餐饮相比依然没有太多优势，而且短时间内改变老百姓的习惯、吸纳居民消费来弥补宴会市场的份额是不切实际的。这种身份认同带来的尴尬给高端餐饮转型带来了强大的阻力，若处理不得当企业将只能独吞营业额迅速降低的恶果。

4. 高端餐饮业如何打好转型战

(1) 高端餐饮业转型之路

中国餐饮业升级与创新面临着重要的机遇，中国人的消费水平不断提高，对高端餐饮业的需求会越来越高。这说明高端餐饮业有很大的潜在市场，之所以营业额一直在下降，是因为高端连锁企业以前背靠政府的习惯影响了企业的发展，它必须要在以往的发展模式上进行转型来谋求更好地发展。

创新是高端餐饮转型突围之路的基石。高端餐饮要想成功突围，需要在观念、产品、服务、价格和营销五方面进行创新。首先，餐饮信息化是转型突围之路的桥梁。通过信息化技术，搭建高效共享的信息化平台，建立一体化管理网络，进行系统而全方位的精准化和集约化管理，才能提高高端餐饮企业对市场的反应速度和管理效率，从而在竞争中立于不败之地。其次，关注客户需求是转型突围的保证。有需求才有市场，高端餐饮应该将目标消费群体进行细分，锁定特定的目标消费群，研究目标客户群的需求特征，然后推出这一特定群体最需要的餐饮细分产品，以适应这一特定群体的特定价格，通过特定的渠道和传播、促销方式进行产品营销。

有学者则认为，“国八条”没有让高端餐饮消亡，这至少说明了一点，即精致餐饮不是没有市场。在“国八条”时代消失的高端餐饮，究其原因不是因为餐品精致，而是源于餐厅的浪费和奢靡之风。随着人们生活水平的提高，大家对更好的食材、更精良的制作是有强烈追求的，因此一定不能摈弃精致餐饮。高端餐饮转型面临着一个非常尴尬的局面，多年的奢侈消费让百姓对高端餐饮望而却步，而高端餐饮如果想寻求新发展，就要放下身段，面向百姓市场，即放下“架子”，回归大众。相比一般餐饮业，高端餐饮场所在店面装潢、人工及租金等方面花费较大，运营成本较高，要腾出让利空间，必须要科学管理、开源节流、优化资源。

走好转型这条路，必须要坚持品牌效应，注重餐饮文化。高端餐饮业既然是时代的产物，那么高端餐饮企业就需要在管理、人才、资金、知名度、环境、服务质量等多方面打造出有内涵的优势品牌。品牌诉求不一定非要去追求食材原料的稀有昂贵,而是要通过品牌沟通找到兼容产品的理念,真正触动消费者的心弦。高端餐饮业要打好市场竞争的持久战,就必须深挖企业内部文化与创意的能力,以文化拉动消费,形成自己的文化特色,注重酒店饮食文化的建设培育,从菜品、营养、装修、服务等多方面丰富餐饮业的文化底蕴,以"口碑"来求得发展。

在此基础上,还要实施多元化经营。一方面,要继续发挥高端餐饮高品质优势,满足民众高级饮食消费需求,继续保持原有的特色和优势,在商务宴请、小众化消费、个人消费方面开发市场。另一方面,走平民化路线,进行差异化营销。积极开发适合大众消费的菜品,在保持菜品品质的前提下,降低成本,降低菜品价格。积极开发各种主题宴,如婚宴、生子宴、寿宴、谢师宴、庆功宴等。关注特殊人群用餐,针对社区餐饮、学生餐饮、营养膳食加强菜品研发,引领餐饮消费潮流。高端餐饮要充分利用科技优势,加强研发绿色食品、营养食品、健康食品,努力降低资源消耗,降低生产成本,提高原辅料利用率。同时,倡导节约消费理念,实施"光盘行动",通过推出半份菜、小份菜、剩菜打包等活动,培养民众节约消费理念,提高高端餐饮资源利用效率。高端餐饮要积极与国际市场接轨、融合、创新。要认真学习借鉴国外先进的餐饮生产、经营、管理方式,加快资本引进、技术引进、人才引进,以人之长,补己之短。同时,要大胆地"走出去",与国外大型餐饮企业合作,大力拓展国外市场,弘扬中国饮食文化,提高高端餐饮国际市场占有率。

(2)外界的推动

除了企业自身的转型以外,有学者认为,高端餐饮企业的继续低迷,严重制约了企业的创新发展,破坏了繁荣稳定的餐饮市场,对国家加快发展服务业、提高人民生活水平产生不利影响。高端餐饮要走出发展的"冬天",既需高端餐饮企业自身认清形势,调整结构,找准方向,又需全社会共同努力,形成合力,帮助高端餐饮走出困境。首先,政府主管部门要充分发挥监管、指导、引导作用。政府相关职能管理部门要深刻认识高档餐饮行业所面临的形势,积极为餐饮企业创造良好的消费条件及舆论环境,主动为高档餐饮进行清声正名。加强监管力度,强化对餐饮行业乱收费等问题的规范和整治,为相关餐饮企业转型发展提供保障。其次,行业协会要充分发挥参谋、协调、服务作用。餐饮协会要积极联合企业对整个高端餐饮市场进行科学调研,通过举办高端餐饮研讨会、论坛、展会等合作交流活动,准确研判市场形势,研究制定高端餐饮发展策略,推动整个高端餐饮业向前发展。要加强高端餐饮业标准体系、诚信体系、行业自律、信息化建设,重视食品安全工作,积极为高端餐饮业提供人才培训、技术指导、宣传推广、信息咨询服务,充分发挥其联系政府与企业的桥梁和纽带作用。

5. 东江鸿星集团转型的尝试

随着中央“八项规定”“六项禁令”的深入推行，食品安全问题的日益突出等，十几年高速增长的餐饮业全面进入低谷，众多中高端企业经营业绩下滑，前景惨淡，大量知名中高端餐饮面临关、停、转的困难局面。

集团高层在此期间，制定了充值送的活动，实际上就是通过低价格吸引广大消费者进行消费。在 2013 年和 2014 年，公司营业额并没有出现大幅度下滑，反而保持稳步增长。市场的反应让集团看到了转型的一条出路，那就是将价格平民化、大众化。据了解，新开张的渔民新村临江店，保持了广州高档酒楼一贯的就餐氛围，出品和服务都是一流，但消费价格上则走向了大众化。

在今天这个电子商务的时代，互联网已经渗透进了很多传统行业，并以互联网的思维改变着传统行业，这一点在服务业尤为明显，也是服务业转型升级的一个重要任务。在互联网的冲击下，零售业的格局已经在改变，而 O2O 的发展也已经在影响着餐饮业。作为广东餐饮业的领先者和典型传统服务企业，东江鸿星集团的互联网+探索可以为广东省餐饮业的转型升级积累经验。

市场上的互联网餐饮业主要是大众化的中低端的正餐或快餐，形式单一，且消费客单价偏低。消费人群定位偏向于年轻的、写字楼中的人群，虽然和公司以往的高端定位并不一致，但是集团看到了现在“互联网+”的新兴趋势。目前集团在“互联网+”上面所做的探索包括：跟美团、大众点评合作开展门店推广；开通了微信支付、闪惠支付等互联网支付方式；与百度外卖、到家、饿了么、美团外卖合作。

6. 东江鸿星集团转型升级的建议

（1）精耕市场，引领产业标准化

高端餐饮企业在凭借其标杆地位维护原有高端客人的同时调整经营管理策略，适应政策的需要和就餐人群的心理变化，做特色、做创新、做经济化。同时，高端餐饮业有责任推动行业标准的建设，以加快地域优势产业的向外扩展。可以通过建立厨师培养、培训、评级（细分）、评价体系，推动厨师在标准化和菜品创新两方面协同发展，解决“粤菜厨师千人千味”的难题。

（2）转变经营思维，全面融合互联网

随着智能移动终端、移动互联网、基于位置服务技术（LBS）以及社交网络（SNS）的迅速发展，互联网餐饮服务模式发展迎来了巨大的空间。互联网与餐饮消费的结合已经从最初的松散型模式，向更加紧密的融合模式快速发展，从最初的网页展示、网络订餐服务、网络团购等市场营销和销售互联网化，向具有互联网特征的餐饮企业流程、战略和组织层面发展。微博微信、

APP、电商网站平台等各种工具手段全面利用，推广营销、外卖外送、促销团购等各项服务线上线下双管齐下。随着餐饮O2O日益渗透到日常生活中，消费者的消费习惯和消费方式也发生了重大变化。可以利用点评类网站、微博微信平台等影响消费者消费的选择，提供从餐位预订、远程点餐、各种在线支付到用户社区等综合功能。

(3)坚持品牌效应，注重餐饮文化

高端餐饮业要打好市场竞争的持久战，就必须深挖企业内部文化与创意的能力，以文化拉动消费，形成自己的文化特色，注重酒店饮食文化的建设培育，从菜品、营养、装修、服务等多方面丰富餐饮业的文化底蕴，以"口碑"来求得发展。开发创新增值环节，丰富产品类型高端餐饮业应积极谋划，通过开发创新增值环节，丰富产品类型，多角度、多手段地开拓市场空间。

(4)各种餐饮模式汇合，提升消费者黏性

受国家厉行节约、规范公务接待等政策影响，高端餐饮经营业绩受到冲击。大众化餐饮的高速发展和巨大发展潜力，加速了餐饮产业的结构转型，餐饮业的转型升级主要是转变餐饮产业的发展方式、发展模式、发展形态，实现餐饮产业由价格竞争向产品和服务创新发展转变，由注重规模扩张向强化品牌建设和提升效益转变，由中高端正餐向正餐、茶市、外卖等多元化大众餐饮转型。多元化大众餐饮的发展可以帮助企业在扩大市场范围的同时提高消费者黏性。

(5)建立全寿命周期资产指标考核体系，强化质量管理

研究制定符合全寿命周期管理需要的资产指标考核体系，加强存量资产的管理，促进资产价值的有效增长，提高资产的运营效率，盘活闲置资产，优化资源配置，实现由资产总量最大到资产质量最优的转变。加强对资产的源头管理，强化投资过程控制，加大投资可行性研究和技术论证分析，减少不良资产的形成，提高资产回报和运营效益。

后记

该案例通过梳理东江鸿星集团26年发展中的关键节点，总结其成长路径，从中可以看出企业家在企业初创、发展期至关重要的作用，企业发展速度和资金量大小的密切关系。同时看到，国家的政策、人民的消费信心对餐饮业发展的重大影响。在互联网盛行的年代，企业的转型必然会与其相联系。

参考文献

[1]Marshall Alfred. 经济学原理[M]. 孙利，译. 天津：天津人民出版社，2010.

[2]陈立. 论高端餐饮的转型[J].科技资讯，2014(16)：218.

[3]韩艺. 本土连锁餐饮业服务质量评价模型构建及实证研究[D].南京理工大学，2008.

[4]孔令怡."国八条"背景下高端餐饮如何以转型谋出路[J].中国市场，2014(20)：29-30+33.

[5]李华民，刘芬华，唐松，赵丹妮. 金融危机下的珠江三角洲区域经济发展困局与破解——"一个信用集群视角下的江门市中小企业融资对策"例析[J].中国软科学，2010(2)：107-115.

[6]刘宇. 企业家导向、市场导向、产品创新与企业绩效的关系研究[D].吉林大学，2009.

[7]柳卸林，徐晓丹. 餐饮业的升级与创新——以海底捞为例[J].工业技术经济，2014(3).

[8]吕一博，苏敬勤，傅宇. 中国中小企业成长的影响因素研究——基于中国东北地区中小企业的实证研究[J].中国工业经济，2008(1)：14-23.

[9]戚永红，宝贡敏. 企业成长阶段及其划分标准：一个评论性回顾[J].商业研究，2004(4)：31-33.

[10]钱锡红，徐万里，李孔岳. 企业家三维关系网络与企业成长研究——基于珠三角私营企业的实证[J].中国工业经济，2009(1)：87-97.

[11]谭焱. 提升重庆市餐饮业员工敬业度的对策研究[D].重庆工商大学，2012.

[12]唐润进. 论企业生命周期与市场发展战略的选择[J].商场现代化，2009(4)：60.

[13]唐晓辉. 中式餐饮成功连锁的四大要素[J].企业改革与管理，2013(6).

[14]王华. 区域餐饮业竞争力的驱动因素及模式[J].经济地理，2009.

[15]王树营. 家族餐饮企业的关键成功因素研究[D].东北财经大学，2013.

[16]杨宜苗，郭岩. 零售企业成长模式研究：一个理论框架——基于苏宁电器、大商集团和百联集团的成长案例分析[J].财贸经济，2013(7)：87-94.

[17]依晨. 后"国八条"时代：高端餐饮生存法则[J].餐饮世界，2015(12).

[18]殷群."世界级"创新型企业成长路径及驱动因素分析——以苹果、三星、华为为例[J].中国软科学，2014(10)：174-181.

[19]于方书. 关于高端餐饮向大众化消费转型的思考[J].酒店管理研究,2014(10).

[20]张玉利. 创业管理[M]. 上海:上海大学出版社,2009.

[21]正品贵德. 从徐记海鲜逆市扩张看中高端餐饮转型方向[J].信息与电脑,2014(11):46-48.

[22]郑伟. 新形势下高端餐饮业发展思路研究[J].现代商贸工业,2014(2):84-85.

[23]朱洪春,刘伯超. 高端餐饮转型突围之路[J].合作经济与科技,2013(10).

[24]Chandler D. Strategy and Structure [M]. The M. I. T Press, Mass, 1962: 176 -195.

[25] Glaser B., Strauss A. The Discovery of Grounded Theory: Strategies for Qualitative Research[M]. Chicago: Aldine Press, 1967.

[26] Li Zhigang, Li Xingwang. Applying Grounded Theory in the Models and Determinants Study of Mengniu's Fast Growth[J]. Management Sciences in China, 2006, 19(3): 2-7.

[27] Penrose E. The Theory of the Growth of the Firm[M]. London: Basil Blackwell, 1959.

[28] Strauss A., Corbin J. Translated by Xu Zhongguo. Qualitative Research Method[M]. Taipei: Juliu, 1997.

[29] Zhang Yi, Liu Jinping, Zhang Rui. On the Positioning and Creation of Urban Image Based on Grounded Theory: A Case Study of Chongqing[J]. Tourism Tribune, 2009, 24(9): 53-60.

视声向在线定制转型的动因及路径

方案设计:熊　剑　王　玉
资料收集/资料整理:张　乐　江　星　王　梦

一、案例研究背景

(一)智能家居行业介绍

智能家居是以住宅为平台,利用综合布线技术、网络通信技术、安全防范技术、自动控制技术、音视频技术将家居生活有关的设施集成,构建高效的住宅设施与家庭日程事务的管理系统,提升家居安全性、便利性、舒适性、艺术性,并实现环保节能的居住环境。

目前关于智能家居的称谓多种多样,如电子家庭(Electronic Home、e-Home)、数字家园(Digital Family)、家庭自动化(Home Automation)、家庭网络(Home net/Networks for Home)、网络家居(Network Home)、智能化家庭(Intelligent Home)等几十种。尽管名称不相同,但含义和功能大体是相同的。

1. 智能家居的基本要素

首先,在一个家居中建立一个通信网络,为家庭信息提供必要的通路,在家庭网络操作系统的控制下,通过相应的硬件和执行机构,实现对所有家庭网络上的家电和设备的控制和监测。其次,通过一定的媒介,构成与外界的通讯通道,以实现与家庭以外的世界沟通信息,满足远程控制、监测和交换信息的需求。最后,满足人们对安全、舒适、方便和符合绿色环境保护的需求。

完整的智能家居包含家居布线系统、家庭网络系统、智能家居(中央)控制管理系统、家居照明控制系统、家庭安防系统、背景音乐系统、家庭影院与多媒

熊剑:经济学博士,暨南大学国际商学院教授。
王玉:管理学博士,暨南大学国际商学院教授。
张乐:管理学硕士,暨南大学管理学院 2014 级研究生。
江星、王梦:管理学硕士,暨南大学管理学院 2015 级研究生。

体系统、家庭环境控制系统八大系统。其中,智能家居(中央)控制管理系统是必备系统,家居布线系统、家庭网络系统、背景音乐系统、家庭影院与多媒体系统、家庭环境控制系统、家居照明控制系统、家庭安防系统为可选系统。

2. 智能家居行业发展趋势

智能家居作为一个新生产业,处于导入期与成长期的临界点,市场消费观念尚未形成,但随着智能家居市场推广普及的进一步落实,逐步培育起消费者的使用习惯,智能家居市场的潜力必然是巨大的,产业前景光明。IBM"智慧星球"被美国政府列为国家战略,国务院下发《国务院关于加快培育和发展战略性新兴产业的决定》,都从政策层面上推进智能家居产业的未来发展,彰显着这一领域的发展潜能。近年来"互联网+"如火如荼,互联网与传统企业的结合发展将成为当前一大转型和发展热点。"互联网+"是创新 2.0 下的互联网发展新业态,代表了一种新的社会形态,即充分发挥互联网在社会资源配置中的优化和集成作用。而智能家居向在线定制方向发展不失为一种"互联网+"的新应用。

至今智能家居在中国已经历了近 12 年的发展,从人们最初的梦想,到今天真实地走进大家的生活,经历了一个艰难的过程,可将其分为四个阶段,分别是萌芽期、开创期、徘徊期、融合演变期,如图 1 所示。

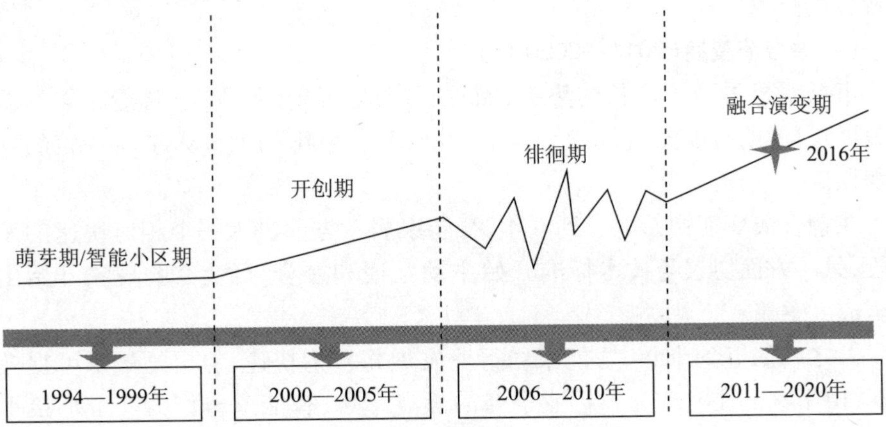

图 1　智能家居发展趋势

(1)萌芽期/智能小区期(1994—1999 年)

整个行业还处在一个概念熟悉、产品认知的阶段,这时没有出现专业的智能家居生产厂商,只在深圳出现一两家美国 X-10 智能家居代理销售的公司从事相关进口零售业务,产品多销售给居住在国内的欧美用户。

（2）开创期（2000—2005 年）

国内先后成立了 50 多家智能家居研发生产企业，主要集中在深圳、上海、天津、北京、杭州、厦门等地。智能家居的市场营销、技术培训体系逐渐完善起来，此阶段，国外智能家居产品基本没有进入国内市场。

（3）徘徊期（2006—2010 年）

由于上一阶段智能家居企业的野蛮成长和恶性竞争，给智能家居行业带来了极大的负面影响，包括过分夸大智能家居的功能而实际上无法达到这个效果，厂商只顾发展代理商却忽略了对代理商的培训和扶持，出现代理商经营困难、产品不稳定的情况，从而导致用户投诉率过高。行业用户、媒体开始质疑智能家居的实际效果，由原来的吹捧变得谨慎，市场销售也呈现出增长减缓甚至部分区域出现了销售额下滑的现象。2005—2007 年，大约有 20 多家智能家居生产企业退出了这一市场，各地代理商结业转行的也不在少数。许多坚持下来的智能家居企业，也经历了缩减规模的痛苦。而在这一时期，国外的智能家居品牌涌入中国市场，如罗格朗、霍尼韦尔、施耐德、Control4 等。部分国内存活下来的企业也逐渐找到各自的发展方向，例如天津瑞朗、青岛爱尔豪斯、海尔、科道等用 X-10，深圳索科特做了空调远程控制，成为工业智控的厂家。

（4）融合演变期（2011—2020 年）

市场明显看到了增长的势头，而且受房地产调控的影响，智能家居的放量显著增长，说明智能家居行业进入了一个拐点，由徘徊期进入了新一轮的融合演变期。

在融合演变期初始的三到五年，智能家居一方面进入一个相对快速的发展阶段，另一方面协议与技术标准开始主动互通和融合，行业并购现象开始出现甚至成为主流。

再之后的五到十年，智能家居行业发展将极为快速，但也是最不可捉摸的时期，由于家庭住宅成为各行业争夺的焦点市场，智能家居作为一个承接平台将成为各方力量首先争夺的目标。这个阶段国内将诞生多家年销售额达百亿元的智能家居企业。①

3. 行业技术创新

截至 2016 年 12 月，国内专利检索平台可查询到的“智能家居”相关专利共 6502 项，其中发明专利占比 53.84%，实用新型专利占比 43.21%，外观设计专利

---

① 资料来自百度百科智能家居。

占比 2. 95%。2007—2016 年智能家居专利申请数量变化趋势见图 2。

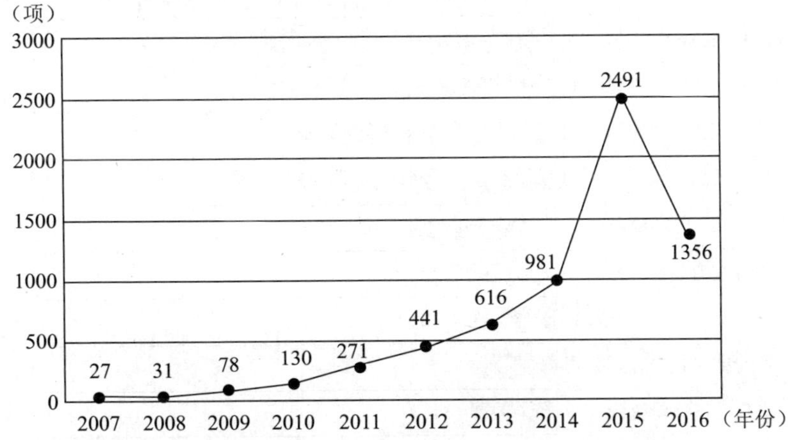

图 2　2007—2016 年智能家居专利申请数量变化趋势

2007—2015 年智能家居专利申请数量持续增加。尤其是 2015 年专利申请数量增长迅猛，涨幅超过 150%，约为 2007—2014 年专利申请数量的总和。2016 年度专利申请数量虽有所下降，但仍高于除 2015 年外的其他年份。这表明近年来智能家居行业在技术方面取得重大进步，技术能力的增强将推动智能家居走向千家万户。

专利申请数量排名前十位的企业分别为小米科技有限责任公司、成都科创城科技有限公司、成都弘毅天承科技有限公司、四川长虹电器股份有限公司、成都众乎理想科技有限公司、国家电网公司、珠海格力电器股份有限公司、中山大学、美的集团股份有限公司和中兴通讯股份有限公司。排名前五位公司（TOP5）专利申请量合计占比 8. 57%，这表明在智能家居领域，市场竞争较为激烈，未有企业占据垄断地位。2008—2016 年智能家居专利申请量前 10 名公司及其专利申请量如图 3 所示。

对智能家居专利申请数量排前 5 名的公司进行专利申请时间趋势分析，发现其专利技术的取得基本集中在 2015 年、2016 年两年。这说明国内智能家居技术在近两年得到飞速发展，智能家居的技术障碍逐步被攻克，部分企业正在形成技术优势。2009—2016 年智能家居专利申请人（TOP5）申请量的发展趋势如图 4 所示。

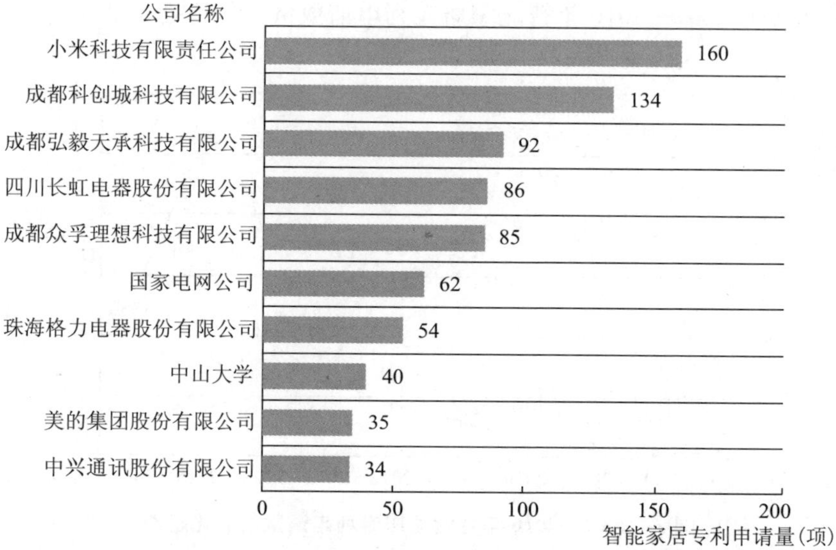

图 3　2008—2016 年智能家居专利申请量前 10 名公司及其专利申请量

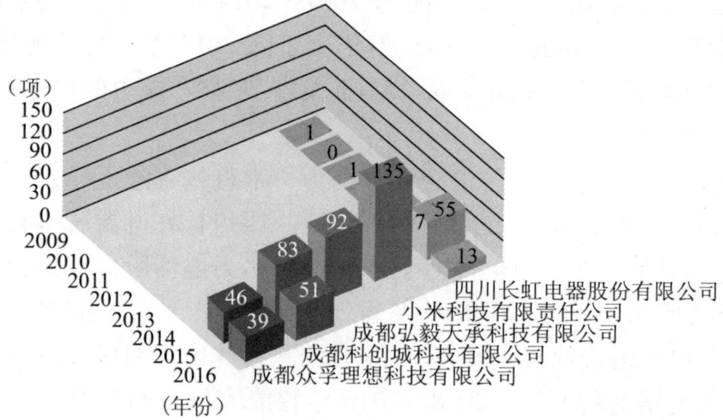

图 4　2009—2016 年智能家居专利申请人(TOP5)申请量的发展趋势

对智能家居领域专利申请数量排第 6~10 名的公司进行分析,其专利技术的分布年度跨度较大,相对于排名前 5 位的公司而言年份的范围较广,更为分散。如中山大学、中兴通讯智能家居专利技术申请量在 2010 年最多,其后几年申请量均较少、整体呈下降趋势。2008—2016 年智能家居专利申请人(TOP6~10)申请量的发展趋势见图 5。

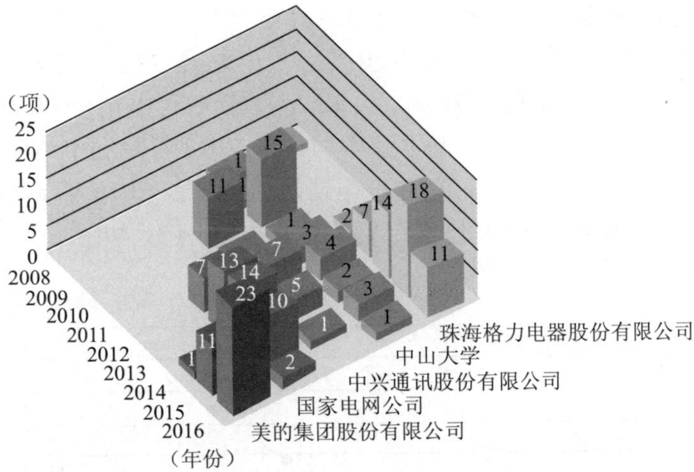

图 5　2008—2016 年智能家居专利申请人（TOP6~10）申请量的发展趋势

从图 5、图 6 对比来看，智能家居专利申请量排名前 5 位的公司起步晚，但发展势头迅猛；排名第 6~10 位的公司虽起步早，但发展速度相对较慢。

从智能家居专利类别分析，控制、调节类专利和电通信技术类专利占据主要地位，2008—2015 年均保持高速增长，2016 年专利申请数量出现较大幅度下滑。这表明在智能家居领域，控制、调节类技术和电通信技术是研究开发的重点和热点，也成为评价智能家居企业研发实力的重要考核标准。2007—2016 年智能家居主流技术领域趋势分析见图 6。

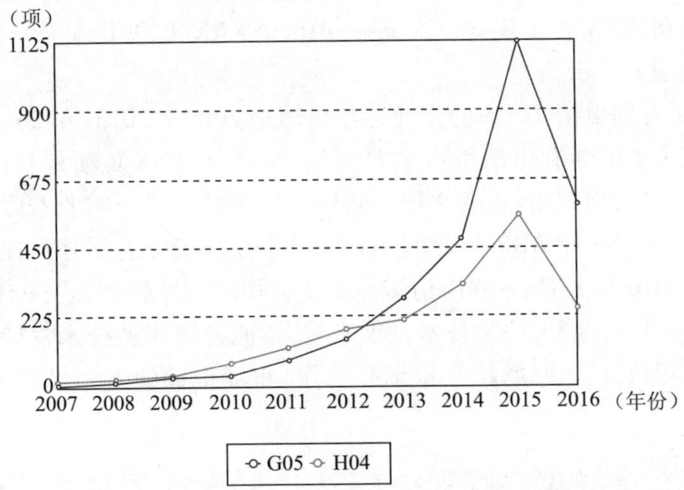

图 6　2007—2016 年智能家居主流技术领域趋势

智能家居中控制系统技术至关重要。截至2016年12月，国内专利检索平台可查询到“KNX”技术相关专利共301项，其中发明专利55.5%，实用新型专利42.77%，外观设计专利1.73%。从KNX技术专利申请趋势来看，2008—2015年该项技术专利申请数量基本呈增加趋势，2013年专利申请量增长最快，涨幅约2倍，在2015年达到峰值，年度申请量为45项。2016年KNX专利申请量下降。2008—2016年KNX技术专利申请量的变化趋势如图7所示。

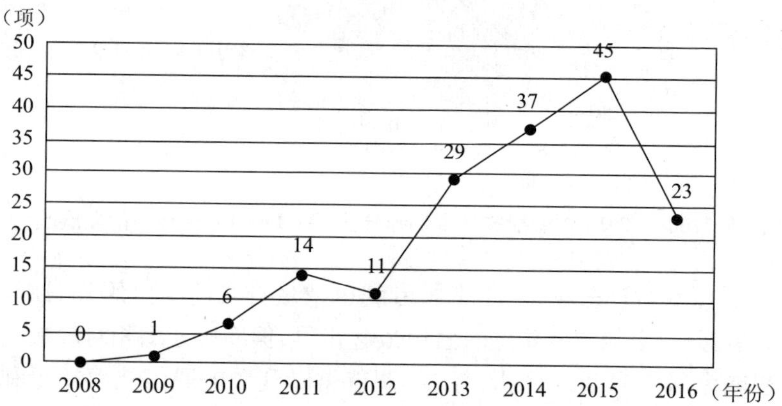

图7　2008—2016年KNX技术专利申请量变化趋势

KNX专利申请量排名前五位的企业分别为天津职业技术师范大学、SIEMENS AG、广州视声电子实业有限公司①、ABB AG、天津五维科技有限公司，共计70项，占可查询专利总数的23.26%，这表明KNX专利有一定的集中度，部分企业具备KNX技术优势。2008—2016年KNX专利申请量前5位公司的基本情况如图8所示。

从KNX专利申请TOP5的企业各年申请趋势分析，2013年、2014年天津职业技术师范大学的专利申请量占主要地位，2015年KNX 8项专利均属天津五维科技有限公司，而2016年的8项专利均由广州视声电子实业有限公司申请。国际品牌SIEMENS和ABB的专利申请分布较为零散，主要分布在2014年之前。2008—2016年KNX专利申请量前5位公司的发展趋势如图9所示。

从智能家居行业和KNX技术发展来看，智能家居相关技术发展势头良好，近几年发展较快，技术问题正在逐渐被克服，市场份额的占领将成为各个公司

① 广州视声电子实业有限公司于2016年8月23日改名为广州视声智能股份有限公司，但鉴于其专利申请和专利证书的申请人名称为广州视声电子实业有限公司，故在此不做更名。以下关于专利申请分析鉴于同样理由，采用国家知识产权局专利系统中登记的申请人名称。

的主战场。

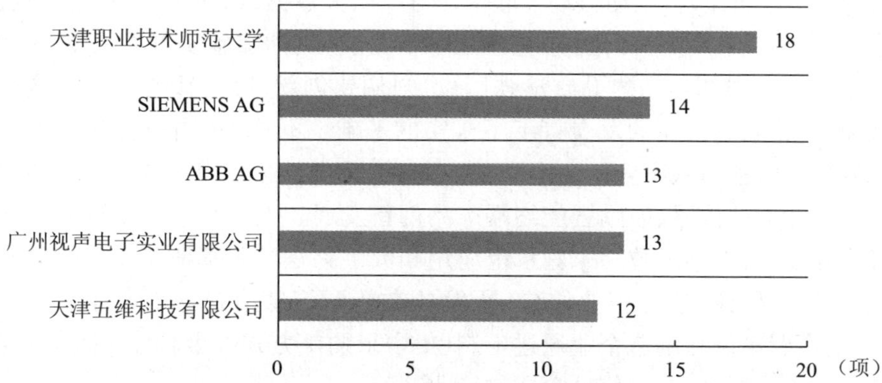

图 8　2008—2016 年 KNX 专利申请量前 5 位公司

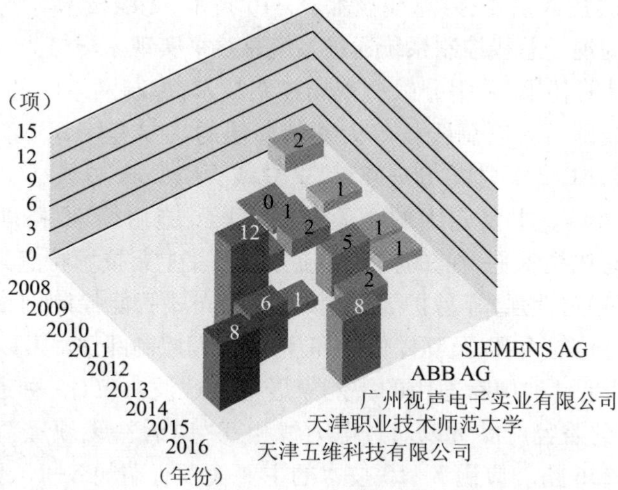

图 9　2008—2016 年 KNX 专利申请数量前 5 位公司的发展趋势

4. 智能家居前景

(1)政策

我国市场规模庞大,正处于居民消费升级和信息化、工业化、城镇化、农业现代化加快融合发展的阶段,信息消费具有良好的发展基础和巨大的发展潜力。我国政府为了推动信息化、智能化城市发展,于 2013 年 8 月 14 日发表了《关于促进信息消费扩大内需的若干意见》(以下简称《意见》),大力发展宽带普及、宽带提速,加快推动信息消费持续增长。2015 年 3 月,李克强在政府工作报告中强调稳增长和调结构相辅相成,指出制造业是我国的优势产业,要推动产业结构迈向中高端。他也指出新兴产业和新兴业态是竞争高地，提出制定“互联网+”行动计划，推动移动互联网、云计算、大数据、物联网等与现代制造业结合。2016年4月19日，国务院办公厅印发了《贯彻实施质量发展纲要2016年行动计划》，强调推动建设质量强国，也强调要创新，突出智能概念。这都为智能家居、物联网行业的发展打下了坚实的基础。不管是《国务院关于加快培育和发展战略性新兴产业的决定》还是《意见》都向社会传递着政府要增强信息产品供给能力的信号，鼓励智能终端产品创新发展。支持数字家庭智能终端研发及产业化，大力推进数字家庭示范应用和数字家庭产业基地建设。鼓励整机企业与芯片、器件、软件企业协作，研发各类新型信息消费电子产品。支持电信、广电运营单位和制造企业通过定制、集中采购等方式开展合作，带动智能终端产品竞争力提升，夯实信息消费的产业基础。

(2)行业技术

当前主流的技术主要有：总线技术、X-10技术、无线技术等。

总线技术为现场总线控制系统通过系统总线来实现家居灯光、电器及报警系统的联网以及信号传输，采用分散型现场控制技术，控制网络内各功能模块只需要就近接入总线即可。以总线技术为通信介质的主要有C-BUS消费电子总线、Lon Works总线、AP Bus总线、RS-485/232总线、CC-Link总线、LCN总线、EIB电气安装总线、G-Bus。主要应用的企业有：西门子、施耐德、罗格朗、AMX、路创、GAKATO等。总线技术是当前的技术主流方向。其主要技术特点为：利用双绞线作为传输介质，稳定性强，容易扩展，是一种全分布式智能控制网络技术，其产品模块具有双向通信能力，以及互操作性和互换性，其控制部件都可以编程。

X-10技术是一种国际通用的智能家居电力载波协议（一种通讯“语言”），用这种“语言”的兼容产品可以通过电力线相互“说话”，无须重新布线，被控制的电器可多达256路。应用X-10技术的主要代表有瑞朗X-10、索博S-10等。X-10技术的主要特点为：传输介质为原有的电力线，成本省，但较容易受到干扰（单电力线有大电流设备如空调等在工作时，对信号有一定的干扰），需加阻波、滤波等设备来保证信号的传输稳定性，不适合实际工程操作。安装施工简便，系统调试比较简单；可用于旧房子改造工程、新房子装修工程、已装修房的改装工程；系统稳定、可靠、安全；使用方便，操作简单；具有系统扩展功能；有多种模块面板；有执行指令冲突可能。

无线技术的兴起源于多数智能家居系统布线工程的不便，尽管还不能够实现全部的无线化，但是已经大大减少在整个施工过程中的布线工程量。其价格相对较高，有的进口系统价位甚至高达10万元以上；还有部分系统采用的是蓝牙技术，其产品更为昂贵且在国内也并不常见。对于无线技术而言，zigbee技术和2.4G/WIFI是当前比较成熟的两种技术。无线技术的典型代表是波创、GKB等,其特点为传输介质为空气、灵活性大、抗干扰(容易受到金属屏蔽层的影响)比较差、不适合长距离传输信号。

系统间的不兼容与不开放使得智能家居行业在过去的发展中一直处于各自为政的状态,而随着消费者需求的扩大,任何一家企业都无法独享这一大块蛋糕,企业竞争应当实现良性状态,争取将智能家居这块蛋糕继续做大。据《2015—2020年中国智能家居行业发展分析及投资潜力研究报告》了解,目前三星的智能产品采用的是三星独有的Tizen系统。而从2015年6月开始,美的M-Smart系统将向全行业、其他品牌开放,并将推出单价仅为10元的模块,其他品牌的智能家电也能通过加装模块进入美的系统阵营。360在2015年3月也宣布建立开放式平台,与海尔、老板、奥克斯、咚咚音响等数十家品牌成为合作伙伴,并以智能家居生态链的形式继续招募合作。有关智能家居的相关标准与协议的陆续出台与完善,产品日益标准化,其兼容性和产品搭配能力都在不断加强。

(二)公司介绍

GVS视声成立于1999年,旗下有广州视声智能科技有限公司、广州视声智能股份有限公司、广州视声光电有限公司。公司致力于为客户提供专业的智慧楼宇控制系统解决方案及产品,产品涵盖CRT/TFT视频显示模组、智慧楼宇控制系统、TFT液晶显示屏,已成为智能建筑及安防行业同类产品综合实力最强的制造商和解决方案提供商,为客户提供最具性价比的解决方案与一站式产品采购服务。

GVS视声自成立以来,产品线从最初的可视对讲视频显示模组,到现在的智能控制系统及TFT液晶显示屏的研发制造,始终明晰企业自身以智能住宅、楼宇解决方案及产品提供商的行业定位,根据市场需求不断丰富产品线,在研发智能家居控制系统及产品时,就注重与国际技术的接轨。作为首批引入欧洲KNX技术的中国企业,专注KNX产品研发制造六年,是国内KNX产品制造综合实力最强的企业,在国际KNX技术领域中也具有重要的行业地位,是KNX国际制造商会员、KNX中国协会会员、欧洲总部首批授权成立培训中心的中国企业,也是KNX中国理事会中唯一的民族企业。

GVS视声始终坚持产品的自主研发和创新,并以多项权威的行业标准的编制者身份奠定了风向标的行业地位。它发起了IEEE1888.4《绿色智能家居与居住区控制网络协议标准》国际标准并担任该标准的主席单位;参与将ISO/IEC14543—3国际标准(欧洲标准EN 50090)转换为国家标准《控制网络HBES技术规范—住宅和楼宇控制系统(GB/T20965—2013)》;主持起草国家标准《建筑自动化和控制系统数据通信协议(GB/T28847)》。

经过十多年的努力与沉淀，GVS 视声在国内各省市建立完善的经销、代理销售体系，不仅如此，视声在 KNX 技术领域更是作为民族品牌与国际巨头并驾齐驱。产品以品质可靠，高性价比、优质服务，树立了良好的业界口碑，远销欧美、中东、东南亚、澳大利亚等地，营销网络遍布全球。同时 GVS 视声与多家知名地产商、可视对讲生产商、系统集成商建立起的战略合作关系，致力于成为最具价值的品牌企业。公司的组织机构框架如图 10 所示。

视声拥有来自全国重点高等院校的高精尖人才 100 人，其中 60% 人员负责智能可视对讲与智慧社区的研发，40% 人员负责智能楼宇与智能家居的开发，并由享受国务院特殊津贴专家廖伟明担任公司的技术顾问。除了人员的优势之外，视声自 1998 年成立至今专注于模组等智能家居产品，也形成了浓厚的企业文化和研发技术沉淀。研发团队内部分工明确，主要分为软件开发、硬件开发、工业设计以及系统平台开发，各个子团队之间分工协作，共同构成了视声的核心研发团队。

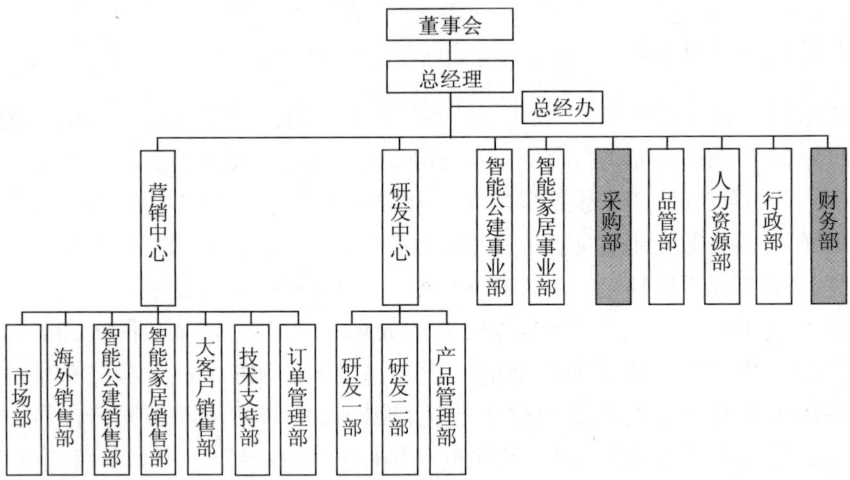

图 10　公司组织机构框架

注：灰色背景部门为集团直管部门。

二、案例研究的初衷和依据

（一）研究初衷

1. 研究动机

传统企业的业务已呈现增长减缓甚至停滞，一方面来源于原有市场的饱和，另一方面则来源于电子商务的冲击。自波特提出价值链分析模型之后，依据价值链将企业生产经营的各个环节进行分割,可以寻求价值增值的环节,消减和排除价值活动增加值为负的活动。那么对于视声而言,在价值链成本理论分析框架下,哪些环节属于价值增值环节,能与消费者实现互动和价值共创,成为企业赢得消费者的重要方面?作为一家产品自身带有定制色彩的企业,在信息技术和电子商务的冲击下又该如何转型升级?以上问题构成了本研究的研究动机。

2. 研究目的和意义

通过本项目研究,可为正处于转型期痛点的视声寻求转型升级的发展方向,证明视声智能家居产业链在价值链成本理论下向在线定制平台转型的重要性和必要性,并提出转型升级的路径与方案。本项目所得到的研究结果,主要有以下意义:

理论意义:扩宽价值链成本理论的使用范围,为转型升级理论提供新的研究视角。

应用价值:首先,为视声提供转型升级的方案选择,提供视声转型升级的方向——在线定制,并对在线定制平台进行理论规划,提出切实有效且可实施的方案,以帮助视声缓解和改善自身的经营困境;其次,依托于视声智能家居产业向在线定制转型的成功案例,为其他企业和产业提供经验分享和案例支持。

(二)理论和文献基础

1. 价值链成本

价值链(Value Chain)是由哈佛大学商学院教授迈克尔·波特于1985年首先提出的一种战略分析框架,十几年来广泛用于财务分析、成本管理等专门领域。张银生(2014)价值链成本管理的核心是整合内外部流程,为客户创造最优价值。因此,要分析企业内部业务流程是否最优,即使流程运行最大化增值作业、最小化或消除非增值作业。设计—采购—生产—销售—售后服务等一系列生产经营活动和管理活动得以高度整合和统一,达到各项流程路径最佳,以使各项管理活动和作业链得以顺利进行,提高作业效率并降低成本。

现有的研究对价值链成本概念的认识并不相同,但基本都认为价值链成本应该具有两个层面上的含义:一是生产作业流程维度,是指由于产品作业生产流程、行为而产生的成本;二是关系维度,是指由于价值链企业间关系管理所产生的交易成本。现有的价值链成本管理相关研究基本是从行为、组织结构、技术和环境四个视角进行讨论,多角度的分析和刻画有助于对事物的整体认识。

（1）行为视角

这部分内容主要是驱动力来源分析，具体表现为价值链成本管理的决策权限、上下游企业间定价机制、收益的分配机制等方面，价值链成本管理的行为研究一般都具有经济属性、过程属性、能力属性和文化属性。总体而言，现有的研究都认为：价值链中价值创造的驱动力主要来自核心企业较强的创造价值的能力，当核心企业的价值创造力作为推动力与其他企业局部竞争优势相整合，价值链系统内部的运行机制产生的作用将不仅仅是交易成本的节约。"赢家通吃"（Winner Take Most）和收益递增的原则将会促成市场垄断结构的形成，使价值链的价值创造力进一步加强，呈几何级数增长，形成"能力集束效应"，创造出源源不断的超额财富。李玲（2013）将价值链成本动因分为生产经营性成本动因和结构性成本动因，充分论证基于价值链成本思想下企业内外部的不同管理动因。

（2）组织结构视角

经过价值链延展、分拆和创新等价值链组织结构的改变，价值链组织成员通过契约关系经常彼此沟通、进行业务往来等，逐步形成长期、稳定的战略合作伙伴关系，这样能够大大减少机会主义行为，实现协同效应（Deeds & Hill，1999；Joshi & Stump，1999）。这部分研究基于结构和过程管理的理论，注重研究价值链成本管理的发展、变革的过程、价值链成本驱动因素和过程以及价值链治理问题。如果股东价值最大化是价值链成本管理的最终目标，价值链成本管理就应十分重视股东回报，管理重点就应该放在增加股东价值的价值动因上和价值治理上。穆林娟等（2012）通过实地研究法对深南电路进行深入分析，论证基于价值链成本管理的思想下企业目标演变成为产业经营主导型管理，从客户价值导向的研发到生产精益管理再到客户价值引导最后实现柔性组织管理。

（3）技术视角——价值链成本管理实现的工具

价值链成本管理的目标需要通过特有的管理方法和管理工具来实现，这方面西方学者的研究已经有了长足的进展。首先，由于目标成本法能够将采购商和供应商的目标成本系统连接起来（Cooper & Slagmulder，1999；Seuring，2001；Dyer，1996；Ellram，2000），比较适合跨组织成本管理，因此在价值链成本管理的研究中备受注目；其次，管理会计的另一个成本管理工具——作业成本法因其对生产流程和价值链成本的改进也受到研究者的青睐。这两种方法在价值链成本管理的研究中占有很重要的地位。温素彬（2016）分析得到长安汽车通过利用价值链思想对企业各个环节进行成本管理，一方面整合内部系统，删减烦琐重复环节，从而提高运营效率；另一方面整合产业上下游各个环节，将以产品为中心转为以客户为中心。唐艳（2015）也论证了宝钢集团通过价值链成本管理实现了自身在全球钢铁产业中的逆向发展。

(4)环境视角

环境是指价值链成本管理赖以运行的价值链外部环境和内部环境。我国学者胡玉明(2002)对环境因素对成本管理决策的影响进行了深入研究。价值链成本管理本身就是成本管理环境改变所带来的成本管理创新的产物,同时其自身也依然需要这方面的研究,当环境发生改变时需要从正负两方面分析对价值链成本的影响,在战略、合作方式、资源调整等方面进行调整,对其价值活动进行优化整合,才能培养和保持价值链创新能力,增强市场竞争优势。何瑛、袁筱月、于文蕾(2014)以亚马逊从“烧钱”到“盈利”的蜕变为例,强调价值链成本管控的重要性,随着行业边界的模糊以及互联网生态的逐步完善,对业务流程进行整合与重组,以最小的交易成本取得自身的成本优势成为互联网核心企业的价值诉求。

2. 转型升级

Ginsberg(1988)认为,转型是指事物在发展过程中由一种发展模式转变为另一种发展模式,从而实现事物由初级向高级的不断演变,制造商从生产劳动密集型低价值产品向生产更高价值的资本或技术密集型产品转移。Bossidy L. 和 Charan R.(2004)认为,随着全球商业进入第五个结构性变化时期,具体表现为世界范围内的过度投资和生产能力过剩等,则企业要么转型,要么破产。

(1)转型升级的动因研究

企业升级之所以是新兴经济体的独特现象,是因为新兴经济体企业面临着比发达国家更大的升级压力,同时也蕴含着巨大的升级空间。王吉发、冯晋、李汉铃(2006)认为,企业转型既有外生动因,如外部环境的变化和企业在行业内的地位变化,也有内生动因,如其他行业的吸引和资源冗余。毛蕴诗等(2010)提出,我国企业转型升级的压力主要表现在以下六个方面:出口退税加工贸易政策调整、人民币升值、原材料价格上涨、生产附加值低和反倾销、质量环境认证等贸易、技术壁垒。对于发展中国家嵌入全球价值链的企业,其在价值链内升级的动力可归结为三种:企业所在集群的集聚效应、企业所嵌入价值链领导企业的推动以及企业的技术创新。集聚效应间接推动企业升级,而后两种起直接推动作用(龚三乐,2011)。

国内外学者多从企业内外部两方面考察企业升级的影响因素。影响企业升级的内部决定因素主要是由资源基础理论来判断的,而外部决定因素主要是由权变理论来判断的(毛蕴诗等,2015)。

资源基础理论关注企业竞争优势的来源,企业可以通过将它有价值的、稀缺的、不可模仿的资源进行配置来获取竞争优势，其中被广泛研究的就是关键资源。关键资源包括资本积累和人力资源。王一鸣等（2005）认为，一方面资金资源可以使得企业在研发设计、宣传推广等方面进行大力投入，从而提高技术创新水平、推广企业产品品牌形象，最终建立自主品牌；另一方面人力资源可以为企业形成智力资本，形成企业的强有力的竞争力。

权变理论对企业升级的影响主要在于外部的环境变化和内部的企业家理念。一方面，市场前景广阔、消费心理日渐成熟、市场竞争秩序日益规范（王一鸣等，2005）、政府大力营造良好技术创新外环境（Gans & Stern，2003；路甬祥，2005），都有助于企业的转型，如新常态下传统行业如煤炭产业就与“互联网+”进行了结合，实现转型升级（县祥，2016）。另一方面，企业家精神与品牌意识能加速企业建立自主品牌的进程（王一鸣等，2005；胡钰，2007）。毛蕴诗、郑奇志（2012）通过对中国大陆、台湾几十家企业的实地研究，综合企业资源与能力、动态能力理论和权变理论的分析，提出了企业升级路径的选择模型。该模型认为，企业（家）根据其自身资源与能力和对环境变化的判断，采取不同的升级路径。这些路径可以与微笑曲线、对偶微笑曲线相匹配。

（2）转型升级的战略与路径研究

对于企业升级战略的研究，国外学者主要是从关注核心竞争力和动态能力的角度开始的，它关注的是企业内部的升级。动态能力是指企业组织长期形成的学习、适应、变化、变革的能力，强调企业必须努力应对不断变化的环境，更新发展自己的能力，而提高和更新能力的方法主要是通过技能的获取、知识和诀窍的管理、学习，通过动态能力的发展实现企业升级。肖静华、谢康等（2014）通过B2C电商企业梦芭莎的案例研究发现，在快速变化的环境中，企业与消费者互动形成的协同演化动态能力构成电商企业动态能力的一种主要形式，并提出企业与消费者协同演化动态能力的概念模型。江诗松、龚丽敏、魏江（2011）采用共演模型，通过对吉利集团的纵向案例研究，展现了转型经济制度环境和后发企业能力追赶的共演过程，解释了转型经济背景下后发企业如何通过各种方式管理复杂的制度环境和揭示后发企业如何实现技术和市场能力的追赶。周文辉、王昶、周依芳（2015）通过对三个典型案例研究，发现内向型中小制造企业通过制定瓶颈突破方案为行动学习提供了正确的知识输入，行动学习为瓶颈突破方案的实施提供了有力保障，方案制定与行动学习就是不断解决问题与达成目标的过程，转型能力包括认知能力、转移能力与整合能力三个维度，它的提升路径是一个“知行合一”的过程。

3. 在线定制

(1)在线定制的概念研究

在线定制是指通过互联网检索商品信息,用户介入产品的生产过程,通过线上的形式,将指定的需求定制在产品上,用户获得自己定制的个人属性强烈的商品。在线定制是大规模制定的延伸化,更加关注客户偏好多样性和注重客户在产品创造制造过程中的参与,强调人机互动。葛如一(2010)对在线定制做了以下定义,在线定制必须是在线市场上进行的,交易的类型也必须是定制交易;其中,定制交易就是产品或服务的供应方运用网络信息技术,根据消费者独特的需求进行生产,并最终交付给需求方的过程。孟燕(2013)也认为,在线定制就是满足消费者个性化的需求,并通过在线平台进行交易的模式。在线商家可以运用网络系统及时将客户个性化的产品定制信息传送到生产企业内部,生产企业也会迅速安排生产,并将产品尽快地生产出来并配送到消费者的手中。张宏宇(2015)认为,在线定制是指供应方通过互联网确认每位客户的需求并进行个性化定制生产,生产完后再把产品交付给需求方的过程。

(2)在线定制系统的相关研究

近年来,在线定制不仅得到广泛的实践应用,而且也是研究关注的热点,特别是在系统应用、工作流程等方面,国内外学者针对在线定制进行了大量的研究。Shi Kai 等(2008)的研究将浏览器与服务器结构进行整合,设计实现了针对鞋类产品的专业在线定制系统,该系统能够为消费者提供专业的选择引导与购买建议。Mavridou E 等(2013)研究了在线定制推荐系统,他使用数据挖掘技术,针对汽车工业中的客户进行数据挖掘分析,建立用户需求与汽车产品设计参数之间的关联,通过评估客户满意度、工具的适用性和稳定性等指标,对消费者在线定制购买汽车进行推荐。

在国内,楼尊(2010)设想,在产品定制条件下不同参与程度对顾客认知或行为反应可能会有着很大的影响,最终他通过模拟角色实验证实这一想法。孟燕(2013)还研究了在线定制购买过程中,在线定制系统中隐私关注的问题,消费者对隐私关注程度很高,同时一定程度上影响着在线定制购买决策的产生,因此在线个性化系统的设计必须实现对个人隐私的保护。伊辉勇(2014)将企业在线定制价格看成约束条件,通过调节厂商价差来优化销量结构和平衡矛盾来制定多约束产品的配置策略。

(3)在线定制企业成败因素的相关研究

早期不少学者研究大规模定制领域,Stevenson M. Hendry LC 等(2005)认为,在订单生产企业中,客户咨询阶段、公司规模、定制化程度、车间的配置在计划适应性和控制中扮演着重要角色。Salvador F 等(2008)在已有文献证明产品、流程、供应链重构对实施大规模定制重要性后，通过定性纵向案例的研究，论述实施大规模定制的五项障碍因素、组织惯性以及转变危害。单汨源、汪玉等(2008)论证 MC 企业多项目进度控制的必要性，组织在订单驱动下，应具有项目管理的思想。

Franke N 和 Schreier M(2010)通过研究 186 名参与者用定制工具设计围巾的过程，得出定制过程付出的努力和得到的愉悦感是消费者喜欢自我设计产品的原因的结论。Franke N 和 Schreier M. Kaiser U(2010)认为，定制工具包不仅最大化顾客偏好，最小化设计难度，而且应带有“我自己设计”的情感。因为自行设计的产品会产生更高的支付意愿，创造成就感和感知乐趣是客户价值的重要部分。陈明森、陈爱贞等(2012)通过对我国 221 家制造业上市公司的实证分析，得出企业家冒险精神以及企业的技术能力与营销能力，是影响我国企业升级战略的重要因素，其中企业家冒险精神尤为重要。Kang Y. J. Lee W. J.(2014)，宾玉洁、黎继子(2014)等研究发现，定制可以提高用户的感知有用性，继而影响消费购买定制商品或服务的行为。万晓榆等(2014)实验研究方法发现，大学生定制移动通信业务除了受到大学生对业务的偏好程度与业务重要性的影响，还受到定制模式(加法模式与减法模式)与业务类型(积极业务与消极业务)及两者交互作用的影响，这也就证实一方面服务直接影响消费者的消费意愿，另一方面也会作用于其他事项影响消费者在实施在线定制过程中的消费感知，即在在线定制的过程中，卖方服务的重要性和服务的类型对消费者的选项框架效应具有调节作用(万晓榆，2015)。

4. 文献评述

学术界对于价值链的研究由来已久，伴随着长期不懈的研究，其研究内容、对象和范围都在不断扩大和深化。价值链分析作为管理会计的重要方法与工具，能够有效地帮助企业分解各个经营环节，并进行主要活动和辅助活动的区分，由此一直为企业所使用。但是纵观价值链的研究，一方面它逃脱不了成本衡量的隐性约束；另一方面它从价值链成本角度研究较少，如指标和模型的选取与构建。结合在线定制和转型升级的文献，可以发现在线定制是当前以及未来的发展方向之一，它结合传统行业与信息技术，不仅可以自成一家，也可以作为传统行业转型升级的方向和工具。它融合了企业转型升级的要素支持，加之其得到政策和经济环境的大力支持，“互联网+”成为不少行业转型的渠道和技术支撑，其中以服装业为代表的制造业开始了在线定制的发展。现有的文献中以理工科研究在线定制系统的文献为主流，与管理类学科相结合是研究趋势。管理类学科注重企业信息流的信息完整性、准确性和运转效率,充分结合当下的信息技术,提高信息流的利用效率。而将消费者的消费感知和消费愿景纳入企业产品的生产和设计环节之中,也是在线定制逐渐成为趋势的重要内因。

总之,不管是价值链成本理论还是转型升级的理论研究,都为本项目研究奠定了深厚的理论基础,但是在新的技术环境下,对于如何基于价值链成本视角,研究企业向在线定制方向转型升级,并把研究对象聚焦到智能家居行业的研究较少。而本项目的案例研究一方面是将理论实践化,另一方面则是为现有的理论提供实践依据。

三、案例研究步骤

第一步,确定研究问题:在消费者需求呈现多样性、个性化的情况下,处在智能家居行业的视声应如何应对?视声转型的动因是什么?在价值链成本视角下,视声转型的路径又该如何构建?

第二步,相关数据收集:在现有的理论和文献的基础上,完成对智能家居行业、在线定制行业、视声企业的数据收集。

第三步,分析研究问题:在"互联网+""供给侧改革"等大背景下,在线定制模式可以有效地帮助视声缩短与消费者之间的距离、吸引消费者的参与、解决产品供需不匹配的现状,进一步分析在价值链成本视角下视声走向在线定制的路径。

第四步,提出解决方案:构建在线定制模式下视声价值链,提出视声转型升级所需的准备并给出其在线定制流程图及平台设计方案。

四、案例分析

(一)视声向在线定制转型的动因分析

1. 智能家居行业

(1)中国智能家居行业现状

中国智能家居行业经历20余年漫长的探索期,却未形成产业和领军企业,行业乱象丛生。业界对于智能家居定义一直争论不休,到目前为止,并没有关于智能与不智能的确切的界限与概念。现有五类企业争相进入智能家居领域去瓜分行业的蛋糕,其中包括:第一类,传统硬件企业,有家电厂商、安防控制设备厂商等，以海尔、美的、三星、LG、格力、TCL、广州视声、ABB、西门子、罗格朗等为典型代表；第二类，平台服务型互联网企业，凭借雄厚的技术实力和云服务能力为硬件企业提供交易平台、产业链整合、云平台、开放能力、大数据服务等支持，以Google、京东、阿里巴巴、腾讯、百度等为典型代表；第三类，消费电子型互联网企业，以生产智能手机、智能家电、智能可穿戴设备等智能硬件产品切入智能家居市场，以小米、乐视、苹果、华为等为典型代表；第四类，创新创业型企业，以中小型创业企业为主，提供单品智能硬件或者提供家居市场O2O服务，占据智能家居市场的长尾部分，以欧瑞博、幻腾智能、极路由、星盘科技等为典型代表；第五类，房地产、家装企业，其是智能家居与用户间的触点，正积极与平台服务型、消费电子型互联网企业合作，推动智能家居落地，以万达集团、华润置地、东易日盛等为典型代表。

目前行业中，智能企业各自为政，百家争鸣。由于企业具有不同的背景，家居智能化侧重点各不相同，水平参差不齐，加之智能家居无严格定义，理解不同，所以各智能家居企业切入点和营运方式不同，且产品质量体系也未形成，使得智能家居企业执行着各异的协议和端口，在管理制定等方面均存在缺失，其各按照自己的通信协议和模式在运作，不同品牌产品之间不能相互兼容，给用户带来诸多的不便，难以形成有序经营和规模效应。

(2) 中国智能家居相关标准

智能家居涉及多个行业和应用领域，如家电行业、医疗行业、电力行业、建筑行业、装修行业、物业管理等，纵向又有芯片厂商、软硬件平台提供商、智能家居集成商、家电厂商、电信服务商、终端厂商等，而统一的技术标准体系可以实现资源互联和信息共享，为产业的发展提供规范和引导，利于实现产品的互操作和产业规模化。

国内的智能家居至今还没有一个明确规范的标准，目前业内一般是用国家关于通信、电子信息、家电、楼宇自动控制或者绿色建筑等标准作为参考。

1）通信领域

在电信业，智能家居可作为电信网络的延伸，将高速数据业务引入家庭内部，构建服务于电信业务的终端网络，有利于丰富电信业务模式，带来更多的商业利润，因此它被电信业当作未来发展的重点业务之一。

2005年，中国通信标准化协会组建了家庭网络特别工作组，研究基于电信网络的家庭网络技术标准。原信息产业部于2006年颁布了首批两个标准：

《基于公用电信网的宽带客户网络设备技术要求第1部分：网关》（YD/T1449.1—2006）；《基于公用电信网的宽带客户网络总体技术要求》（YD/T1448—2006）。

上述两个标准初步解决了家庭网络的电信网关与电信网络的衔接问题。

随着3G的开展，与第三代通信网络有关的IPv6也成为推动智能家居发展的重要标准内容。目前，中国IPv6标准化工作已经启动，首批列入标准制定的内容包括IPv6基本协议、IPv6网络总体要求、邻居发现、无状态地址配置、移动IPv6、路由协议OSPF和BGP4等，以后将分批陆续制定相关的中国IPv6标准。3GPP已与IETF合作制定出与IPv6相关的移动通信标准。中国作为3GPP的主要参加方之一，正提出与轻量级IPv6相关的移动通信标准。

2)电子信息领域

智能家居是传统电子信息产业发展的驱动力之一，它的应用推广是产业升级换代的一个环节。因此，原国家信息产业部(现国家工业和信息化部)在家庭网络标准领域首当其冲，先后组建了“信息产业部家庭网络标准工作组”和“资源共享、协同服务标准工作组”(IGRS)两个部直属标准工作组，并成立了“数字电视接收设备与家庭网络平台节目标准”工作组，该工作组以海尔集团为组长单位，其目的是制定家庭网络系统平台标准，共同开发拥有自主知识产权的相关标准规范。

中国电子技术标准化研究所积极组织相关国内企业在IEC/TCl00提交了家庭多媒体网关规范(现已进入CD阶段)，在lSO/lEC/JTCl/SC25提交了闪联系列技术标准(现已进入FCD或CD阶段)。

3)家电行业

家电产业特别是传统白色家电行业对于家庭网络应用同样存在自身需求。为了能够将通信体制落实到家电终端，中国家用电器研究院于2006年成立了标准工作组，负责起草用于白色家电的网络家电控制规范。国家发展和改革委员会于2006年颁布了由中国家用电器研究院制定的《网络家电通用要求》(QB/T2836—2006)。该标准解决了白色消费电子产品中的网络家电终端产品内部与家庭网络接El的技术要求，其技术标准也部分支持了信息产业部颁布的家庭网络标准技术标准。

4)建筑与社区信息化领域

据国家标准化管理委员会要求，2003年，国家建设部牵头成立了《建筑及住宅社区数字化技术应用》国家标准编制委员会，负责起草用于社区物业管理、建筑与家庭的安防、报警、三表等系统的标准化工作。国家标准化管理委员会于2006年颁布了由国家建设部制定的《建筑及居住区数字化技术应用》系列国家标准，包括四个子标准：《建筑及居住区数字化技术应用第1部分：系统通用要求》(GB/T 20299. 1—2006)；《建筑及居住区数字化技术应用第2部分：检测验收》(GB/T 20299. 2—2006)；《建筑及居住区数字化技术应用第3部分：物业管理》(GB/T 20299. 3—2006);《建筑及居住区数字化技术应用第 4 部分:控制网络通信协议应用要求》(GB/T 20299. 4—2006)。

2011 年 5 月 1 日正式实施由住房和城乡建设部颁布行业标准:《家用及建筑物用电子系统(HBES)通用技术条件》(CJ/T356-2010)。

2012 年 11 月,国家标准化管理委员会正式批准发布由住房和城乡建设部 IC 卡应用服务中心制定的《建筑自动化和控制系统》系列国家标准,包括三个子标准(视声标准):《建筑自动化和控制系统第 1 部分:概述》(GB/T 28847. 1-2012);《建筑自动化和控制系统第 2 部分:硬件》(GB/T 28847. 2-2012);《建筑自动化和控制系统第 3 部分:功能》(GB/T 28847. 3-2012)。

2013 年 4 月,国家标准化管理委员会正式批准发布(视声标准):《控制网络 HBES 技术规范——住宅和楼宇控制系统》(GB/T 20965-2013)。

5)物联网领域

IEEE1888 是首个由中国发起的物联网领域的标准,是中国通过国际合作,在编写中占主导地位,并使之成为全球标准的代表。由我国企业担当主席单位,编制标准草案,交由 IEEE 会员讨论通过,通过的标准就成为 IEEE1888 标准。目前,已经 IEEE 立项的标准包括 5 个:IEEE1888,基础标准;IEEE1888. 1,由中国电信担当主席单位,关注网关的管理与控制;IEEE1888. 2,由北京交通大学担当主席单位,关注网关的管理与控;IEEE1888. 3,由天地互连担当主席单位,关注传输安全;IEEE1888. 4,由视声电子担当主席单位,关注智能家居(视声标准)。2011 年 3 月,IEEE11888 基础标准通过。2011 年 9 月 27 日,IEEE 标准协会会议启动 IEEE1888、IEEE1888. 2、IEEE1888. 3 三个子标准;2013 年 4 月,启动 IEEE1888. 4 子标准。

目前围绕 IEEE1888 标准已经形成若干绿色节能解决方案,包括终端设备、汇聚设备、多协议网关设备、数据库、智能节能分析与处理平台、可视化界面,各参与标准编写的单位还组织起研发人员进行相关系统的开发,准备以开源的方式提供给应用单位,推进 IEEE1888 标准在中国的应用。

(3)国外智能家居相关标准

智能家居的国际标准还缺乏完整的体系,而且智能家居的不同环节都有多种标准共存,如家庭网络、综合布线、通信技术等方面都存在此类现象。

1)家庭网络

关于智能家居的国际标准,目前主要集中在家庭网络方面,呈现多种并存的情况,如 HAVi、DLNA、HomePlug、ECHONE I、HomePNA、PLC 等协议,各家标准还需统一。

1998年5月,松下、索尼、夏普、东芝以及飞利浦等8家公司成立标准制定团体HAVi推动协议会,2000年1月公布了该标准的正式版本1.0。

Home PNA是Home Phoneline Network Alliance,即家庭电话线网络联盟的简称。Home PNA接入方式是众多家庭网络接入方式竞争方案之一。Home PNA3.0于2005年5月被国际电联(ITU-T)接受成为国际标准(G.9954)。

2)综合布线及总线技术

在综合布线技术标准中,ITU发布了G.hn通用标准,涵盖家庭电力线网络、电话线和同轴电缆等基础设施。此标准将允许每秒1GB的速度。而同轴电缆多媒体联盟(MoCA)和HomePlug电力线联盟也提出相应的标准,目前在此层面上的标准还缺乏统一。

现场总线控制技术是智能家居中控制技术的重要应用,具有数字处理和双向高速通讯的能力,分散控制,网络规模大且具有高度的稳定性。目前世界上现场总线的标准有200多个,有很多应用于建筑物的总线技术,它们中大多数是某个具体应用的解决方案。当前国际上具有代表性的现场总线技术与产品有FF总线、PROFI总线、LON总线、BACnet、CAN总线、INTER总线和CC Link总线等。在智能家居领域常见的现场总线标准有LonWorks、KNX、BACNET、CAN、PROFIBUS、CEBUS、APBus、X-10等。

3)无线通信技术

智能家居环境下,涉及无线通信技术实现家居各个元素之间的互联及互通,目前适于智能家居的技术主要有Bluetooth、Home RF、M2M、射频(RF)技术、IrDA红外线技术、HomeRF协议、Zigbee标准、Z-Wave标准、Z-world标准、X2D技术等方案。

(4)中国智能家居标准与国外标准对比差距

智能家居的标准在于总线技术之间的兼容性与标准化,以缓解品牌商之间的产品不兼容。

中国:2003年7月,由联想、TCL、康佳、海信、长城五家企业发起成立闪联,这是新一代网络信息设备的交换技术和接口规范。第二年7月,由海尔集团、清华同方、中国网通、上海广电集团、春兰集团、长城集团、上海贝岭七家公司成立e家佳,旨在推广家庭网络系统标准和平台产业化,数字家庭的标准化之争也就此展开,联想的“闪联”组织与海尔主导的“e家佳”联盟这两个标准为智能家居行业提供了一定的规范作用,但是其所针对的范围不够完善,只是“数字家庭”标准,与智能家居的概念还有一定的距离。正如前文中提到的360等企业开放自己的平台并与其他企业进行产品上的合作,以弥补不兼容的短板。尽管国内各企业也在不断尝试开放自身,寻求更多的合作,但是中国智能家居标准还面临下列问题:首先,中国缺乏统一的或者是接受范围广的标准;其次,现阶段国内智能家居的开放并不是建立一个统一的标准而仅仅局限于产品平台的开放,还没有实现从源头上标准化,且这种特定对象的开放,范围小,涉及企业少。

国际:与国内尚未形成统一的标准相比,国外已经建立了相应的开放式国际标准。如KNX早在2006年就被正式批准为住宅和楼宇控制领域的开放式国际标准;又如BACnet(楼宇自动控制网络数据通讯协议,由美国暖通、空调和制冷工程师协会(ASHRAE)组织的标准项目委员会135P历经八年半时间开发的)更是在1995年就被美国批准为美国国家标准,2003年成为ISO正式标准。

(5)智能家居行业发展问题

智能家居在我国发展近十年,总体而言,仍处于初期。智能家居虽蕴藏巨大的市场,但由于没有完整的产业标准,没有真正切入用户需求,仍发展缓慢。一方面体现在地区差异大:目前智能家居市场销售主要集中在东部地区,上海占全国30%的市场份额,广东占14%,北京、山东以及浙江等沿海省市是全国智能家居消费主要市场。中部和西部省份在主要的省会城市及局部的市场有应用。虽然有一定的发展,但存在的问题依然明显。另一方面则体现在产品市场狭窄:目前国内智能家居主要的市场还是一些高端市场,如别墅(零售、工程)、智能小区(工程),增长最快的市场是智慧酒店(工程)和智能办公(工程),但是普通住宅智能家居(零售)市场却发展很慢。

总的来说,对于智能家居厂家而言,在开拓市场、推广产品的过程中,面临的阻碍因素有很多,具体包括以下几方面:

消费者对产品造价认知偏差方面:正如产品生命周期理论所言,产品的导入期的价格会处于高位,但是伴随着产品生命周期的演进,其价格会逐渐降低,智能家居产品的价格也不外乎如此。的确,在智能家居行业的初期,其价格偏高,但随着技术的发展,其造价已经实现对一般家庭消费能力的贴合。但对于消费者而言,却始终存在对智能家居产品造价方面的认知偏差,认为其仍属于高端消费产品。这需要加强对终端用户的消费观念引导。

系统功能方面:系统操作复杂、缺乏人性化、产品稳定性低、操作层面复杂、用户体验差等问题,都影响着智能家居市场的发展。解决这些问题,需要厂商加大研发力度,提高产品技术水平,解决成本、性能和操作等问题,用性能稳定可靠的产品赢得市场,相信一旦成本和技术等门槛消除,整个智能家居市场将会出现非常庞大的市场需求。

标准协议方面:目前各厂商按照不同的项目标准与协议生产设备,造成不同设备之间的互联互通困难。智能家居产品区别于传统的家庭配电和弱电,在设计、集成、施工等方面都不同,真正能融合智能家居各方利益的统一标准尚不存在。整个智能家居功能虽然强大,但各系统之间没有一个标准的、统一的通信协议,各厂商各自独立运作,缺乏协调性。随着《家用及建筑物用通用技术要求》的颁布,虽然没有强制性,但是作为智能家居行业标准统一方面的探索尝试,将推动行业向规范、统一的方向发展。

服务方面:用户价值不清晰,没有公司真正从客户的完整需求去规划。智能化应该是整体的,需要大处着眼小处着手去做,点状创新往往不能持久。同时,对厂商和用户而言,产品的售后服务也是很重要的因素,由于规模所限,目前相关的智能家居配套厂商还未形成系统的维护体系,一旦厂商所售出的产品出现问题,售后维护能否及时是个很大的问题。

2. 在线定制行业

(1)在线制定行业在我国发展迅速

在线定制产业现已涉及服装、家居用品、礼品饰品、旅行方案、医疗保健、金融保险、教育等生活各方各面。以淘宝为例,2016 年 2 月在淘宝网上以“定制”为关键词可以搜索到 628.15 万件商品,其中包括 12.76 万件 T 恤、35.49 万件礼品、17.18 万件家具,甚至还包括 22.72 万件高端定制商品。盛振中(2011)研究显示,根据调查,31.5%的网购消费者认为个性化定制将成为企业重要的利润增长点。美国营销权威学者菲利普·科特勒(2012)将其誉为 21 世纪市场营销的最新模式。红领集团,海尔集团、景芝酒业、长安汽车、七匹狼、私家裁缝、恒龙有为集团、型牌男装等国内知名企业纷纷实践在线定制模式,2016 年全国首家 C2M 在线定制平台吾丁网创立,在线定制行业在我国开展得如火如荼。

搜索人群区域主要集中在广东、浙江、北京、江苏、上海一带,说明在线定制行业也越发引起人们的关注,在线定制行业飞速发展,产品服务虽未成熟,但存在着诸多的市场机遇,较高的市场潜力和发展前景。

(2)在线定制的行业应用

在线定制电商在我国还处于起步阶段，相较而言在国外却是已经成为一个相当成熟的行业。从类别角度对国内外在线定制行业进行比较分析，结果见表1①。

表1　国内外在线定制行业类别比较表

类别	国外在线定制	国内在线定制
个性化媒体	大约占国外定制行业的19.2%，主要产品是墙纸、图书等。能提供面料、规格、背景等的选择，用户的参与度、自由度较高	大约占国内定制行业的11%，主要产品是明信片、台历等。只能添加图片、文字。用户的参与度高，自由度不高
个性化外观	大约占国外定制行业的9.8%，主要产品是购物袋、手机壳等皮肤类，大多数网站只能在既定位置添加图片、文字，用户的参与度跟自由度都不高	大约占国内定制行业的55%，主要产品是马克杯、手机外壳等皮肤类，这类产品中，马克杯的定制是最成熟的，能提供背景、模板选择，能添加图片、文字，其他产品虽也能进行文字、图片的定制，但大部分没有效果图
个性化时尚和织物	大约占国外定制行业的15.6%，主要产品是T恤、地毯等，其中T恤占的比例是最大的，定制的工具包也比较完善，有提供对款式、规格、颜色等的选择，对商家提供的图案也可以进行大小、颜色、位置的修改。个别的地毯定制达到完全的个性化定制。总的来说，用户的参与度与自由度都较高	大约占国内定制行业的8%，基本上都是T恤的定制，有的在线定制网站能赶上国外T恤的定制程度，可以选择款式、图案、文字，也可以对图案进行修改。但大部分定制网站的定制程度还是较低。用户的参与度一般，自由度较低
服装	大约占国外定制行业的9.6%，主要产品是衬衫、大衣等，其中，衬衫占大部分。大多数网站有工具包，有纽扣、领子、袖子等的选择，用户的参与度较高，但自由度一般	大约占国内定制行业的11%，主要产品是男士衬衫、西装的定制，趋向于完全个性化定制，消费者在线上填写好详细的个人信息，然后提交给商家制作。面向的市场较小

① 国外行业数据来源于Walcher D和Piller F(2012)中的350个网站；国内行业数据来自采用Dominik Walcher等的评价指标体系，分析评价出国内的在线定制100强。

续表

类别	国外在线定制	国内在线定制
装饰	大约占国外定制行业的8.2%，主要有手表、包包、钻戒等。其中手表、包包的定制都分割到很细小的部分，用户的参与度与自由度都较高	大约占国内定制行业的2%，产品有眼镜、婚戒，两者都没有工具包，采取线上线下结合的方式，用户线上参与度较低
食品	大约占国外定制行业的11.4%，主要产品有巧克力、麦片、糕点等。定制的情况主要是口味的定制和外形的定制	大约占国内定制行业的2%，主要产品是水果搭配、巧克力等。定制的情况跟国外的差不多，但选择太少
家居	大约占国外定制行业的6.2%，主要产品是床、柜子等。消费者可以根据商家在网上指定的尺寸来选择，也可以自己选。一般都会有工具包，可以展示效果图。用户的参与度与自由度都较高	大约占国内定制行业的3%，主要是室内装修，较少涉及具体产品床、书柜等的设计。消费者可以通过改变墙面的图案、地面板面来看到具体效果。用户的参与度一般，自由度较低
运动	大约占国外定制行业的6.0%，主要产品是高尔夫球、单车等。两者所占比例相当。高尔夫球主要是材质、外观上的定制；单车则主要是先选好款式，再对各个部分进行颜色搭配。用户的参与度较高，自由度一般	大约占国内定制行业的1%，主要是滑冰鞋，定制情况跟国外的单车定制相似。主要是先选好款式，再对各个部分进行颜色搭配。用户的参与度较高，自由度一般
电子	大约占国外定制行业的1.8%，主要产品是电脑、蓄电池等。该类产品的定制网站基本上有选项可供选择，但选择较少。用户的参与度和自由度较低	大约占国内定制行业的3%，主要产品有洗衣机、手机、电脑等。选择比国外的更少。主要是知名度较好的企业在提供，如海尔、HTC。用户的参与度与体验度都较低
鞋袜	大约占国外定制行业的4.6%，主要产品是鞋类，其中高跟鞋、运动鞋的比例相当。部分高跟鞋定制可以款式、颜色的选择同时进行；运动鞋的定制一般是选好款式之后再进行颜色的选择。整体用户的参与度和自由度都较高	大约占国内定制行业的2%，产品有布鞋、运动鞋。定制的程度与国外运动鞋的差不多，在款式既定的基础上进行颜色的定制。整体用户的参与度和自由度都一般

续表

类别	国外在线定制	国内在线定制
其他	大约占国外定制行业的 7.6%，主要产品是玩具、乐器等。定制的形式各种各样，前面各个类别中的定制形式都有涉及	大约占国内定制行业的 2%，要是进行图片的选择，也可以自己设计图片

从表 1 中可以看出，我国在线定制行业范围较窄且用户参与程度、自由度、体验度较低，与不同行业的融合度低。

（3）智能家居在线定制发展现状及问题

通过对在线网站查询和收集在线购买智能家居产品消费者的消费反馈，本项目从网站可视化特征、消费者参与度、消费者自由度等方面评价现有智能家居企业在线定制的实现程度，进而分析智能家居在线定制模式的现状和存在的问题，经构建得到现有智能家居企业在线定制程度评价指标见表 2。

表 2　现有智能家居企业在线定制程度评价指标

评价指标	指标描述
网站可视化特征	智能家居在线定制企业的网站或者相关平台是否具备页面的美观度；操作步骤是否存在导航指引，指引是否清晰明确；是否提供相关案例为消费者进行产品选择的借鉴引导
网页响应时间	消费者进入相应网站进行产品咨询或购买时，网页加载文字、图片、视频的时间和效率
消费者参与度	其一指消费者能否参与智能家居产品的外观设计（如对产品颜色、形状、Logo 等的选择）；其二指消费者能否参与智能家居产品的性能设计（如控制系统场景自定义）；其三指消费者在智能家居企业的网站或相关平台上能否进行在线选择、组合
消费者自由度	消费者在智能家居企业的网站或相关平台上可以选择的产品种类（分为智能家居单品和智能家居解决方案）和各类产品的数量
系统报价	消费者在门户网站上进行智能家居产品的选择之后，在线定制系统能否根据消费者的产品选择和设计需求提供一个预期价格或价格区间
线下体验店	基于智能家居产品的特殊性，消费者不能完全从线上获得充分的认知与感受，故而需要线下体验店来丰富消费者对智能家居的感知

通过对欧普家居、国网商城个人商城、罗格朗、卓居智能家居网站进行分析，其智能家居在线定制的程度差异见表 3。

表 3　不同在线定制程度的智能家居网站举例

<table>
<tr><th colspan="3">指标</th><th>欧普家居</th><th>国网商城个人商城</th><th>罗格朗</th><th>卓居智能家居</th></tr>
<tr><td colspan="3">网站可视化特征</td><td>强</td><td>强</td><td>中</td><td>强</td></tr>
<tr><td colspan="3">网页响应时间</td><td>快</td><td>快</td><td>快</td><td>快</td></tr>
<tr><td rowspan="3">消费者参与度</td><td colspan="2">外观设计</td><td>可以</td><td>可以</td><td>可以</td><td>可以</td></tr>
<tr><td colspan="2">性能设计</td><td>是</td><td>是</td><td>是</td><td>是</td></tr>
<tr><td colspan="2">在线选择</td><td>否</td><td>是</td><td>否</td><td>否</td></tr>
<tr><td rowspan="3">消费者自由度</td><td rowspan="2">产品类别</td><td>单品</td><td>有</td><td>有</td><td>有</td><td>有</td></tr>
<tr><td>解决方案</td><td>有</td><td>有</td><td>有</td><td>有</td></tr>
<tr><td colspan="2">产品数量</td><td>多</td><td>多</td><td>多</td><td>多</td></tr>
<tr><td colspan="3">系统报价</td><td>否</td><td>否</td><td>否</td><td>是</td></tr>
<tr><td colspan="3">线下体验店</td><td>无</td><td>无</td><td>有</td><td>有</td></tr>
</table>

智能家居在线定制处于萌芽期,现有智能家居企业的在线定制实现程度整体较低,但致力于发展智能家居定制化的企业层出不穷。各家企业对网站的可视化特征和响应速度方面均有所关注,既为消费者带来良好的视觉体验,也节省消费时间。同时,各智能家居企业为消费者提供了较大的选择自由度,提供多样化的智能单品和功能齐全的智能控制系统。但目前来看,智能家居在线定制存在以下问题:一是消费者参与度方面。尽管示例企业在外观设计和功能设计方面都给予消费者参与价值共创的机会,但该过程主要依赖于线下与设计师的沟通,消费者不能借助在线工具包自主完成外观设计和产品的组合选择。二是系统报价方面。尽管智能家居企业网站上提供多种多样的产品,但基本不直接提供智能单品的价格和智能家居解决方案的总体报价,这不利于打破普通消费者对智能家居价格的认知偏差,也不利于消费者根据其消费能力和个性化需求进行初步解决方案的调整,延长了下单时间。现有智能家居在线定制企业的优势和存在的问题为视声在线定制平台的设计提供了借鉴。

3. 视声公司

案例报告从以下两个途径收集视声相关数据资料:第一,一手资料,主要通过实地观察和半结构化访谈方式。一是现场观察。本项目组成员实地调研考察了广州视声、视声智能家居体验室等并做了详细的观察记录。二是一对一访谈,如对视声董事长、营销总监、研发经理等进行半结构化访谈,并于访谈结束后立即将录音资料整理成文字资料。三是聆听演讲。本项目组成员多次参加视声董事长出席的研讨会、分享会,并将其演讲内容做好详细记录。第二,二手资料。自 2016 年 3—12 月，本项目成员持续了解视声的发展动态，收集了大量二手资料：一是企业内部资料，如内部刊物、对外宣传资料和视频、PPT 等；二是媒体的采访报道；三是企业官网、微信公众号。在数据收集过程中，本项目成员对案例企业的资料进行反复审查，以确保案例分析具有一致的结构和质量。视声的基本情况见表 4。

表 4　视声基本情况

成立时间	1999 年
董事长	朱湘军
所在行业	智能及安防行业
主要业务及产品	智能家居；智能楼宇；智能云服务平台；可视对讲解决方案/视频显示模组；TFT 液晶显示屏/触摸屏
技术优势	KNX 总线技术
主要荣誉	2016 年中国十大智能家居品牌、中国十大智能照明品牌 2015 年 KNX 中国组织理事会成员（唯一民族企业）2015 年影响中国智能家居十大优秀品牌
企业愿景	用科技服务人类，让智能化生活走进千家万户

下文将从发展历程、相关产品、技术创新、市场营销、战略定位等方面进行细致的介绍和分析，以便在了解视声现状的基础上，把握视声的竞争优势和存在的问题。

（1）发展历程

视声的发展历程以 2008 年为转折点，2008 年前视声致力于安防行业产品技术研发和制造，主要生产可视对讲显示模组、TFT 液晶屏等；2008 年视声踏上转型升级之路，从安防行业走向智能建筑、智能家居行业，从代工企业转向品牌生产（见图 11）。

1999 年	2003 年	2007 年	2008 年	2013 年
第 1 阶段： 资本积累期 （1999—2002 年）	全国市场份额 50%以上，成为 行业寡头	第 3 阶段： 发展瓶颈期 （2007—2008 年）		第 5 阶段： 转型升级加速期 （2013—2016 年）

图 11　视声发展历程

多年与国际品牌的订单生产合作经验，使视声对“按需定产”的产销模式积累了丰富经验。订单式生产属于“拉式生产”，依赖灵活、敏捷的生产系统。视声具备一流的生产制造能力，如拥有 SMT 车间，插件车间、装配车间、测试车间，生产严格执行 ISO 90001、QC080000 等管理体系，有一定的定制生产基础。

“五合盛视”事件是2008年视声由安防产品生产商向智慧社区解决方案和运维服务商转型的重要推动力，也为视声做好供应商关系管理提供了重要的经验教训。视声作为产业链上的一环，在此之后秉持与上游供应商的合作共赢的理念，与国内外知名品牌协作交流，与供应商间建立起良好的合作伙伴关系，提高原料供应速度、产品组件的开发速度和市场适应性。

(2)产品①

1)智能控制系统

KNX是欧洲三大总线协议EIB、BatiBus和EHS合并而来，是目前现代智能建筑发展中最先进、最稳定的总线技术之一，能提供家居和楼宇自动化的完全解决方案。其拥有可由厂家独立设计和调试的工具(EIS)、支持多种通信介质(TP、PL、RF、IP)、支持多种系统配置模式。是世界唯一的住宅和楼宇控制开放性标准。K-BUS智能楼宇控制系统是建立在通过标准KNX技术基础上的智能控制系统。视声K-BUS系列主要产品见表5。

表5 视声K-BUS系列主要产品

K-BUS智能楼宇控制系统			
中控管理系统	可视对讲系统	门禁控制系统	智能照明系统
家庭影院系统	背景音乐系统	电动窗帘系统	移动感应系统
安防报警系统	视频监控系统	空调控制系统	远程控制系统
5寸薄款智能触摸面板	5寸嵌入式智能触摸面板	3.5寸智能触摸面板	5寸智能触摸面板
智能温控面	智能按键面板	机械按键面板(金属拉丝)	
K-BUS系列执行器			
1~10V调光关执行器	LED调光关执行器	4路调光关执行器	2路调光关执行器
1路调光关执行器	8路10A开关执行器	12路开关执行器	8路开关执行器
4路开关执行器	房间控制器	风机盘管执行器	百叶窗执行器
K-BUS系列输入模块			
4路通用接口	4路2进制输入模块	移动&照度传感器	—
K-BUS系列协议转换			
RS双向485转换器	KNX/EIB RS232控制器	KNX/EIB IP转换器	KNX/EIB 485转换器
KNX/EIB DALI网关	—	—	—
K-BUS系列红外模块			
红外学习器	四路红外发射器	吸顶式红外发射器	—

① 在此仅列示与智能家居直接相关的产品。

续表

K-BUS 系列系统设备			
总线电源	KNX RS232 接口	KNXUSB 接口	KNX IP 接口
线路耦合器	—	—	—

表 5 详细列示了 K-BUS 系列控制系统、控制端、执行器、输入模块、红外模块、系统设备产品。智能控制系统还包括系统集成产品和智能新品，智能控制系统其他产品见表 6。

表 6　智能控制系统其他产品

系统集成产品		智能新品
背景音乐主机 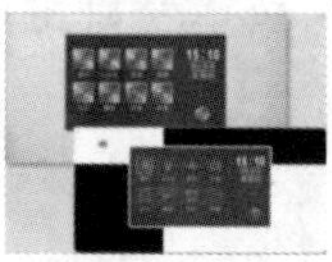	智能门锁 	智能空气探测器 

GVS 智能家居的可实现系统功能和产品在此不再重复列示。

2）可视对讲产品

视声可视对讲产品主要包括 H 系列和 T 系列（见表 7）。

表 7　可视对讲系列产品

H 系列			
7 寸电容触摸室内机 （H-IS01-B） 	4.3 寸编码式门口机 （H-IS02-G） 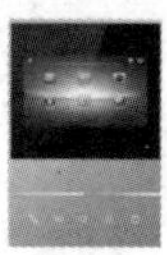	4.3 寸编码式门口机 （H-IS03-W） 	4.3 寸编码式门口机 （H-OS02） 
4.3 寸编码式门口机 （H-OS01） 	直按式单户门口机 （H-VS02） 	直按式单户门口机 （H-VS01） 	管理机（H-GU01） 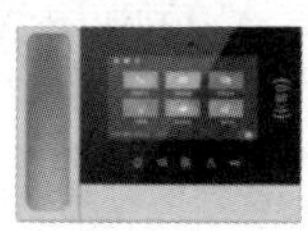

续表

T系列			
门口机(T-OS01) 	门口机(T-OS02) 	室内机(T-IS01-W) 	室内机(T-IS03-W) 

从产品梳理中可发现，视声能为消费者提供数量众多的不同产品，产品的多样性提高了顾客选择的自由度，亦有利于形成产品生态圈。智能家居控制系统下设十多个子系统，对于不同系统间的组合选择已有上百种方案。在顾客根据个性化需求定制系统后，进入产品层面，在产品大小、颜色、形状等不同属性间进行选择、组合。排列组合后，智能家居可实现的个性化定制方案有成百上千种，为满足消费者多样化、个性化的消费需求提供了产品基础。

此外，在对视声的调研中亦发现，视声产品相对于国外品牌具有明显的成本优势，企业能以较为低廉的价格为消费者提供智能家居产品，这也将成为视声提供价值共创的定制产品的重要优势之一。以核心产品为例，对视声和国外品牌的价格进行对比，结果见表8。

表8　核心产品价格对比

项目	国外品牌 ABB	K-BUS 产品	说明
10.1 寸智能触摸屏	100000 元	12000 元	同等功能与品质，价格不足其 1/8
8 路开关执行器	6500 元	4500 元	价格可低 40%

(3)技术创新

1)自身技术实力

视声拥有专利、著作权和产品认证 170 余项，其中发明专利 43 项、实用新型专利 42 项、外观专利 15 项、软件著作权 32 项、产品认证 41 项。承担国家省市区科技项目达 20 多项，其中国家科技部国家火炬计划项目与国家创新基金项目 4 项、省科技厅科技项目 2 项、市科创委科技项目 9 项等。此外，视声智能楼宇和智能家居采用 KNX 技术，该技术吸收了 BatiBus 和 EHS 中配置模式等优点，能提供家居和楼宇自动化的完全解决方案。

截至 2016 年 12 月，以"广州视声"为专利申请(专利权)人，在知识产权局专利检索平台可查询 125 项专利。2008—2015 年视声专利申请量变化趋势见图 12。

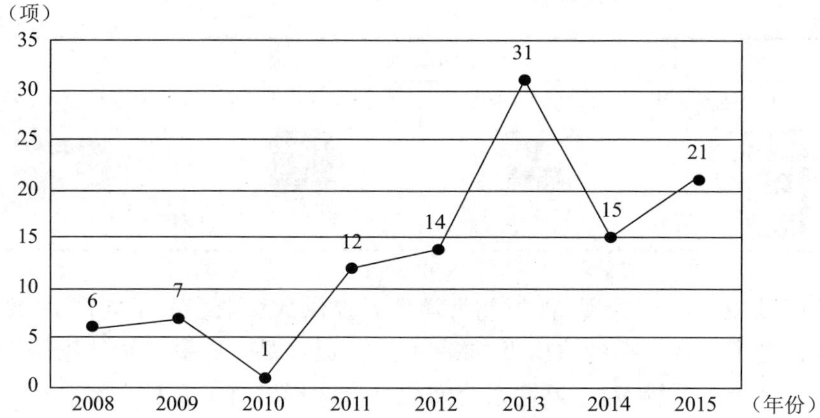

图 12　2008—2015 年视声专利申请量变化趋势

2008—2010 年视声专利申请量相对较少，可能源于视声于 2008 年开始向智能行业转型，初步引入国外先进的 KNX 技术，需要一定的时间进行技术积累和转化。2011 年后，年专利申请量保持在 12 项以上，其中 2013 年专利申请量达到峰值，年申请专利 31 项，2015 年专利申请量次之，为 21 项。

从技术类别角度分析，各专利申请人的申请类别见图 13。

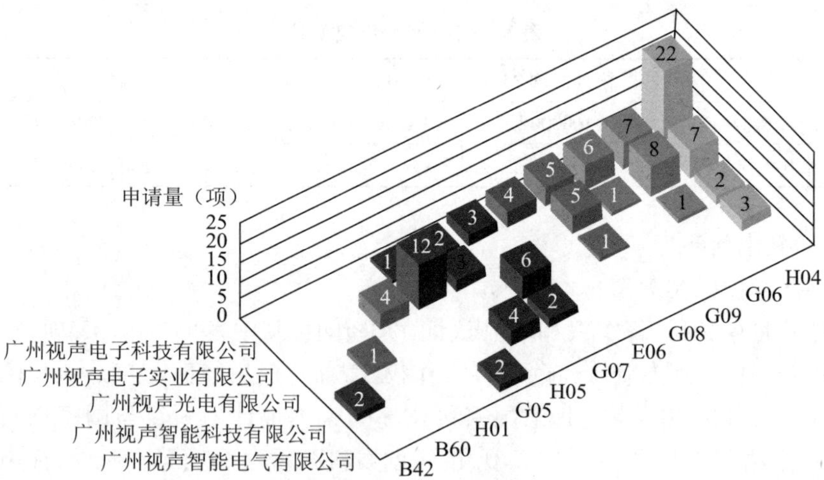

图 13　申请人技术分析图

注：字母代号与对应内容：G05 控制、调节；G06 计算、推算、计数；G07 核算装置；G08 信号装置；G09 密码术、显示、教育类；H01 基本电气元件；H04 电通信技术；H05 其他类目不包含的电技术；E06 一般门、窗、百叶窗等；B60 一般车辆；B42 装订、图册、特种印刷品。

视声专利中排名前三位的类别是电通信技术（34 项），计算、推算、计数（16

项）和控制、调节（15项），三者合计占视声可查询专利数量的半数以上，一定程度上代表视声的研发重点领域。广州视声电子科技有限公司（以下简称视声电子科技）在点通信技术方面技术能力较优，广州视声电子实业有限公司（以下简称视声电子实业）在控制、调节技术方面水平较高。

从技术演变趋势角度分析，2008—2016年视声技术演变趋势见图14。

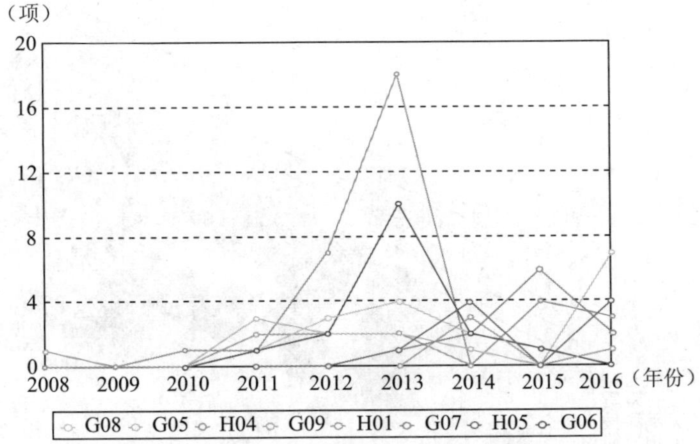

图14　2008—2016年视声技术演变趋势图

从图14可以看出从2008年视声由安防行业向智能楼宇和智能家居转型以来不同类别专利申请量的变化趋势。其中，G05控制、调节型专利数量在2016年达到最大值（7项），相当于过去数年的累计申请量；G07核算装置在2008—2012年的专利申请数量均为0，从2013起开始申请并整体呈增加趋势；G06计算、推算、计数和G08信号装置申请量呈现先增加后减少趋势，在2013年达到峰值；H04电通信技术在2011年后开始迅速增加，在专利申请中占据重要地位。不同时期企业的研发重点不同，与行业研究热点基本保持一致。

2）行业相对技术水平

从视声总体研发实力角度分析，2008—2016年智能家居专利数量TOP5公司与视声相对研发实力如图15所示①。

在智能家居技术领域，视声专利申请数合计为11项。为衡量视声在智能家居行业的相对研发实力，将其与智能家居行业专利申请数量排名前5位的公司进行对比分析，得到相对研发实力。视声电子科技在G09密码术、显示、教育

① G01测试；G05控制、调节；G06计算、推算、计数；G08信号装置；G09密码术、显示、教育类；H02发电、变电、配电；H04电通信技术；A47家具、家庭用的物品或设备等；E05锁、钥匙、门窗零件保险箱；F16工程元件或部件，为产生和保持机器或设备的有效运行的一般措施等。

类占比 1.96%，而 TOP5 公司在此类别未有专利申请；视声在 H04 电通信技术占比为 0.4%，小米科技在 H04 电通信技术占比为 2.64%，为视声的 6.6 倍；视声电子科技在 G08 信号装置领域占比 0.2%，成都弘毅天承科技有限公司在该类别占比 6.79%，有较为明显的技术优势。因而，在智能家居行业技术范畴内，视声虽具备一定的研究开发能力，但与行业领先水平相比还有一定差距。

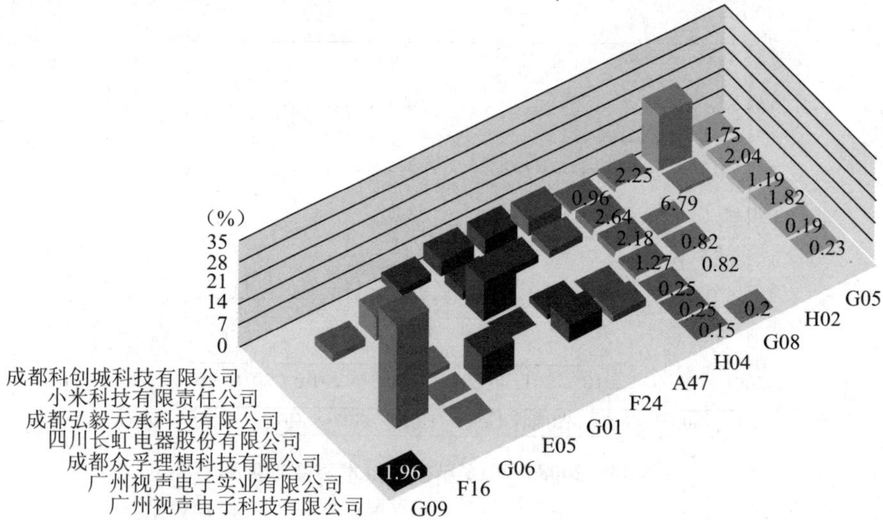

图 15　2008—2016 年智能家居专利数量 TOP5 公司与视声相对研发实力

从 KNX 技术研发实力分析，2008—2016 年 KNX 专利申请人相对研发实力如图 16 所示。

总线技术是智能家居领域至关重要的技术之一，视声智能控制系统采用 KNX 技术，其专利申请人主要是视声电子实业。由图 16 可知，视声电子实业在 G08 信号装置类专利的占比为 2.94%，达到国际知名品牌 ABB 申请量的 1/3；在 G05 控制、调节和 F24 供热、炉灶、通风视声电子实业均处于领先地位，专利申请量占比分为 13.69%和 9.09%；此外，在 H04 电通信技术，视声电子实业占比为 2.58%，与最高占比相差不足 1 个百分点。总体来看，视声电子实业近年来 KNX 专利申请呈良好势头，集团在 KNX 技术方面具备竞争优势，为智能家居和智能建筑控制系统整体解决方案的构建奠定了基础。

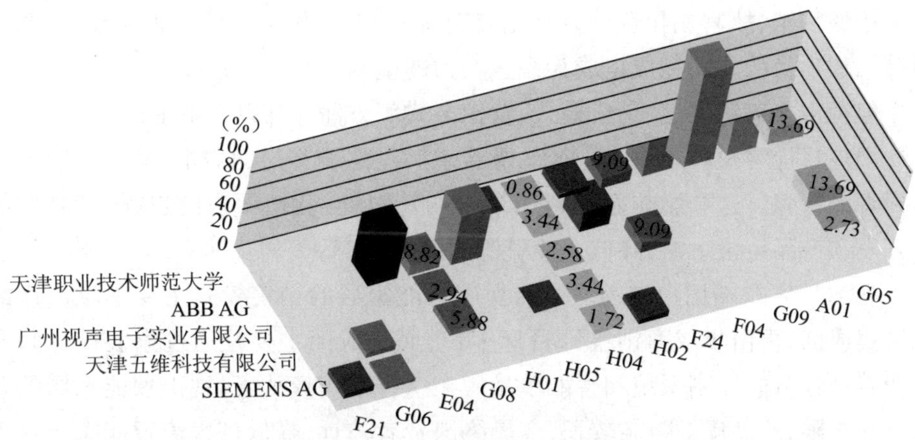

图 16　2008—2016 年 KNX 专利申请人相对研发实力

3)行业话语权

一流企业做标准。视声以长远发展的眼光,积极参与和主持相关行业标准的制定。具体包括主持起草国家标准《建筑自动化和控制系统数据通信协议》(GB/T 28847),发起《绿色智能家居与居住区控制网络协议标准》(IEEE1888.4)国际标准并担任该标准的主席单位,参与将国际标准(欧洲标准EN50090)转换国家标准《控制网络 HBES 技术规范——住宅和楼宇控制系统》(GB/T 20965—2013)。行业标准参与制定的过程使视声站在行业的领先位置,与行业领先企业和政策制定部门进行交流和沟通,在行业中掌握一定的话语权,也有利于判断企业技术研发方向。

4)行业技术培训

KNX 培训中心自开办以来已组织开展 21 期培训,累计为行业培养了 600 余名认证技术工程师。视声智能家居应用工程师培训班至今也已顺利完成 5 期,培养了大量的智能家居销售型和技术型人才,提高了 KNX 运用和维护人员的技术水平和操作技能。培训班增强了经销商的专业技能和方案设计能力,搭建了从业人员的交流平台,促进集成商更好地推介视声产品。

(4)市场营销

视声旗下有 K-BUS 和 GVS 两大自主品牌,其中,K-BUS 是智能楼宇与智能建筑控制品牌,而 GVS 是智慧社区/智能家居和智能单品应用品牌。经过多年的积累和经营,视声享有良好的市场口碑和产品知名度且获得多项荣誉,如“广州市著名商标(智能家居企业仅一家)”“KNX 中国组织理事会成员(唯一民族企业)”“中国智能家居十大品牌”等。乌干达总统府、爱沙尼亚博物馆及北京奥运博物馆、故宫文化资产数字化应用研究所、广州希尔顿酒店、上海乾景雅园等工程项目的成功完成也成为视声实力的生动名片。

但视声在营销渠道、销售模式、营销方式等方面存在以下不足：

视声目标客户群不聚焦。产品既希望满足高端客户的需求，又想赢得普通消费者的青睐。这会影响企业营销策略的针对性、营销渠道的选择、产品性能的开发和产品定价策略，降低企业资源的配置效率。

视声距离 C 端用户较远。当前视声智能家居的销售模式主要是生产产品交给集成商，再由集成商销售给目标客户，而集成商主要是通过家装设计师向消费者推荐智能控制系统和智能单品。在这种销售模式下，视声智能家居的营销范围有限，产品反馈链条较长，离最终消费者较远，降低了视声智能家居对消费者需求变动的响应速度，也不利于建立消费者对于视声品牌的黏性。在此过程中，亦会增加消费者最终支付的产品价格。

视声智能家居体验途径少。智能家居所带来的生活方式改变很大程度上决定消费者的购买决策。然而，市场上面向家庭消费者的视声智能家居体验途径较少，缺乏切身体验的消费者很难对视声智能家居有立体的感知，降低了消费者对智能家居的购买率。

在线营销和定制化发展相对落后。在在线购物平台上搜索“智能家居”，智能控制系统、智能单品数量繁多，部分品牌的背景音乐控制系统和智能单品等月销量可达 100 件以上。但视声智能家居对线上销售方式的关注不足，较少利用线上为线下引流等功能增大市场份额，较多依赖于展会、博览会等传统线下方式。此外，视声虽可以选择不同的系统配置实现定制，但距真正的智能化和定制化还有一段距离，尚未形成完整的生态圈。

(5)战略定位

视声未来 3~5 年的战略定位为智慧社区解决方案与运维服务商，以此来进行产品线的整合，可以涵盖现有的可视对讲、智能公建、智能家居、视声云平台。围绕智慧城市智慧社区建设，通过 GVS 视声家庭数字终端机，可以实现数字可视对讲、多通道同时呼叫、户户对讲、信息发布、报警联动等功能；通过智慧社区云平台，可以享受到智慧医疗、电子政务、智慧交通、智慧办公、O2O 购物等增值服务。视声秉承创新、责任、求实、分享的企业文化，致力于做消费者用得起的智能产品，让智能生活方式走进千家万户。

(6)企业资本

与资本市场的对接，不仅能够获得规模可观的资金，也能带来机构投资者的专业意见和宝贵资源。现阶段,视声发展的资金主要依靠自有资金、贷款和商业信用等,资源也主要来源于企业自身的积累。相比于其他智能家居行业的竞争者,其可用的资金和资源有限,企业的发展受到一定的制约和束缚,影响了智能家居业务的发展速度和市场份额。鉴于此,2016 年 8 月公司进行股改,"广州视声电子实业有限公司"变更登记为"广州视声智能股份有限公司",预计不久后将挂牌新三板。此外,视声董事长在访谈中也谈到,"希望引入风投,帮助拓展主营业务、完善治理结构或者开拓市场等,提供企业产品拓展的资源。可以以合理市场估价或略低于市场估价的价值将企业股权转让部分出去,以获取对等性的资源,使企业的主营业务能够尽快地成长起来"。

4. 视声智能家居与在线定制融合的必然性

从外部环境来看,在线定制行业的迅猛发展、消费需求的升级变更和国家政策环境等为视声转型升级提供了外部机会,但智能家居行业竞争激烈、生存发展压力大,同时面临缺乏统一行业标准、用户认知有偏差等问题;从企业自身来看,视声在订单式生产、产品类型、技术创新、战略定位、品牌声誉等方面具备优势,但也存在不聚焦、距终端消费者较远、营销方式偏传统化等不足。

在"互联网+""供给侧改革"等大背景下,转型升级成为制造行业企业的必然抉择。产品供需不匹配的现状,使得以顾客价值为导向的企业在市场竞争中脱颖而出。作为智能家居行业中的一员,视声应抓住机会、利用优势、弥补不足、对抗威胁,推动企业转型升级之路走向成功。在消费者日渐重视智能化和个性化的消费趋势下和在线消费蓬勃发展的环境背景下,视声需调整企业的营销和产品开发重点,搭建消费者在线了解产品和与企业价值共创的平台。视声与产业链上下游保持良好的合作伙伴关系,拥有丰富的订单式生产经验和多样的产品组件,为快速满足消费者的个性化需求提供了基础条件。同时,线上平台将拉近视声与最终消费者的距离,缩短反馈链条,减少交易费用,弥补视声与 C 端客户距离较远的不足,拓宽企业的营销渠道和营销范围;此外,针对消费者对智能家居的认知不足和智能家居生产商难以挖掘消费者真正需求等问题,线上平台的营销传播和线下体验店的真切感知将逐步打破这一瓶颈。"C2B+O2O"商业模式将加速视声智能家居业务的发展,也促进企业有效发现和实现顾客价值。

在线定制的重要特征是将顾客整合到价值增加环节,在线定制的实现过程是企业与消费者互动以实现价值共创的过程。对价值创造过程的描述是分析在线定制模式的基础,因而,以价值链作为分析企业如何向在线定制转型的工具合理且有效。下文将首先对比现有模式下和在线定制平台模式下视声的价值链活动，其次基于价值链成本视角指明视声向在线定制转型的资源投放方向，即如何走好转型升级之路，最终说明在线定制系统的运行过程和在线定制平台的设计方案。

（二）视声向在线定制转型的路径

1. 现有模式下视声价值链分析

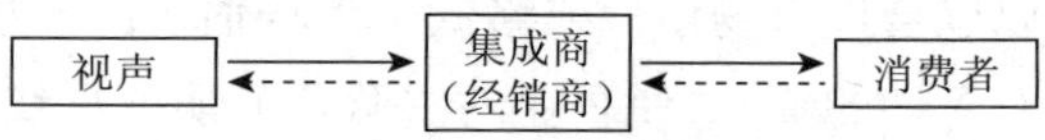

图 17　视声现有产销模式

现有模式是以集成商作为视声与消费者间的中介，产品由视声发送至集成商，集成商再将产品卖给最终使用者，顾客的反馈意见和消费需求经集成商传递给视声。视声现有产销模式如图 17 所示。

图 17 中实线代表实物流，虚线代表信息流。在此产销模式下，集成商成为视声与消费者之间的桥梁，发挥双向沟通和信息传递作用。在价值链的链条上，视声主要负责产品研发、材料采购、产品生产等价值链环节，集成商主要负责智能家居营销和售后服务（安装、后期维护）等价值链环节。

研发：视声目前的产品研发更多倾向于产品开发，既包括对已有产品在某些技术或某些功能上的改进，也包括开发全新的产品。视声在 KNX 技术，控制、调节类技术和电通信技术方面有较好的积累，本身生产显示屏、可视对讲及显示模组，具备供应链优势和上下游关系，技术沉淀较为充足。将智能楼宇和智能家居解决方案与传统的可视对讲及显示屏相结合，整合资源优势进行创新，借力发力。此外，在产品开发过程中与集成商进行沟通，以其了解到的客户需求引导产品开发和功能实现。

采购：视声实行集中采购，精准库存。集中采购可以体现为：大批量的物料采购，从专业渠道或原厂购买原材料；小批量的物料采购，集中在个别代理商处多种物料一起采购。精准库存主要体现为：根据需求预测合理安排库存，提高资金周转率。

生产：视声典型产品的生产流程包括以下步骤：原料投放—SMT 加工—PCBA 老化—程序烧录—产品装配—成品老化—成品检验—包装入库，平均生产周期约为 45 天。企业拥有先进的生产车间和生产设备，实行严格的质量管理，能够实现快速准确生产。

营销：在家庭消费者方面，视声目前主要依赖于经销商渠道。经销商通过家装设计师或自身资源获取智能家居潜在客户的信息,依据客户的需求和消费能力设计智能家居解决方案(具备条件的集成商可邀请客户到智能家居体验馆体验),不断完善方案并在线下完成交易。参加行业展会、行业论坛、新品发布会等也是视声的营销方式之一,但此类营销方式的获客率近年来逐渐走低,营销效率和效果不尽如人意。此外,视声亦开始借助微信等平台向终端用户进行产品推送,如"双十一"限量抢购活动,自媒体成为猫眼、魔镜、智能门锁等智能单品的获客渠道之一。

售后服务:视声产品的保质期在 2 年到 26 个月,在此期间将进行免费保修。因为产品的特殊性,将根据经销商(或大客户)采购的规模在其办公场所或者物业管理处放置一定比例的备品。经销商能够实现就近服务,快速解决产品后期维护问题。经销商的一套解决方案有可能结合第三方的产品,即不完全是视声产品,因而目前模式下由经销商完成售后服务活动。

2. 在线定制平台模式下视声价值链分析

在线定制平台模式下,视声和消费者之间的交流不再依赖于集成商,视声与智能家居消费者可以实现直接交流和互动,见图 18。

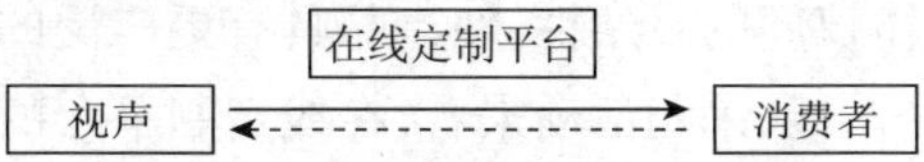

图 18　在线定制平台下视声产销模式

图 18 中,实线代表实物流,即视声根据消费者的订单信息生产后,将智能家居产品发送给消费者;虚线代表信息流,即消费者通过在线定制平台传递消费需求和消费反馈。借助在线定制平台,视声与终端消费者之间的沟通更为顺畅和及时,既缩短了信息传递时间,又降低了交易成本。

在线定制平台的优势表现在以下几方面:其一,在线定制平台是消费者了解智能家居系统功能和智能家居价格体系的窗口,打破普通消费者对智能家居价格昂贵、功能有限的认知误区。其二,智能家居在线定制平台能够缩短线下沟通时间,提高成交效率。对智能家居有兴趣的消费者,通过在线定制平台的文字、图片、视频等资料,已对智能家居可选择和实现的功能形成初步认知,根据系统推荐和自身需求对智能家居解决方案已有初步构想,线下体验馆的体验或与设计师的沟通更多是答疑解惑或者确认的过程;对于安装简便、价格不高的智能单品,消费者可以直接在线完成交易。其三,在线定制平台可以容纳数量繁多的定制方案,实时生成报价。视声智能家居包含十多个不同的系统,各个系统的可选组件亦有多项选择,排列组合将形成成百上千种智能家居设计方案。线下方式无法将可能的方案向消费者一一展示,其方案的定制性和灵活性不能很好地向消费者传达。借助在线平台，消费者可以自由选择系统功能和产品组件，较为便捷地进行方案间的对比和调整。其四，在线定制系统加快信息反馈的速度，给予消费者互动创新、价值共创的平台。在线定制系统可以快速、成本低廉地获取消费者的反馈意见和潜在消费者的功能需求，以其引导新产品的开发和原有产品的改进与完善，也在消费者与企业的互动中培养了忠诚度和客户黏性。

借助在线定制平台，顾客与设计师之间可在线交流、顾客与顾客之间可实时互动、跨职能部门之间可相互协作、线上与线下渠道可互动合作，实现设计和营销环节的价值共创。结合上文视声的现状分析，从价值链活动视角出发，在线定制平台模式下视声价值链分析如下：

从研发设计活动来看，研发人员由以往通过与集成商交流获得客户需求转变为直接与终端消费者进行沟通，消费者借助在线定制系统参与互动创新，以客户价值引导产品研发的方向；在产品开发的过程中更为关注产品的兼容性和协议间的互通性，使产品具有更广泛的适应性。

从采购活动来看，在线定制平台的建立对于采购批量和库存数量带来较大影响，对于智能家居中通用件和个性件应采取差异化的采购策略。通用件更适宜于大批量的采购，以降低单位材料的采购成本；而对于个性件而言，在先下单再生产模式下其更强调采购的及时性，这依赖于与供应商之间的密切配合。

从生产活动来看，在线定制对于生产周期、生产的灵活性提出更高的要求。企业一方面需对生产流程不断进行改造和优化，实施柔性生产，以缩短产品生产时间；另一方面需实施更严格的产品质量管理，采用更为先进的生产设备，提高智能家居产品的无故障使用寿命。

从营销活动来看，营销渠道由原来主要依靠线下方式转变为线上线下方式相结合。线上营销活动的主要目的在于吸引消费者，对智能家居形成初步了解；线下营销活动的重点在于增强客户体验，强化客户的购买欲望，达成交易。客户初步定制方案的改善和确定需要设计师与消费者的沟通和协调。同时，由于在线方式更容易获得消费者的搜索历史和消费数据，企业可以通过数据的分析和挖掘判断消费者的消费需求，进行精准营销，提高营销活动的效率。

从售后服务来看，物流对于智能家居在线定制的作用不言而喻。消费者从下单到收到定制化产品的过程既受到生产时间的影响，也受到物流时间的影响。及时的配送服务有利于为消费者提供更好的购物体验。尽管视声新研发的 K-SMART 智能控制系统大部分设备支持脱机配置功能，具有一键备份和恢复功能并可实现在线设备的扫描与配置，但考虑到智能家居系统的安装和后期维护具有一定的专业性，售后服务能力的建设依旧十分重要，对售后服务人员专业知识和技能提出更高的要求。

从价值链辅助活动来看，为配合智能家居在线定制模式，企业的组织架构、信息管理系统等也需进行调整。例如，企业的组织架构应更为灵活和扁平化，建立柔性组织和学习型组织，更好地应对外部环境的变动；信息管理系统应进行升级，实现与在线定制平台的对接，使从客户下单到产品生产再到物流配送最后到客户反馈整个流程透明化，消费者可实时查询定制产品信息。

3. 价值链成本视角下视声向在线定制转型升级的必要准备

在"C2B+O2O"模式下，视声智能家居向企业与消费价值共创的在线定制转型升级需要具备：快速获取消费者需求信息的能力、敏捷的产品设计和柔性制造技术、高效的信息处理能力、良好的协同能力等。能力的培养和积累依赖于资源的投入，企业的创造价值和构建能力必将消耗资源、发生成本。因而，项目报告在对智能家居在线定制价值链活动分析的基础上，依据在线定制过程价值共创需要的能力，对相关资源投放进行说明，即从价值链成本视角描述和说明企业的各项新转变。从企业价值链成本角度进行研究和列示，一方面，能够从供给者视角说明智能家居在线定制资源消耗、价值创造的过程，并与前文的价值链活动分析相匹配；另一方面，价值链成本是对战略成本控制的完善，打破了以往成本概念的局限，以顾客需求或价值流程为主导，且成本高低可以反映企业资源利用效率和管理效率。指标的选择是描述和评价在线定制企业价值链成本变动的关键与核心，其正确性和完整性关系到能否全面、系统地描述在线定制企业的成本数额和成本结构，从而影响价值链成本辅助决策的意义。应结合视声的具体情况和智能家居在线定制的特点，秉承目的性、客观性、可行性、必要性的基本原则对成本指标进行筛选。

项目报告借助分析法进行指标体系构造，其基本逻辑是将指标度量的对象和度量目标划分为若干个部分、侧面（子系统），并逐步细分（即形成各级子系统及功能模块），直到每一个部分和侧面都可用具体的指标来描述。案例报告所建指标体系的总目标是描述在线定制业务对价值链成本的影响。首先，按照价值链理论将其分解到一级指标（价值链活动成本），再依据资源基础理论/价值理论形成二级指标对一级指标内容进行列示，最后通过三级指标进行具体说明和量化。

智能家居在线定制价值链成本指标见表9。

表 9　智能家居在线定制价值链成本指标

一级指标	二级指标	三级指标
Δ 研发/设计成本(C1)	财力耗费(FC1)	协议测试成本(FC11)
		系统拓展成本(FC12)
		互动创新讨论区建设成本(FC13)
Δ 采购成本(C2)	财力耗费(FC2)	供应商关系管理成本(FC21)
Δ 生产成本 C3	物力耗费(MC3)	新型生产设备购置成本(MC31)
	财力耗费(FC3)	生产流程改造成本(FC31)
Δ 营销成本 C4	人力耗费(HC4)	设计师人工成本(HC41)
		数据收集和挖掘人员成本(HC42)
	财力耗费(FC4)	在线定制推荐系统建设成本(FC41)
		智能家居体验馆建设和运营成本(FC42)
Δ 售后服务成本 C5	人力耗费(HC5)	客户关系管理成本(HC51)
		安装和后期维修人员成本(HC52)
	物力耗费(MC5)	产品组件更换成本(MC51)
	财力耗费(FC5)	物流成本(FC51)
Δ 辅助活动成本 C6	人力耗费(HC6)	组织架构调整成本(HC61)
	财力耗费(FC6)	信息系统升级成本(FC61)
		在线定制网站建设和运营成本(FC62)

(1)研发/设计成本

相比于传统产销模式的研发活动，在线定制模式下用户成为产品设计活动、研发活动的参与者。一方面，用户可以通过在线定制系统，依据自身的个性化需求，在视声已能实现的功能和外观等方面进行选择，组合产品配置状态，形成智能家居整体方案；另一方面，研发人员可以借助互动创新讨论区了解消费者期待实现的系统功能和外观设计，以客户价值引导。此外，智能家居行业存在产品间兼容性较差的问题。在集成商作为中介的销售模式下，解决产品兼容性问题更多由集成商考量；但在在线定制模式下，视声直接面向终端消费者，为给客户选择提供更高的自由度，使视声的智能家居设计方案有更好的开放性，研发部门需将资源投放在协议测试和系统拓展等方面。

(2)采购成本

在线定制的产销模式对企业采购提出了新的要求，表现为单批采购数量降低、采购材料种类增多、采购时间缩短等。在线定制企业需要找到合格的供应商，并与其建立合作伙伴关系，供应商能根据企业定制订单的需要快速响应。因而，相比于传统制造企业,在线定制企业更易达成准时制生产方式,使库存成本有所降低。在线定制模式下,企业与供应商之间的关系更为密切,采购人员需要投入更多时间和资源做好供应商关系管理(如商务招待、尽快还款等),而不是为实现企业利润最大化而压低采购成本,争取实现价值链上企业间合作共赢。

(3)生产成本

价值链上的生产环节是将用户参与设计方案转变为定制产品的重要环节,在线定制企业要力求缩小实物与方案之间的差异。以智能家居定制方案中的控制端为例。在产品生产过程中,生产人员根据用户订单信息选择通用件和个性件进行生产,定制程度的差异,即通用件与个性件的比例,对生产时间和产品成本有显著影响。定制控制端(大小、颜色、形状等)和企业推荐的标配控制端相比,由于规模效应发挥不充分,其生产成本相对较高。实行在线定制对生产的敏捷性和灵活性也提出了更高的要求,开展在线定制业务的企业需要购买新的机器设备,以便更高效高质地生产,对原有的生产流程进行优化和改造,减少不增值的作业。因而,因实现智能家居在线定制增加的生产成本主要表现在设备购置和流程优化环节。

(4)营销成本

营销活动旨在对视声智能家居品牌和个性化定制服务进行宣传推广,与消费者进行互动,增强消费者对在线定制模式的参与热情和信任程度。由于智能家居的产品特性,其更适合采用线上和线下相结合的模式,消费者的亲身体验对于交易达成有显著的促进作用,因而需要投放资源建设智能家居体验馆。而在线上选择、组合控制系统和产品配置状态时,消费者有时需要与有经验和专业背景的设计师进行沟通,以对自身的定制方案进行完善。相对而言,智能家居仍属于新兴产品,智能控制系统的部分产品组件有一定的专业性,在线定制推荐系统可以降低消费者定制过程的难度。为实现精准营销,营销人员需要对消费者的搜索历史和消费数据进行分析,根据分析结果发现和判断消费者的消费偏好,提高营销活动的效率。

(5)售后服务成本

相比于传统制造企业和B2C类电子商务企业,在线定制企业更为重视消费者,通过客户关系管理来进一步提高消费者满意度,建立起良好的品牌形象,提高用户对品牌的忠诚度。由于定制产品的特性,用户等待时间包括生产时间和物流时间,企业可以根据用户对时间的敏感性进行物流公司的选择。物流公司服务费属非必然增加成本,由视声对智能家居定制服务是否包邮而定。与集成商提供安装和后期服务方式相比,在智能家居在线定制方式下,终端家庭用户的智能家居控制系统的安装和后期维护需要耗费的人力成本和物料成本值得视声进行关注,以何种方式为消费者提供便捷的售后服务需要企业进行抉择。

（6）辅助活动成本

由于采用在线定制方式，视声需要搭建相关交易网站。一方面需要购置相应的软硬件设备，另一方面需要专门的网站运营与维护人员对页面外观、内容等进行设计、更新，对交易安全和个人信息进行保护，为消费者提供愉悦的购物体验；各价值链环节信息交流与共享程度提高，对企业的 ERP 系统提出了更高的要求。同时，企业的组织架构、员工能力等也适应定制生产的要求，企业需要聘请专业的咨询团队和培训团队提供相应服务。

需要说明的是，表 9 中列示的价值链成本旨在说明在线定制平台的运行对视声原价值链带来的影响，即在线定制平台搭建后相比于之前企业价值链成本的变动，为企业指明资源投放的方向和重点领域。成本视角的说明对企业而言亦是熟悉、易懂的。当然，在线定制平台的运营将带来某些价值链成本的降低，在此强调建立初期的成本增量，故未做具体说明。

4. 在线定制平台设计方案

（1）在线定制流程图

为明晰视声整个在线定制过程，通过分析视声的业务流程，本项目组设计了视声智能家居业务在线定制流程图（实线代表实物流，虚线代表信息流），见图 19。

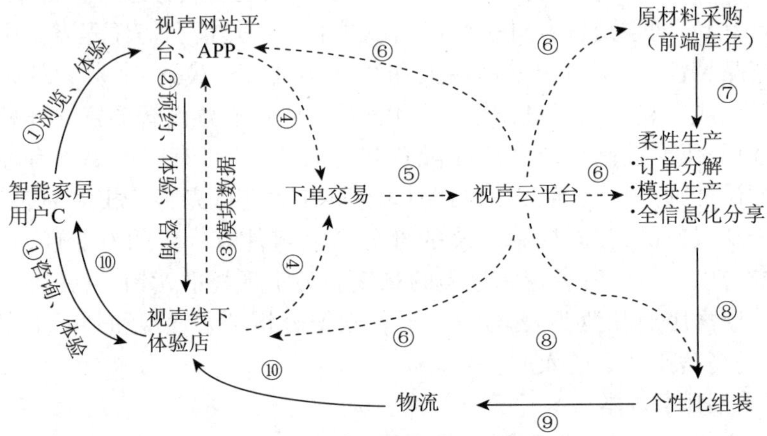

图 19　视声智能家居业务在线定制流程

第一步，用户可以预约视声智能家居线下体验店，咨询并体验各类智能家居的功能并明确其个性化功能需求或已明确自身需求的用户直接浏览、体验视声网站平台、APP。

第二步，用户如在视声网站平台、APP 上浏览、设计时，遇到在线客服解决不了的问题，也可通过预约视声线下体验店来解决。

第三步，通过线下体验、咨询，用户可以了解到视声智能家居可实现的功能及各个功能包括的模块数据，并在线上完成设计。

第四步，用户可以选择独自或在线下工作人员的帮助下完成设计，并在线上下单。

第五步，订单数据传输视声云平台。

第六步，视声云平台将数据传输给后台工厂，并同时将订单状况反馈给网站平台、APP 和通知各类供应商所需原材料的数量和送达时间。

第七步，后台工厂将订单分解，并根据大数据预测出来的安全库存，迅速展开各模块的生产，而后各类供应商准确、准时送达所缺原料，最终完成订单中所有模块的生产。

第八步，根据视声云平台传输的订单数据，完成个性化组装。

第九步，将组装好的产品打包。

第十步，将打包好的产品配送给附近的视声线下体验店，由店中专员完成安装调试工作，并交付用户。

(2)在线定制平台设计方案

从产品能力来看，视声智能控制系统和可视对讲产品多样且不断更新换代，不同的外观(颜色、大小等)和配置属性为在线定制提供了组合、选择基础，排列组合后能够提供数量繁多的定制产品方案。因而，视声的产品线可以支撑在线定制平台为具有不同消费需求的客户定制智能家居解决方案。客户在平台上进行选择、组合并进行反馈，促进企业产品配置和解决方案的不断完善。视声智能家居在线定制步骤如图 20 所示。

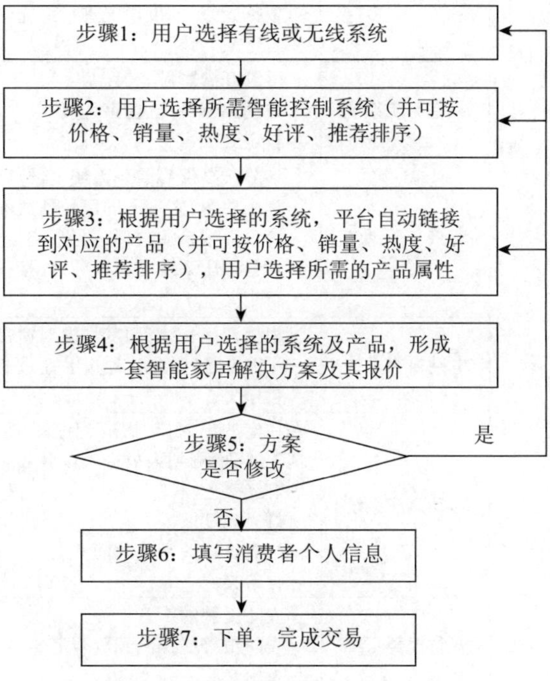

图 20　视声智能家居在线定制步骤

以步骤 1、步骤 2、步骤 3 为例搭建视声智能家居产品的设计方案。

步骤1:有线技术和无线技术各有侧重点,有线技术可靠且性能稳定,但存在布线复杂、成本高、方便性差的缺点,如果用户在装修之前,准备安装智能家居,则可以与装修公司一起做全面有线装修方案。相反,无线技术成本低廉,安装方便,既适用于新装修用户又可用于已装修用户,但稳定性较差,用户可根据个人需求选择合适的系统。

步骤2:通过对视声智能家居系统的研究,构造视声智能家居控制系统设计方案,见表10。

表10　视声智能家居控制系统设计方案

选项	系统名称	可选实现功能复选框(并可按价格、销量、热度、好评、推荐排序)
必选项	中控管理系统	可通过手机、平板、触控面板、中控软件等对家用设备、安防系统进行信息采集与控制,实现家用设备、安防系统综合管理
可选项	门禁控制系统	·采用指纹、感应卡、密码验证等方式控制门禁开启 ·具有身份识别功能,家中特殊关注人员(如小孩)回家后可发通知给家人 ·自定义
	智能照明系统	·设置不同的智能照明场景模式(如迎宾场景、会客场景、影院场景、全关场景),调节灯光的亮度、色彩、开启时长等 ·依据光线、照度情况进行灯光的智能控制 ·自定义
	家庭影院系统	·一键开启影院 ·自动调节灯光、窗帘、空调 ·自定义
	背景音乐系统	·多分区高保真音乐系统,各分区独立控制 ·集中控制,实现不同区域播放不同的音乐 ·背景音乐来源选择(类别、自定义) ·背景音乐系统支持蓝牙、外接音源及APP推送 ·自定义
	电动窗帘系统	·根据现场光线、照度情况对窗帘进行自动控制,实现智能遮阳、补光 ·可以根据个人需求通过手机、平板、触控面板等控制终端对窗帘进行自动控制 ·自定义
	移动感应系统	在住宅的出入口、通道、卫浴间等区域,移动感应系统可自动检测人员进出情况,当检测到人员进入该区域时灯光自动亮起,人员离开时灯光延时关闭 ·灯光颜色 ·灯光亮度 ·灯光延迟关闭的时间 ·自定义
	安防报警系统	·安防报警的声音 ·安防报警能探测到危险信号的类别 ·自定义
	视频监控系统	·小区监控系统 ·监控时间 ·自定义

续表

选项	系统名称	可选实现功能复选框（并可按价格、销量、热度、好评、推荐排序）
可选项	空调控制系统	·控制空调的终端类别 ·根据室内温湿度自动调整空调的运行时间、模式（制冷、供暖、通风）和开启时长 ·自定义
	远程控制系统	·网络远程控制终端类别 ·选择远程控制家用电器的类别，如空调、电视、灯光、热水器等 ·自定义
	浇灌系统	·浇灌频率 ·浇灌时长 ·自定义

步骤3：通过对视声智能家居有关产品的梳理，构建出视声智能家居部分产品的组合方案，见表11。

表11　视声智能家居部分产品的组合方案

产品名称	可选功能及外观复选框（并可按价格、销量、热度、好评、推荐排序）
5寸薄款智能触摸面板 	功能选项 ·开关、场景、调光、窗帘、背景音乐、自定义控制功能 ·时间定时器 ·逻辑运算功能外观选项 ·颜色 ·形状 ·自定义按键图标 ·页数 ·材质
5寸嵌入式智能触摸面板 	功能选项 ·开关、调光、窗帘、场景、自定义值发送、空调控制、安防功能选择 ·RGB LED调光、逻辑功能、背景音乐 ·具有温度检测功能，内置PI算法 ·有操作锁定功能、时间日期显示功能 ·是否有屏保及屏保类型 ·是否支持滑屏翻页外观选项 ·颜色 ·形状 ·材质

续表

产品名称	可选功能及外观复选框（并可按价格、销量、热度、好评、推荐排序）
3.5 寸智能触摸面板 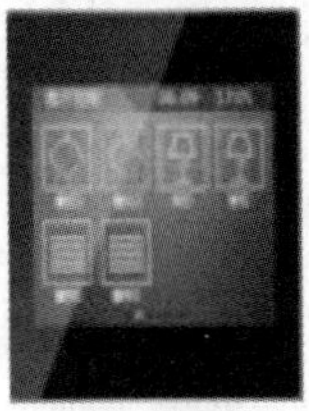	功能选项 · 自定义按键图标，页数 · 开关、场景、调光、窗帘、背景音乐等控制功能选择外观选项 · 颜色 · 形状 · 材质
5 寸智能触摸面板 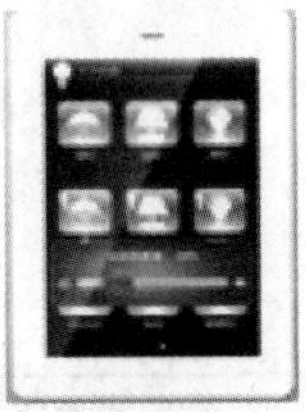	功能选项 · 开关、调光、场景、窗帘控制、温控、定时、安防功能选择 · 自定义按键图标，页数 · 是否支持滑屏翻页 · 待机界面选择外观选项 · 颜色 · 形状 · 材质
智能温控面板 	功能选项 · 提示音功能，背景亮度选择 · 接口数目 · 传感器灵敏度外观选项 · 颜色 · 形状 · 材质
智能按键面板  机械按键面板（金属拉丝） 	功能选项 · 切换场景功能、场景储存功能选择 · 开关、调光功能选择 · 是否具有长按键操作及百叶窗控制功能外观选项 · 颜色 · 形状 · 联数 · 材质

其他产品包括执行器、输入模块、协议转换、红外模块、系统设备等。这些

产品包括多种选择,但其技术性、专业性较强,普通消费者进行完全自主选择有较大难度。在线定制系统中,有以下两种方案可供选择:一是对这些智能控制系统组件进行系统推荐,根据消费者的价格预期和功能选择给予匹配建议,协助消费者做出合理选择;二是供应商预先已完成各种功能与产品的组合,并先组合分为基础版、中级版、高配版等,并配以较为通俗易懂的介绍,降低进行选择的难度,消费者可自行对比并做出选择。

后记

在"互联网+"、供给侧改革、智能制造的背景下,在线定制模式是传统企业、智能家居行业转型升级的方向,但在实施在线定制方案前,需明晰企业转型动因、转型所欠缺要素以及转型前后成本变化,并需通过对企业产品的研究,构建企业在线定制平台的设计方案,确定转型路径,以为企业转型升级做好必要的准备。

但在本案例报告中,由于未获得有关视声智能家居价值链成本及产品成本真实数据,智能家居在线定制价值链成本分析不够深入,未来可对此部分重点研究;另外,在线定制企业的关键成功因素也是未来的一个研究方向。

参考文献

[1] Bossidy L., Charan R., Burck C. Confronting Reality : Doing What Matters to Get Things Right[J]. Crown Business, 2004.

[2] Cooper R., Slagmulder R.Supply Chain Development for the Lean Enterprise Inter-organizational Cost Management[M].Portland : Productivity Press, 1999.

[3] Deeds D. L. & Hill C. W. L. An Examination of Opportunistic Action within Research Alliances: Evidence from the Biotechnology Industry[J]. Journal of Business Venturing, 1999, 4(2): 141-163.

[4] Dyer J. H. Does Governance Matter? Keiretsu Alliances and Asset Specificity as Sources of Japanese Competitive Advantage[J]. Organization Science, 1996, 7(6): 649-666.

[5] Ellram L. M. Purchasing and Supply Management's Participation in the Target Costing Process[J]. Journal of Supply Chain Management, 2000, 36(1): 39-51.

[6] Franke N., Schreier M.Why Customers Value Self-Designed Products: The Importance of Process Effort and Enjoyment[J].Journal of Product Innovation Man-

agement,2010,27(7):1020 - 1031.

[7] Gans J. S., Stern S. The Product Market and The Market for "Ideas": Commercialization Strategies for Technology Entrepreneurs[J]. Research Policy, 2003,32(2):333-350.

[8] Ginsberg. Measuring and Modelling Changes in Strategy: Theoretical Foundations and Empirical Directions[J]. Strategic Management Journal, 1988, 9(6): 559-575.

[9] guxch. IEEE1888——物联网领域的绿色节能标准[EB/OL]. https://blog.csdn.net/guxch.

[10] Joshi A. W. & Stump R. L., Determinants of Commitment and Opportunism: Integrating and Extending Insights from Transaction Cost Analysis and Relational Exchange Theory[J]. Canadian Journal of Administrative Sciences, 1999, 16(4):334-352.

[11] Kang Y. J., Lee W. J. Self-customization of Online Service Environments by Users and Its Effect on Their Continuance Intention[J]. Service Business, 2015, 9(2):321-342.

[12] Stevenson M., Hendry L. C., Kingsman B. G. A Review of Production Planning and Control: the Applicability of Key Concepts to the Make-to-order Industry[J]. International Journal of Production Research, 2005, 43(5):869-898.

[13] Mavridou E., Kehagias D., Tzovaras D., Hassapis G. Mining Affective Needs of Automotive Industry Customers for Building A Mass-customization Recommender System[J]. Journal of Intelligent Manufacturing, 2013, 24(2):251-265.

[14] Michael E.Porter. 竞争优势[M]. 陈丽芳，译. 北京：中信出版社，2014.

[15] Franke N., Schreier M., Kaiser U. The "I Designed It Myself" Effect in Mass Customization[J]. Management Science, 2010, 56(1):125-140.

[16] Rungtusanatham M. J., Salvador F. From Mass Production to Mass Customization: Hindrance Factors, Structural Inertia and Transition Hazard [J]. Production & Operations Management, 2008, 17(3):385 - 396.

[17] Seuring S. Supply Chain Costing with Target Costing and Activity Based Costing[M]. München: Verlag Franz Vahlen, 2001.

[18] Shi K., Fan D. An Individual Customization System for Shoe Products Based on The Network[C]. Computer-Aided Industrial Design and Conceptual Design, 2008. International Conference on IEEE, 2008:335 - 337.

[19] Walcher D, Piller F. The customization 500[M/CD]. [2017-03-22]. http://www.mc-500.com.

[20] 宾玉洁，黎继子. 服装在线定制服务消费者使用意愿影响因素研究[J]. 武汉纺织大学学报，2014(6):51-55.

[21]陈明森，陈爱贞，张文刚．升级预期、决策偏好与产业垂直升级——基于我国制造业上市公司实证分析[J]．中国工业经济，2012(2)：26-36.

[22]戴敏悦．e家佳 vs 闪联：谁将执掌数字家庭标准？[J]．上海信息化，2006(10)：58-60.

[23]单汨源，汪玉，吴娟，彭丹妮.MC企业多项目进度控制研究[J].湖南大学学报(社会科学版)，2008，22(2)：50-53.

[24]菲利普·科特勒.营销管理(第14版.全球版)[M].北京：中国人民大学出版社，2012.

[25]葛如一．知识产品在线定制市场的交易机制研究[D]．上海交通大学，2010.

[26]龚三乐．全球价值链内企业升级绩效、绩效评价与影响因素分析——以东莞IT产业集群为例[J]．改革与战略，2011，27(7)：178-181.

[27]何瑛，袁筱月，于文蕾．亚马逊价值链成本管控分析[J]．财务与会计，2016(17)：23-25.

[28]胡玉明.中国企业成本管理的制度变迁与解释[M]//中国会计与财务问题研讨会论文集.北京：中国财经出版社，2002：430-444.

[29]胡钰．创新型城市建设的内涵、经验和途径[J]．中国软科学，2007(4)：32-38.

[30]江诗松，龚丽敏，魏江．转型经济背景下后发企业的能力追赶：一个共演模型——以吉利集团为例[J]．管理世界，2011(4)：122-137.

[31]李玲．价值链成本控制标准的制定及成本形成过程的控制问题研究[J]．科技视界，2013(22)：165-166.

[32]楼尊．参与的乐趣——一个有中介的调节模型[J]．管理科学，2010，23(2)：69-76.

[33]路甬祥．提高创新能力　推动自主创新[J]．求是，2005(13)：5-7.

[34]毛蕴诗，吴瑶，邹红星．我国OEM企业升级的动态分析框架与实证研究[J]．学术研究，2010(1)：63-69.

[35]毛蕴诗，张伟涛，魏姝羽．企业转型升级：中国管理研究的前沿领域——基于SSCI和CSSCI(2002—2013年)的文献研究[J]．学术研究，2015(1)：72-82.

[36]毛蕴诗，郑奇志．基于微笑曲线的企业升级路径选择模型——理论框架的构建与案例研究[J]．中山大学学报(社会科学版)，2012，52(3)：162-174.

[37]孟燕．隐私关注与在线个性化定制系统用户采纳行为的关系研究[D]．山东财经大学，2013.

[38]穆林娟，贾琦．价值链成本管理为基础的跨组织资源整合：一个实地研究[J]．会计研究，2012(5)：67-71.

[39]盛振中.网络定制消费：我的需求我做主[J].销售与市场管理版，2011

(8):62-64.

[40]唐艳. 国际产业转移背景下成本管理新视角——以宝钢集团价值链成本管理为例[J]. 财会通讯,2015(7):8-10.

[41]万晓榆,吴继飞,李巧. 服务重要性和服务类型对选项框架效应的调节作用——基于信息服务在线定制的实验研究[J]. 软科学,2015(1):115-118.

[42]万晓榆,吴继飞,林瑛. 信息服务在线个性化定制决策影响因素研究——基于大学生移动通信服务定制实验[J]. 北京邮电大学学报(社会科学版),2014,16(4):55-61.

[43]王吉发,冯晋,李汉铃. 企业转型的内涵研究[J]. 统计与决策,2006(2):153-157.

[44]王一鸣,王君. 关于提高企业自主创新能力的几个问题[J]. 中国软科学,2005(7):10-14.

[45]温素彬 张海琳. 管理会计工具及应用案例——价值链成本管理及应用[J]. 会计之友,2016(24):132-136.

[46]县祥. 互联网+:新常态下煤炭转型升级的战略选择[J]. 工业经济论坛,2016(1):117-124.

[47]肖静华,谢康,吴瑶,冉佳森. 企业与消费者协同演化动态能力构建:B2C电商梦芭莎案例研究[J]. 管理世界,2014(8):134-151.

[48]伊辉勇. 面向在线定制的多约束产品配置策略[J]. 计算机集成制造系统,2014, 20(10):2395-2402.

[49]张宏宇. 消费者个性特质与网站特性对在线定制购买意愿的影响研究[D]. 浙江工商大学,2015.

[50]张银生. 航空产品实施全价值链成本管理研究——基于A公司全价值链成本管理实践[J]. 中国总会计师,2014(6):39-41.

[51]张云勇,房秉毅. 基于物联网的智能家居技术标准化现状及发展建议[J]. 移动通信, 2010,34(15):25-29.

[52]周文辉,王昶,周依芳. 瓶颈突破、行动学习与转型能力——基于三家内向型中小制造企业的转型案例研究[J]. 南开管理评论,2015(2):73-82.